Frauen, Heiligkeit und Macht

Ergebnisse der Frauenforschung
Band 33

Herausgegeben im Auftrag des Präsidenten der Freien Universität Berlin von

Prof. Anke Bennholdt-Thomsen, Germanistik
Dr. Ulla Bock, Soziologie
Prof. Marlis Dürkop, Sozialpädagogik
Prof. Ingeborg Falck, Medizin
Prof. Marion Klewitz, Geschichtsdidaktik
Prof. Jutta Limbach, Jura
Prof. Hans Oswald, Pädagogik
Prof. Renate Rott, Soziologie
Dr. Hanna Beate Schöpp-Schilling, Amerikanistik/Anglistik, Germanistik

Koordination: Anita Runge

Susanne Wittern

FRAUEN, HEILIGKEIT UND MACHT

Lateinische Frauenviten aus dem 4. bis 7. Jahrhundert

Verlag J. B. Metzler
Stuttgart · Weimar

Gedruckt mit Unterstützung der Freien Universität Berlin

Die Deutsche Bibliothek – CIP-Einheitsaufnahme

Wittern, Susanne:
Frauen, Heiligkeit und Macht : lateinische Frauenviten aus
dem 4. bis 7. Jahrhundert / Susanne Wittern. – Stuttgart ;
Weimar : Metzler, 1994
(Ergebnisse der Frauenforschung ; Bd. 33)
ISBN 3-476-00951-3
NE: GT

Gedruckt auf säure- und chlorfreiem, alterungsbeständigem Papier.

Dieses Werk einschließlich aller seiner Teile ist urheberrechtlich geschützt. Jede Verwertung außerhalb der engen Grenzen des Urheberrechtsgesetzes ist ohne Zustimmung des Verlages unzulässig und strafbar. Das gilt insbesondere für Vervielfältigungen, Übersetzungen, Mikroverfilmungen und die Einspeicherung und Verarbeitung in elektronischen Systemen.

© 1994 J. B. Metzlersche Verlagsbuchhandlung
und Carl Ernst Poeschel Verlag GmbH in Stuttgart
Einbandgestaltung: Willy Löffelhardt
Satz: Wallstein Verlag, Göttingen
Druck: Druck-Partner Rübelmann, Hemsbach
Printed in Germany

Verlag J. B. Metzler Stuttgart · Weimar

INHALT

Vorwort 7

EINLEITUNG 8
A. Problemstellung und Vorgehensweise 8
B. Sozialgeschichtliche Aspekte der Heiligenverehrung
   in Spätantike und Merowingerzeit im Spiegel der Forschung 16

I. DIE BIOGRAPHISCHEN BRIEFE 20
A. Hieronymus 21
   1. Die Briefe über Lea und Asella 21
   2. Das *Epitaphium Paulae* 22
       a. Die vornehme Herkunft 25
       b. Adelige Armut 27
       c. Heiligkeit und Ruhm in der Welt 28
   3. Die Nekrologe der Witwen Fabiola und Marcella 30
   4. „Wir beurteilen die Tugend nicht nach dem Geschlecht" 32
B. Paulinus von Nola an Sulpicius Severus über Melania die Ältere 34
   1. „Kraft Gottes im Geschlecht der Schwäche" 36
   2. „Edler durch die Verachtung körperlichen Adels" 37
C. Tugendvorbilder für den Adel 41

II. DIE LATEINISCHE VITA MELANIAE IUNIORIS 44
A. Autor, Auftraggeber und Publikum 44
B. Aufbau und Inhalt 46
C. Die Absicht des Autors 48
   1. *Fervens abrenuntiatio* 49
   2. *Fides* 49
   3. *Beneficia tanta* 50
   4. *Vigilantia* 50
   5. *In nuda terra decumbentia* 51
   6. *Mali exitus tolerantia* 51
   7. *Immensa abstinentia* 52
   8. *Mansuetudo* 54
   9. *Sobrietas* 54
   10. *Humilitas* 55
   11. *Exiguitas vestimentorum* 58
D. Heiligkeit und klösterliche Tugend 58

III. DIE ÄLTESTE VITA GENOVEFAE 62
A. Datierung, Auftraggeber, Autor und Publikum 62
B. Aufbau und Inhalt 63

C. Die Absicht des Autors 67
    1. *Devotio* 68
    2. *Gratia Dei / Christi* 70
D. Vorbilder und Vergleiche 75
    1. *Virtus* 75
    2. Tugend 78
    3. Martin von Tours 79
    4. Heilige Zeitgenossen 80
    5. Biblische Gestalten 82
E. Der sozialgeschichtliche Kontext 82
    1. Die asketische Lebensform 82
    2. Öffentliches Wirken 84

IV. DAS HEILIGENIDEAL DER VITA GENOVEFAE UND DIE FRAUENVITEN DER FRÜHEN MEROWINGERZEIT 88

A. Die Frauenviten der frühen Merowingerzeit 88
    1. Gregor von Tours: *Vita Monegundis* 88
    2. Venantius Fortunatus: *Vita Radegundis I* 89
    3. Baudonivia: *Vita Radegundis II* 90
    4. Florentius: *Vita Rusiculae* 90
B. Asketische Weltabwendung und Wirken in der Welt 91
C. Heiligkeit und Klosterleben 97
D. Geschlecht und Heiligentypus 104

SCHLUSS: VON DER ANTIKE ZUM MITTELALTER 108

ANHANG 111
A. Abkürzungsverzeichnis 111
B. Anmerkungen 113
C. Bibliographie 183
    1. Quellen 183
    2. Literatur 187

VORWORT

Die vorliegende Arbeit ist die überarbeitete Fassung einer Dissertation, die im Sommersemester 1991 vom Fachbereich 1 der Technischen Universität angenommen wurde. Zu ihrem Entstehen haben viele Menschen beigetragen, denen ich herzlichen Dank schulde. Mein besonderer Dank gilt vor allem Ernst Pitz, der mit fortwährender Gesprächsbereitschaft und stetiger Unterstützung die Arbeit sehr gefördert hat. Werner Affeldt begleitete ihr Entstehen mit vielfältigen Ratschlägen und Hilfsbereitschaft. Für Diskussionsbereitschaft und angenehme Arbeitsatmosphäre danke ich meinen ehemaligen Kolleginnen und Kollegen am Institut für Geschichtswissenschaft der TU Berlin und den Teilnehmerinnen und Teilnehmern der Kolloquien des Forschungsprojektes „Interdisziplinäre Studien zur Geschichte der Frauen in Spätantike und Frühmittelalter" an der FU Berlin. Elisabeth Gössmann und Hans-Werner Goetz trugen kritische Hinweise und Anregungen für die Überarbeitung bei. Der Freien Universiät Berlin bin ich für die Aufnahme der Arbeit in die Reihe „Ergebnisse der Frauenforschung an der FU Berlin" verbunden und Anita Runge für die Unterstützung bei der Endredaktion.

EINLEITUNG

A. Problemstellung und Vorgehensweise

Im Raum des spätantiken Gallien vollzog sich der Übergang von der Antike zum Mittelalter durch das allmähliche Hineinwachsen des von König Chlodwig (482-511) errichteten merowingischen Frankenreiches in die bestehenden politischen und kirchlichen Strukturen. Dadurch wurden wichtige Grundlagen für das karolingische Reich und seine Nachfolgestaaten, für die mittelalterliche Welt insgesamt gelegt.[1]

Die geistige und literarische Entwicklung dieser Epoche stellt sich, wenn man mit antikem Maßstab mißt, als ein Niedergang dar.[2] Im 7. Jahrhundert brachen auch in Südgallien die weltlichen Bildungstraditionen der Spätantike ab, und die Vermittlung literarischer Bildung verlagerte sich ganz auf kirchliche Einrichtungen.[3] Die literarische Überlieferung beschränkte sich zunehmend auf Zeugnisse des Heiligenkultes, die in der literaturgeschichtlichen Betrachtung bis in jüngste Zeit nur wenig berücksichtigt wurden.[4] Die Heiligenleben, von historischer Seite als „zeitgemäßer geistiger Ausdruck" des 7. Jahrhunderts angesprochen,[5] bezeugen selbst die geringe Bedeutung, die diese Epoche geistiger Bildung zumaß.[6] Die sprachliche Gestalt dieser Texte, die sich nicht mehr wie die antike Literatur nur an eine adelige Bildungsschicht, sondern an alle Gläubigen wandten, orientiert sich meist nicht mehr an den Regeln klassischer Grammatik und Rhetorik, sondern nähert sich an die gesprochene Sprache an.[7] Da diese Entwicklungen eng mit der Funktion der Heiligenleben in der christlichen Mission zusammenhängen, verweisen sie auf kirchen- und sozialgeschichtliche Umformungsprozesse, die mit dem Begriff „Niedergang" nicht adäquat zu beschreiben sind.

Nicht nur weil sie einen Löwenanteil der schriftlichen Überlieferung einer ansonsten quellenarmen Zeit ausmachen, sind die merowingischen Heiligenviten für die Erforschung dieser Übergangszeit von großer Bedeutung. Sie sind als Zeugnisse des Heiligenkultes auch mit einem der wichtigsten historischen Prozesse dieser Zeit eng verknüpft, denn die Heiligenverehrung spielte bei der Ausbreitung des Christentums in der Spätantike und bei der Bekehrung der germanischen Eroberer Galliens eine wichtige Rolle.[8] Die Protagonisten der merowingischen Heiligenleben nahmen im kirchlichen und häufig auch im politischen Leben führende Positionen ein;[9] ihre Viten reflektieren sowohl den Prozeß der Einbindung der gallischen Kirche in das merowingische Reich als auch das Hineinwachsen der fränkischen Führungsschichten in den christlichen Heiligenkult, bei dem die Grundlagen der frühmittelalterlichen „politischen Religiosität" gelegt wurden.[10] Nicht zuletzt wegen ihrer historischen Bedeutung gehören die Heiligenleben der Merowingerzeit zu den am besten edierten Zeugnissen der mittelalterlichen Hagiographie.[11]

Ein besonderes Kennzeichen der merowingischen Hagiographie ist eine Reihe bedeutender Frauenviten. Der darin zum Ausdruck kommende Impuls zur Frauenbiographie fand in der Karolingerzeit keine Fortsetzung.[12] Diese Frauenviten bezeugen den Einfluß, den einzelne königliche und adelige Frauen im religiösen und politischen

Leben ausübten und der in Darstellungen zur Geschichte von Frauen in dieser Epoche vielfach hervorgehoben worden ist.[13] Das Ziel der vorliegenden Untersuchungen liegt nicht in der Auswertung dieser Viten für eine Geschichte „großer Frauen", sondern in ihrer systematischen Erschließung als Quellen für die Fragen der Historischen Frauenforschung. Diese im Kontext der Neuen Frauenbewegung entstandene Forschungsrichtung will die Geschichte von Frauen als Bestandteil des historischen Prozesses sichtbar machen, nicht nur, um ein Defizit bisheriger Forschung additiv auszugleichen, sondern auch, um die Kenntnis der historischen Entwicklungen insgesamt zu vertiefen.[14] Die zunächst in der neueren Geschichte entwickelten methodischen Ansätze der Historischen Frauenforschung wurden insbesondere in der deutschen Frühmittelalterforschung erst in jüngster Zeit aufgegriffen.[15] Zu den wichtigsten methodischen Postulaten dieser Forschungsrichtung gehört die Einführung von „Geschlecht" als einer zusätzlichen Kategorie sozialgeschichtlichen Forschens. Dadurch sollen die soziale Bedeutung der Geschlechtsunterschiede und das Verhältnis der Geschlechter zueinander als Aspekte historischer Entwicklung sichtbar gemacht und erforscht werden. Damit wird der Erkenntnis Rechnung getragen, daß die Rollen von Frauen und Männern im gesellschaftlichen Leben, das Verhältnis zwischen den Geschlechtern und die Vorstellungen von Weiblichkeit und Männlichkeit nicht biologisch determinierte natürliche Konstanten sind, sondern dem historischen Wandel unterliegen.[16]

Welche Erkenntnisse können aus merowingischen Frauenbiographien für diese Fragen gewonnen werden? Diese Quellen beschreiben das Leben von Frauen, die, wie fast alle in der lateinischen Spätantike und im früheren Mittelalter von ihrem Mitmenschen für heilig gehaltenen Menschen, den oberen Schichten der Gesellschaft angehörten.[17] Im Heiligenpantheon waren Frauen auch in dieser Zeit nicht in einem zahlenmäßigen Umfang vertreten, der ihrem Anteil an diesen Bevölkerungsgruppen entsprechen würde. Nach den Berechnungen J. T. Schulenburgs lag ihr Anteil an den Heiligen Englands, Frankreichs, Deutschlands und Italiens, deren historische Existenz zwischen 500 und 1200 gesichert ist,[18] im 6. Jahrhundert unter 10 %, in der 1. Hälfte des 7. Jahrhunderts bei 10,4 %, stieg in der zweiten Hälfte dieses Jahrhunderts auf 20,0 % und in den dann folgenden fünfzig Jahren auf 23,5 % an, um zu Beginn der Karolingerzeit, in der zweiten Hälfte des 8. Jahrhunderts, auf 19,1 % zurückzugehen.[19] Da diese Statistik von historisch gesicherten Todesdaten ausgeht, spiegelt sie nicht die relative Bedeutung von Frauen im Heiligenkult wider. Die historische Lebenszeit ist eine für die Kultentwicklung unbedeutende Größe; diese läßt sich eher am Abfassungszeitpunkt der ersten Vita und der räumlichen Ausbreitung des Kultes ablesen.[20] Den sozialgeschichtlichen Hintergrund des relativ hohen Anteils weiblicher Heiliger im 7. Jahrhundert, dessen regionale Schwerpunkte in England und Frankreich lagen, sah Schulenburg in den Klostergründungen dieser Zeit, da es sich bei den heiligen Frauen vor allem um Äbtissinnen handelte,[21] deren Viten allerdings zum Teil erst in späteren Jahrhunderten entstanden sind.[22] Eine exakte statistische Ermittlung der relativen Bedeutung von Frauen im frühmittelalterlichen Heiligenkult ist fast unmöglich angesichts der Datierungsprobleme, die die hagiographischen Quellen aufwerfen, und weil sich die Genese von Heiligenkulten nicht immer in Schriftzeugnissen manifestiert.

Faßt man die aus Gallien bzw. dem merowingischen Frankenreich überlieferten Quellen ins Auge, so ist aus dem gallischen Raum im 4. und 5. Jahrhundert keine einzige Frauenvita überliefert, während von den mit Sicherheit in das 6. und 7. Jahrhundert datierbaren merowingischen Bekennerviten beinahe jeder sechste Text ein Frauenleben darstellt.[23] Ein ähnliches Bild ergeben für das ausgehende 6. Jahrhundert die hagiographischen Schriften des Bischofs Gergor von Tours († 594/595). Von den 77 im Frankenreich gelegenen Heiligengräbern, auf die sich Wunderberichte seines *Buches über den Ruhm der Bekenner* beziehen, sind 14 Frauengräber; der Frauenanteil beträgt also 18,2%.[24] Im *Buch des Lebens der Väter* stellt er 23 Bekenner dar,[25] unter denen nur eine Frau ist.[26] Da fünf der hier interessierenden Fälle – eine Asketin und vier männliche Heilige – in beiden Werken vorkommen, liegt der Frauenanteil für beide Bücher zusammen bei 14,7%.

Die in diesen Zahlen erkennbare Unterrepräsentanz von Frauen im Heiligenkult und in der hagiographischen Literatur erschwert eine vergleichende Untersuchung von Männer- und Frauenviten, wie sie die Fragen der Historischen Frauenforschung nahelegen. Die vorliegende Studie geht daher vom Zeugnis der Frauenviten aus und zieht ausgewählte, ihrem Inhalt oder ihrer leitbildhaften Funktion nach besonders geeignete Männerviten bei Bedarf zum Vergleich heran. Um zu sehen, was gerade diese Quellen zur Geschichte von Frauen beitragen können, ist ihr spezifischer Charakter unter Berücksichtigung der bisherigen Forschung zunächst näher ins Auge zu fassen.

Heiligenviten sind zwar keine Biographien im modernen Sinn des Wortes,[27] bezeugen aber die Entwicklung der literarischen Gattung der Biographie.[28] Obgleich sie nach mittelalterlicher Auffassung einen Zweig der Geschichtsschreibung darstellen, werden sie in der Forschung als wichtige Gattung der historischen Literatur dieser Zeit erst seit kurzem wahrgenommen.[29] Da die Übergänge zwischen hagiographischer oder historiographischer Intention in der frühmittelalterlichen Literatur fließend sind,[30] macht es wenig Sinn, „hagiographisch-aretologische" von „rhetorisch-biographischen" Heiligenviten gattungsmäßig abzugrenzen, um letztere so der Historiographie zuordnen zu können.[31]

Da hagiographische Literatur in ihrem Wirklichkeits- und Geschichtsverständis von den Erfordernissen des Heiligenkultes geprägt ist, wirft ihre historisch-kritische Auswertung besondere Probleme auf.[32] Die Geschichtsforschung beschränkte sich lange darauf, aus diesen Texten zuverlässige Nachrichten für die politische Ereignis- oder Kirchengeschichte zu ermitteln.[33] Dieses Vorgehen, das eher ein Plündern als ein Auswerten dieser Quellen ist, wird ihrem historischen Aussagewert nur in geringem Umfang gerecht. Dieser positivistische Ansatz spielt noch in der neuesten Forschung gelegentlich eine Rolle, wenn der moderne Wirklichkeitsbegriff als analytische Kategorie an hagiographische Überlieferung herangetragen wird.[34] Obgleich bereits L. van der Essen und W. Levison auf den Wert dieser Quellen für die Erkenntnis von Glaubens- und Frömmigkeitsformen hingewiesen haben,[35] kam ihre Auswertung für solche Fragen erst mit dem in den letzten Jahrzehnten erwachten Interesse am Wandel von Denkweisen und kollektiven Einstellungen der Menschen in der Vergangenheit in der mentalitätsgeschichtlichen Forschung in Gang.[36] F. Graus demonstrierte, daß diese Quellen, wenn man ihre literarische Eigenart und ihre Funktion im Heiligenkult berücksichtigt, auch wertvolle Zeugnisse für die Sozialgeschichte darstellen.[37]

Für die Geschichte von Frauen wurden Frauenviten der Merowingerzeit als Quellen nicht nur für das Leben und Wirken ihrer königlichen und adeligen Protagonistinnen, sondern auch für deren weltliche und klösterliche Lebensbedingungen und Wirkensmöglichkeiten herangezogen.[38] Die Beschränkung auf eine positivistische Plünderung von Einzelnachrichten wird auch in der Frühmittelalterforschung zunehmend überwunden,[39] nachdem die Fruchtbarkeit einer sozial- und mentalitätsgeschichtlichen Auswertung, die vom spezifischen Charakter dieser Quellen ausgeht, in Arbeiten zur hoch- und spätmittelalterlichen Frauengeschichte eindrucksvoll vor Augen geführt wurde.[40]

Heiligenleben sind ihrem Charakter nach Quellen für den Wandel von Heiligkeitsvorstellungen,[41] denn die Kleriker, Mönche oder Nonnen, die diese Biographien verfaßten, wollten die Heiligkeit ihrer Protagonistinnen beweisen und propagieren.[42] Mit Heiligkeit ist dabei ein Vollkommenheitsideal gemeint, dessen Grundlage die in der christlichen Theologie entwickelten Vorstellungen von idealer Nachfolge Christi und von der Rolle bildete, die die Menschen, die dieses Ideal verwirklicht hatten, nach ihrem Tode als Mittler zwischen den Gläubigen und Gott zu spielen vermöchten.[43] Hatte sich die christliche Heiligenverehrung zunächst mit Bezug auf die Märtyrer und Apostel entwickelt, so wurde nach dem Ende der Christenverfolgungen im 4. Jahrhundert die lebenslange asketische Entsagung als ein unblutiges Martyrium aufgefaßt und dem Märtyrertod als Weg zur christlichen Vollkommenheit gleichgeachtet.[44] Als damit neben den Märtyrer der neue Heiligentypus des sogenannten Bekenners (*confessor*) trat, gewannen die in hagiographischen Lebensbeschreibungen festgehaltenen Nachrichten über lebenslange Askese in verstärktem Maß legitimatorische Bedeutung im Rahmen des Heiligenkultes. Indem diese Viten ihre Helden als machtvolle Mittler (Interzessoren) gegenüber der Gottheit zeigen, dienten sie zugleich der Propagierung von deren Verehrung. Mit der Darstellung zeitgenössischer Vorbilder christlichen Tugendstrebens und, in Wundererzählungen, des helfenden Eingreifen Gottes erfüllten sie auch eine kerygmatische Funktion, aufgrund derer sie im Frühmittelalter gewissermaßen als Aktualisierung der Bibel betrachtet wurden.[45]

Aus der Intention, die absolute Verwirklichung christlicher Ideale im Leben der Heiligen aufzuzeigen, ergibt sich, daß die Auswahl und die Darbietung von Tatsachen und Ereignissen in diesen Texten einer am Heiligenideal orientierten Stilisierung unterliegt. Diese hat ihren historischen Ausgangspunkt im Idealfall bereits in den subjektiven Bemühungen der Protagonistinnen und Protagonisten um christliche Vollkommenheit bzw. in dem Eindruck, den Zeitgenossen davon gewannen. Um diesen Eindruck zu verstärken und den Kult des für heilig gehaltenen Menschen zu fördern,[46] sammelte ein Biograph die Überlieferungen über diesen Heiligen und erarbeitete aus ihnen unter Anlehnung an literarische Vorbilder eine Heiligenvita.[47] Diese Lebensbeschreibungen knüpften, soweit sich das mit dem Heiligenideal vertrug, an antike biographische und historiographische Traditionen an und entwickelten diese unter Bezugnahme auf christliche Vorbilder weiter,[48] wobei sie sowohl die Wünsche ihrer Auftraggeber als auch die Erwartungen der von ihnen anvisierten Zielgruppen berücksichtigten.[49] Ihren propagandistischen Funktionen entsprechen literarische Mittel, die nicht auf ästhetische Qualität ausgerichtet sind, wie Schwarzweißmalerei, Steigerung und vor allem die Übernahme von Topoi und Stereotypen aus Vorbildtexten.[50] Die vergleichende Untersuchung dieser Zeugnisse kann den Wandel des Heiligenideals und des Heiligentypus erschließen,[51] wobei der Erforschung des Aufkommens, Wandels und Absterbens von Stereotypen und Topoi große Bedeutung zukommt.[52] Ihre Bindung an literarische Vorbilder macht sie auch zu wertvollen Quellen für die Erkenntnis kultureller Kontinuitäten zwischen Antike und Mittelalter.[53]

Die Frage, ob sich in von Frauen verfaßten Heiligenleben so etwas wie eine Frauentradition oder eine besondere, frauenspezifische Sicht des asketischen Lebens abbildet, ist anhand der zum größten Teil anonym überlieferten frühmittelalterlichen Heiligenleben schwer zu klären.[54] Wenig überzeugend ist der Versuch S. F. Wemples, in zwei von Nonnen verfaßten Heiligenleben der Merowingerzeit „feminine" bzw. „female values" nachzuweisen, da sie ihre Thesen nicht durch entsprechende Vergleiche mit anderen Heiligenviten belegt.[55] Problematisch ist diese Fragestellung auch deshalb, weil ihr ein der hagiographischen Literatur nicht angemessener Originalitätsbegriff zugrundeliegt. Heiligenviten sind häufig als Auftragsarbeiten entstanden, und auch ein von einem Priester verfaßter Text kann von den Anschauungen der Äbtissin und der Nonnengemeinschaft geprägt sein, die ihn in Auftrag gaben und ihm die notwendigen Informationen lieferten.

Frauenviten können jedoch Aufschluß über den Wandel der Vorstellungen von weiblicher Heiligkeit und die Entwicklung frauenspezifischer Heiligentypen geben. Sie bezeugen auch die Bedeutung, die ihre Autoren dem Geschlecht ihrer Protagonistinnen beim Streben nach Heiligkeit beimaßen. Diese Fragen, denen die vorliegende Studie anhand von Frauenviten des 4.-7. Jahrhunderts nachgehen will, sind bisher nur ungenügend erforscht.

M. Stoeckle kam bei ihrer Untersuchung der Ideale in frühmittelalterlichen Frauenviten für die „klassische' Frauenvita der fränkischen Zeit," d. h. für die im fränkischen Kerngebiet östlich des Rheins im 6.-10. Jahrhundert entstandenen Frauenviten, zu dem Ergebnis, daß in diesen Texten die „männlichen Ideale der Stärke und des Heldenmutes" und ein „männlicher Geist (*virilis spiritus*)" vorherrschen, so daß wenig „spezifisch Frauenhaftes" zu finden sei.[56] Da sie die Kategorien „Weiblichkeit" und „Männlichkeit" jedoch mit Hilfe der Lehren der modernen Psychologie definierte, deren überhistorische Gültigkeit sie stillschweigend voraussetzte,[57] trägt ihre Analyse nicht zur Kenntnis der Meinungen der Autoren ihrer Quellen über die Bedeutung von Geschlecht beim asketischen Tugendstreben bei.

Ähnliche Probleme wirft auch der nicht näher erläuterte Begriff „weibliche Identität" auf, den C. Papa als analytische Kategorie auf merowingische Königinnenviten anwandte. Ihre Erkenntnis, Radegunde und Balthilde handelten ihren Viten zufolge eher als Vertreter des Königtums, denn als Frauen,[58] ist daher wenig fundiert. Als Gegenbeispiel für „weibliche" Heiligkeit führt sie die ottonische Königin Mathilde an, in deren Vita das Thema Mutterschaft eine wichtige Rolle spielt.[59]

Dieser Ausgang von weltlichen Frauenrollen verstellt aus mehreren Gründen den Zugang zu geschlechtsspezifischen Aspekten des asketischen Ideals. Er ist erstens deshalb problematisch, weil dieses Vollkommenheitsideal in der Spätantike und in der Merowingerzeit vorherrschend weltfeindlich ausgerichtet war. Die asketische, d. h. jungfräuliche bzw. enthaltsame Lebensweise wurde als ein „englisches Leben" außerhalb des irdischen Sozialverbandes aufgefaßt, in dem die Aufhebung der Geschlechterunterschiede bereits auf dieser Welt erreicht würde.[60] Eine Untersuchung L. Hertlings legt die Vermutung nahe, daß sich der „geschlechtsneutrale" Kern des asketischen Vollkommenheitsideals in der Aufzählung von Tugenden, die in praktisch jeder mittelalterlichen Heiligenvita vorkommt, ziemlich deutlich ausdrückt. Hertling stellte nämlich in 66 lateinischen Bekennerbiographien des 6. – 13. Jahrhunderts so gut wie keine geschlechtsspezifischen Variationen in den Tugendkatalogen fest.[61]

Der Ausgang von weltlichen Frauenrollen bei der Definition des Begriffs „weibliche Heiligkeit" ist zweitens deshalb inadäquat, weil sich asketische Vollkommenheit gerade bei Frauen im Kontrast zu und in der Überwindung von weltlichen Frauenrollen konstituiert. Der theologischen Abwertung der „in der Welt" lebenden Frauen durch den Vergleich mit Eva, der „Verführerin Adams," und der an sie gerichteten Forderung, sich in Ehe und Gemeinde der Herrschaft von Männern unterzuordnen, steht seit der Spätantike eine Propagierung des asketischen Lebens als Möglichkeit für eine weibliche Elite gegenüber, sich von den ehelichen Zwängen zu befreien, der Jungfrau Maria nachzufolgen und durch asketische Tugend spirituelle Gleichrangigkeit mit Männern zu erlangen.[62]

Unter Bezugnahme auf diese androzentrische Gleichheitsvorstellung wird bereits in spätantiken Asketinnenbiographien das Geschlecht der Heldinnen thematisiert. Der Topos der *mulier virilis*, der mannhaften oder tatkräftigen Frau, bringt, wie E. Giannarelli zeigte, in diesen Texten zum Ausdruck, daß die heilige Frau die natürliche Schwäche des weiblichen Geschlechtes überwunden hat.[63] Giannarelli wies auch auf gewisse Unterschiede dieses Motivs im Osten und Westen des Römischen Reichs hin[64] und zeigte, daß dieser Topos antike Vorstellungen von einer natürlichen Überlegenheit des männlichen Geschlechtes aufgreift.[65] Dies bedeutet auch eine Bestätigung dieser Auffassungen durch die Hagiographie.

Über das Fortleben dieser Topoi in merowingischen Frauenviten liegen bisher nur Einzelbeobachtungen vor. M.-L. Portmann zeichnete das Fortwirken des antiken Bildes der Frau, die männlichen Mut und männliche Tatkraft zeigt, in der frühmittelalterlichen Frauendarstellung anhand ausgewählter Beispiele rein deskriptiv nach,[66] ohne die Veränderungen dieser Vorstellungen zu analysieren. M. van Uytfanghe bemerkte den spätantiken Topos von der Überwindung weiblicher Schwäche in der *Vita Radegundis* des Venantius Fortunatus aus dem ausgehenden 6. Jahrhundert und beschränkte sich im übrigen auf die Feststellung, die heiligen Frauen der Merowingerzeit seien zumindest als zu verehrende und nachzuahmende Heilige auf eine Stufe mit den männlichen Heiligen gestellt worden.[67]

Neben der direkten Thematisierung von Geschlecht kann man die Frauenviten auch darauf befragen, welche Bedeutung den sozialen und rechtlichen Positionen der

Protagonistinnen in Welt und Kirche für deren heiligmäßiges Leben und Handeln zukommt. Auf Besonderheiten, die in der Merowingerzeit Frauenviten von den Lebensbeschreibungen männlicher Heiliger unterscheiden, und die zum Teil in diese Kategorie fallen, haben F. Graus, M. van Uytfanghe und A. Barbero hingewiesen. Graus führte den Ausschluß der Frauen vom Priesteramt, eine besondere Betonung des Standes als Jungfrau oder Witwe und eine größere Bedeutung der *vita contemplativa* an;[68] van Uytfanghe beobachtete bei der Darstellung von Heirat, Ehe und Bekehrung geschlechtsspezifische Motive, die auf die gesellschaftlichen Verhältnisse zurückgehen.[69] A. Barbero wies in diesem Zusammenhang auch darauf hin, daß die asketische Bekehrung von Frauen im Rahmen adeliger Familienpolitik größere Probleme aufwarf als die von Männern.[70]

Die Fragen nach der Thematisierung des Geschlechts und nach der Bedeutung der sozialen und rechtlichen Position von Frauen für ihre Heiligkeit sind für die Merowingerzeit wegen der Vielfältigkeit und Vielschichtigkeit der Heiligkeitsvorstellungen, die diese Umbruchszeit charakterisieren, nicht durch die Untersuchung einzelner Motive oder Themenkomplexe zu klären. Diese Fragen können vielmehr nur im Rahmen einer breiter angelegten vergleichenden Analyse der Heiligkeitsvorstellungen in diesen Quellen geklärt werden, wobei auch der Wandel des Heiligentypus zu berücksichtigen ist.[71] Mit Heiligentypus ist die theologisch fundierte Hauptrichtung der hagiographischen Stilisierung gemeint, die den Protagonisten (oder die Protagonistin) einer Heiligenvita einem bestimmten Typus annähert, d. h. ihn (oder sie) als Märtyrer(in) oder Bekenner(in) und innerhalb der letzteren Gruppe als vorbildlichen asketischen Bischof, Abt, Äbtissin, Jungfrau, Einsiedler etc. darstellt. Die Entwicklung der weiblichen Heiligentypen in der Merowingerzeit ist bisher noch nicht zusammenhängend untersucht worden. Aufgrund der die hagiographische Literatur kennzeichnenden Traditionsbindung ist für ein solches Projekt die Einbeziehung der spätantiken Vorbilder unumgänglich.

Die bisherige Forschung liefert nur Ansätze, an die ein solches Vorhaben anknüpfen kann. Giannarelli hob die Bedeutung der Unterscheidung zwischen der lebenslangen Askese der Jungfrauen und der nachehelichen Askese der Witwen in den spätantiken Asketinnenbiographien hervor, die sie den männlichen Heiligentypen des Märtyrers, Asketen (Bekenners) und des Bischofs gegenüberstellte.[72] Dieser Vergleich ist jedoch nicht ganz zutreffend, da sowohl die Jungfrauen als auch die Witwen, deren Lebensbeschreibungen sie untersuchte, zu den Bekennerinnen gehören, neben denen es noch Märtyrerinnen gibt. A. Jaegerschmid und M. Stoeckle haben bei der Erforschung der merowingischen Frauenviten weder die Frage der Typologie gestellt noch spätantike Traditionen berücksichtigt.[73] Graus ging bei seiner Untersuchung der merowingischen Heiligentypen vor dem Hintergrund spätantiker Traditionen auf die weiblichen Heiligen nur am Rande ein.[74] Obgleich er in den merowingischen Frauenviten eine Betonung des Standes als Jungfrau oder Witwe feststellte,[75] ordnete er die einzelnen Heiligen je nach der weltlichen oder kirchlichen Stellung als Königinnen und Äbtissinnen den entsprechenden männlichen Heiligentypen zu.[76]

Während Giannarelli also für die Spätantike eine geschlechtsspezifische Typenbildung (Jungfrau, Witwe) postulierte, sah Graus für die Merowingerzeit eher den Stand als typologisch ausschlaggebend an. Diese Sichtweisen verdanken sich aber wohl eher dem Zuschnitt des jeweiligen Untersuchungsfeldes als der Abwägung beider Möglichkeiten.[77] Daß die weiblichen Heiligen in der Karolingerzeit als besondere Gruppe aufgefaßt wurden, läßt sich anhand von liturgischen Litaneien und Legendaren nachweisen.[78] Solche Quellen sind jedoch aus der früheren Merowingerzeit nicht überliefert. Gregor von Tours faßte die heiligen Frauen in seinem Werk nicht zu einer besonderen Gruppe zusammen, sondern gliederte sie ohne weitere Differenzierung in die Großgruppen der Märtyrer und Bekenner ein.[79]

Mit der Untersuchung von Heiligenideal, Heiligentypus und in diesem Zusammenhang auch des Topos der *mulier virilis* in spätantiken und merowingischen Asketinnenbiographien wollen die vorliegenden Studien einen Beitrag zur Geschichte der weiblichen Heiligkeit beim Übergang von der Antike zum Mittelalter leisten. Um die Entwicklung von Heiligenideal und Heiligentypus auch sozialgeschichtlich einzuordnen, ist es notwendig, den „Sitz im Leben" der Quellen zu erschließen, d. h. möglichst genau zu bestimmen, an wen sie sich wenden und für welche Art von Rezeption sie konzipiert wurden:[80] Ist anzunehmen, daß die Viten ausschließlich oder vorrangig für asketische Leser oder gar speziell für Asketinnen geschrieben wurden? Oder wendet sich das Heiligenideal an breitere Kreise der Bevölkerung, seien es Leser oder Hörer? Die Klärung dieser Fragen ist auch für das Verhältnis der weiblichen Heiligkeit zu den asketischen bzw. monastischen Lebensformen von Frauen aufschlußreich. Die eigenständigen Wurzeln des weiblichen Monastizismus in der altkirchlichen Lebensform der gottgeweihten Virginität hat vor kurzem R. Albrecht aufgezeigt.[81] Spielt das Virginitätsideal für die weibliche Heiligkeit, die die Asketinnenbiographien propagieren, eine ähnlich wichtige Rolle? Neben der Prägung des Heiligenideals durch monastische Tugendideale ist von Interesse, in welcher Weise sich der Ausschluß aus der kirchlichen Hierarchie auf die weiblichen Heiligentypen auswirkte.

Als Quellen für diese sozialgeschichtlich orientierte Untersuchung von Heiligkeitsvorstellungen werden in den ersten drei Abschnitten der vorliegenden Studie eine Reihe von biographischen Briefen des Hieronymus und des Paulinus von Nola aus den Jahren 384-412, die um 450 in Palästina entstandene lateinische Fassung der *Vita Melania iunioris* und die älteste *Vita Genovefae*, die wohl doch, wie jüngst M. Heinzelmann aufzeigte,[82] um 520 in Paris verfaßt wurde, analysiert werden. Von diesen – abgesehen von der Gruppe der Briefe – untereinander sehr unterschiedlichen Texten steht die *Vita Genovefae* bereits an der Schwelle zur Merowingerzeit. Wegen der Verschiedenartigkeit dieser Quellen ist es notwendig, ihre Heiligkeitsvorstellungen und ihren „Sitz im Leben" zunächst in Einzeluntersuchungen durch philologische und lexikographische Analysen herauszuarbeiten, um so eine Basis für die vergleichende Betrachtung zu gewinnen.

Der vierte Abschnitt ist vergleichend angelegt und untersucht, ausgehend von den Ergebnissen der vorangegangenen drei Abschnitte, wie die Heiligkeitsauffassungen der älteren Texte in merowingischen Frauenviten des ausgehenden 6. und beginnenden 7. Jahrhunderts aufgegriffen und weiterentwickelt wurden. Dabei werden vor allem die *Vita Monegundis* des Bischofs Gregor von Tours und die *Vita Radegundis* des Venantius

Fortunatus, die um 587 entstanden, sowie Baudonivias Fortsetzung der *Vita Radegundis* (um 610) und die *Vita Rusticulae,* die ein Priester namens Florentius um 630 ausarbeitete, herangezogen, während die Frauenviten, die seit der Mitte des 7. Jahrhunderts in von der irischen Mission beeinflußten Klöstern entstanden sind, nur ergänzend einbezogen werden, da sie in einem anderen geistesgeschichtlichen Kontext zu sehen sind.[83] Eine solche vergleichende Analyse ist deshalb sinnvoll, weil die Viten der frühen Merowingerzeit einerseits in ihrem Heiligenideal an die älteren Vorbilder anknüpfen und andererseits bereits Einzeluntersuchungen vorliegen, an die angeknüpft werden kann.[84]

Um das Zeugnis dieser Frauenviten in den Rahmen der Entwicklung des Heiligenideales und der Heiligenverehrung in der lateinischen Spätantike und der Merowingerzeit einordnen zu können, sind die Ergebnisse der bisherigen Forschungen auf diesem Gebiet zu betrachten, ehe wir uns den genannten Quellen zuwenden.

B. Sozialgeschichtliche Aspekte der Heiligenverehrung in Spätantike und Merowingerzeit im Spiegel der Forschung

Die Rolle des Adels bei der Ausbreitung des Märtyrer- und Reliquienkultes in den Westen des römischen Reiches arbeitete P. Brown heraus. Im Unterschied zum griechischen Osten, wo die städtische Gemeinschaft Träger des Heiligenkultes blieb und der eher außerhalb der Gesellschaft gelegene Ort des Heiligen nicht genau definiert wurde, organisierten im lateinischen Westen aus den Führungsschichten stammende Bischöfe wie Ambrosius und Augustinus die Heiligenverehrung, bekämpften die privaten Heiligenfeste des laikalen Adels, der durch Reliquientranslationen zur Ausbreitung von Heiligenkulten beigetragen hatte, und gestalteten die kirchlichen Heiligenfeste zu Zeremonien aus, die ihre eigene Stellung stärkten.[85] Brown kritisierte die auf den im 18. Jahrhundert von David Hume vertretenen Begriff von Volksreligion zurückgehende Auffassung, die Ausbreitung des Heiligenkultes sei als eine Kapitulation der gebildeten kirchlichen Elite gegenüber den polytheistischen Vorstellungen der ungebildeten Volksmassen nach der konstantinischen Wende zu erklären.[86] Er hob demgegenüber hervor, daß auch der Volksglaube dem historischen Wandel unterworfen ist und daß Gebildete und Ungebildete, die dieselben religiösen Praktiken ausübten, bestimmte, in diesen Riten ausgedrückte Grundannahmen über die Beziehungen der Menschen zu übernatürlichen Wesen teilten.[87] Er betonte die Rolle des Adels bei der Ausbreitung der Heiligenverehrung und vertrat die These, diese sei im lateinischen Westen populär im spätantiken Sinne des Wortes gewesen, da sie die Fähigkeit der „Wenigen," d. h. der adelig-kirchlichen Führungsschicht, sichtbar mache, die Unterstützung der „Vielen," d. h. der Gemeinschaft der Gläubigen, zu mobilisieren,[88] und arbeitete den Einfluß sozialer, politischer und rechtlicher Vorstellungen der Oberschichten auf den Heiligenkult heraus.[89]

Mit der Auffassung, daß die Heiligenleben Volksschöpfungen seien, setzte sich auch F. Graus auseinander.[90] Er arbeitete die kirchliche Prägung der merowingischen Heiligenleben heraus und zeigte, daß diese im Unterschied zur karolingischen Hagiographie nur wenige folkloristische und volkstümliche Motive in systematisch und bewußt bearbeiteter Form enthalten.[91] Die Kirche, d. h. die für die Verehrung der Heiligen in dieser Zeit noch zuständigen lokalen Institutionen, habe sich erfolgreich bemüht, den Heiligenkult „für sich zu monopolisieren,"[92] indem sie den Kult der Gründer der jeweiligen Klöster, Kirchen oder Bistümer förderte.[93] Im heiligen Bischof sah Graus den wichtigsten Heiligentypus der merowingischen Hagiographie und führte auf dessen Stellung als Kirchenfürst auch die Aristokratisierung des Heiligenideals in dieser Zeit zurück.[94] Er sah den Adel in der Merowingerzeit nicht als eine politisch relevante Kraft an und dachte über den Einfluß adeliger Eigenklöster- und -kirchenherren auf die Heiligenverehrung nicht nach.[95]

Hinsichtlich der Entwicklung des Heiligenideals hat ein Wandel des asketischen Ideals im 7. Jahrhundert die Aufmerksamkeit der Forschung auf sich gezogen, den K. Weber zuerst beschrieb. Sie stellte ein Zurücktreten der im 6. Jahrhundert vorherrschenden individuellen, oft zu extremen Praktiken neigenden und weltfremden Askese, die sich an orientalischen Vorbildern orientierte, zugunsten einer stärkeren Betonung des Wirkens auch der monastischen Heiligen in der Welt im 7. Jahrhundert fest,[96] wobei manchmal sogar ein gewisser Widerspruch zwischen der Weltverachtung des asketischen Heiligenideales und der führenden politischen und kulturellen Rolle der Heiligen in der Welt zu bemerken sei.[97] Als auffallenden neuen Zug dieser Zeit arbeitete sie die Beschreibung des Reichtums und der Ausstattung von Kirchen und Klöstern heraus[98] sowie einen steigenden Anteil von Bischöfen germanischer Herkunft und Abkömmlingen des fränkischen Adels im Heiligenkalender.[99] Den sozialgeschichtlichen Hintergrund dieser Veränderung der Heiligkeitsvorstellung, die sich allmählich, von den Zeitgenossen unbemerkt und ohne Konflikte vollzogen habe,[100] sah sie in der Verbindung des Mönchtums „mit den jungen Kräften des germanischen Adels," die sich im Gefolge der irischen Mission auf dem Kontinent seit dem 7. Jahrhundert herausbildete.[101]

F. Prinz sah in Heiligenleben des 7. Jahrhunderts Zeugen für ein „neues hagiographisches Leitbild," als dessen bedeutsamste Aspekte er eine stärkere Betonung der vornehmen Herkunft und des Reichtums und die Einbeziehung auch des weltlichen Wirkens am Königshof in die Heiligenviten ansah.[102] Er wies auf die gleichzeitig einsetzenden Eigenklostergründungen des fränkischen Adels und den dort geförderten Kult adeliger Heiligengräber hin, deren politische Bedeutung im 8. Jahrhundert sich beispielsweise an der von den aufstrebenden Karolingern geförderten Verehrung ihrer Vorfahren Gertrud von Nivelles und Arnulf von Metz zeige.[103] In diesen Entwicklungen sah er den Ursprung der „politischen Religiosität" des Mittelalters und sprach von einer „politischen ‚Instinkthandlung'" der „Selbstheiligung" des fränkischen Adels, der damit sein mit der Christianisierung verlorenes germanisches Adelscharisma ersetzt habe.[104]

M. Heinzelmann und R. Collins zeigten anhand von Bischofsviten des 5.-6. Jahrhunderts, daß ein germanisches Adelscharisma nicht postuliert werden muß, um die politischen Funktionen des Heiligenkultes im 7. Jahrhundert zu erklären, denn es gab dafür bereits spätantike Vorbilder.[105] Heinzelmann zeigte, daß bereits im spätantiken

Gallien zwischen der Mitte des 4. und des 5. Jahrhunderts das ursprünglich weltfeindliche asketische Ideal mit römisch-aristokratischen Tugenden verbunden und so umgeformt wurde, daß es die Ansprüche des senatorischen Adels auf die Kirchenherrschaft unterstützte und rechtfertigte.[106] Für diese Verbindung des aristokratischen Herrschaftsanspruches mit dem christlich-asketischen Ideal, die die Voraussetzung für das Lob von Reichtum und vornehmer Herkunft in den Bischofsviten des 6. Jahrhunderts bildete, prägte er den Begriff „Tugendadel."[107] Collins wies herrschaftslegitimatorische Funktionen des Heiligenideals der Prosa-Bischofsviten des Venantius Fortunatus aus der 2. Hälfte des 6. Jahrhunderts auf exemplarische Weise nach.[108] Aus Widmungsbriefen und Prologen ist die Intention bischöflicher Auftraggeber dieser Viten erkennbar, den Kult ihrer Amtsvorgänger zu fördern.[109] An ihrer Sprache und ihren Berichten über wunderbare Gefangenbefreiungen verdeutlichte Collins, daß diese Texte für eine Verwendung im Gottesdienst und bei Heiligenfesten bestimmt waren, wo sie nicht nur geistliche Inhalte vermittelten, sondern auch den heiligen Bischof als Schutzherrn gegenüber Instanzen der weltlichen Macht darstellten und so die Herrschaft des amtierenden Bischofs sakral legitimierten.[110]

Im Unterschied zu den Bischofsviten des Venantius Fortunatus wandten sich die lateinischen Asketenbiographien des 4.-5. Jahrhunderts an vornehme Leser. Dies ist daran erkennbar, daß sie sich in Sprache und Stil, anders als zahlreiche griechische Bekennerbiographien aus derselben Zeit,[111] an der literarischen Bildungstradition orientieren.[112] Hinweise auf das Vorlesen von Heiligenviten im Gottesdienst sind aus dem Frankenreich seit dem beginnenden 6. Jahrhundert überliefert,[113] und Collins zeigte, daß in den Heiligenviten etwa seit der Mitte dieses Jahrhunderts ausdrücklich ein breiteres Publikum und die Verwendung im Rahmen der Messe anvisiert wird.[114] Ebenso wie Venantius Fortunatus in seinen Prosa-Bischofsviten[115] gebrauchte auch Bischof Gregor von Tours eine volkstümliche Sprache (*sermo rusticus*), damit seine Werke von breiteren Hörerkreisen verstanden werden konnten.[116] Diese Abwendung von der rhetorischen Tradition bleibt für die merowingische Hagiographie des 7. Jahrhunderts bestimmend.[117]

Aus der volksnahen Sprache der merowingischen Heiligenviten hatte bereits Graus auf eine Verwendungsabsicht im Heiligenkult geschlossen.[118] Weil das Leben und Handeln ihrer Protagonisten, meist Mönche oder Bischöfe, jedoch kein Vorbild für die Masse der Gläubigen darstellen konnte, sah Graus in der erklärten Intention, Vorbilder (*exempla*) liefern zu wollen, einen Topos.[119] Van Uytfanghe, der den Charakter dieser Quellen als „aktualisierte Bibel" aufzeigte, betonte dagegen die Vorbildfunktion der Heiligen bei der Christianisierung des Merowingerreiches.[120] Er räumte allerdings ein, daß diese Nachahmung für die Bischöfe, Äbtissinnen, Äbte und Klostergemeinschaften, denen die meisten Viten der Merowingerzeit gewidmet sind, am einfachsten war.[121] Um die Frage zu beantworten, inwieweit die merowingischen Hagiographen tatsächlich allen Teilnehmern der Heiligenfeste oder nur den weltlichen, klerikalen und monastischen Eliten Vorbilder christlicher Tugend, gottgefälligen Lebens und Handelns vor Augen stellen, sind die sozialen Voraussetzungen des vorbildlichen Handelns und Verhaltens herauszuarbeiten, das sie beschreiben. Eine solche Untersuchung ist aufschlußreich auch für die Frage, in welcher Weise und in welchem Umfang das frühmittelalterliche Christentum als eine „Oberschichtenreligion" anzusehen ist.[122]

Wenn an die Stelle einer hagiographischen Literatur für gebildete Leser im Frankenreich des 6. Jahrhunderts zunehmend Texte traten, die für das Vorlesen bei Heiligenfesten bestimmt waren, so konnten damit auch die ländliche Bevölkerung und die germanischen Führungsschichten in die Heiligenverehrung und in den christlichen Kultus einbezogen werden.[123] Kennzeichend für das Christentum der Merowingerzeit ist neben dem Rückgang der theologischen Reflexion im Zusammenhang mit dem Verlust der antiken Bildungstradition[124] eine synkretistische Frömmigkeit, in der sich christliche Elemente nicht nur mit germanischen, sondern auch mit gallo-römischen und keltischen, vorgeschichtlich-archaischen Formen volkstümlicher Religiosität verbinden.[125] Die Suche nach germanischen und romanisch-spätantiken Elementen verstellt daher den Zugang zu den ihrem Wesen nach intergentilen, synkretistischen Frömmigkeitsformen dieser Zeit,[126] die als „Regression" der „religiösen Mentalität" (Ropert) bezeichnet wurde und und eher eine Barbarisierung oder Archaisierung als eine Germanisierung des Christentums zu nennen ist.[127] Wie der Wandel des Heiligenideals beim Übergang von der Antike zum Mittelalter mit diesen frömmigkeitsgeschichtlichen Entwicklungen und dem veränderten „Sitz im Leben" der Heiligenviten zusammenhängt, ist bisher noch kaum untersucht worden.[128]

I. DIE BIOGRAPHISCHEN BRIEFE

Im Unterschied zu den ersten Lebensbeschreibungen männlicher Asketen, der kurz nach 356 entstandenen *Vita Antonii* des Athanasius[1] und der *Vita Pauli*, die Hieronymus um 376 verfaßte,[2] haben die ersten Biographien von Bekennerinnen die Form von Briefen. Dies gilt sowohl für die um 380 von Gregor von Nyssa verfaßte Lebensbeschreibung seiner Schwester, der Jungfrau Macrina,[3] die keine Verbreitung im lateinischen Sprachraum fand, als auch für die hier interessierenden biographischen Briefe des Hieronymus und des Paulinus von Nola, die zwischen 384 und 412 geschrieben wurden.[4] Erst um 450 entstand in Palästina die *Vita Melaniae iunioris*, deren lateinische Fassung die älteste überlieferte Asketinnenvita in dieser Sprache darstellt.[5]

Diese biographischen Briefe wollen ebenso wie eine im 4. Jahrhundert aufblühende Traktatliteratur[6] für das christlich-asketische Tugendideal werben.[7] Mit Predigten und Traktaten, die sich auch an vornehme Frauen wandten,[8] warb Bischof Ambrosius von Mailand, der „Lehrer der Jungfräulichkeit" im Abendland,[9] erfolgreich für weibliche Askese. 377, im dritten Jahr seines Episkopats, entstanden *Drei Bücher über die Jungfrauen* aus Predigten, die er vor Jungfrauen gehalten hatte. Sie sind an seine Schwester, die Jungfrau Marcellina, gerichtet.[10] Wenig später wurden sie durch ein Buch *Über die Witwen* ergänzt; weitere Traktate folgten.[11] Diese Schriften wollen nicht nur asketisch lebende Frauen anleiten und erbauen, sondern auch für das asketische Leben werben, das heißt Eltern motivieren, ihren Töchtern statt einer Heirat die Jungfrauenweihe zu erlauben,[12] und Witwen dazu bewegen, auf eine zweite Heirat zugunsten eines frommen Lebens zu verzichten.[13] Neben der innerkirchlichen Zielsetzung, den Jungfrauenstand als Symbol für die Heiligkeit der Kirche herauszustellen,[14] dürften sie auch darauf abgezielt haben, die weltlichen Instanzen dafür zu gewinnen, die Gültigkeit der Schenkungen anzuerkennen, die diese Frauen der Kirche machten.[15]

Wie Ambrosius unterschieden auch Hieronymus und Augustinus in ihren asketischen Traktaten zwischen Jungfrauen und Witwen und sprachen die beiden Gruppen asketisch lebender Frauen meist gesondert an.[16] Ambrosius hielt ihnen auch jeweils unterschiedliche biblische und nachbiblische Vorbilder vor Augen.[17] Die höhere Wertschätzung der Jungfrauen, deren sexuelle Unberührtheit als körperliche Unversehrtheit aufgefaßt wurde, unterstrich er durch den Vergleich mit der Jungfrau Maria, die er als Begründerin und Vorbild für diesen Stand ansah.[18] Hieronymus faßte die Rangfolge der christlichen Lebensformen in ein griffiges Bild, indem er das Gleichnis vom Sämann auf sie anwandte und den Jungfrauen die 100fältige, den Witwen die 60fältige und den Ehefrauen die 30fältige Frucht zusprach.[19] Im Unterschied zu Ambrosius und Augustinus, die sich in Traktaten und Anleitungsschriften mit weiblicher Askese auseinandersetzten, verfaßte Hieronymus auch Lebensbeschreibungen zeitgenössischer Asketinnen. Dabei berücksichtigte er entgegen der auch von ihm unterstrichenen Rangfolge von Jungfrauen und Witwen jedoch in erster Linie den letzteren Stand.

A. Hieronymus

Hieronymus, dem die lateinische Kirche eine nach dem Urtext revidierte und vereinheitlichte Bibelübersetzung, die sogenannte *Vulgata,* verdankt, war unter den lateinischen Kirchenvätern derjenige, in dessen Leben die Freundschaft zu Frauen die größte Rolle spielte.[20] Er wurde um 347 in Stridon in Dalmatien geboren.[21] Nach Abschluß seiner Ausbildung in Rom unternahm er mit etwa 20 Jahren eine Gallienreise, auf der er sich zum Verzicht auf die vorgesehene weltliche Karriere zugunsten eines Lebens nach dem asketischen Tugendideal entschlossen zu haben scheint. Nach einigen Jahren in seiner Heimat und in Aquileia brach er 371/373 zu einer Reise in den Orient auf, die ihn nach Konstantinopel und Antiochien führte. Seinen eigenen Angaben zufolge lebte er auch einige Zeit als Eremit in der Wüste Chalkis in Ostsyrien. 382 kam er in Begleitung der Bischöfe Paulinus von Antiochien und Epiphanius von Salamis zu einem Konzil nach Rom. Er trat dort in die Dienste des Papstes Damasus (366-384) und wurde Lehrer und Berater des christlich-asketisch orientierten Freundinnenkreises um die vornehme Witwe Marcella.[22] Seine Briefsammlung legt von seinen Kontakten zu diesen Frauen deutlich Zeugnis ab: Bis auf einige an Papst Damasus gerichtete Stücke wenden sich alle aus der römischen Zeit überlieferten Briefe an sie.[23] Nach dem Tode des Papstes Damasus († 384) wurde Hieronymus wegen seiner rigorosen asketischen Propaganda und seiner bissigen Angriffe auf Kleriker, deren Sitten seinen Moralvorstellungen nicht entsprachen, so sehr angefeindet, daß er beschloß, Rom zu verlassen.[24] Aus Marcellas Kreis folgten ihm die Witwe Paula und ihre Tochter Eustochium nach Palästina. Im Anschluß an eine ausgiebige Pilgerreise gründete Paula in Bethlehem mehrere Klöster und eine Herberge.[25] Hieronymus, der sich dort bis zu seinem Tode 419/420 seinen theologischen Studien widmete und mit Briefen und Streitschriften am Leben der lateinischen Kirche beteiligt blieb, verdankte Paula neben geistigen Anregungen[26] auch materielle Voraussetzungen für diese Gelehrtentätigkeit.[27]

1. Die Briefe über Lea und Asella

Als Verfasser von drei Viten männlicher Asketen[28] wählte Hieronymus für die Lebensbeschreibungen der asketisch lebenden Frauen seines Freundeskreises die Briefform. Daß er dabei mit der Darstellung zeitgenössischer Vorbilder in der römischen Oberschicht für das Christentum und das asketische Ideal werben wollte, zeigen bereits seine beiden ersten Briefe über das Leben römischer Frauen, die im Herbst 384 in Rom entstanden. Sie sind an die Witwe Marcella gerichtet, mit der Hieronymus in besonders regem geistigen Austausch stand.[29] Der erste dieser Briefe lobt deren Freundin, die gerade verstorbene vornehme Witwe Lea, der nur wenige Tage später verfaßte zweite eine Hausgenossin Marcellas, die Jungfrau Asella.[30] Beide Briefe waren nicht nur für die Adressatin bestimmt, sondern wandten sich, wie fast alle Briefe des Hieronymus, an ein möglichst breites Publikum, unter dem man sich wohl zunächst die Freundinnen und Bekannten Marcellas vorzustellen hat, die in ihren Palast verkehrten.[31] In dem Nachruf auf Lea stellt Hieronymus der frommen Witwe, die nun ihren himmlischen Lohn genieße, in provokativer Weise einen ebenfalls gerade verstorbenen designierten Konsul gegenüber, der die weltlichen Ehren hochgeschätzt habe und nun im Tartarus weile und Höllenqualen leide.[32] Mit diesem posthumen Triumph der christlichen Witwe über einen vornehmen Heiden, mit dem Vettius Agorius Praetextatus, ein prominenter Anhänger des neuplatonischen Mystizismus, gemeint ist, sollte wohl eine Geistesströmung bekämpft werden, die in der römischen Oberschicht mit dem Christentum und den christlich-asketischen Idealen konkurrierte.[33] Hinweise darauf, daß Hieronymus in den Witwen, deren Leben er beschrieb, Vorbilder für ihre heidnischen Standesgenossen sah, finden sich auch in anderen Nachrufen aus seiner Feder.[34]

Der Brief über Asella verdankt seine Entstehung der Hochschätzung ihres Standes als Jungfrau und wendet sich in erster Linie an asketisch lebende Frauen. Hieronymus erklärt, „über die Jungfrau nicht schweigen zu dürfen," nachdem er „über den zweiten Rang der Enthaltsamkeit (*de secundo ordine castitatis*)," nämlich über die Witwe Lea, gesprochen hat.[35] Er bittet die Adressatin, dieser Brief möge nicht der Protagonistin, sondern jungen Mädchen (*adulescentulae*) zur Kenntnis gelangen, damit ihnen Asellas Lebenswandel zum Vorbild und zur Richtschnur des vollkommenen Lebens diene.[36] Dieser Intention entsprechend hebt Hieronymus Asellas bescheidenen Wohnraum, ihr Fasten, ihren Verzicht auf Schmuck und ihre einfache Kleidung hervor, stellt heraus, wie zurückgezogen sie lebte, daß sie Kontakt mit Männern mied und sich ausschließlich mit Gebet und Handarbeit beschäftigte.[37] Außerdem lobt er ihr gesetztes und zurückhaltendes Wesen und legt dar, daß sie allseitige Anerkennung genieße und von Jungfrauen und Witwen nachgeahmt, von Eheleuten verehrt, von Übeltätern gefürchtet und von den Priestern geehrt werde.[38]

Dies ist der einzige biographische Brief, in dem Hieronymus eine Jungfrau in den Mittelpunkt stellt. Ungeachtet seiner Höherschätzung der jungfräulichen Askese steht in seinen bedeutenderen Nekrologen, die den Witwen Fabiola († 399), Paula († 404) und Marcella († 410) gewidmet sind,[39] „der zweite Rang der Enthaltsamkeit" im Zentrum; Jungfrauen kommen in diesen Texten nur als Töchter, Enkelinnen, Gefährtinnen und nicht zuletzt als Adressatinnen vor.[40] Im folgenden soll zunächst der bedeutendste und umfangreichste dieser Nachrufe, das *Epitaphium sanctae Paulae* betrachtet und dann mit den Briefen über die Witwen Fabiola und Marcella verglichen werden.

2. Das *Epitaphium Paulae*

Der als *Epitaphium sanctae Paulae* betitelte Brief beschreibt das Leben der vornehmen römischen Witwe Paula, die sich mit Hieronymus zusammen 386 in Bethlehem niedergelassen hatte.[41] Er dürfte unmittelbar nach ihrem Tod († 26. 1. 404) entstanden sein und will ihre Tochter Eustochium trösten.[42] Hieronymus gibt an, ihn, vom Schmerz über Paulas Tod niedergedrückt, in zwei Nachtwachen diktiert zu haben.[43] Der Brief ist trotz gegenteiliger Bemerkungen des Autors in einer kunstvollen Sprache verfaßt.[44] Mit seinen Anspielungen auf Paulas Herkunft und seiner Zweiteilung in einen die äußeren Lebensumstände und einen die Tugenden schildernden Teil steht er in der Tradition der römischen *laudatio funebris*[45] und knüpft damit an eine Literaturgattung an, in der bereits in der Antike Frauenleben dargestellt wurden.[46]

Ein kurzer Überblick soll zunächst den Inhalt des Briefes vor Augen führen. Nach einem einleitenden Abschnitt, der die zentralen Aspekte von Paulas Heiligkeit umreißt (c. 1-3),[47] geht Hieronymus auf ihre Ehe und ihre Kinder ein (c. 4), beschreibt ihre Bekehrung nach dem Tod ihres Gatten (c. 5), ihre Abreise nach Palästina in Gesellschaft einer Tochter, der Jungfrau Eustochium (c. 6), und eine Pilgerreise in das Heilige Land (c. 9-14), auf der sie den Entschluß gefaßt habe, sich in Bethlehem niederzulassen (c. 10). Mit dem Bau mehrerer Klöster und Zellen sowie eines Pilgerhospizes an diesem Ort (c. 14,4) endet die biographisch-chronologische Darstellung, und Hieronymus kündigt die Beschreibung ihrer Tugend (*virtus*) an.[48] Die Kapitel 15-17 beschreiben Paulas Demut (*humilitas*) und ihre Keuschheit (*castitas*), sehr ausführlich ihre Freigebigkeit (*liberalitas*) und ihre Enthaltsamkeit beim Essen (*continentia*). Ein längerer Abschnitt stellt ihre Standhaftigkeit (*patientia*) im Ertragen von Versuchungen und Schicksalsschlägen vor Augen (c. 18-19). Dann geht Hieronymus auf die Organisation ihrer Klöster (c. 20), auf die Maßlosigkeit ihres Fastens und ihrer Trauer um ihre Kinder (c. 21) sowie auf ihren himmlischen Lohn (c. 22) ein. Er lobt ihre Abscheu vor einem Menschen, dessen Auffassungen er als häretisch entlarvte (c. 23-25). Ihre geistliche Lernbegier wird ebenso vor Augen geführt wie die Tatsache, daß ihr eine Tochter und eine Enkelin auf dem Weg des asketischen Tugendstrebens folgten (c. 26). Dann leitet Hieronymus zum Schlußabschnitt über (c. 27), der ihren Tod (c. 28), ihr Begräbnis und die Trauerfeiern (c. 29), ihre Verdienste (c. 30) und das Eustochium hinterlassene Erbe beschreibt (c. 31), über die Entstehung des Briefes (c. 32) sowie über seine für ihr Grab verfaßten Inschriften unterrichtet (c. 33) und mit chronologischen Angaben über ihr Leben schließt (c. 34). Da sie auf Jahr und Tag genau über ihr Todesalter, ihren Todes- sowie Begräbnistag Auskunft geben und die Zahl der Jahre nennen, die sie in Rom und Bethlehem asketisch lebte, ermöglichen sie eine recht präzise zeitliche Einordnung ihres Lebens. Demnach wurde Paula am 5.5.347 geboren, verwitwete um 380, reiste um 385 nach Palästina und starb in Bethlehem am 26. Januar 404.

Einige Lücken sind in dieser Lebensbeschreibung erkennbar. Hieronymus verschweigt nicht nur seine Bekanntschaft mit Paula in Rom, sondern auch seinen Einfluß auf ihren Entschluß, diese Stadt zu verlassen.[49] Ihre Standesgenossin, die Witwe Melania die Ältere, die Rom etwa zehn Jahre früher verlassen und auf dem Ölberg in Jerusalem zusammen mit Rufinus von Aquileia eine klösterliche Niederlassung begründet hatte und die er Paula im Jahre 385 als Vorbild vor Augen gehalten hatte,[50] erwähnt er mit keinem Wort. Diese Lücken sind wohl damit zu erklären, daß Hieronymus auf die Umstände seiner Abreise aus Rom nicht eingehen wollte[51] und daß der Nekrolog auf Paula entstand, nachdem sich Hieronymus mit seinem Jugendfreund Rufinus und dessen Gönnerin Melania entzweit hatte.[52]

Hieronymus beteuert zwar, er wolle keine Lobschrift verfassen, sondern wie im Zeugenverhör aussagen, eher unter- als übertreiben und wahrhaftig und historisch berichten.[53] Die Distanzierung von panegyrischen Absichten erweist sich jedoch bei näherem Hinsehen als ein Topos. Hieronymus geht zwar scheinbar auf Schwächen seiner

23

Protagonistin ein, nämlich auf die übermäßige Enthaltsamkeit, die Paula ohne Rücksicht auf ihre körperliche Gebrechlichkeit geübt, und auf ihre übergroße Trauer beim Tod ihrer Kinder, die zu schweren Erkrankungen geführt habe,[54] betont aber gleichzeitig, daß das, was der Leser für Fehler halten möge, in Wahrheit Tugenden seien.[55] Die Abgrenzung von panegyrischen Intentionen soll die Glaubwürdigkeit seiner Darstellung unterstreichen,[56] der ein auf Glaubenswahrheiten bezogener Wahrheitsbegriff zugrundeliegt.[57] Paula ist für ihn eine Heilige, die nach ihrem Tod Aufnahme bei Christus fand[58] und diesen himmlischen Lohn mit ihrem Leben verdiente, das er mit einem Martyrium gleichsetzt.[59] Die biblischen Vergleiche, mit denen er Paulas Gottgefälligkeit herausarbeitet, beziehen sich auf ihre Übersiedlung nach Bethlehem. Paula sei wie Abraham auf Geheiß Gottes aus ihrer Heimat ausgezogen und habe Rom hinter sich gelassen, das Hieronymus mit der Stadt Babylon vergleicht, die zu verlassen der Prophet Jeremias die Menschen aufforderte.[60] Wegen ihrer Übersiedlung in die Heimat Christi stellt er Paula neben die alttestamentliche Figur der Ruth, die das Volk und den Gott ihrer Schwiegermutter Noëmi zu dem ihren machte und deren Vorbild sie, so deutet er an, sogar übertroffen habe.[61]

Als sein Ziel nennt Hieronymus zu Beginn des Nekrologs die Beschreibung der *virtutes,* d. h. des Tugendstrebens[62] der „heiligen und verehrungswürdigen" Paula, das er so zusammenfaßt:

> „Von vornehmer Herkunft, aber bei weitem edler durch ihre Heiligkeit (*nobilis genere, sed multo nobilior sanctitate*), ehemals mächtig durch Reichtum, aber nun ausgezeichneter durch ihre Armut um Christi willen (*Christi paupertate insignior*), ein Sprößling der Gracchen, Nachkomme der Skipionen, Erbin des Paulus, dessen Namen sie trägt, der Maecia Papiria, der Mutter des Afrikanus, wahrer und leiblicher Sproß, zog sie Bethlehem Rom vor und vertauschte die von Gold glänzenden Dächer mit der Wertlosigkeit ungestalten Lehms."[63]

Ihre vornehme Herkunft, ihr Reichtum, ihre berühmten Vorfahren werden hier Paulas *paupertas Christi* und ihrer Übersiedlung nach Bethlehem gegenübergestellt. Auf diese *paupertas* kommt Hieronymus, nachdem er ihren Glauben, ihre Enthaltsamkeit und ihre Standhaftigkeit beschrieben hat,[64] im einleitenden Abschnitt noch einmal zu sprechen:

> „Möchte der Leser ihre Tugenden (*virtutes*) in wenigen Worten erfahren? Selbst noch ärmer, hat sie alle die Ihren arm zurückgelassen. Es ist nicht außerordentlich, solches von ihren Angehörigen und ihrem Gesinde, das sie von Sklaven und Sklavinnen zu Brüdern und Schwestern gemacht hatte, zu berichten, da sie doch die Jungfrau Eustochium, ihre Christus geweihte Tochter, [...] fern der vornehmen Familie reich nur an Glauben und Gnade zurücklassen hat."[65]

Hieronymus versteht *nobile genus* und irdischen Reichtum auf der einen, *sanctitas* und *paupertas Christi,* d. h. himmlischen Reichtum, auf der anderen Seite jedoch nicht einfach als Gegensätze, denn er bezeichnet Paula auch als *multo nobilior sanctitate* und *Christi paupertate insignior*. Wie ist das zu verstehen? Welche Verbindung besteht für ihn zwischen Paulas *nobile genus* und ihrer *sanctitas*? Um zu erkennen, wie Hieronymus das

Verhältnis von Paulas *nobile genus* und ihrer *paupertas Christi* sieht und was er mit *nobilior sanctitate* meint, untersuchen wir seine Aussagen über Paulas Herkunft, ihre Frömmigkeit und ihre Armut.

a. Die vornehme Herkunft

Die vornehme Abstammung der Heldin und ihrer Tochter wird im *Epitaphium Paulae* noch mehrmals thematisiert. Hieronymus erwähnt die Sage, nach der Paulas Vater „das Blut des Agamemnon sowohl durch den Stammbaum als auch durch Reichtum und *nobilitas* bekommen habe."[66] Mit *nobilitas* ist hier eine ererbte Qualität gemeint, die mit dem Ruhm der Vorfahren zusammenhängt und mit dem Reichtum sehr eng verbunden ist.[67]

Obgleich Hieronymus versichert, nicht Paulas Vorfahren, sondern nur das loben zu wollen, was „aus der reinen Quelle ihres heiligen Sinns" hervorgegangen sei,[68] ist ihm ihre Herkunft nicht unwichtig. Er nennt die berühmtesten unter ihren Vorfahren auch in ihrer Grabschrift, die er im Schlußteil wiedergibt.[69] Auch die Abstammung ihres Ehemanns Toxotius, des Vaters der *virgo Christi* Eustochium, von Aeneas und dem „hochangesehenen Blut" (*altissimus sanguis*) der Julier ist ihm erwähnenswert.[70] Dabei grenzt er sich von denjenigen ab, die die vornehme Abstammung um ihrer selbst willen für bewundernswert halten. Für ihn ist nur lobenswert, wer diese Privilegien verachtet und um Christi willen aufgibt: Solange Menschen diese Vorrechte besitzen, sind sie gering zu achten, sobald sie sie aber nicht mehr besitzen wollen, laut zu preisen.[71] Für Hieronymus gehört Paulas vornehme Herkunft also schon deshalb zum Bild ihrer Heiligkeit, weil ihn die Aufgabe der damit verbundenen Privilegien um des Glaubens willen beeindruckte.

Die Adjektiva *nobilissimus* und *nobilis* verwendet Hieronymus, um die Aufgabe dieser Privilegien vor Augen zu führen. Als Zeichen ihrer Bekehrung berichtet Hieronymus erstens, daß sie fast den ganzen Reichtum ihres hochangesehenen, vornehmen (*nobilis*) und einst sehr begüterten Hauses den Armen austeilte.[72] Ihrer Familie gegenüber rechtfertigte sie ihr Handeln so:

„Sie beraubte ihre Kinder und sagte im Kreis der scheltenden Verwandten, daß sie ihnen die Barmherzigkeit Christi als größeres Erbe hinterlasse."[73]

Mit dieser wirkungsvollen Kontrastierung der weltlichen und der geistlichen Deutung von Paulas Handeln stellt Hieronymus der im Adel üblichen Umgangsweise mit Familienbesitz, die auf die Erhaltung des Erbes für die Nachkommen abzielt, eine durch christliche Mildtätigkeit zu erlangende himmlische Erbschaft als erstrebenswertere Alternative gegenüber. Die Rede vom Berauben ist jedoch nicht ganz wörtlich zu nehmen: An anderer Stelle führt Hieronymus als Beweis für Paulas große Mutterliebe an, sie habe vor ihrer Abreise nach Palästina „ihren Kindern alles geschenkt und sich selbst enterbt."[74]

Ein zweiter wichtiger Aspekt ihrer Bekehrung ist für Hieronymus Paulas Sehnsucht nach einem weltabgewandten Leben in der Wüste. Ihren daraus folgenden Entschluß zum Verlassen von Haus, Kindern, Gesinde und Besitz[75] bringt er auch damit in Zusammenhang, daß sie die Besuche der *nobilissima familia* nicht mehr aushielt, sich über ihr Ansehen grämte und deshalb aus Rom floh.[76] Diese Flucht bezieht sich somit auch auf ihre Standesprivilegien.

Bei Paulas Trennung von ihrer Familie steht die heldenhafte Überwindung ihrer Mutterliebe, die als naturgesetzlich gegeben betrachtet wird, im Mittelpunkt und wird in der Beschreibung des Abschieds von ihren um ihr Bleiben flehenden jüngsten Kindern eindrucksvoll ausgemalt. Hieronymus sieht in dieser Trennung einen Sieg ihrer Liebe zu Gott über die Liebe zu ihren Kindern. Sie verleugnete die Mutter, um sich als Dienerin Christi zu zeigen.[77] Diese Trennung betrifft jedoch nur die Kinder, die weiterhin weltlich leben: Daß die Jungfrau Eustochium ihre Mutter begleitete, ist für Hieronymus selbstverständlich,[78] und er würdigt auch Paulas Freude an den Nachrichten über ihre Enkelin Paula, die ihr Sohn Toxotius und ihre Schwiegertochter Laeta bereits bei der Geburt zur Jungfrau bestimmt hatten.[79]

Bei der Beschreibung von Paulas Pilgerreisen führt Hieronymus mit Hilfe der Adjektiva *nobilis* und *humilis* ihren Verzicht auf adelige Privilegien vor Augen. Er nennt sie adelige Frau (*femina nobilis*) und beschreibt, wie die, die sich früher von Eunuchen tragen ließ, in winterlicher Kälte, aber durch den Glauben erwärmt, auf einem Esel ritt.[80] In denselben Kontext gehört die Nachricht, daß sie eine unansehnliche Zelle (*humilis cellula*) dem Quartier im Praetorium vorzog, das ihr der Prokonsul von Palästina anbot, der mit ihrer Familie gut bekannt war.[81]

Während die Bedeutung des Wortfeldes „Adel, adelig" (*nobilitas, nobilis, nobilissimus*), das sich auf Paulas Herkunft und Standesprivilegien bezieht, recht deutlich herausgearbeitet wird, bleibt der Gehalt der seltener gebrauchten Gegenbegriffe „Demut, demütig" (*humilitas, humilis*) eher verschwommen. Sie drücken auf kontrastive Weise den Verzicht auf adelige Vorrechte aus, ohne jedoch einen wirklichen Abstieg in die Schicht der *humiles*, der Besitzlosen, zu meinen. Unter das Schlagwort *humilitas* fällt für Hieronymus, daß Paula im Kreis ihrer Jungfrauen dem Kleid, der Stimme, der Haltung und dem Gang nach wie die Geringste wirkte.[82] Dies ist bemerkenswert nur vor dem Hintergrund ihrer vornehmen Stellung.

Der Kontrast zum luxuriösen Leben des Adels ist auch für die Schilderung von Paulas Askese bestimmend. Hieronymus beschreibt, daß Paula nach dem Tod ihres Mannes nie mehr gemeinsam mit irgendeinem Mann speiste, nur im äußersten Notfall badete, auf hartem Boden, der nur mit härenen Decken belegt war, ruhte und sich auch bei schwerstem Fieber keine weichen Decken gönnte.[83] Die gegensätzliche Orientierung, die ihrem weltlichen und ihrem asketischen Leben zugrundelag, läßt Hieronymus Paula selbst mit den Worten „ich, die ich dem Ehemann und der Welt gefallen habe, will nun Christus gefallen" auf den Punkt bringen.[84] In ihrem Bethlehemer Kloster trug sie der Notwendigkeit einer solchen Umorientierung Rechnung, indem sie bestimmte, daß keine adelige Nonne eine Gefährtin aus ihrem Hause haben dürfe, „damit sie nicht, früheren Handelns eingedenk, die alten Fehler der ausgelassenen Kindheit erneuere und durch häufige traute Plauderei wieder auffrische."[85]

Paulas Askese steht für Hieronymus aber auch in einer inneren Beziehung zu ihrem weltlichen Lebensabschnitt und wird als notwendige Buße für das damalige luxuriöse Leben betrachtet. Hieronymus zufolge meinte Paula, ihre frühere Gewohnheit, sich zu schminken, habe gegen Gottes Vorschrift verstoßen und sie müsse deshalb jetzt ihr Gesicht entstellen. Die Verödung des Körpers durch Luxus erfordere nun dessen Peinigung. Das weiche Leinenzeug und die kostbaren Seiden müßten gegen die Rauheit eines Bußgewandes vertauscht werden. Ihr damaliges langes Lachen müsse sie durch immerwährendes Weinen wiedergutmachen.[86] Auf diese Bußleistungen führt Hieronymus ihren ewigen Lohn zurück.[87]

b. Adelige Armut

Als einen Inbegriff von Paulas Tugendstreben sieht Hieronymus, wie bereits gezeigt wurde, ihre *paupertas*. Er kontrastiert diese Armut mit ihrer vornehmen Herkunft und ihrem einstigen Reichtum und sieht sie als eine Folge ihrer Freigebigkeit gegenüber Bedürftigen:

„Was ist bewundernswerter als diese Tugend: daß eine Frau aus vornehmster Familie, von einst beträchtlichem Reichtum, aus so großem Glauben alles verschenkte, daß sie fast in ärgste Dürftigkeit (*ad egestatem paene ultimam*) geriet. Mögen andere mit Geldern prahlen, mit für Gott zusammentragenen Vermögen und an goldenen Schnüren hängenden Gaben: Niemand hat den Armen mehr gegeben als die, die nichts für sich selbst zurückbehielt."[88]

Seine Beschreibung von Paulas Freigebigkeit arbeitet den Gegensatz zu den Sitten ihres Milieus heraus: Er hebt hervor, daß sie ihre Güte auch auf solche Arme ausdehnte, die sie nie zuvor gesehen hatte.[89] Sie habe ihr Geld entsprechend der Bedürftigkeit der Empfänger verteilt; kein Armer habe sie je mit leeren Händen verlassen. Hieronymus führt dies nicht auf den Umfang ihres Reichtums, sondern auf ihre „Umsicht beim Austeilen (*prudentia dispensandi*)" zurück.[90] Er betont, daß sie von dem Fehler vieler reicher Frauen frei war, nur Wenigen zu geben, und zwar denen, die ihre Freigebigkeit ausposaunten.[91] Diese Ausführungen zeigen, daß für Hieronymus die christliche Motivation dieser Großzügigkeit entscheidend war, die sich an der Bedürftigkeit der Empfänger orientierte und nicht am Nutzen für die eigene Ehre. Sie weisen aber auch darauf hin, daß diese christlichen Praktiken sich vor dem Hintergrund antiker Traditionen, namentlich des Euergetismus, entwickelten.[92]

Die Radikalität von Paulas Großzügigkeit (*liberalitas*) verdeutlicht er anhand seiner Auseinandersetzungen mit ihr. Er versucht, sie mit Hinweis auf entsprechende Bibelstellen zur Mäßigung zu bewegen und ihr vor Augen gehalten, daß sie sonst das, was sie so gerne tue, irgendwann gar nicht mehr tun könne. Diese Argumente hätten sie jedoch nicht zu bremsen vermocht, deren erklärter Wunsch es gewesen sei, als Bettlerin zu sterben, ihrer Tochter keine Münze zu hinterlassen und bei ihrem Begräbnis in ein fremdes Leichentuch gehüllt zu werden. Paula habe den Bettlern nicht nur von ihrem eigenen, sondern auch von fremdem Gut gegeben und es schließlich so weit gebracht, daß sie ihrer Tochter Eustochium große Schulden hinterließ.[93]

Daß Paulas Verarmung ausschließlich auf ihre Freigebigkeit zurückging, macht eine Stelle zweifelhaft, an der Hieronymus ihren Gleichmut und ihre Glaubensstärke angesichts der Nachricht vom Verlust ihres Erbes und der Zerstörung ihres ganzen Patrimoniums aufzuzeigen bemüht ist.[94] Für Hieronymus' Glauben an Paulas Heiligkeit ist jedoch die Gesinnung entscheidend, aus der Paula selbst zu dieser Verarmung beitrug. Er kontrastiert seine Mahnungen zur Mäßigung, die er als Fehler bezeichnet, mit Paulas „glühenderem Glauben", ihrer konsequenten Nachfolge des „armen Herren" und des Einswerdens ihrer Seele mit Christus.[95] Wie wichtig ihm Paulas Gesinnung ist, zeigen auch zahlreiche Anspielungen auf ihren Glauben (*fides*).[96]

F. E. Consolino hat vermutet, Hieronymus habe mit den Inschriften für Paulas Grab das Interesse der Pilger wecken wollen, nicht zuletzt, um sie zu Schenkungen für Paulas Klöster zu veranlassen.[97] Auch Hieronymus' Beschreibung von Paulas *liberalitas* ist einem solchen Zweck nicht unangemessen. Er hebt nicht nur Paulas Frömmigkeit und ihre *prudentia dispensandi* hervor, sondern auch die der Tochter hinterlassenen Schulden und deren Verpflichtung, für den Unterhalt der Brüder und Schwestern in den Bethlehemer Klöstern zu sorgen.[98] Mit der Darstellung seiner eigenen Anstrengungen, Paulas Freigebigkeit zu mäßigen, entkräftet er mögliche Einwände, diese Situation mitverschuldet zu haben.

Wenn er davon spricht, Paula sei für Christus arm (*pauper*) geworden, so ist damit keine wirkliche Armut, sondern eine Armut „im Geiste" gemeint,[99] die man als „adelige Armut" bezeichnen kann. Hieronymus sagt zwar, daß Paula als Bettlerin starb, aber nicht, daß sie wie eine solche lebte oder ihren Unterhalt mit ihrer Hände Arbeit verdiente.[100] In bezeichnender Weise spricht er davon, daß sie „fast (sic) allen Reichtum" den Armen gab[101] und „beinahe (sic) in ärgste Dürftigkeit" gelangte,[102] und er läßt sie ihre Freigebigkeit auch damit rechtfertigen, daß sie leicht Mittel von anderen erlangen könne, um sie Bettlern zu geben.[103] Den sozialen Abstand zwischen der „armen" Paula und den unteren Gesellschaftsschichten zeigt auch Hieronymus' Lob ihres vorbildlichen Verhaltens gegenüber arm und reich:

> „Nichts war sanftmütiger, nichts reizender gegenüber den Geringen (*humiles*) als ihr Herz. Sie trachtete nicht nach Kontakt mit den Mächtigen (*potentes*), sah aber auch nicht mit hochmütiger und ruhmsüchtiger Geringschätzung auf diese herab. Wenn sie einen Armen (*pauper*) sah, unterstützte sie ihn, wenn sie einen Reiches (*dives*) erblickte, ermahnte sie ihn, Gutes zu tun."[104]

Wie berechtigt es ist, hier von adeliger Armut zu sprechen, zeigt sich auch daran, daß Hieronymus im Weggeben des Reichtums allein noch nicht „den höchsten Gipfel der Tugend" sieht. Mit dem Bild vom weiß übertünchten inneren Totengebein deutet er das bloße Almosengeben als äußerliche Tat, wenn es mit der Nachgiebigkeit gegenüber den eigenen körperlichen Bedürfnissen verbunden ist, und kontrastiert damit Paulas übermäßige Enthaltsamkeit (*continentia*) beim Essen.[105] Eine solche Selbstbeschränkung setzt die Möglichkeit und die Mittel voraus, auch anders leben zu können.

c. Heiligkeit und Ruhm in der Welt

Ebensowenig wie mit Armut (*paupertas*) ist mit Demut (*humilitas*) in diesem Text ein wirklicher Verzicht auf sozialen Status gemeint. Hieronymus nennt *humilitas* zwar „die erste Tugend der Christen,"¹⁰⁶ arbeitet sie bei Paula aber viel weniger deutlich heraus als ihre Armut oder ihren Glauben. Sie zeigt sich für ihn an ihrem äußeren Erscheinungsbild, das seiner Ansicht nach die innere Tugend der Menschen ausdrückt.¹⁰⁷ Als Zeichen für Paulas *humilitas* berichtet er, daß sie in Bethlehem von Besuchern, die ihren berühmten Namen kannten, oft nicht erkannt, sondern für die letzte Magd gehalten wurde; im Kreis ihrer Jungfrauen sei sie in Kleidung, Stimme, Haltung und Gang die geringste von allen gewesen.¹⁰⁸

Hieronymus scheint nicht allzu interessiert daran, Paulas Demut deutlicher aufzuzeigen. Im einleitenden Abschnitt hebt er hervor, sie habe die *virtutes* und *potentiae* aller Mitmenschen mit ihrer *humilitas* überragt und sei, da sie sich zur Geringsten gemacht habe, von Christus um so höher erhoben worden.¹⁰⁹ Diese Erhöhung besteht für ihn in einer Steigerung ihres Ansehens in der Welt: Indem sie den Ruhm floh, habe sie den Ruhm verdient.¹¹⁰ Sie sei vom ganzen Erdkreis gefeiert worden, nachdem sie den Ruhm einer Stadt verachtet habe. Sie, die, solange sie in Rom wohnte, nicht über Rom hinaus bekannt gewesen sei, sei nach ihrer Übersiedlung nach Bethlehem in einem Umkreis, der auch barbarische Länder einschloß, bewundert und als „kostbarste unter den zahlreichen Perlen der heiligen Stätten" von den Menschen am meisten bestaunt worden.¹¹¹ Hieronymus sieht in dieser Berühmtheit nicht eine Folge menschlicher Sensationslust, sondern eine von Christus versprochene Belohnung bereits auf dieser Welt für diejenigen, die Familie und Besitz zurücklassen, um ihm nachzufolgen.¹¹² Wie nahe dieser Gedanke antiken Auffassungen steht, zeigt ein eingeflochtenes Cicerozitat, das Paulas Ruhm als natürliche Folge ihrer Tugend deutet.¹¹³

Diesen Zuwachs an Ruhm wird Hieronymus im Sinn gehabt haben, als er formulierte, Paula sei durch ihre Heiligkeit *nobilior,* also durch ihre religiöse Leistung berühmter geworden, als sie von Hause aus war. Für diese Deutung spricht auch, daß an anderer Stelle das Berühmtwerden eines Ortes durch die dort vollbrachte religiöse Leistung mit dem Wort *nobilitare* bezeichnet wird.¹¹⁴

Die Formulierung „*nobilis genere, sed multo nobilior sanctitate*" soll demnach ausdrücken, daß Paula das Ansehen in der Welt, das sie aufgrund ihrer Herkunft genoß, mit ihrer Heiligkeit gesteigert habe. Die Beziehung zwischen Adel und Heiligkeit, die dabei hergestellt wird, ist komplex: Reichtum ist für Hieronymus, wie wir gesehen haben, ein Hindernis auf dem Weg zu christlicher Vollkommenheit, solange er die Basis eines luxuriösen Lebens ist. Er beschreibt mit Paulas Freigebigkeit, adeliger Armut und Askese jedoch einen Weg, wie reiche und vornehme Menschen zur Heiligkeit gelangen können, ohne ihren Status aufzugeben. Indem er die Steigerung von Paulas Ansehen in der Welt als eine Belohnung dieser Tugendleistung deutet, geht er auf die Vorstellungen derjenigen ein, denen dieses Ansehen nicht unwichtig ist. Er weist diese Menschen auf die Möglichkeit hin, mit dem christlich-asketischen Tugendstreben ihrer Töchter und Witwen das Ansehen ihrer Familien in der Welt zu erhöhen.¹¹⁵

Ein solches Eingehen auf Wertvorstellungen der römischen Oberschichten ist in der asketischen Propaganda der lateinischen Kirchenväter des ausgehenden 4. Jahrhunderts kein Einzelfall.¹¹⁶ Diese Tendenz ist im *Epitaphium Paulae* noch in weiteren Hinsichten feststellbar. So lobt Hieronymus Paulas Vorbildlichkeit als Ehefrau ganz im Sinne ihres vornehmen Milieus: Er hebt ihre Fruchtbarkeit (*fecunditas*) und Züchtigkeit (*pudicitia*) bzw. ihre Keuschheit (*castitas*) hervor, die allen römischen Matronen ein Vorbild gewesen sei.[117] Auch die *liberalitas, clementia* und *bonitas*, die er an Paulas Umgang mit ihrem Vermögen lobt,[118] sind Tugenden, die vor allem Reiche und Mächtige üben können.[119] Bezüge auf weltliche Vorstellungen finden sich selbst bei der Schilderung ihrer Trennung von ihren jüngsten, noch unmündigen Kindern, wo er die Stärke von Paulas Mutterliebe betont,[120] und in seiner Deutung der Schulden, die sie Eustochium hinterließ, als ein Erbe aus Glaube und Gnade.[121]

3. Die Nekrologe der Witwen Fabiola und Marcella

Auch die vornehmen Witwen Fabiola und Marcella, denen er mit lobenden Nachrufen literarische Denkmäler setzte, kannte Hieronymus persönlich. Den Nachruf auf Fabiola verfaßte er kurz nach deren Tod (399) auf die Bitten des Oceanus,[122] mit dem zusammen Fabiola auf einer Pilgerreise Bethlehem besucht hatte.[123] Der Nekrolog Marcellas, die wenige Monate nach der Plünderung Roms durch die Goten (410) starb,[124] entstand dagegen erst zwei Jahre nach ihrem Tod, und Hieronymus entschuldigte sich deswegen bei seiner Auftraggeberin und Informantin, der Jungfrau Principia,[125] die mit Marcella in dem Hauskloster gelebt hatte, das diese auf einem ihrer Landgüter in der Nähe Roms gegründet hatte.[126]

Diese beiden Nachrufe sind sehr viel kürzer als derjenige auf Paula. Nach einem einleitenden Passus, der sich an die jeweiligen Auftraggeber richtet,[127] charakterisiert Hieronymus seine Protagonistinnen zusammenfassend und geht auf ihre Herkunft ein.[128] Die Schilderung ihrer Lebensweise und ihres Tugendstrebens verbindet er mit der Erzählung ihrer Lebensgeschichte. Der Nachruf auf Fabiola schließt mit der Schilderung ihres Begräbnisses und einer Würdigung der Protagonistin;[129] derjenige auf Marcella mit der Darstellung ihres Todes und einem Schlußwort an die Auftraggeberin.[130]

Hieronymus distanziert sich auch in diesen Nekrologen von dem rhetorischen Brauch, die vornehme Herkunft zu loben, macht diese dabei aber dennoch deutlich.[131] Er nennt Marcella „durch Armut und Demut edler (*paupertate et humilitate nobilior*)" und schildert Fabiolas Begräbnis als eine größere Siegesfeier als die Triumphe römischer Feldherren.[132]

Auch hier heben Vergleiche mit biblischen Gestalten wesentliche Aspekte des christlichen Handelns hervor. Fabiola, die die Sünde einer Wiederverheiratung nach der Trennung von ihrem ersten Gatten mit öffentlicher Kirchenbuße sühnte,[133] ist für Hieronymus in erster Linie die Büßerin, der Gott vergeben hat. Er führt Petrus, Aaron und die Könige David und Ahab als biblische Beispiele für Buße und Vergebung an.[134] Marcella, die bereits wenige Monate nach ihrer Hochzeit Witwe wurde und eine Wiederverheiratung mit einem reichen, viel älteren Mann ablehnte, sieht er als exemplarische christliche Witwe, die das Vorbild der neutestamentlichen Hanna übertraf.[135] Aufgrund ihres öffentlichen Eintretens für seine Partei im origenistischen Streit vergleicht er sie aber auch mit dem Jünger Johannes.[136]

In beiden Nekrologen ist *paupertas* ein wichtiges Thema. Als Zeichen für Fabiolas Bekehrung führt Hieronymus an, daß sie ihr Vermögen für die Armen zu opfern begann.[137] Sie habe nach ihrer Rückkehr aus Palästina nach Rom „dort als Arme gelebt, wo sie vorher reich war."[138] Fabiola sei wie Paula der Auffassung gewesen, daß gemäßigtes Almosengeben nicht ausreiche. Sie habe nicht so sehr Almosen verteilen, sondern durch Weggabe des Reichtums für Christus arm werden wollen.[139] So radikale Töne klingen in dem Brief über Marcella nicht an. Obgleich Hieronymus sie *paupertate et humilitate nobilior* nennt,[140] schildert er ein Weggeben des Reichtums nicht, sondern entschuldigt Marcellas diesbezügliche Zurückhaltung mit ihrem Gehorsam gegenüber ihrer Mutter, die den Besitz lieber den Kindern ihres Bruders vererben wollte.[141] Dennoch spricht er das Thema der freiwilligen *paupertas* in Andeutungen und Anspielungen mehrmals an. Wer sich selbst nicht daran hielte, predige Armut und Almosengeben vergebens, flicht er in die Beschreibung ihrer Lebensweise ein[142] und weist darauf hin, daß Marcella ihr Gold lieber im Bauch der Armen als in ihrem Geldbeutel aufbewahrte.[143] Bei der Plünderung Roms hätten die Goten ihrer *voluntaria paupertas* keinen Glauben geschenkt, und sie sei froh gewesen, daß die Gefangenschaft sie nicht arm gemacht, sondern arm vorgefunden habe.[144] Diese Anspielungen zeigen, wie wichtig Hieronymus dieses Thema war, und deuten zugleich darauf hin, daß Marcellas Umgang mit ihrem Vermögen nicht ganz seinen Vorstellungen von der christlichen Vollkommenheit einer vornehmen Witwe entsprach.[145]

Wie bedeutsam diese Unterschiede für Hieronymus waren, zeigen auch seine Aufzählungen der Tugenden der beiden Witwen. Er lobt Fabiolas Fasten (*ieiunium*), ihre Almosen (*elemosynae*), ihre Demut (*humilitas*) und ihre Begeisterung für den Glauben (*ardor fidei*)[146] und bezeichnet sie als „Ruhm für die Christen, Wunder für die Heiden, Trauerfall der Armen und Trost der Mönche (*laudem Christianorum, miraculum gentilium, luctum pauperum, solacium monachorum*)."[147] Als besondere Tugend dieser Witwe thematisiert er ihre *misericordia*.[148] Sie habe nicht nur das erste Hospiz für Kranke in Rom gegründet, sondern die Kranken, wenn ihre Krankheiten auch noch so ekelerregend waren, sogar persönlich bedient und gepflegt.[149] Hieronymus nennt Marcella die „weit berühmte Zier unter den Heiligen und speziell der Stadt Rom (*omnium [...] sanctorum et propriae Romanae urbis inclitum decus*)"[150] und lobt ihre Tugend, ihren Verstand, ihre Heiligkeit und ihre Reinheit („*quid in illa virtutum, quid ingenii, quid sanctitatis, quid puritatis*"),[151] ohne auf eine Opferung des Vermögens für fromme Zwecke anzuspielen.

Auch die Lebensweise der beiden Witwen wird unterschiedlich dargestellt. Hieronymus spricht bei Fabiolas Fasten von *ieiunium*, bei Marcella dagegen von *moderata ieiunia*.[152] Den Gegensatz zur üblichen Lebensweise reicher Witwen hebt er zwar in beiden Texten hervor, beschreibt das äußere Erscheinungsbild der beiden Frauen aber unterschiedlich. Fabiola habe seidene Gewänder verachtet, auf Gold und Edelsteine verzichtet und sich um Sklavenkleidung bemüht.[153] Marcella dagegen habe sich zweckmäßig und züchtig gekleidet und ihren Schmuck auf einen Siegelring beschränkt.[154]

Eine besondere Rolle spielt bei Marcella die geistliche Gelehrsamkeit. Hieronymus stellt Paula, Fabiola und Marcella als seine lernbegierigen Bibelschülerinnen dar.[155]

Obgleich er auf Paulas Rolle als Leiterin der Bethlehemer Nonnengemeinschaften eingeht,[156] nennt er sie nicht wie Marcella eine *magistra*.[157] Hieronymus berichtet, daß sich Marcella in ihren Studien mit ihm eine solche Schriftkenntnis aneignete, daß sie nach seiner Abreise aus Rom zur Schiedsrichterin gemacht wurde, wenn über eine Schriftstelle Streit entstand.[158] Er betont jedoch, daß sie das apostolische Lehrverbot für Frauen beherzigte und, wenn man sie in solchen Diskussionen um ihre Ansicht und Entscheidung bat, ihr Licht unter den Scheffel stellte und ihre Gedanken anderen zuschrieb, um die Männer nicht zu beschämen.[159]

Bei einem „häretischen Sturm", der in den östlichen Provinzen entstand und sich bis Rom ausweitete, sei sie öffentlich gegen die Irrlehren eingetreten und habe die Verfolgung der Häretiker veranlaßt.[160] Mit diesem „Sturm" sind die originistischen Auseinandersetzungen gemeint, die, wie Hieronymus ausführt, nicht zuletzt dank Marcellas Eingreifen auch im Westen mit der von ihm erhofften Verurteilung der Lehre des Origines endeten.[161] Sein Lob dieses Wirkens rechtfertigt er mit einem Hinweis auf die Zuneigung Christi zu dem Jünger Johannes, „der wegen seiner vornehmen Herkunft den Hohepriestern bekannt war und die Nachstellungen der Juden nicht fürchtete."[162]

Das Lob geistlicher Bildung und kirchenpolitischen Eingreifens zu seinen Gunsten steht in diesen Nekrolog neben einem Umgang mit Reichtum, der den in den übrigen Nachrufen asketischer Witwen ausgedrückten Vorstellungen von christlicher Vollkommenheit nicht völlig entspricht. Hieronymus lehnt es jedoch ausdrücklich ab, die Unterscheidung, die manche törichterweise zwischen den heiligen Männern (*viri sancti*) und den Führern der Kirchen (*principes ecclesiarum*) zu machen pflegten, auf heilige Frauen anzuwenden und vertritt stattdessen die Auffassung, daß „Frauen, die dieselbe Arbeit geleistet haben, auch denselben Lohn empfangen."[163] Mit den „Führern der Kirchen" dürften heilige Bischöfe gemeint sein, mit den „heiligen Männern" diejenigen Asketen, die sich der weltabgewandten asketischen Selbstheiligung verschrieben haben. Hieronymus wendet sich hier gegen eine für heilige Männer entwickelte Typologie und ihre Übertragung auf heilige Frauen.

4. „Wir beurteilen die Tugend nicht nach dem Geschlecht"

Gregor von Nyssa fragt in seiner *Vita Macrinae* einleitend, ob seine Heldin noch Frau genannt werden dürfe, „ob man die nach ihrer Natur benennen darf, die sich über ihre Natur erhoben hat."[164] Eine solche Frage stellt Hieronymus in keinem der hier betrachteten Nekrologe. Noch in der zweiten Hälfte der 380er Jahre hatte er im *Kommentar zum Epheserbrief* formuliert, daß die Frau, wenn sie Christus mehr diene als der Welt, aufhöre, Frau zu sein und Mann genannt würde. Er meinte damit eine Aufhebung der Geschlechtsunterschiede im „engelgleichen" asketischen Leben, die er als ein symbolisches Mannwerden von Frauen verstand.[165] Da er sich jedoch ab 393 von seinen bisherigen, am Menschenbild des Origines orientierten Auffassungen über den Stellenwert der Geschlechtsunterschiede abwandte und nunmehr von deren Fortbestehen sowohl im asketischen Vollkommenheitsstreben als auch nach der Auferstehung ausging,[166] kommen Anspielungen auf ein symbolisches Mannwerden in den nach 399 entstandenen

Nekrologen der drei römischen Witwen nicht mehr vor. Das *Epitaphium Paulae* enthält auch einen Exkurs über das Weiterbestehen der Geschlechtsunterschiede nach der Auferstehung, mit dem Hieronymus einen namentlich nicht genannten Häretiker widerlegt.[167]

Mit der Auffassung von der Unüberwindbarkeit der Geschlechtsunterschiede korrespondiert die Forderung, die vorbildliche Asketin solle im Alltagsleben den Kontakt mit Männern meiden oder wenigstens minimalisieren. Dabei stehen jedoch nicht die möglichen sexuellen Gefährdungen im Blickpunkt, sondern die Abwendung von weltlichen Lebensformen und der Schutz vor übler Nachrede. Hieronymus hebt hervor, daß Paula nach dem Tod ihres Mannes nie mehr gemeinsam mit irgendeinem Mann gespeist habe.[168] In ihrem Frauenkloster sei die Abschließung von den Männern so streng gewesen, daß nicht einmal Eunuchen zugelassen wurden, um jeden Anlaß für Verleumdungen zu vermeiden.[169] Über Marcella berichtet er, sie habe jedes Zusammenkommen mit Klerikern und Mönchen ohne weibliche Begleitung vermieden.[170] Nur im Nachruf Fabiolas, die in Rom karitativ wirkte, kommt dieses Motiv nicht vor. Hieronymus beschreibt in diesem Zusammenhang sogar einen frommen Wettstreit mit einem männlichen Standesgenossen, nämlich Paulas verwitwetem Schwiegersohn Pachomius, der damit endete, daß beide gemeinsam die erste Herberge am Hafen Roms errichten.[171]

Daß Hieronymus nicht von einer Aufhebung der Unterschiede zwischen Frauen und Männern im asketischen Streben ausgeht, zeigt sich im *Epitaphium Paulae* auch daran, daß er die Tugend seiner Protagonistin – wie in einem Sportwettkampf, wo Frauen nur gegen Frauen antreten – fast ausschließlich im Vergleich zu Frauen herausarbeitet[172] und Paula „*prudentissima feminarum*" nennt.[173] Er führt allerdings auch vor Augen, daß sie von den Wüsteneremiten anerkannt und geehrt worden sei.[174] Ihren Wunsch, sich bei den Anachoreten niederzulassen, deutet er als Zeichen ihrer Begeisterung (*ardor*), einer für eine Frau ungewöhnlichen Stärke und des Vergessens von Geschlecht (*sexus*) und körperlicher Schwäche (*fragilitas corporea*).[175] Auch Fabiolas *ardor animi*, dem er den ersten Rang unter ihren Tugenden einräumt,[176] beschreibt er als Sehnsucht nach der Einsamkeit (*heremus, solitudo*) und spricht in diesem Zusammenhang ebenfalls von einem Vergessen des Geschlechtes und der Schwäche.[177] Dieses Vergessen oder Nichtbeachten der weiblichen Schwäche bleibt jedoch auf die Sphäre des *ardor* beschränkt.

Die weibliche Schwäche ist für Hieronymus körperlich bedingt (*fragilitas corporea*). Im *Epitaphium Paulae* läßt sich die Überwindbarkeit solcher „natürlicher" Bedingtheit am Beispiel der Mutterliebe studieren, die Hieronymus als naturgesetzlich gegeben ansieht. Bei Paulas Abreise aus Rom lobt er die heldenhafte Überwindung dieses Gefühls beim Abschied von ihren beiden jüngsten Kindern und veranschaulicht die Intensität ihres Trennungsschmerzes mit körperbezogenen Metaphern. Er sieht in dieser Trennung einen Sieg ihrer Liebe zu Gott über die Liebe zu ihren Kindern.[178] Auf Paulas Trauer um ihren Mann und ihre Töchter und die lebensgefährlichen Erkrankungen zu sprechen kommend, die sie nach dem Tod ihrer Angehörigen durchlitt, beschreibt Hieronymus die Überwindbarkeit elterlicher Gefühle jedoch anders:

„[...] obgleich [...] sie sich bemühte, den mütterlichen Schmerz durch Auflegung des Kreuzes zu lindern, überwältigte sie die Macht des Gefühls. Das Elternherz brachte den gläubigen Sinn aus der Fassung und der Gesinnung nach siegend (*animoque vincens*) wurde sie von der Zerbrechlichkeit des Körpers (*fragilitas corporis*) besiegt [...]."¹⁷⁹

Der körperlichen Zerbrechlichkeit wird hier die siegende Seele oder Gesinnung (*animus*) gegenübergestellt. Ist erstere auch nicht immer vollständig zu überwinden, so ist für ihn doch letztere entscheidend. Daß auch für das Geschlecht ähnliches gilt, zeigt folgende Stelle aus dem Brief über Marcella:

> „Ein heidnischer Leser mag vielleicht darüber lachen, daß ich beim Lob von Frauen verweile. Wenn dieser jedoch an die heiligen Frauen denkt, die Begleiterinnen des Herrn Erlösers, die diesen mit ihrem Vermögen unterstützten, und an die drei Marien, die vor dem Kreuz standen, und besonders an Maria Magdalena, die wegen ihrer Emsigkeit und Glaubensbegeisterung (*ardor fidei*) den Namen „die mit Türmen versehene" erhielt und es verdiente, als erste, vor den Aposteln, den auferstandenen Christus zu erblicken, dann wird er eher sich des Hochmutes als uns der Possen zeihen, die wir die Tugenden nicht nach dem Geschlecht, sondern nach der Gesinnung beurteilen (*qui virtutes non sexu sed animo iudicamus*)."¹⁸⁰

Mit dieser Gegenüberstellung von Geschlecht (*sexus*) und Seele oder Gesinnung (*animus*) wird das antike Konzept der weiblichen Inferiorität als Maßstab für die christliche Tugend von Frauen abgelehnt. Seine vornehmen Gönnerinnen haben für Hieronymus als Frauen christliche Vollkommenheit erlangt.

B. Paulinus von Nola an Sulpicius Severus über Melania die Ältere

Im Jahre 400 sandte Pontius Meropius Paulinus (um 355-431), der spätere Bischof von Nola bei Neapel, seinem Freund Sulpicius Severus in Aquitanien einen Brief, in dem er die Heiligkeit der vornehmen römischen Witwe Melania der Älteren beschrieb.¹⁸¹

Paulinus, einer der größten Landbesitzer von senatorischem Rang in Aquitanien, war im Jahre 381 *consularis* von Kampanien. Nach seiner Amtszeit zog er sich auf seine Güter zurück und heiratete Therasia, die aus einer spanischen Aristokratenfamilie stammte. Zusammen mit seiner Frau bekehrte er sich 393 zum asketischen Leben. Sie begannen, ihre Güter zu verkaufen und ließen sich 395 beim Grab des heiligen Felix in Nola bei Neapel nieder.¹⁸² Paulinus verstand sich als christlicher Dichter und Schriftsteller und pflegte Freundschaften mit den bedeutendsten Vertretern der lateinischen Christenheit über die Grenzen theologischer Auseinandersetzungen hinweg. Auch mit Hieronymus stand er nach seiner Bekehrung für kurze Zeit in brieflichem Kontakt.¹⁸³

Einer seiner engsten Freunde war Sulpicius Severus, an den 13 seiner überlieferten Briefe gerichtet sind.¹⁸⁴ Sulpicius Severus seinerseits berichtet in der Vita des Bischofs Martin von Tours, die er 397 verfaßte, dieser habe ihm seinen Standesgenossen Paulinus als ein Vorbild der Nachfolge Christi ans Herz gelegt.¹⁸⁵

Paulinus bezeichnet Melania die Ältere (Mitte des 4. bis Anfang des 5. Jahrhunderts) als seine Verwandte; der Grad dieser Verwandtschaft ist jedoch nicht ermittelbar.¹⁸⁶ Sie hatte sich, nachdem sie im Alter von etwa 22 Jahren innerhalb eines Jahres ihren Ehemann Valerius Maximus und zwei ihrer drei Söhne zu Grabe geleitet hatte, zum asketischen Leben bekehrt, ihren dritten Sohn unter Vormundschaft gestellt und sich 372 oder 374 zu einer Pilgerfahrt ins Heilige Land aufgemacht. Nach einem mehrmonatigen Besuch bei den Eremiten in der nitrischen Wüste (Ägypten) ließ sie sich zusammen mit Rufinus von Aquileja auf dem Ölberg in Jerusalem nieder und gründete dort ein Kloster. Sie war theologisch sehr interessiert[187] und unterstützte umstrittene und später als häretisch verurteilte Positionen wie den Origenismus Rufins und den Pelagianismus.[188] Aus den zwar zahlreichen, aber bruchstückhaften und oft widersprüchlichen Nachrichten über sie kann keine sichere Chronologie ihres Lebens gewonnen werden.[189] Sie starb Anfang des 5. Jahrhunderts in Jerusalem.

Nach dem Ausbruch des origenistischen Streites zwischen Hieronymus und ihrem Schützling Rufinus kehrte sie 399/400 noch einmal nach Rom zurück und besuchte auf dem Weg dorthin Paulinus und Therasia in Nola.[190] Dieser Besuch bildete den Anlaß für Paulinus, Sulpicius Severus brieflich ihre christliche Vorbildlichkeit zu beschreiben. Ob ihre Rückkehr nach Rom mit dem origenistischen Streit zusammenhing, ist aus dieser Quelle nicht erkennbar.[191] Paulinus geht weder auf Melanias theologische Interessen ein, noch erwähnt er ihre Verbindung zu Rufinus. Indem er Melania jedoch als eine vorbildliche und mutige Frau lobt, die sich nicht scheute, für diejenigen einzutreten, die unter Kaiser Valens, der die Arianer unterstütze, wegen ihres Glaubens verfolgt wurden,[192] wirbt er zumindest indirekt für ihre Partei im origenistischen Streit.[193]

In diesem Brief bedankt sich Paulinus zunächst bei Sulpicius Severus für das Geschenk einer Kamelhaardecke und geht auf die spirituelle Bedeutung dieser Gabe ein (c. 1-4). Dann kündigt er das Gegengeschenk einer Tunika an, die er von seiner Verwandten Melania, einer „heiligen und erlauchten Frau unter den Heiligen Gottes,"[194] erhalten habe (c. 5). Der Rest des Briefes ist ihrem Lob gewidmet.[195] Paulinus geht zunächst auf seine Erwartung ihres Besuches ein und charakterisiert ihre Heiligkeit (c. 6). Dann bespricht er ihre Herkunft (c. 7), Ehe und Bekehrung (c. 8), die Trennung von ihrem Sohn (c. 9) und ihre Übersiedlung nach Jerusalem (c. 10). Nach der Schilderung einiger ihrer Taten (c. 11) beschreibt er den Empfang, den ihr ihre Nachkommen bei ihrer Ankunft in Neapel bereiteten (c. 12), ihren Besuch in Nola und in Rom und spricht den Wunsch aus, sie möge Glaubensfestigkeit und Tugendgnade bis zu ihrem Tod bewahren (c. 13). Der Brief schließt mit einer Referenz an den Autor der *Vita Martini,* dessen Werk er Melania vorgelesen habe (c. 14).

Dieser Brief entstand wie die *Vita Martini* noch zu Lebzeiten der Protagonistin und wurde in der erklärten Absicht verfaßt, dieser Vita ein dem Inhalt und der sprachlichen Gestalt (*materia et eloquentia*) nach gleichrangiges Werk an die Seite zu stellen.[196] Er wendet sich mit seiner ausgesprochenen stilistischen Eleganz an gebildete Leser. Trotz des persönlich wirkenden Rahmens ist er wohl nicht nur für den Empfänger bestimmt gewesen. Sulpicius Severus selbst stellt in seinen *Dialogen* einen Kreis von Menschen seiner Umgebung vor Augen, die an Geschichten über orientalische Asketen und über Martin von Tours interessiert waren.[197]

Auch bei der Beschreibung seiner Zielsetzung nimmt Paulinus auf die *Vita Martini* Bezug und stellt Melania als eine Frau vor, die mit den gleichen *virtutes* wie der gallische

Mönchsbischof für Christus kämpfe und sich mit ihrer Verachtung des „körperlichen Adels" *nobilior* gezeigt habe als ihre adeligen Vorfahren von konsularischem Rang.[198] Um sein Tugendideal kennenzulernen, untersuchen wir zunächst, was er unter diesen *virtutes* versteht und dann, was er mit „*nobilior [...] contemptu corporeae nobilitatis*" meint.

1. „Kraft Gottes im Geschlecht der Schwäche"

Mit der Formulierung „eine Frau, die, obgleich durch ihr Geschlecht von niedrigerem Rang, mit den *virtutes* Martins für Christus kämpfte (*feminam inferiorem sexu virtutibus Martini Christo militatem*)" vergleicht Paulinus die senatorische Witwe mit dem Bischof von Tours. Ein so direkter Vergleich der *virtus* weiblicher und männlicher Asketen ist in den oben untersuchten Briefen des Hieronymus nicht zu finden. Mit der Auffassung, man könne Melania kaum als eine Frau bezeichnen, denn sie sei „so mannhaft christlich",[199] bleibt Paulinus, anders als Hieronymus, der Vorstellung vom symbolischen Mannwerden der Asketin verpflichtet.[200] Er unterstreicht dies mit der Verwendung der männlichen Namensform „Melanius"[201] und spricht von „so großer *virtus* Gottes in dem Geschlecht der Schwäche (*tantam in sexu infirmitatis virtutem dei*)."[202] Melania hat seiner Ansicht nach mit Gottes Hilfe in ihrem christlichen Tugendstreben die spezifische Schwäche ihres Geschlechtes überwunden. In diesem Frauenlob schwingen antike Vorstellungen von weiblicher Inferiorität als misogyner Unterton mit.[203] Ob es mit diesem Gedanken des symbolischen Mannwerdens zusammenhängt,[204] daß das Motiv, die Asketin habe den Umgang mit Männern gemieden, in dieser Lobschrift nicht vorkommt?

Der Vergleich mit den *virtutes* des Bischofs Martin von Tours zeigt zugleich, daß für Paulinus nicht mehr wie für Hieronymus das weltabgewandte Leben der ägyptischen Wüsteneremiten hagiographisches Leitbild ist. Der Gedanke der *militia Christi,* den er anspricht, ist ein zentrales Motiv der *Vita Martini,* das in Hieronymus' biographischen Briefen keine Rolle spielt.[205]

Was er unter Melanias *virtutes* versteht, zeigt Paulinus insbesondere an zwei Stellen. Als ein Zeichen von „so großer *virtus* Gottes in dem Geschlecht der Schwäche" sieht er Melanias fromme Lebensweise an, die er so beschreibt:

> „[...] sie findet Erfrischung im Fasten, Ruhe im Gebet, Brot im Wort, Kleidung in den Lumpen. Ihr hartes Bett auf dem Boden, aus Mantel und Flickendecke, wird weich mit dem Buchstaben, durch den die Freude am Lesen die Gewalttat der harten Lagerstätte mildert, und im Herrn wachen bedeutet der heiligen Seele ruhen."[206]

Mit *virtus dei* ist hier von Gott verliehene Kraft für solche asketische Entsagung oder die Tugend gemeint, die sich darin ausdrückt.

An einer anderen Stelle erklärt Paulinus, er werde von den „vielen *virtutes* Gottes" in Melania nur ein Beipiel bekannt machen, aus dem man alle ihre Werke (*opera*) ermessen könne.[207] Diese Ankündigung leitet einen Abschnitt über Melanias Wirken zu der Zeit ein, als Kaiser Valens die Arianer begünstigte. Sie sei damals „Anführer und Kamerad aller, die für den Glauben einstanden," gewesen und habe die von den Häretikern Verfolgten unterstützt. Als sie deshalb selbst vor den Richter geführt wurde, habe sie diesen mit der Kühnheit ihres Glaubens (*fidei audacia*) so beeindruckt, daß er sie nicht zu bestrafen wagte.[208] Bei derselben Gelegenheit habe sie 5000 Mönche, die sich versteckten, drei Tage lang in der Wüste gespeist.[209] Paulinus bezeichnet diese letzte Tat, mit der Melania Ruhm und große Verdienste erworben habe, ausdrücklich mit dem in der Ankündigung gebrauchten Wort *opus*.[210] Ob er sie als ein Wunder versteht, ist nicht eindeutig auszumachen. Seine Hinweise, daß diese Speisung „der Herr Jesus Christus durch ihre Hand" bewirkt habe und daß sich darin eine „größere Barmherzigkeit" (*inpensior clementia*) ausdrücke als in der biblischen Speisung der Fünftausend,[211] deuten zwar in diese Richtung. Da Paulinus diese Tat aber auch als Zeichen für Melanias Furchtlosigkeit angesichts weltlicher Strafandrohung sieht,[212] könnte mit der *virtus Dei*, die sich in diesem Werk ausdrückt, auch die Tugend der *fidei audacia* gemeint sein. Dies ist die einzige Stelle des Briefes, an der mit *virtus* Wunderkraft gemeint sein könnte; an den übrigen Stellen bedeutet dieses Wort Tugend oder Kraft.[213]

Diese sehr verhaltene Verwendung von *virtus* für übernatürliche Fähigkeiten der Heiligen unterscheidet sich von der *Vita Martini*. Dort kommt das Wort nicht nur im Sinn von Kraft Gottes und Tugend vor,[214] sondern bezeichnet auch häufig besondere Fähigkeiten, die Wunderkraft oder Wunder Martins.[215] Mit den Motiven der asketischen Entsagung und der *audacia fidei* gegenüber der weltlichen Gewalt greift Paulinus jedoch Themen auf, die auch in der *Vita Martini* eine wichtige Rolle spielen. Er dürfte daher diese Aspekte des Lebens und Handelns Melanias meinen, wenn er formuliert, sie habe mit *virtutes Martini* für Christus gekämpft.

2. „Edler durch die Verachtung körperlichen Adels"

Das zweite Thema des Briefes bildet die Beschreibung von Melanias „Verachtung des körperlichen Adels" (*contemptus corporeae nobilitatis*) und des Ansehens in der Welt, das diese ihr eingetragen habe. Dieses Thema spielt in der *Vita Martini*, deren Protagonist nicht so vornehmer Herkunft war wie Melania, keine Rolle.[216]

Was versteht Paulinus unter *corporea nobilitas*? Das Adjektiv *corporeus* verwendet er in diesem Brief nur noch an einer weiteren Stelle. Er spricht von der Lösung der „Fesseln der körperlichen Liebe (*corporeae pietatis vincula*)" bei Melanias Abreise nach Jerusalem, die für ihn ein wichtiger Aspekt ihrer Bekehrung ist.[217] Mit „körperlicher Liebe" (*corporea pietas*) meint er die Bindung an ihre Familie und Verwandtschaft, der er die „Liebe zum Glauben" (*pietas fidei*)[218] als heilbringende Alternative gegenüberstellt. Er beschreibt Melanias Bekehrung als einen Vorgang, bei dem durch die „Schäden der menschlichen Liebe" (*damna humanae pietatis*), nämlich den Schmerz über den Tod ihres Gatten und zweier Söhne, Melania die „göttliche Liebe" (*divina pietas*) empfangen habe.[219] Er führt diesen Schicksalsschlag auf die „Liebe des höchsten Vaters" (*summi patris pietas*) zurück und zeigt an biblischen Beispielen, daß Gott die Menschen aus „väterlicher Liebe" (*paterna pietas*) und Barmherzigkeit zu züchtigen pflege, um sie zu heilen und vollkommen zu machen.[220] Seiner Ansicht nach bestand Melanias

Bekehrung also darin, daß an die Stelle der „körperlichen" oder „menschlichen" Bindungen des weltlichen Lebens die „göttliche Liebe" oder „Liebe zum Glauben" traten.

Wie Hieronymus deutet auch Paulinus die Tatsache, daß seine Protagonistin einen noch unmündigen Sohn in Rom zurückließ, als ein Zeichen ihres Glaubens. Er stellt dabei nicht die heldenhafte Überwindung der Mutterliebe in den Mittelpunkt, sondern beschreibt, daß sie ihren Sohn, anstatt ihn einem ihrer Verwandten anzuvertrauen, „in Christi Schoß warf, damit ihn der Herr selbst aufzog," und sich danach nicht mehr um ihn sorgte. Er deutet dies als Zeichen für ihr Gottvertrauen und als eine Nachahmung des Beispiels der alttestamentlichen Hanna.[221]

Obgleich Paulinus also in der Trennung von ihrer Familie einen zentralen Aspekt von Melanias Bekehrung sieht, gehört ihr „irdischer Adel" (*terrena nobilitas*) für ihn doch zum Bild ihrer Heiligkeit. Er bezieht das Lob ihrer Vorfahren ohne jede Distanzierung vom rhetorischen Brauch in seine Darstellung ein und begründet mit biblischen Beispielen vor allem aus dem Lukasevangelium, daß dies auch „unserem", d. h. dem christlichen Brauch entspreche.[222] Paulinus vertritt die Ansicht, Gott habe Melania vornehme Herkunft zum Ruhm seines Werkes verliehen, damit die Welt, die solche Titel schätzt, um so mehr aus der Fassung gebracht würde, wenn Melania das, was die „Eitelkeit der Menschen" zur „Verachtung Gottes" gebraucht, ihrerseits zur Verachtung der Welt verwende. Auch auf das Geschlecht seiner Heldin, das dem heilbringenden Beispiel größere Autorität verleihe, nimmt er in diesem Zusammenhang nochmals Bezug und hebt hervor, daß

> „[...] sich eine Frau von sehr hohem Rang wegen der Liebe zu Christus zur Pflege der Demut auf erhabene Weise erniedrigt hat (*mulier celsiore gradu ad humilitatis cultum ob amorem Christi deiecta sublimiter*), damit die Starke im schwachen Geschlecht die trägen Männer anklagt und die arm gewordene Reiche und erniedrigte Adelige (*paupertata dives et nobilis humiliata*) die anmaßenden Personen beiderlei Geschlechtes aus der Fassung bringt."[223]

Paulinus betrachtet Melania, wie hier deutlich wird, als ein „heilbringendes Beispiel" von großem Gewicht für ihre Standesgenossen, und zwar nicht nur für Frauen, sondern auch für Männer. An anderer Stelle berichtet er, daß sie in Rom bewundert wurde, weil sie den Reichen Ansporn zum Glauben lieferte.[224] Den standesspezifischen Aspekt der Vorbildlichkeit seiner Heldin spricht Paulinus damit direkter aus als Hieronymus.

Wenn er die Zielgruppe für dieses Tugendvorbild als „Hochmütige" (*superbi*), „träge Männer" (*viri desides*) und „anmaßende Personen beiderlei Geschlechtes" (*adrogantes in sexu utroque personae*) bezeichnet, rückt er ihre innere Haltung, nicht ihren Reichtum oder ihre Lebensweise in den Blickpunkt. Der weltlich-adeligen Einstellung, die er auch als „Eitelkeit der Menschen" und „Verachtung Gottes" kritisiert, stellt er Melanias „Verachtung der Welt" und „Pflege der Demut" (*humilitatis cultus*) gegenüber.

Was ist hier mit *humilitas* gemeint? Es fällt auf, daß Paulinus den Bedeutungsgehalt des Wortes abschwächt, indem er nicht einfach von Demut oder Erniedrigung (*humilitas*), sondern von „Pflege der Demut" spricht. Auch in der Wendung „arm gewordene Reiche und erniedrigte Adelige" (*paupertata dives et nobilis humiliata*) werden die

Partizipien *paupertatus* und *humiliatus* durch die Verbindung mit Substantiven gegenteiliger Bedeutung stark abgemildert. Dabei wird auch deutlich, wie sehr und wie selbstverständlich Melania für Paulinus nach ihrer Bekehrung noch der Schicht der Reichen und Vornehmen angehörte.

Im Mittelpunkt seines Briefes steht die Beschreibung von Melanias Ankunft in Nola, bei der Paulinus, wie er mitteilt, ein „Betrachter großer Gnade Gottes" war und den „Ruhm des Herrn" sah.[225] Dabei ist auch von *humilitas* die Rede. Er schildert, wie Melania, die auf einem mageren Pferd, armseliger als ein Esel, ankam, den „ganzen Pomp dieser Welt, mit dem sich geehrte und reiche Senatoren umgeben können," die schwankenden Karren, buntgeschmückten Pferde, vergoldeten Prachtwagen und Kutschen ihrer Nachkommen,[226] die sie am Hafen von Neapel empfangen hatten und nach Nola begleiteten, mit der „Gnade der christlichen Demut (*Christianae humilitatis gratia*)" überstrahlte:

> „Die Reichen bewunderten die heilige Arme, aber unsere Armut verspottete jene. Wir haben eine Gott würdige Verwirrung dieser Welt gesehen, als das purpurne Seidengewand und der goldene Hausrat die alten und schwarzen groben Mäntel bediente."[227]

Die „Armen" sind die asketisch Lebenden unter Einschluß der Gemeinschaft des Paulinus in Nola, in deren Mittelpunkt Melania steht.

In der Formulierung *„Christianae humilitatis gratia"* wird der Bedeutungsgehalt des Wortes *humilitas* durch die Verbindung mit dem Wort *gratia*, das auf ein Einwirken Gottes verweist, beeinflußt. Diese Demut oder Erniedrigung ist nicht degradierend, sondern erhöhend, denn sie „überstrahlt" die „Pracht der Eitelkeit": Die üblichen weltlichen Rangverhältnisse zwischen reich und ärmlich Gekleideten kehren sich bei der geschilderten Begegnung um. Die Überlegenheit der gottgefälligen asketischen Lebensweise wird augenfällig. Paulinus umschreibt diese Lebensform an anderer Stelle mit den Worten „im Dunkel der Demut (*humilitatis obscuro*) und im Lichte der Wahrheit lebend."[228] Auch hier wird der Bedeutungsgehalt von „Dunkel der Demut" durch die Wendung „im Lichte der Wahrheit" zumindest abgeschwächt. Die Gegenüberstellung des Begriffs „Wahrheit" weist darauf hin, daß auch mit *humilitas* ein innerer Wert gemeint ist.[229]

Eine vergleichbare Tendenz zeigt sich in den Hinweisen auf Melanias Armut. Paulinus nennt sie eine „heilige Arme" (*pauper sancta*), liebevoll „unsere kleine Arme" (*egenula nostra*) und spricht von ihrer „heiligen Not" (*sancta inopia*).[230] Worin diese Armut bestand, geht aus seinem Bericht nicht hervor; er veranschaulicht sie nur an ihrem äußeren Erscheinungsbild. Eine wirkliche Not kann nicht gemeint sein, denn er deutet an, daß sie in Rom die Not der Armen linderte.[231] Paulinus geht auf ihre frommen Schenkungen jedoch nicht näher ein.[232] Für ihn ist vielmehr das Verlassen und das auch bei der Begegnung mit ihrer Familie beharrlich durchgehaltene Verachten des Reichtums entscheidend.[233]

Die Verbindung mit Gnade und Wahrheit hebt, ebenso wie das Attribut „heilig," Melanias „Erniedrigung" und „Armut" deutlich von der Lebenswelt der unteren sozialen Schichten ab. *Humilitas* und *sancta inopia* sind nicht klar voneinander abgrenzbar und inhaltlich nur negativ bestimmbar als Verzicht darauf, die vornehme Herkunft in Kleidung und Ausstattung zur Schau zu stellen.

In der Begegnung mit ihrer Familie konnte Melania, wie Paulinus meint, „ihren Sieg über die Eitelkeit der Welt betrachten:"[234] Ihre reichen Nachkommen demütigten sich, um an ihrem Heil teilzuhaben. Paulinus berichtet, daß sie Melanias Kleidung zu berühren begehrten, die eigenen, kostbaren Kleidungsstücke unter ihren Füßen ausbreiteten und geringschätzig behandelt werden wollten, weil sie meinten, sich vom schädlichen Einfluß ihres Reichtums zu reinigen, wenn sie einigen Schmutz von ihrem sehr armseligen Gewand oder ihrer Fußspur sammeln dürften.[235]

Diese Anerkennung von Melanias christlicher Tugend dürfte Paulinus im Auge gehabt haben, als er formulierte, sie sei durch die „Verachtung des körperlichen Adels" *nobilior* als ihre Vorfahren von konsularischem Rang. Er beschreibt, daß Melania nicht nur bei ihrem Nachkommen, sondern auch in Rom Bewunderung erregte.[236] Diese „Rangerhöhung" der Asketin in der Welt stellt er, anders als Hieronymus, ganz in den Mittelpunkt seiner Darstellung.

Der „Sieg" Melanias über die Eitelkeit der Welt ist für Paulinus zugleich eine Aneignung der „Früchte ihres Glaubens."[237] Mit dieser Metapher führt er die Haltung ihrer Nachkommen, die die „heilige Not der Mutter" mehr als den eigenen „sichtbaren Überfluß" geschätzt hätten,[238] auf Melanias eigenes Tugendstreben zurück und deutet sie als ein Ergebnis oder Produkt ihres Glaubens. Die Vorstellung einer „Tugendübertragung" drückt er auch mit seinem Bekenntnis aus, er habe „in diesen Reichen an jenem Tag von den mütterlichen Gütern den armen Geist bestaunt."[239] Im Unterschied dazu führt Paulinus die Bewunderung für Melanias Frömmigkeit in Rom auf eine allgemeine Entwicklung zurück, nämlich darauf, daß „diese Stadt auch schon in vielem mehr eine Tochter Zions als eine Tochter Babylons" sei.[240] Während das Motiv des Tugenderbes sich im *Epitaphium Paulae* auf ebenfalls asketisch lebende Nachkommen beschränkt,[241] geht es bei Paulinus um eine Übertragung auf weltlich lebende Nachkommen noch zu Lebzeiten der Protagonistin.[242]

Auch den Gedanken, daß Gott die Seinen schon auf dieser Welt belohnt, akzentuiert Paulinus stärker als Hieronymus. Er sieht in dem Wiedersehen Melanias mit ihrem Sohn bei ihrer Rückkehr nach Italien ein Geschenk Gottes, das sie mit ihrer „Liebe zum Glauben" (*fidei pietas*) verdient habe, weil sie sich nie nach ihm gesehnt habe.[243] Als biblisches Beispiel dafür, daß dem Herrn ein „vollkommenes Opfer im Herzen" (*sacrificium pietatis in corde perfectum*) genüge, führt er das Opfer Abrahams an.[244] Ausführlich erläutert er, daß Melanias Fall ein mahnendes Beispiel für die Menschen sei, richtig zu wählen. Diejenigen, die das richtige, nämlich das himmlische Gut wählten, würden seiner Ansicht nach auch das nicht erbetene irdische Gut von Gott erhalten, während die anderen zur Strafe für ihre falsche Wahl ganz leer ausgingen.[245]

Die Vorstellungen des Paulinus von der christlichen Vorbildlichkeit einer vornehmen römischen Witwe ähneln, wie wir sehen, in vielen Punkten denen seines Zeitgenossen Hieronymus. Er betont wie dieser, daß seine Protagonistin ihr Ansehen auf der Welt mit ihrem Tugendstreben erhöht habe, arbeitet heraus, wie Gott ihre Frömmigkeit schon auf dieser Welt belohnt habe und sieht in ihrem äußeren Erscheinungsbild einen ausreichenden Beweis für ihre christliche Demut und Armut. Allerdings nehmen diese von antiken Vorstellungen beeinflußten Themen im Rahmen seiner Darstellung deutlich mehr Raum ein als im *Epitaphium Paulae*.

Da sich die Lebensgeschichten der Witwen Paula und Melania, die sich beide nach dem Tod ihrer Gatten zum asketischen Ideal bekehrten, in Rom unmündige Kinder zurückließen, Pilgerreisen in den Orient unternahmen und in Palästina Klöster gründeten, so sehr ähneln, treten neben den Gemeinsamkeiten auch die Unterschiede von Hieronymus' und Paulinus' Vorstellungen von der christlichen Vollkommenheit reicher Witwen beim Vergleich dieser Lebensbeschreibungen sehr klar zutage. Ohne auf diese Verschiedenheiten hier im einzelnen eingehen zu können,[246] sind einige wichtige Aspekte festzuhalten. Neben dem Wechsel des hagiographischen Leitbildes von der weltabgewandten Askese der Wüsteneremiten zur *militia Christi* des Bischofs Martinus, die auch das Wirken in der Welt einschließt, verlagert Paulinus den Schwerpunkt seiner Darstellung so, daß nicht der Verzicht auf Adelsprivilegien, sondern die Erhöhung des Ansehens in der Welt im Zentrum steht. Er bleibt der antiken Vorstellung von weiblicher Inferiorität stärker verhaftet als Hieronymus. An Stelle der von Hieronymus geforderten völligen Hingabe des Reichtums an die Armen nach Maßgabe von deren Bedürftigkeit setzt er die Forderung, den Reichtum zu verlassen und zu verachten. Während es Hieronymus auf einen radikal gewandelten Umgang mit dem Reichtum ankommt, genügt Paulinus eine veränderte innere Einstellung. Diese Auffassung war für die spätrömischen Adelsfamilien sicherlich wesentlich akzeptabler, denn sie stellte keine Bedrohung für den Familienbesitz dar. Paulinus, der selbst dem hohen Adel angehörte, nahm darauf mehr Rücksicht als Hieronymus, der wohl weniger vornehmer Herkunft war.[247]

C. Tugendvorbilder für den Adel

Die hier untersuchten biographischen Briefe des Hieronymus und Paulinus wenden sich an vornehme und literarisch gebildete Leser, die sie für das asketische Ideal gewinnen wollen. Sie haben ihren „Sitz im Leben" in der Bekehrung des lateinischsprachigen Adels zu christlich-asketischen Tugendidealen.

Abgesehen von der Lobschrift auf die Jungfrau Asella wurden diese biographischen Briefe nicht in erster Linie zur Erbauung asketisch lebender Frauen verfaßt. Das *Epitaphium Paulae* ist zwar an Eustochium gerichtet, die ihrer Mutter in der Leitung der Bethlehemer Klöster nachfolgte, wurde jedoch nicht vorrangig als Anleitung für ein Nonnenkloster konzipiert; zu diesem Zweck übersetzte Hieronymus die *Pachomiusregel* ins Lateinische.[248] Ähnliches gilt für den Nachruf auf Marcella, auch wenn er an deren asketische Lebensgefährtin gerichtet ist. Bei dem Nachruf auf Fabiola und der Lobschrift über Melania die Ältere weisen schon Auftraggeber bzw. Adressat – männliche Freunde der Autoren – darauf hin, daß es sich nicht primär um Erbauungsschriften für Asketinnen handelt.

Diese Briefe beschreiben das Leben reicher und gebildeter Frauen aus dem römischen Senatorenadel, die, zumeist nach dem Tod ihrer Ehemänner, in städtischen Haushalten oder auf Landgütern nach asketisch-monastischen Vorstellungen lebten, Pilgerreisen unternahmen, Klöster, Pilger- und Armenhäuser in Rom und Palästina gründeten. Da es ihren Biographen vor allem darum ging, ihr asketisches Ideal zu propagieren, erfahren wir über die Frauen selbst im Grunde sehr wenig.

Die Heiligkeit dieser reichen Witwen wird in diesen Lebensbeschreibungen am Gegensatz ihrer christlich-asketischen zur weltlichen Lebensweise ihrer Standesgenossen aufgezeigt. Hieronymus stellt die ererbte *nobilitas* und *divitiae* seiner Freundinnen ihrer christlichen *paupertas* gegenüber, mit der jedoch kein Abstieg in die Unterschichten verbunden ist. Es handelt sich vielmehr um eine adelige Armut, die es den Frauen nicht unmöglich macht, Klöster zu gründen, Kirchen zu erbauen und Reisen zu unternehmen. Unverzichtbare christlich-asketische Tugenden adeliger Frauen sind für Hieronymus, wie im *Epitaphium Paulae* am deutlichsten wird, eine gewandelte Einstellung und ein veränderter Umgang mit ihrem Vermögen sowie der Verzicht auf die luxuriösen Lebensgewohnheiten des weltlichen Adels im Hinblick auf Nahrung, Nachtlager und Kleidung, den er auch als Buße für die frühere weltliche Lebensweise seiner Heldin ansieht.

Bei Paulinus spielen die von Hieronymus betonten Aspekte des Verzichts, der Entsagung und des Duldens eine sehr viel geringere Rolle. Er führt seinerseits das Motiv der Belohnung Gottes für asketische Weltabwendung schon auf dieser Welt viel stärker aus und stellt die Bewunderung der weltlich lebenden Verwandtschaft für Melania die Ältere in den Mittelpunkt seiner Darstellung. Den Unterschied zwischen den asketisch und den weltlich lebenden Adligen zeigt er vor allem an ihrem äußeren Erscheinungsbild auf.

Mit dem Gedanken, Gott habe ihre Protagonistinnen für ihr asketisches Tugendstreben mit Ruhm auf dieser Welt belohnt und sie seien durch ihre asketische Tugend *nobilior* als sie von Haus und Herkunft her waren, greifen Hieronymus und Paulinus ein in der antiken Literatur verbreitetes Lobschema.[249] Diese Vorstellungen zielen darauf ab, adeligen Vätern und Brüdern deutlich zu machen, daß die asketische Tugend ihrer Töchter und Schwestern ihren Ruhm in der Welt zu steigern vermöge. Paulinus, der den Gedanken des Tugenderbes auch auf weltlich lebende Verwandte ausdehnt, spricht damit noch direkter als Hieronymus das Bedürfnis römischer Adeliger an, ihr Ansehen in der Welt zu steigern, und verzichtet gleichzeitig auf das für seine Standesgenossen problematische Lob extensiver frommer Schenkungen.

In diesen Briefen loben Hieronymus und Paulinus vornehme Zeitgenossen, die dem asketischen Tugendweg folgten. Die Beschreibung solcher Tugendvorbilder hat in der antiken Literatur Tradition;[250] die Bedeutung zeitgenössischer Vorbilder bei der Bekehrung römischer Adeliger zum Christentum und zum asketischen Ideal ist in den Quellen gut erkennbar.[251] Daß die in diesen Briefen dargestellten vorbildlichen Zeitgenossen weiblichen Geschlechts waren, ist vor dem Hintergrund der allgemeinen Vorreiterrolle zu sehen, die Frauen bei der Bekehrung senatorischer Familien zum Christentum und in der asketischen Bewegung spielten.[252] Die aufsehenerregenden Bekehrungen vornehmer Witwen, die in diesen Briefen für asketische Propaganda fruchtbar gemacht werden, werden in der Forschung vor allem mit den Freiheiten und Handlungsmöglichkeiten erklärt, die der Status als Asketin und Wohltäterin der Kirche diesen Frauen bot.[253]

Ihr Einfluß auf das kirchliche Leben ihrer Zeit wird im den hagiographischen Quellen jedoch nicht immer in vollem Umfang verdeutlicht,[254] vor allem dann nicht, wenn er – wie bei der hochgebildeten Marcella – Gefahr läuft, gegen das Lehrverbot für Frauen zu verstoßen. In diesen Zusammenhang ist wohl auch einzuordnen, daß die Rollen Paulas und Melanias der Älteren im origenistischen Streit zwischen Hieronymus und Rufinus nicht dargestellt werden. Paulinus verzichtet auf jede Anspielung auf diesen Streit, der Melanias Rückkehr nach Italien veranlaßt haben dürfte, und geht auch weder auf ihre theologische Bildung und Interessen noch auf ihre Beziehungen zu Rufinus ein. Indem er jedoch in der zu ihren Lebzeiten verfaßten Lobschrift ihr mutiges Eintreten für verfolgte rechtgläubige Christen hervorhebt, unterstützt er auf subtile Weise ihre Partei. In Hieronymus' Nachrufen auf Fabiola, Marcella und Paula finden sich dagegen deutlichere Hinweise auf diese Auseinandersetzungen. Fabiolas Abreise aus Bethlehem hing seinen Angaben zufolge auch mit dem Ausbruch dieser „häuslichen Kriege" zusammen.[255] Er würdigt Marcellas Eintreten für die Verurteilung der Auffassung seiner Gegner in Rom. Den Nachruf auf Paula nutzt er zur Propagierung seiner Auffassungen: Er widerlegt ausführlich die Argumentation eines nicht namentlich genannten Vertreters der Gegenpartei und lobt Paula dafür, diesen Menschen fortan gemieden zu haben.[256]

II. DIE LATEINISCHE VITA MELANIAE IUNIORIS

Die *Vita Melaniae*, die um 450 in Palästina verfaßt wurde, ist in einer lateinischen und einer griechischen Fassung überliefert.[1] Da beide Versionen glaubwürdige Details berichten, die in der jeweils anderen Fassung fehlen,[2] werden sie allgemein auf einen gemeinsamen Urtext zurückgeführt.[3] Umstritten ist in der Forschung sowohl die Sprache der Urfassung als auch die Frage, ob die lateinische oder die griechische Fassung diesem Urtext näher steht.[4] Die Konzentration der Diskussion auf die verlorene Urfassung und ihre Sprache hat dazu geführt, daß das Verhältnis der überlieferten lateinischen und griechischen Fassungen zueinander noch kaum untersucht und die Möglichkeit, daß diese Vita von Anfang an in beiden Sprachen zirkulierte, nicht berücksichtigt wurde.[5] Als mögliches Vorbild für die merowingischen Frauenviten ist hier nur die lateinische Fassung von Interesse, die vielleicht schon in den 450er Jahren, eventuell als Übersetzung einer verlorenen griechischen Urfassung, entstanden ist.[6]

Diese älteste lateinische Asketinnenvita beschreibt das Leben Melanias der Jüngeren († 31.12.439), die nach ihrer Großmutter Melania der Älteren benannt war,[7] dem römischen Senatorenadel angehörte und über ihre Mutter Caeionia Albina mit den Witwen Marcella und Paula, deren Leben Hieronymus beschrieb, verwandt und verschwägert war.[8]

A. AUTOR, AUFTRAGGEBER UND PUBLIKUM

Der Autor dieser Vita gibt sich als Priester zu erkennen, der seinen Klerikerrang Melania verdankte und sie als seine geistliche „Mutter" ansah.[9] Während er ihr Schicksal vor ihrer Niederlassung in Jerusalem vor allem aus ihren Erzählungen zu kennen scheint,[10] schildert er sich als einen engen Vertrauten Melanias in ihren letzten Lebensjahren, dem sie auf dem Totenbett ihre Jerusalemer Klöster ans Herz legte.[11] Dieser Priester wird in der Forschung einhellig mit Gerontius von Jerusalem identifiziert,[12] von dem Kyrill von Skythopolis berichtet, daß er die von Melania gegründeten Klöster 45 Jahre lang leitete, ehe er wegen seines Festhaltens am monophysitischen Bekenntnis vertrieben wurde.[13]

Zu Beginn des Prologs spricht Gerontius einen *sacerdos Dei sanctissimus* an, dem Gott eingab, ihn aufzufordern, „über den Lebenswandel unserer heiligsten und bei den Engeln weilenden Mutter Melania" zu berichten.[14] Der hier Angeredete war ein Bischof,[15] dessen Namen unser Text nicht überliefert und der sich vielleicht ebenso wie Gerontius als Schüler „unserer Mutter Melania" ansah. Da diese Nachrichten zu spärlich sind, um seine Identiät mit Sicherheit klären, wurden in der Forschung über diese Frage – und im Zusammenhang damit auch über die Abfassungszeit der Vita – unterschiedliche Vermutungen angestellt. Rampolla ging von einer Datierung nicht vor 440 aus.[16] Er vermutete den Sitz des bischöflichen Auftraggebers im Westreich, und zwar vorzüglich, wegen Melanias Aufenthalt dort, in Nordafrika.[17] D'Alès schloß aus den unterschiedlichen Titulierungen des ost- und weströmischen Kaisers,[18] daß zum Zeitpunkt der Abfassung der *Vita Melaniae* Theodosius II. († 450) bereits gestorben war, Valentinian III. († 455) aber noch lebte. Da der Text seines Erachtens außerdem vor dem Konzil von Chalcedon im Oktober 451, als Bischof Juvenal in Chalcedon seine monophysitische Position aufgab und den Beschlüssen des Konzils zustimmte, zumindest aber vor Ostern 452 geschrieben wurde, als der Monophysit Theodosius anstelle von Juvenal zum Bischof von Jerusalem erhoben wurde,[19] schlug er den Monophysiten Dioskur, Bischof von Alexandrien 444-451, als möglichen Auftraggeber der Vita vor.[20] E. A. Clark wies darauf hin, daß das Lob, das die Vita seinem Amtsvorgänger Kyrill spendet, dessen Anhänger Dioskur verfolgte, nicht ganz zu dieser These paßt.[21] Sie suchte den Auftraggeber ebenfalls im monophysitischen Lager, dem auch Gerontius angehörte. Die Tatsache, daß der Bischof Juvenal von Jerusalem in der Vita nicht genannt wird, deutete sie als eine *damnatio memoriae,* die Gerontius' Ablehnung dieses Bischofs nach dessen Kehrtwendung in Chalcedon ausdrücke. Sie datierte den Text daher nach dem Beginn der Auseinandersetzungen über Chalcedon in Palästina und nahm als Auftraggeber den Monophysiten Theodosius an, der 452/453 anstelle Juvenals 20 Monate lang als Bischof von Jerusalem amtierte.[22]

Für welche Leserkreise schrieb Gerontius? Er spricht in seinem Text zwar nur ganz allgemein „alle, die lesen werden" an,[23] macht jedoch Angaben über den Zweck seines Werkes, das er in die Tradition einer breiten und vielfältigen Literatur „zur Erbauung der Gläubigen (*ad aedificationem credentium*)" stellt. Die Erläuterung dieser Erbauungsfunktion als Bestärkung des Glaubens und Vorsatzes derer, die sich nach Gott sehnen (*fides et propositum desiderantium*), weist auf radikal-christliche, das heißt asketische Zielgruppen hin.[24] Er betrachtet sein Vorhaben außerdem als nützlich nicht nur für sich selbst, sondern auch für „die, die geschützt werden (*eorum, qui muniuntur*)".[25] Damit sind sicher die von Melania gegründeten Klostergemeinschaften gemeint, die sie vor ihrem Tod seiner Obhut anvertraute.[26]

Auf diese Zielgruppe weisen auch Themen der Vita hin, die nicht nur die Gründungsgeschichte dieser Klöster schildert, sondern auch insbesondere dem Frauenkloster und Melanias Verhältnis zu den Nonnen breiten Raum einräumt. Gerontius beschreibt die Gründung, Ausstattung und Liturgie dieses Klosters ausführlich und gibt Erbauungsreden Melanias an die Nonnen wieder.[27] Anläßlich der wunderbaren Heilung einer Frau, die bei einer Totgeburt in Lebensgefahr schwebte, läßt er Melania die Jungfrauen auf die Vorteile des Verzichts auf körperliche Mutterschaft hinweisen.[28] Dem Mönchskloster, mit dessen Gründung Melania ihn beauftragte, räumt er einen viel geringeren Raum in der Vita ein.[29] Während sich die sterbende Melania von den Mönchen nur kurz verabschiedete,[30] hielt sie auf dem Totenlager den Nonnen eine Mahnrede,[31] auf die in der lateinischen Fassung ein Einschub über Traumgesichte folgt, die zeigen, daß sich Melanias Sorge für ihre Nonnen auch nach ihrem Tod fortsetzte.[32]

Dies alles deutet darauf hin, daß die lateinische *Vita Melaniae iunioris* nicht zuletzt für die Nonnen des Jerusalemer Klosters verfaßt wurde. In dieser von einer römischen Aristokratin gegründeten Klostergemeinschaft ist mit lateinisch sprechenden Mitgliedern aus dem Westen des römischen Reiches zu rechnen.[33] Für eine Abfassung als klösterliche Erbauungslektüre spricht auch die Sprache der lateinischen Fassung, die nicht wie die oben besprochenen Briefe des Hieronymus und Paulinus Rücksicht auf den literarischen Geschmack einer gebildeten Leserschaft nimmt, sondern sich an die gesprochene Sprache annähert und an einigen Stellen schwer zu verstehen ist.[34]

Während zu Beginn des Prologs der lateinischen *Vita Melaniae iunioris* als vom Auftraggeber angeregte Zielsetzung formuliert wird, „vom Lebenswandel unserer heiligsten und bei den Engeln wohnenden Mutter Melania (*de conversatione sanctissimae et cum angelis habitationem habentis matris nostrae Melaniae*) Mitteilung zu machen,"[35] ist später, als Gerontius vom Zweck seines Werkes spricht, davon die Rede, „den gegenwärtigen Lebenswandel der heiligen Mutter zu erzählen (*praesenti conversatione sanctae matris enarrare*)."[36] Der Hinweis auf ihren himmlischen Aufenthaltsort und damit auf ihre Heiligkeit entfällt hier; statt dessen wird auf ihr irdisches Leben abgehoben. Es stellt sich hier die Frage, ob mit diesen etwas unterschiedlichen Formulierungen zwei verschiedene Zielvorstellungen ausgedrückt werden sollen. Um diese Frage zu beantworten, ist zu untersuchen, ob in der Vita zwischen dem Bild der christlichen Vollkommenheit Melanias und Aspekten ihres irdischen Lebens, die der Autor den Nonnen ihres Klosters als Vorbild vor Augen stellen will, Diskrepanzen bestehen.

B. Aufbau und Inhalt

Die scheinbar unbeholfene und naive Darstellungsweise der Vita, die auf den ersten Blick wenig klar gegliedert und mit ihren häufigen Wiederholungen literarisch wenig durchgeformt wirkt, ist nicht, wie Gorce meint, eine „garantie de veracité."[37] Da über Melania zahlreiche weitere Quellen Zeugnis ablegen,[38] können wir erkennen, daß auch diese Vita ein Beispiel für hagiographische Tendenzliteratur ist, die vieles verbirgt.

So hat Gerontius, der Melanias Eintreten für den rechten Glauben ausdrücklich hervorhebt,[39] beispielsweise ihre Kontakte zu häretischen Strömungen ihrer Zeit wohl bewußt verschwiegen.[40] Auch die auffällige Nichterwähnung des Namens ihrer Großmutter, die Palladius zufolge bei ihrem Aufenthalt in Rom im Jahr 400 den Wunsch ihrer Enkelin bestärkte, sich Gott zu weihen,[41] ist wohl als eine *damnatio memoriae* anzusehen, die auf Zweifel an deren Rechtgläubigkeit zurückzuführen sein dürfte.[42]

Der Aufbau der Vita orientiert sich an der Chronologie von Melanias Lebensgeschichte, die von ihrer Heirat bis zu ihrem Tod dargestellt wird.[43] Dieses biographisch-chronologische Fundament kommt neben ausdrücklichen Hinweisen[44] in einer Reihe von Alters- und Zeitangaben zum Ausdruck, die die relative Chronologie von Melanias Lebensphasen verdeutlichen und aus denen sich die absolute Chronologie erschließen läßt: Die Vita berichtet, daß Melania mit etwa 14 Jahren zur Heirat gezwungen wurde (c. 1) und unmittelbar nach dem Tod ihres Vaters, im Alter von fast 21 Jahren, zusammen mit ihrem Gatten Valerius Pinianus ein Leben gemäß dem asketisch-christlichen Ideal begann.[45] Da der Tod ihres Vaters Valerius Publicola auf etwa 406 datierbar ist,[46] ist Melanias Geburt etwa 385 anzusetzen. Nach dem Verkauf ihrer Güter in Rom, Süditalien und Sizilien reisten Melania, ihr Ehegatte und ihre Mutter Albina noch vor der Plünderung Roms durch die Goten unter Alarich nach Nordafrika weiter, wo sie wohl Ende 410 eintrafen.[47] Sie verkauften ihre Güter in Numidien, Mauretanien und Afrika, verschenkten den Erlös und ließen sich in Tagaste (Numidien) nieder, nachdem sie das örtliche, bis dahin arme Bistum reich gemacht hatten (c. 20-21). Sieben Jahre später, also um 416/417, zogen sie über Alexandrien nach Jerusalem weiter,[48] von wo aus Melania und ihr Ehegatte noch eine Reise zu den Eremiten in Ägypten unternahmen (c. 37-39). Nach vierzehn Jahren, also um 431, starb Melanias Mutter Albina, und nach einem Jahr der Trauer gründete Melania mit Pinians Unterstützung in Jerusalem ein Frauenkloster (c. 41). Acht Jahre vor ihrem Tod, also 431/432, starb ihr Ehemann Pinian, und nach 3-4 Trauerjahren beauftragte sie den späteren Verfasser ihrer Vita mit der Errichtung eines Mönchsklosters (c. 49). Sie unternahm eine Reise nach Konstantinopel, wo sie ihren Onkel Volusianus zum christlichen Glauben bekehrte, der dort im Auftrag des weströmischen Kaisers die im Jahr 437 geschlossene Ehe zwischen Valentian III. und Eudoxia, der Tochter des oströmischen Kaiserpaares Theodosius II. und Eudokia, vorbereitete (c. 52-56). Nach ihrer Rückkehr nach Jerusalem rechtzeitig zum Osterfest begann sie, ein Martyrium zu bauen (c. 57), das in Gegenwart der Kaiserin Eudokia geweiht wurde, als diese Melania auf ihrer Pilgerfahrt ins Heilige Land besuchte (c. 58-59). Da Melania nach Auskunft der Vita an einem Sonntag, dem 31.12. starb, kommt als Todesjahr nur 439 in Frage.[49]

Gerontius begreift Melanias Leben als einen „unbefleckten Lauf" (*immaculatus cursus*) und einen „guten Kampf" (*bonum certamen*), mit dem sie sich himmlischen Lohn verdiente.[50] Er vergleicht sie im Zusammenhang mit ihrem asketischen Tugendstreben auch mit einem „guten Läufer" (*bonus cursor*).[51] Nicht immer deutlich gekennzeichnete Vor- und Rückgriffe durchbrechen die chronologische Ordnung, um die einzelnen Stufen ihres Laufes und Kampfes deutlicher herauszuarbeiten. Die Vita schließt mit dem Bericht über ihre Aufnahme ins Paradies, wo sie von Christus empfangen und von den Engeln, Propheten, Aposteln und Märtyrern als ihresgleichen anerkannt wird.[52]

In der ersten Hälfte der Vita (c. 1-33) beschreibt Gerontius eine stufenweise Steigerung von Melanias Tugendstreben in drei Abschnitten, die Etappen eines Weges zum asketischen Leben gleichen. Zunächst wird ihre Frömmigkeit als Ehefrau und die Bekehrung der beiden Ehegatten zum asketischen Ideal dargestellt (c. 1-8), dann die Opferung ihres Vermögens (c. 9-22) und schließlich Melanias Lebensweise nach ihrer Niederlassung in Tagaste in Nordafrika (c. 22-33). Am Schluß dieses Abschnittes legt der Autor ihrer Mutter einen Vergleich zwischen Melanias Askese und dem Martyrium in den Mund.[53]

Unmittelbar darauf, etwa in der Mitte der lateinischen Fassung, markiert eine Rückblende, für die sich der Autor bei seinen Lesern ausdrücklich entschuldigt,[54] einen Einschnitt (c. 34). Vor dieser Rückblende thematisiert Gerontius Melanias Wunsch, das Heilige Land zu sehen; danach beschreibt er, wie der heilige Nestorius, den sie auf dem Weg nach Jerusalem in Alexandrien aufsuchten, die Heiligkeit Melanias, ihrer Mutter und ihres Gatten Pinian aufgrund seiner prophetischen Gabe auf den ersten Blick wahrnahm.[55] Diese Begegnung mit Nestorius deutet ebenso wie der Vergleich von Melanias Lebensweise mit einem Martyrium darauf hin, daß diese nach Gerontius' Auffassung zum Zeitpunkt ihrer Übersiedlung nach Jerusalem bereits erkennbar im Stande der Heiligkeit war.

Während vor der genannten Rückblende Melanias Weg zum asketischen Leben als eine allmähliche Steigerung ihres Tugendstrebens beschrieben wird, stellt die zweite Hälfte der Vita ihre Taten nach der Niederlassung in Jerusalem mehr oder weniger nebeneinander. Dazu gehören Reisen (c. 37-38, 52-59), Klostergründungen (c. 41-49), der Bau eines Martyriums (c. 57) und einige Heilungswunder (c. 59-61), aber auch Aspekte ihrer Lebensweise und Tugend (c. 35-36, 40-41, 49, 62) sowie ein Besuch der Kaiserin Eudokia bei Melania (c. 58-59). Der Schlußabschnitt schließlich schildert die Todesvorbereitung, den Tod, die Totenkleidung Melanias und ihre Aufnahme ins Paradies (c. 63-70).

Das chronologische Gliederungsprinzip wird am auffälligsten mit der Rückblende in der Mitte der lateinischen Fassung durchbrochen. Sie stellt Ereignisse in Rom und auf der Überfahrt nach Afrika dar, die für die in der ersten Hälfte der Vita beschriebene Entwicklung von Melanias Tugendstreben ohne Belang sind.[56] In dem Abschnitt über ihr Leben in Tagaste greift Gerontius, um einige ihrer Tugenden zu veranschaulichen, auf die Jerusalemer Zeit voraus, ohne dies ausdrücklich kenntlich zu machen.[57] In der zweiten Hälfte der Vita ist eine sachlich-thematische Gliederung vor allem in dem Abschnitt erkennbar, der die Gründung des Nonnenklosters und Melanias Erbauungsreden an die Nonnen zusammenfaßt (c. 41-48). Auf die Abschiedsrede und Mahnungen der sterbenden Melania an ihre Nonnen folgt ein Vorgriff, der ihre Sorge für die Nonnen nach ihrem Tod vor Augen führt (c. 65). Melanias Wunder werden, obgleich eines davon noch zu Lebzeiten ihrer Mutter geschah,[58] gegen Ende der Vita zusammengestellt (c. 59-61); ihnen folgt ein Abschnitt über ihre innere Tugend (c. 62). Diese äußeren Anzeichen und inneren Grundlagen ihrer Heiligkeit hat Gerontius sicher nicht zufällig unmittelbar vor dem Abschnitt über ihren Tod eingefügt, sondern um damit die Vollendung ihres Tugendstrebens am Ziel ihres „Lebenslaufes" zu veranschaulichen.

Trotz des Eindrucks von literarischer Unbeholfenheit oder Ungeformtheit, die die *Vita Melaniae iunioris* auf den ersten Blick macht, ist ihr Aufbau, wie wir sehen, bewußt gestaltet: Die Abweichungen von der chronologischen Anordnung zugunsten sachlicher Gesichtspunkte verdeutlichen Gerontius' Auffassung von Melanias Leben als beständigem Fortschreiten im Tugendstreben bis zur Vollkommenheit.

C. Die Absicht des Autors

Um die in unserem Text propagierte Vorstellung von Heiligkeit genauer kennenzulernen, können wir von dem Prolog ausgehen, in dem der Autor die Schwierigkeit seines Vorhabens so beschreibt:

> *Quis enim poterit ipsius virtutes enarrare, aut ferventem abrenuntiationem, aut fidem, aut beneficia tanta, aut vigilantiam, aut in nuda terra decumbentiam, aut mali exitus tolerantiam, seu immensam abstinentiam, aut mansuetudinem, aut sobrietatem, aut humilitatem, aut exiguitatem vestimentorum?*[59]

Das Ziel der Vita besteht, wie auch an anderen Stellen deutlich wird, darin, Melanias *virtutes* darzustellen.[60] Was versteht Gerontius unter *virtutes*, was meinen die Begriffe, die er zur Veranschaulichung aufzählt? Betrachten wir ihre Verwendung in der Vita, um darüber Aufschluß zu erhalten.

Das Wort *virtus* wird sowohl im Sinn von Tugend als auch von Kraft verwendet. Im Singular kommt es in der Bedeutung von menschlicher Kraft oder Fähigkeit,[61] Kraft Gottes[62] und Kraft des Gebetes[63] vor. An einer Stelle bezeichnet es auch Melanias Kraft zur Freude an der asketischen Entsagung.[64] In der Bedeutung Tugend wird es meist im Plural verwendet[65] und ist sowohl Oberbegriff für einzelne Tugenden als auch Bezeichnung für das Tugendstreben oder die Tugendleitung insgesamt. In den Erbauungsreden Melanias an ihre Nonnen ist *virtutes* Oberbegriff für Glaube (*fides*), Enthaltsamkeit (*abstinentia*), Fasten (*ieiunium*), Wachen (*vigiliae*), Gebete (*orationes*) und Keuschheit (*castitas*), also für zentrale klösterlich-asketische Tugenden.[66] Die aktive Konnotation von *virtutes* als Tugendstreben kommt in der Verbindung mit den Verba *facere*[67] und *operari*[68] zum Ausdruck, der Bezug auf die Tugendleistung als Ganzes etwa in der Wendung *perfectio virtutum,* Vollkommenheit der Tugenden oder Vollendung des Tugendstrebens.[69] Gelegentlich dient der Begriff *virtutes* auch zur allgemeinen Charakterisierung eines Menschen.[70] Melanias *virtutes,* die mit *conversatio,* frommer Lebenswandel, mit *gesta,* Taten, und mit *labores,* Mühsal, assoziiert werden,[71] sind die Voraussetzungen für ihren himmlischen Lohn.[72]

1. *Fervens abrenuntiatio*

Der Begriff *abrenuntiatio* und das entsprechende Verbum *abrenuntiare* bezeichnen in der Vita die Weltabwendung Melanias und ihres Gatten Pinian. Damit ist nicht nur die Entscheidung zur sexuellen Enthaltsamkeit gemeint,[73] sondern auch die Zurückweisung der „Vermischung mit den weltlichen Dingen," die dadurch erreicht wird, daß man das Ansehen, die Ehre (*gloria*) mit Füßen tritt, um Gott „einen reinen Dienst (*mundum ministerium*) darbringen" zu können[74] und „das Joch Gottes mutig auf sich zu nehmen."[75]

Die Weltabwendung der Ehegatten wird als Übersiedlung in einen Vorort Roms, als Hinwendung zur Sorge für Kirchenmänner, Fremde und Arme[76] und als Verzicht auf vornehme Kleidung[77] beschrieben, umfaßt aber auch die Weggabe des Reichtums. Die Wendung „zu Beginn unserer Weltabwendung (*in principio abrenuntiationis nostrae*)" bezeichnet die Zeit, in der Melania und Pinian den Entschluß, ihr Vermögen zu veräußern und für fromme Zwecke zu opfern, nicht nur gegen die eigenen inneren Anfechtungen, sondern auch gegen den Widerstand ihrer Verwandten und Standesgenossen durchsetzten.[78] Sie macht deutlich, daß Gerontius die *abrenuntiatio* als einen Prozeß sieht, der sich über längere Zeit hinzog.

2. *Fides*

In ihrem erfolgreichen Bemühen, die im Prolog als zweites genannte Tugend, *fides,* Glaube, trotz aller Trübsal (*tribulatio*) ihr Leben lang zu bewahren, sieht der Autor eine wesentliche Leistung Melanias.[79] Als *tribulatio* faßt er den Widerstand von Melanias

Vater gegen ihre Weltabwendung auf;[80] mit *tribulari* wird Melanias Situation angesichts widriger äußerer Umstände beschrieben.[81]

Fides wird in dieser Vita häufig als die Grundlage des asketischen Tugendstrebens thematisiert; nur an wenigen Stellen ist mit dem Wort der rechte orthodoxe Glaube im Gegensatz zur häretischen Auffasung gemeint.[82] *Fides incommutabilis,* unwandelbarer Glaube, gilt als die Grundlage aller christlich-asketischen Tugendleistung.[83] Melanias Lebensinhalt war es, nach „Fortschritt im Glauben (*ad profectum fidei*)" zu streben.[84] Sie war von „sehr großer Begeisterung für den Glauben (*nimius ardor fidei*)" erfüllt.[85] Den Glauben, auf den Melanias Tugendstreben zurückgeht, erläutert die Vita mit Bibelzitaten und -anspielungen.[86] Dabei ist auch von ihrer Liebe zu Gott und Christus,[87] ihrem Wunsch, Gott zu gefallen[88] und Christus nachzueifern,[89] die Rede.

Ihrem Glauben verdankte Melania in Gerontius' Augen auch ihre Stärke: Da sie aus Glaube darum bat (*ex fide petens*), verlieh ihr Gott die Kraft zur Freude an der asketischen Entsagung.[90] Melanias Glaube und Standhaftigkeit (*fides et constantia*) zeigte sich im Kampf mit dem Teufel.[91] Unter den widrigen Bedingungen einer winterlichen Reise über Land bewies sie, daß für sie die „Zerbrechlichkeit ihres Geschlechtes" ohne Bedeutung war, weil sie „durch den Glauben stark geworden" (*roborata fide*) war.[92] Auch helfendes Eingreifen Gottes zugunsten ihrer Unternehmungen führt die Vita auf ihren Glauben zurück.[93]

3. Beneficia tanta

Mit *beneficia tanta* sind die frommen Schenkungen gemeint, mit denen Melania sich ihres Vermögens entledigte.[94] Den Umfang dieser Schenkungen führt die Vita ausdrücklich vor Augen[95] und motiviert sie als „Sammeln eines Schatzes im Himmel."[96] Diese Tugend bezieht sich also auf Handlungen, die nur Reichen möglich sind. Als Empfänger dieser Wohltaten werden allgemein „Heilige und Arme"[97] sowie monastische Gemeinschaften und Kirchen genannt.[98] Gerontius verdeutlicht die Bemühungen Melanias um eine heilbringende Verwendung ihres Vermögens an einigen Beispielen. So schenkte sie auf Anraten der nordafrikanischen Bischöfe Augustinus, Alypius und Aurelius[99] den dortigen Klöstern nicht Geld, sondern Häuser, Landgüter und Einkünfte, zwang einem Anachoreten in Ägypten, der nichts annehmen wollte, ihre Gabe mit List auf[100] und kaufte Gefangene frei.[101] Obgleich der Autor Melanias Liebe zum Almosengeben hervorhebt,[102] stellt er nicht dar, daß sie ihr Vermögen persönlich an Arme verteilte.[103]

4. Vigilantia

Vigilantia, Wachsamkeit, meint die Fähigkeit, auf Schlaf zu verzichten, um nachts zu wachen und zu beten,[104] eine fromme Praxis, für die in der Vita meist die Worte *vigiliae* oder *vigilare* verwendet werden.[105] Der Stellenwert, den Gerontius dieser Übung beimißt, ist daran zu erkennen, daß er bei dem Vergleich zwischen Melanias Askese und dem Martyrium die Fähigkeit, dem Körper keine Ruhe zu gönnen, in den Mittelpunkt stellt.[106]

Nächtliches Wachen spielt schon in dem Abschnitt über Melanias Leben als Ehefrau eine Rolle. Sie verbrachte die Nacht vor einem Heiligenfest ohne Rücksicht auf ihre Schwangerschaft und trotz des elterlichen Verbotes wachend und betend.[107] In Tagaste ermunterte sie die „übrigen Jungfrauen," d.h. wohl die Mitglieder des von Melanias Familie auf ihren Gütern begründeten Frauenklosters,[108] immer Gott zu loben und zu wachen, damit der Bräutigam sie nicht schlafend fände.[109] Auch die Nonnen ihres Klosters in Jerusalem hielt sie zum nächtlichen Beten an.[110] Als sie ihnen einmal „allzu große Mühen der nächtlichen Wachen (*nimius labor vigiliarum*)" erlassen wollte, zeigten diese sich als aufmerksame Hörerinnen ihrer Lehren und ließen das nicht zu.[111] *Vigilantia* ist, wie wir sehen, für Gerontius eine wichtige klösterliche Tugend, die die Nonnen beweisen, wenn sie eifrig und unermüdlich die nächtlichen liturgischen Gebetsstunden einhalten.

5. *In nuda terra decumbentia*

Was mit der Formulierung *in nuda terra decumbentia*, Liegen auf bloßer Erde, im einleitenden Tugendkatalog gemeint ist, ist nicht klar erkennbar, weil diese Wendung in der Vita nicht mit deutlichem Bezug auf Melanias Gewohnheiten verwendet wird. Die Hinweise auf ihre Schlafgewohnheiten, die hier vor allem in Frage kommen, kreisen um ein *cilicium*, ein Bußgewand oder eine härene Decke, auf der sie zu ruhen pflegte.[112]

Dem vom Teufel eingegebenen Gedanken, sie sei wegen ihrer Verachtung der vornehmen Kleidung zugunsten des Bußgewandes (*cilicium*) selig zu preisen, läßt Gerontius seine Protagonistin entgegenhalten, daß viele auf groben Decken und auf der bloßen Erde liegen („*in nuda terra iacent*").[113] Die Wendung *in nuda terra iacere* bezieht sich hier nicht auf Melanias Praxis, sondern wohl auf die größere Entbehrung anderer Asketen.[114]

6. *Mali exitus tolerantia*

Die folgende Formulierung der Tugendaufzählung im Prolog, *mali exitus tolerantia*, ist nicht leicht zu deuten; die Handschriften überliefern zahlreiche Varianten. Versuchen wir zunächst, die Bedeutung des Begriffs *tolerantia* zu erschließen.

Gerontius verwendet diesen Begriff für bestimmte Aspekte extremer Askese. *Virtus tolerantiae* bezeichnet die Fähigkeit Melanias, trotz ihrer herkunftsbedingt großen körperlichen Zartheit härene Kleider lieber zu tragen als Leinenkleidung.[115] Auch ihr Leben als Inklusin in einer Zelle auf dem Ölberg in Jerusalem ordnet er dieser Tugend zu. Sie lebte dort von Epiphanias bis Ostern ganz zurückgezogen, nur von einer Magd bedient, in strenger Askese.[116] Um den Grad ihrer Entbehrung zu veranschaulichen, erzählt er, daß ihre Magd zu Ostern, wenn Melania die Zelle verließ, in dem Bußgewand, auf dem sie in der Asche geruht hatte, große Würmer fand,[117] und fährt er fort:

„In solchem großen geduldigen Ertragen (*tali tolerantia*) verbrachte sie vierzehn Jahre in Jerusalem und übte sich selbst in allen heiligen Sitten und in himmlischer Lebensweise."[118]

Tolerantia wird hier mit „heiligen" Sitten (*sancti mores*) und „himmlischem" Leben (*caelestis conversatio*) in Verbindung gebracht. Das weist darauf hin, daß Gerontius dieser Tugend herausragende Bedeutung zumißt. Wenn wir diese Beispiele näher ins Auge fassen, können wir erschließen, was mit *mali exitus tolerantia* gemeint sein könnte. Da sich in diesen Formen extremer Askese eine Annäherung an die Lebensbedingungen notleidender Menschen ausdrückt, dürfte diese Wendung das „geduldige Ertragen eines argen Schicksals" meinen, das Melania sich mit diesen Praktiken auferlegte. Im Zusammenhang mit ihren Entbehrungen erwähnt Gerontius einmal ihre freiwillige Armut (*voluntaria paupertas*) neben ihrem großen geduldigen Ertragen (*multa tolerantia*).[119]

7. Immensa abstinentia

Um zu sehen, was mit dem Begriff *immensa abstinentia* gemeint ist, den der Tugendkatalog nicht wie sonst mit der Konjunktion *aut*, sondern mit *seu* mit dem vorangehenden Glied, der Tugend der *tolerantia*, verknüpft, fragen wir zunächst nach der Bedeutung von *abstinentia/abstinere*.

Abstinentia, Enthaltsamkeit, wird sowohl als Bezeichnung für einzelne Aspekte der asketischen Lebensweise als auch zu deren allgemeiner Charakterisierung verwendet. Als Bezeichnung für bestimmte asketische Übungen wird das Wort einerseits als Synonym für *ieiunium*, Fasten, gebraucht,[120] andererseits werden unter dieser Tugend aber auch andere Aspekte ihrer Askese subsumiert. Die Beschreibung des Beginns von Melanias Fasten, der allmählichen Steigerung ihrer Fastengewohnheiten und ihrer Einbettung in den Jahreskreis ist eng verflochten mit der Darstellung anderer Aspekte ihrer Lebensweise in Tagaste und wird so zusammengefaßt:

> „Sie war also viele Jahre lang in dieser Weise enthaltsam und hielt gleichmäßig sowohl die Gewohnheiten als auch das Fasten durch [...]."[121]

Mit Gewohnheiten (*mores*) dürften die in Verbindung mit dem Fasten dargestellten Schlafgewohnheiten und der genau geregelte Tagesablauf mit festen Stunden des Lesens, des Schreibens und der geistlichen Belehrung der „anderen Jungfrauen" und „Schwestern" gemeint sein.[122] In dieser konkreten, auf das Fasten im Rahmen eines klösterlichen Lebens bezogenen Bedeutung kommt *abstinentia* vor allem bei der Beschreibung von Melanias Leben in Tagaste und in ihren Erbauungsreden vor.

Gerontius arbeitet verschiedene Arten der Enthaltsamkeit (*modi abstinentiae*) heraus, die seine Heldin sich auferlegte und nach deren Vollbringen sie zu anderen, strengeren überging.[123] Unmittelbar nach ihrer Bekehrung sahen Melania und ihr Ehegatte von sehr energischer, übermäßiger und beschwerlicher Enthaltsamkeit zunächst noch ab, um sich nicht der Gefahr eines Rückfalles in ihre früheren Gewohnheiten auszusetzen.[124] Sie beschränkten sich fürs erste auf den Verzicht auf vornehme Kleidung[125] und konzentrierten sich auf den Verkauf ihres Vermögens.[126] Obgleich er auch dies als *modus abstinentiae* bezeichnet, setzt er den eigentlichen Beginn der *abstinentia* im Zusammenhang mit den Klostergründungen in Tagaste an:

„[...] die Heilige [...] wählte das notwendige Werk der heiligen Maria; sie verzichtete auf die bedeutende Menge des Reichtums und begann, Enthaltsamkeit (*abstinentia*) zu üben."[127]

Die Bezugnahme auf die Jungfrau Maria, die als Vorbild und Begründerin des asketischen Lebens galt,[128] zeigt die grundlegende Bedeutung, die Gerontius der *abstinentia* im Rahmen dieser Lebensweise zumißt. Auch in Formulierungen wie „so muß das Leben der Mönche und die Enthaltsamkeit beschaffen sein"[129] und „ihre sehr große Begeisterung für den Glauben und die Enthaltsamkeit"[130] tritt die Enthaltsamkeit als eine charakteristische Haupttugend des asketischen Lebens hervor.[131]

Die Attribute *nimius* und *ingens* betonen eine Steigerung der Enthaltsamkeit, die sich im Verzicht auf Öl in der Nahrung und auf wollene zugunsten von härener Kleidung (*cilicium*) äußert.[132]

Die stufenweise Steigerung von Melanias *abstinentia* war der Vita zufolge vor ihrer Übersiedlung nach Jerusalem bereits abgeschlossen. Danach werden Steigerungen ihrer asketischen Praktiken nicht mehr mit diesem Begriff bezeichnet.[133] Von einer Änderung des *modus abstinentiae* ist hinsichtlich ihres monatelangen Rückzuges in eine Zelle auf dem Ölberg nicht die Rede,[134] obgleich sich damit ein Wunsch nach „heftigerem Ringen" erfüllte, den Melania in Tagaste vergeblich äußerte.[135] Gerontius verwendet für diese Steigerung der asketischen Leistung vielmehr den Begriff *tolerantia*. Auch die als *virtus tolerantiae* bezeichnete Fähigkeit, härene Kleider lieber zu tragen als Leinenkleidung bedeutet eine Steigerung der *nimia abstinentia*, als die Melanias völlige Beschränkung auf solche Kleidung aufgefaßt wird.[136]

Diese Abgrenzung von *abstinentia* und *tolerantia* hat wohl pädagogische Gründe. Die Tugend der *tolerantia*, die sich auf die extremeren Aspekte der asketischen Entbehrung Melanias bezieht, spielte nämlich im Gegensatz zur *abstinentia* Gerontius zufolge in Melanias Erbauungsreden in ihrem Jerusalemer Nonnenkloster keine Rolle.[137] Auch eine *nimia abstinentia* forderte Melania von ihren Nonnen nicht. Sie bemühte sich vielmehr, in ihrem Kloster die *nimia abstinentia* einzelner Nonnen einzudämmen, um zu verhindern, daß zu starkes Fasten hochmütig mache[138] oder die Übung der übrigen Tugenden lähme.[139] Im Widerspruch zu diesen Ermahnungen an ihre Nonnen weist Melania für sich selbst den Gedanken der maßvollen Enthaltung („*abstinere propter Deum, sed cum mensura*") als Versuchung zurück.[140]

Mißt der Autor hier mit doppeltem Maß? Die auffallende Ausgrenzung der für Melanias Heiligkeit bedeutsamen *tolerantia* und *nimia abstinentia* aus den Erbauungsreden deutet jedenfalls darauf hin, daß er der Meinung war, diese Tugenden seien für die Nonnen ihres Klosters weniger wichtig. Mit den Melania in den Mund gelegten Reden beruft er sich auf ihre Autorität, um Forderungen zu vermitteln, die nicht dem Vorbild entsprachen, das Melanias selbst gegeben haben muß, wenn seine Schilderung ihres Lebens in Jerusalem zutreffend ist.

Nicht ihr Leben in Palästina, sondern die in einen geordneten Tages- und Jahresablauf eingebundene *abstinentia*, die Melania in Tagaste übte, will er den Nonnen als Leitbild vor Augen stellen. Inwieweit seine Beschreibung dieses Lebensabschnittes, den er selbst nicht miterlebt hatte,[141] historische Realitäten widergibt, läßt sich nicht mehr feststellen. Da er einige Zeit zurücklag und sich zudem fern von seinen Jerusalemer Leserinnen abspielte, konnte er den Bericht über Melanias Aufenthalt in Nordafrika sicherlich freier gestalten als denjenigen über ihre Jerusalemer Zeit.

Die hier beobachteten Differenzierungen des Tugendideals lassen sich mit den beiden unterschiedlichen Formulierungen in Beziehung setzen, mit denen der Autor im Prolog sein Ziel umschreibt:[142] Auf den Auftrag, Melanias Heiligkeit zu beschreiben, läßt sich die Darstellung ihrer asketischen Perfektion, ihrer *immensa abstinentia* und *tolerantia*, beziehen, zu ihrem „gegenwärtigen Leben" würden dann die *modi abstinentiae* gehören, die sie zu Beginn ihrer asketischen Laufbahn übte und in denen Gerontius eine Leitlinie für das Tugendstreben in ihrem Nonnenkloster sieht.

8. *Mansuetudo*

Die im Prolog als nächstes genannte Tugend *mansuetudo* bezeichnet die sozialen Fähigkeiten der Milde und Versöhnlichkeit. Das Wort wird verwendet, um Melanias Verhältnis zu anderen Menschen, die sich am christlich-asketischen Ideal orientierten, zu charakterisieren.[143] Bei der Führung ihres Klosters leitete sehr große Sanftmut der Nächstenliebe (*nimia caritatis mansuetudo*) zu den Nonnen ihr Handeln.[144] Sie bat diejenigen, die sie gekränkt hatte, immer „mit großer Sanftmut (*cum magna mansuetudine*)" um Verzeihung und besänftigte Zürnende mit viel Geduld und Sanftmut (*patientia et mansuetudo*).[145] Als Tugend der Versöhnlichkeit legte sie *mansuetudo* auf dem Totenbett ihren Nonnen ans Herz.[146]

9. *Sobrietas*

Daß mit der Tugend der Mäßigkeit (*sobrietas*), die der Prolog als nächstes aufzählt, sexuelle Askese gemeint sein könnte, läßt eine Stelle vermuten, an der als Zeichen für Melanias Liebe zu dieser Tugend über ihre Bemühungen berichtet wird, junge Männer und Frauen „von dem unnützen Umgang mit dieser Welt zu bekehren" und für die jungfräuliche Lebensweise zu gewinnen. Sie propagierte dabei nicht nur die Vorteile der Keuschheit (*castitas*) und die Würde der Jungfräulichkeit (*virginitas*) mit theologischen Argumenten,[147] sondern nahm auch Schmeicheleien und Geschenke zu Hilfe.[148] *Sobrietas* wird außerdem als Thema der Unterweisungen Melanias an ihre Nonnen erwähnt.[149] Über die Bedeutung des Wortes gibt diese Stelle wegen seiner isolierten Position allerdings keinen näheren Aufschluß; weitere Belegstellen gibt es nicht.

Die sexuelle Askese der Jerusalemer Nonnen wird mit den Begriffen *castitas*[150] und *virginitas* bezeichnet.[151] Melania ermahnte sie, die Heiligung der Seele und des Körpers zu bewahren („*sanctificationem animae et corporis custodite*").[152] Bei Pinian, verheirateten Frauen oder Witwen wird der asketische Verzicht auf Sexualität dagegen nicht als Mäßigkeit, Keuschheit oder Jungfräulichkeit, sondern als Enthaltsamkeit (*continentia*) bezeichnet.[153]

Diese terminologische Scheidung zwischen einer auch körperlich und einer nur spirituell verwirklichten Jungfräulichkeit durchbricht die Vita nur bei Melania selbst und rückt damit ihre sexuelle Askese in die Nähe der auch körperlich verwirklichten Jungfräulichkeit. Diese Tendenz zeigt sich im Bericht über Melanias Bemühungen, dem sexuellen Vollzug der erzwungenen Eheschließung zu entgehen.[154] Damit wird Melanias Askese aufgewertet[155] und zum Vorbild für die Nonnen ihres Klosters gemacht, die als Jungfrauen (*virgines*) angesprochen werden.[156] Diese Intention vermag zu erklären, warum Gerontius die Tugend der *sobrietas* in die Nähe von *castitas* und *virginitas* rückt, ohne deutlich herauszuarbeiten, was unter *sobrietas* zu verstehen ist.

10. Humilitas

Von *humilitas*, der im Prolog an vorletzter Stelle genannten Tugend, ist in der Vita recht häufig die Rede.[157] Daß es sich um ein Schlüsselwort für die in diesem Text vertretene Auffassung von der asketischen Tugend einer vornehmen Römerin handelt, beweist folgende Stelle:

> „[...] indem sie ihrer Verwandten, der Jungfrau Paula, [...] den Weg zu Gott zeigte und sie in allen Geboten Gottes unterwies, führte sie sie zu großer Enthaltsamkeit (*multa abstinentia*) und Demut (*humilitas*)."[158]

Neben *abstinentia* charakterisiert hier *humilitas* die asketische Tugend einer jungen Verwandten und Standesgenossin Melanias, bei der es sich nach allgemeiner Auffassung um die gleichnamige Enkelin der Witwe Paula handelte, die sich mit Hieronymus in Bethlehem niederließ.[159] Betrachten wir den Gebrauch des Wortes in der Vita, um zu sehen, was der Autor hier mit *humilitas* meint.

Mit Hilfe des Gegensatzpaares: solches Ansehen in der Welt (*talis gloria mundi / saeculi*) – so große Demut / so schlechte Kleidung (*tanta humilitas / talis habitus*) stellt die Vita die Wirkung von Melanias Bekehrung auf Standesgenossen und Höhergestellte dar:

> „Die sehr fromme Königin Serena begehrte und wünschte schon seit langem sehr, die heilige Melania zu sehen, nachdem sie von ihr so erstaunlichen und plötzlichen Bekehrung hörte, daß sie sogar von solchem Ansehen in der Welt zu so großer Demut gelangt war."[160]

Die Reaktion von Melanias Onkel Volusianus, mit dem sie in Konstantopel zusammentraf, auf ihren Anblick schildert Gerontius so:

> „[...] als er sie sah, die von so großem Ansehen und Erhabenheit in der Welt in ein so schlechtes Gewand und solche Demut hinübergewechselt war, wunderte er sich und begann zu weinen, und er sagte zu mir: ‚Oh, wenn du wissen könntest, wie sie in unserer ganzen Familie gehegt wurde, wie ein Augapfel und wie eine Rose oder eine Lilie, die zu blühen beginnt!'"[161]

Wenn Gerontius Melanias Ansehen in der Welt mit der *humilitas*, zu der sie sich bekehrte, kontrastiert, will er damit nicht sagen, daß sie durch ihre Bekehrung ihre angestammte Zugehörigkeit zur Führungsschicht aufgab oder verlor. Er stellt ihre Kontakte zum west- und oströmischen Kaiserhof nach ihrer Weltabwendung deutlich genug vor Augen. Dazu gehört sowohl eine Audienz bei Serena am weströmischen Kaiserhof nicht lange nach ihrer *abrenuntiatio*[162] als auch der Kontakt zu Volusianus nach ihrer Niederlassung in Jerusalem, der sie brieflich um Unterstützung bat, um in Konstantinopel eine Heirat zwischen dem weströmischen Kaiser Valentian III. und der Tochter des oströmischen Kaiserpaares Theodosius II. und Eudokia zu vermitteln.[163] Auf ihrer Reise nach Konstantinopel nahm Melania die kaiserliche Post in Anspruch.[164] Gerontius berichtet, daß das Kaiserpaar ihre Gegenwart so schätzte, daß es versuchte, ihre baldige Rückreise nach Jerusalem zu verhindern.[165] Als die Kaiserin Eudokia dann eine Pilgerreise nach Jerusalem unternahm, wurde sie von Melania empfangen und beherbergt.[166] Die Vita problematisiert Melanias Reise zum Empfang der Kaiserin als ein „Umherschweifen durch die Städte," das sich für ihren Stand (*habitus vel cultus*) nicht schicke, rechtfertigt diese Reise dann aber mit dem Lob der frommen Kaiserin und als demütiges Entgegenkommen Melanias, die nicht für hochmütig gehalten werden wollte.[167]

Damit deutet unser Text nicht nur eine Tat, in der sich die Anerkennung der weltlichen Herrscherin ausdrückt, als Ausdruck von Melanias frommer Demut, sondern drückt mit der Befürchtung Melanias, für hochmütig gehalten zu werden, auch die Vorstellung aus, diese sei wegen ihrer Frömmigkeit Eudokia überlegen. Dieser Gedanke kommt auch in der Beschreibung von Eudokias Verehrung für Melania zum Ausdruck[168] und bestimmt die Tendenz der Darstellung ihres Besuches: Gerontius erweckt den Eindruck, Eudokia habe in Palästina nur Melania besuchen wollen.[169]

Mit *humilitas* meint die Vita also nicht einen sozialen Abstieg der Protagonistin. Daß das Wort vielmehr eine innere Haltung bezeichnet, zeigt eine Stelle, nach der der Teufel zwar in der Lage sei, *abstinentia* und *vigilantia* nachzuahmen, da er ohnehin niemals esse oder schlafe, nicht aber *humilitas* und *caritas*.[170] Aufschluß darüber, was unter der inneren *humilitas* Melanias verstanden wird, gibt die Verwendung des Verbums *se humiliare*, beispielsweise im Zusammenhang mit Melanias Ablehnung einer Einladung an den Kaiserhof:

> „[...] sie floh menschlichen Ruhm, demütigte sich (*humiliabat se*) und entschuldigte sich mit einer schmeichelnden und sanften Antwort [...]."[171]

Als Melania Serena, die Adoptivschwester des Kaisers Honorius, aufsuchte, um Unterstützung für die Veräußerung ihres Vermögens zu erhalten, charakterisiert dieses Wort ihre Reaktion auf das Lob ihrer Frömmigkeit:

> „Als die Magd Christi dies jedoch hörte, hob sie sich nicht in Erhebung empor, sondern demütigte sich vielmehr, weil sie wußte, daß der Ruhm auf dieser Welt wie Gras ist."[172]

Se humiliare bezeichnet an diesen Stellen ein Verhalten, das für den Autor eine Flucht vor oder eine innere Distanz zu weltlicher Ehre ausdrückt und das er als das Gegenteil von *in elatione extolli*, sich in Erhebung emporheben, ansieht. Eine solche Distanzierung wird dagegen bei Ehrungen durch andere Gottesdiener nicht beschrieben.[173] Diese Menschen gehörten für Gerontius offenbar nicht mehr so richtig zu dieser Welt.

Melania bewies ihre *humilitas* in seinen Augen jedoch nicht nur im Kontakt mit der vornehmen Welt. Ihre *multa humilitas* drückt sich für ihn auch darin aus, daß sie in ihrem Jerusalemer Kloster eine andere Frau als Oberin einsetzte.[174] Das bedeutete jedoch nicht, daß sie keine Leitungsfunktionen in ihrem Kloster übernahm: Gerontius stellt Melanias Wirken als geistliche Mutter der Nonnen vielmehr deutlich vor Augen,[175] spricht aber auch hinsichtlich dieser von *se humiliare* und zeigt auf, daß sie ihr Wissen verbarg und eigene Erkenntnisse anderen zuschrieb.[176]

Melanias *humilitas* besteht für Gerontius also darin, daß sie sich davon frei machte, auf weltliches oder äußerliches Ansehen Wert zu legen. Das Motiv der Flucht vor eitlem Ruhm (*vana gloria*) thematisiert er auch im Hinblick auf ihr Tugendstreben: Beim Erzählen über ihre asketischen Leistungen gab sie vor, von jemand anderem zu sprechen.[177] Die Gabe des Heilens, die Gott ihr verlieh, führte sie bescheiden auf die Verdienste eines anderen Heiligen zurück:

„Aber die Heilige, die die Gnade, die ihr verliehen worden war, bescheiden (*humiliter*) verbergen und Gott die Ehre geben wollte, rechnete alles den Verdiensten anderer zu und sagte: ‚Weil dies der Gürtel eines heiligen Dieners Gottes war, hat der Herr sich entschlossen, dich zu heilen.' Sie bemühte sich nämlich immer, wie gesagt wurde, was auch immer der Herr ihr gewährt hatte, den Verdiensten anderer zuzuweisen."[178]

Gerontius schildert auch, daß Melania auf die Frage ihrer Schülerinnen und Schüler, wie sie es schaffe, bei „so großer Enthaltsamkeit und Gnadengabe des Tugendstrebens" nicht in „Hochmut oder Überhebung" zu verfallen, „uns wie gewöhnlich mit ihrer Demut erbaute" und über ihre eigenen inneren Anfechtungen erzählte.[179] Das Thema der Flucht vor Hochmut und der „eitlen Ehre" dieser Welt spielt in ihren Erbauungsreden ebenfalls eine Rolle.[180]

Schließlich werden in der Vita noch Anstrengungen Melanias thematisiert, „die Demut zu bewahren" (*humilitatem custodire*). Diese Wendung bezieht sich auf Verhaltensweisen bei der Opferung ihres Reichtums. Dabei geht es zum einen um die Flucht vor weltlichem Ruhm: Als Bemühen um *humilitatem custodire* deutet der Autor ihre und Pinians Entscheidung, nach ihrer Ankunft in Jerusalem auf die persönliche Verteilung ihres Vermögens zu verzichten, damit sie nicht bei guten Werken gesehen würden. Sie übergaben ihr Vermögen der Kirche und schrieben sich in das Armenregister ein.[181] Im Verzicht auf das persönliche Ausüben der adeligen *liberalitas* kommt zum anderen auch eine gewisse Unterordnung unter die Autorität der Kirche zum Ausdruck. Dieser Aspekt von *humilitatem custodire* tritt an anderer Stelle noch deutlicher hervor. Daß das fromme Paar, den Ratschlägen der nordafrikanischen Bischöfe folgend, den Klöstern Häuser, Landgüter und Einkünfte schenkte, interpretiert der Autor als Bewahren von Demut und Gehorsam (*custodire omnem humilitatem et obedientiam*).[182] Anerkennung bischöflicher Autorität war für solche reichen Wohltäter nicht selbstverständlich.

11. *Exiguitas vestimentorum*

Von der am Schluß des Tugendkataloges genannten *exiguitas vestimentorum,* Dürftigkeit der Kleidung, ist in der Vita nur einmal die Rede, als es um die „äußerst minderwertige und alte Tunika (*tunica valde vilissima et vetusta*)" geht, die Melania nach ihrer Weltabwendung trug, um „die Schönheit der Jugend" zu beseitigen.[183] Diese Stelle deutet darauf hin, daß *exiguitas vestimentorum* eine Dürftigkeit der Kleidung meint, die ihren Status als weltabgewandte Gottesdienerin anzeigt.[184] Dieses Motiv weist auf Melanias *abstinentia, tolerantia* und *humilitas* hin. Mit den ersten beiden dieser Tugenden wird in der Vita, wie wir gesehen haben, unter anderem ihre Kleidungsaskese in Verbindung gebracht; für ihren Onkel war ihr „schlechtes Gewand" augenfälliges Zeichen ihrer *humilitas*. Angesichts dieser Sinnbeziehungen verwundert es nicht, wenn die lateinische Vita bei der Beschreibung von Melanias Totenkleidung, die Gerontius als bedeutsam für das Seelenheil seiner Leser ansieht, an erster Stelle eine *vilissima tunica* aufzählt.[185]

D. Heiligkeit und klösterliche Tugend

Die Tugendreihe des Prologs verweist, wie wir sehen, mit ihren drei ersten Stichworten *fervens abrenuntiatio, fides* und *tanta beneficia* auf Melanias Weltabwendung, ihren Glauben und ihre Schenkungen, d. h. auf die Grundlagen und Anfänge ihres Tugendstrebens. Drei der nächsten vier Glieder, *vigilantia, tolerantia* und *immensa abstinentia* erschließen ihre asketische Praxis; als asketische Schlafgewohnheit gedeutet, würde *in nuda terra decumbentia* gut in diese Reihe passen. Mit *mansuetudo* und *humilitas* thematisiert der Autor ihre innere Tugend. Etwas merkwürdig mutet die dazwischen genannte Tugend der *sobrietas* an; offenbar sieht der Autor auch die sexuelle Enthaltsamkeit als eine innere Tugend an. Mit der *exiguitas vestimentorum* wird abschließend noch einmal die von Melania gewählte Lebensweise als Gottesdienerin sinnbildhaft thematisiert.

Diese Tugendreihe bildet nicht die Grundlage der Gliederung des Textes, sondern erschließt einen inneren Tugendweg wie ein Schlüssel für den aufmerksamen Leser, der über dem Text meditieren und dabei diese Tugenden in ihrem Wechselverhältnis, ihrer Entwicklung und Steigerung studieren kann. Mit dem Gedanken des stufenweisen Fortschreitens im Tugendstreben, den Gerontius bei der Beschreibung einzelner Tugenden herausarbeitet, korrespondiert die Tatsache, daß der Bogen dieser Tugendreihe sich von der Weltabwendung und den Schenkungen Melanias, der im ersten Drittel der Vita beschriebenen *abrenunciatio* und *beneficia*, über die *abstinentia* und *tolerantia,* die vor allem im zweiten Drittel herausgearbeitet werden, bis zur inneren Tugend spannt, die als *mansuetudo* und *humilitas* unmittelbar vor dem Schlußabschnitt im Mittelpunkt stehen.

Einige in der Vita dargestellte Aspekte von Melanias Frömmigkeit haben in der einleitenden Tugendaufzählung keinen Niederschlag gefunden. Dazu gehört die freiwillige Armut (*voluntaria paupertas*), in der Melania seit ihrer Ankunft in Jerusalem lebte.[186]

Sie kommt im Tugendkatalog allenfalls indirekt vor, indem das Lob des geduldigen Ertragens eines argen Schicksals (*tali exitus tolerantia*) und der Dürftigkeit der Kleidung (*exiguitas vestimentorum*) auf die bewußte Annäherung an die Lebensbedingungen der Armen hindeuten. Ein Grund für den Verzicht auf das Lob von Melanias *paupertas* in der Einleitung könnte darin liegen, daß sie nicht so radikal war, daß Melania sich – wie etwa Antonius – mit ihrer Hände Arbeit ernährt hätte.[187] Die Orientierung an einem solchen radikalen Armutsideal würde auch erklären, warum ihre Klostergründungen und Kirchenstiftungen,[188] ihre Pilgerreisen,[189] die zumindest teilweise durch ihr Vermögen ermöglicht wurden,[190] in besagter Tugendaufzählung ebenfalls nicht hervorgehoben werden. Außerdem fehlt dort auch jede Anspielung auf Melanias geistliche Studien und ihr Lehren,[191] auf ihre Bemühungen, andere Menschen zum Christentum,[192] zu frommem Handeln[193] und zum asketischen Leben[194] zu bekehren, und auf ihre Anstrengungen zur Sicherung von Fürbittgebeten für ihre verstorbenen Verwandten und für ihre eigene Seele.[195]

In der *Vita Melaniae iunioris* spielt die kontrastive Gegenüberstellug von adelig-weltlicher und asketischer Lebensform eine weit geringere Rolle als in den biographischen Briefen. Gerontius lobt weder Melanias Vorfahren noch verwendet er das *nobilior-sanctitate*-Motiv, stellt aber ihren Reichtum und ihre Beziehungen zu den Kaiserhöfen deutlich vor Augen.

Diese Veränderung des Heiligenideals entspricht der Zielgruppe der Vita, die in erster Linie nicht, wie die biographischen Briefe, weltlichen Lesern das christlich-asketische Ideal nahebringen, sondern Asketinnen und vielleicht auch Asketen erbauen und anleiten will. So wird die asketische Bekehrung nicht durch eine einfache Kontrastierung von weltlichem Leben und asketischer Tugend dargestellt, sondern differenzierter gesehen: Sie ist keine einmalige und mehr oder weniger plötzliche Entscheidung, die abrupt zu einem grundlegenden Wandel von Leben und Verhalten führt, sondern ein Prozeß mit verschiedenen Stufen (innere Ablehnung der Eheschließung, Bekehrung des Gatten, Verkauf des Vermögens, stufenweise Aufnahme der asketischen Lebensweise), der die Auseinandersetzung mit äußeren und inneren Widerständen einschließt. Gerontius setzt mit Melanias Askese vergleichend nicht ihre Lebensweise als Ehefrau, sondern ihre adelige Kindheit in Beziehung und ermöglicht so auch Jungfrauen, sich mit dieser Heldin zu identifizieren.[196]

Im Unterschied zu Hieronymus und Paulinus ist die *humilitas* seiner Protagonistin für Gerontius nicht bereits mit dem Ablegen der reichen, adeligen Kleidung verwirklicht. Er versteht unter *humilitas* die Distanzierung von weltlichem Ansehen (*gloria et altitudo saeculi*) und die Vermeidung spiritueller Ruhmsucht (*vana gloria*). Mit dieser inneren Demut stellt er auch und gerade denjenigen unter seinen Schützlingen, die vornehmer Herkunft waren, ein Tugendideal vor Augen.

Dem klösterlichen Rahmen angepaßt ist der Umgang Melanias mit ihrem Reichtum, auf den im Tugendkatalog mit dem Hinweis auf ihre großen Wohltaten (*tanta beneficia*) Bezug genommen wird: Gerontius erwähnt Schenkungen an Arme nur sehr summarisch; nicht die Ausübung persönlicher *liberalitas,* sondern die Übergabe von Vermögenswerten an die mit Armenfürsorge betrauten kirchlichen Instanzen ist das bestimmende Motiv.[197] Dementsprechend wird im Tugendkatalog nicht das Almosengeben als solches, sondern dessen Ergebnis gelobt. Persönliches Austeilen von milden Gaben setzt den Kontakt zu den Armen und damit zur Welt voraus. Dies widerspricht der zurückgezogenen Lebensweise, die Melania ihren Nonnen zu ermöglichen suchte, indem sie ein künstliches Wasserbecken und ein Bad innerhalb des Klosters bauen ließ. Sie wollte den Jungfrauen ersparen, das Kloster wegen körperlicher Bedürfnisse verlassen oder zum Baden den 1000 Schritte langen Weg vom Ölberg in die Stadt gehen zu müssen und dabei Männern zu begegnen.[198]

Die Untersuchung der Tugenden *tolerantia* und *immensa abstinentia* ergab das Bild eines mit Rücksicht auf die monastische Rezeption abgestuften Tugendideals: Der Autor beschreibt nicht nur Melanias sich stufenweise steigernde *modi abstinentiae*, sondern differenziert auch zwischen ihrer asketischen Perfektion und dem Tugendideal, das sie den Nonnen ihres Jerusalemer Klosters ans Herz legte. Der für Melanias Heiligkeit wesentlichen *tolerantia* und *immensa abstinentia* steht in den Erbauungsreden eine gemäßigte *abstinentia* gegenüber. Der Forderung einer gemäßigten, in asketisches Gemeinschaftsleben eingebundenen Enthaltsamkeit entspricht das Bild ihres Lebens in Tagaste. Das Klosterleben erscheint als ein vor allem für Anfänger(innen) bedeutsamer Rahmen des asketischen Tugendstrebens: Melania, die nach Gerontius' Ansicht bei ihrer Übersiedlung nach Palästina die asketische Vollkommenheit erlangt hatte, bedurfte in Jerusalem dieses Rahmens nicht mehr.

Zwischen den im Prolog aufgezählten und in den Erbauungsreden hervorgehobenen Tugenden sind noch weitere Unterschiede feststellbar. Die den Nonnen ans Herz gelegte Nächstenliebe (*caritas*)[199] fehlt im einleitenden Tugendkatalog, obwohl sie Melanias Handeln als Liebe zu Gott und zu ihren Nonnen leitete.[200] Das gilt auch für die Tugend des Gehorsams (*obedientia*):[201] Gerontius überliefert, daß Melania sich in Tagaste in Bezug auf ihre asketische Praxis den Geboten und Verboten ihrer Mutter und anderer Menschen ihrer Umgebung beugte,[202] und hebt ihre und Pinians Demut und Gehorsam gegenüber den nordafrikanischen Bischöfen hervor. Von ihren Nonnen läßt er sie Gerhorsam fordern (*obedientiam custodire*) und dies mit Hinweis auf die innerkirchliche Hierarchie begründen. Dieses Motiv weist darauf hin, daß lateinischsprachige Nonnen vornehmer Herkunft in diesem Kloster lebten.[203]

Daß Gerontius Melania aufgrund ihrer asketischen Leistung anders beurteilte als seine Schützlinge, die Nonnen ihres Klosters, zeigen auch seine Anspielungen auf ihr Geschlecht. Melania stellt er ausdrücklich mit Männern auf eine Stufe: „Diese darf nämlich nicht als Frau bezeichnet werden, sondern als ein Mann, weil sie mannhaft (*viriliter*) handelte."[204] Er berichtet, daß die ägyptischen Wüsteneremiten ihren männlichen Sinn (*virilis sensus*) erkannten und sie „wie eine Heilige und die eigene Mutter" behandelten.[205] Ein Vergleich Melanias mit anderen Frauen findet sich nur in einer Bescheidenheitsfloskel: Als Beweis der *mansuetudo*, mit der Melania um Verzeihung zu bitten pflegte, führt Gerontius ihre Aussage an, sie sei eine Sünderin, und werde nicht wagen, sich mit den geringsten weltlichen Frauen zu vergleichen.[206] Von der Überwindung ihrer weiblichen Schwäche ist anläßlich einer strapaziösen winterlichen Reise ausführlich die Rede, bei der sie mannhaft (*viriliter*) marschierte und ihre männlichen

Begleiter an körperlicher Durchhaltefähigkeit in den Schatten stellte. Dies wird auf ihre Stärkung durch den Glauben zurückgeführt.[207]

Eine Überwindung der Schwäche ihres Geschlechts spricht Gerontius dagegen seinen Schützlingen nicht zu und unterstreicht damit, daß sie sich seines Erachtens mit Melania nur begrenzt vergleichen dürfen. Er berichtet auch, daß Melania selbst bei der Einrichtung von Nachtwachen den *sexus infirmior et fragilior* der Nonnen berücksichtigte.[208]

Diese Differenzierung zwischen klösterlicher Tugend und asketischer Perfektion spricht dafür, daß der Autor im Prolog tatsächlich zwei verschiedene, jedoch aufeinander bezogene Ziele anspricht.[209] Vor allem Melanias Leben in Nordafrika und ihre Erbauungsreden wenden sich an die Nonnen ihres Klosters. Gerontius verdeutlicht die Notwendigkeit einer klösterlichen, von Gehorsam und gemäßigter Enthaltsamkeit geprägten Lebensweise zu Anfang einer asketischen Laufbahn. Indem er Melanias Tugenden zum Teil deutlich von diesen Idealen absetzt und als Zeichen einer in langjähriger klösterlicher Praxis erlangten Perfektion deutet, erschwert er seinen Schützlingen eine rebellische Berufung auf das den klösterlichen Rahmen transzendierende Vorbild ihrer „Gründungsmutter" in Jerusalem.

III. DIE ÄLTESTE VITA GENOVEFAE

A. Datierung, Auftraggeber, Autor und Publikum

Bereits B. Krusch erkannte in der von ihm als Vita A bezeichneten Fassung der *Vita Genovefae*, die er 1896 edierte,[1] die älteste der fünf frühmittelalterlichen Rezensionen dieser Vita.[2] Der Autor dieser Vita ist uns nicht namentlich bekannt. Auch ein Prolog oder ein Widmungsbrief, der Aufschlüsse über seine Person und den Entstehungszusammenhang der Vita geben könnte, ist nicht überliefert. Aus den Nachrichten über Genovefas Leben und der Angabe, daß ihr Tod zum Zeitpunkt der Abfassung der Vita 18 Jahre zurücklag,[3] ergibt sich eine Datierung auf etwa 520.[4]

Die Zweifel Kruschs an diesem Entstehungszeitpunkt der Vita, die er aufgrund sprachlicher und sachlicher Einzelbeobachtungen für ein nicht vor der 2. Hälfte des 8. Jahrhunderts entstandenes Werk ansah,[5] blieben nicht ohne Widerspruch,[6] wurden jedoch insbesondere in der deutschsprachigen Forschung recht einhellig übernommen.[7] Erst in jüngster Zeit wurde das Problem der Authentizität dieser Vita, das Krusch und seine Gegner anhand von Einzelbeobachtungen diskutiert hatten, von M. Heinzelmann und J.-Cl. Poulin auf breiterer Basis neu aufgerollt.[8] Die beiden Forscher vermochten die Argumente Kruschs gegen die Authentizität dieser Vita zu entkräften.[9] Mit dem Nachweis durchgängig vorhandener sprachlicher Eigenarten widerlegte Poulin auch die in der frankophonen Forschung verbreitete Auffassung, dieser Text sei interpoliert.[10] Für die Frage der Datierung aufschlußreich ist vor allem Heinzelmanns Analyse der Personennamen, Orts- und Sachbezeichnungen der Vita, die, wie er zeigte, in die sprachliche und historische Landschaft des 6. Jahrhunderts passen.[11] Obwohl diese Untersuchungen keine neuen Anhaltspunkte für eine absolute Datierung erbrachten, bestätigten sie den Rang der Vita A als ältester Fassung. Ihre Entstehung im 6. Jahrhundert ist, wie Heinzelmann herausarbeitete, auch deshalb wahrscheinlich, weil charakteristische Merkmale ihrer Terminologie bereits in den karolingischen Überarbeitungen verändert wurden.[12]

Den Schlüssel zur Entstehungsgeschichte der Vita liefert das Schlußkapitel,[13] das berichtet, daß der Frankenkönig Chlodwig I. († 511) Genovefa zu Ehren eine Basilika zu bauen begann, die seine Witwe Chrodechilde († 544) nach seinem Tod vollendete.[14] Wenn dabei die Heiligkeit Genovefas mit deutlich antiarianischer Konnotation in den Rahmen des orthodoxen Trinitätsglaubens eingeordnet wird, so steht dies in Beziehung zum Ruhm König Chlodwigs, der sich als erster germanischer König zum katholischen Christentum bekehrt und zudem die arianischen Westgoten besiegt hatte.

Über diese Kirche unterrichtet auch Bischof Gregor von Tours.[15] Seinen Angaben zufolge war sie den Aposteln[16] bzw. Petrus[17] geweiht. Wie Poulin und Heinzelmann zeigten, lassen sich diese Nachrichten durchaus mit den Angaben der *Vita Genovefae* in Einklang bringen, nach der diese Kirche zu Ehren Genovefas (*honoris eius gratia*) erbaut wurde.[18] Ein Blick auf den Sprachgebrauch dieses Textes zeigt nämlich, daß damit nicht ausdrücklich ein Genovefapatrozinium behauptet wird,[19] denn Kirchentitel werden sonst immer mit der Wendung „*in honore(m) N.*" ausgedrückt.[20] Die etwas zweideutige Formulierung *honoris eius gratia* soll deshalb wohl zusammen mit dem Verschweigen des Apostelpatroziniums Genovefa als Schutzherrin dieser Kirche in einer Weise betonen, die für eine *Vita sanctae Genovefae* durchaus passend erscheint.[21] Gregor von Tours enthüllt auch eine in der Vita ebenfalls verschwiegene Funktion als Königsgrablege: In dieser Kirche befand sich nach seinen Angaben nicht nur das Grab Genovefas, sondern auch die letzten Ruhestätten König Chlodwigs, seiner Tochter Chlotchilde, seiner Enkel Theodoald und Gunthar sowie seiner Gemahlin Königin Chrodechilde.[22] Diese Kirche stellt das erste Beispiel der für die fränkischen, angelsächsischen und das langobardische Königreich typischen Königsgrabkirchen dar, die eng mit der Königsherrschaft verbunden waren.[23] Mit ihrer Funktion und ihrem Patrozinium verweist sie auch auf Konstantins Apostelkirche und ordnet sich so in die für Chlodwigs Königtum wichtige *Imitatio Imperii* ein.[24] Während in der folgenden Generation merowingischer Könige Chlothar I. seine Grabkirche über dem Grab des Bischofs Medardus von Noyon errichtete[25] und Childebert die seinige mit einer Stola des spanischen Märtyrers Vincentius ausstattete,[26] wählte das erste christliche Königspaar dieses Hauses eine heilige Frau als Schutzherrin seiner Grablege.[27]

Der Zeitpunkt ihrer Abfassung (um 520) und die im Grabkirchenprojekt greifbare enge Beziehung zum merowingischen Königshaus lassen darauf schließen, daß diese Vita im Auftrag der Königin Chrodechilde verfaßt wurde.[28] Sie wird im Schlußkapitel als *praecellentissima regina* bezeichnet, das heißt mit der im 6. Jahrhundert für regierende Mitglieder der Königsfamilie üblichen Anrede,[29] und ihre Rolle bei der Fertigstellung des Kirchenbaus wird lobend hervorgehoben.[30] Im anonymen Autor dieser Vita vermutete Heinzelmann daher einen Kleriker, den Chrodechilde an der Apostelkirche einsetzte. Da dieser die erst 18 Jahre zuvor in Paris verstorbene Heilige offenbar nicht mehr persönlich gekannt hatte,[31] über gute Ortskenntnis in und um Tours verfügte und mit für den dortigen Martinskult wichtigen Texten sehr vertraut war,[32] könnte er vor der Fertigstellung der Pariser Kirche in Tours gewirkt haben, wo Königin Chrodechilde ihren Witwensitz hatte.[33]

Als Leser- und Hörerschaft werden in der Vita „die Gläubigen" (*fideles*) angesprochen;[34] am Schluß umschreibt der Autor die Gruppe derer, für die Genovefa Fürbitte einlegen soll, als die Gesamtheit all derjenigen, die an die Trinität glauben.[35] Einem solchen Zuschnitt auf ein breites Publikum entspricht eine Sprache, die deutliche Anklänge an die Umgangssprache aufweist.[36] Es liegt nahe, dabei zunächst an die Bevölkerung der Stadt Paris zu denken, der dieser Text anläßlich der Genovefafeste vorgelesen oder sein Inhalt im Rahmen einer Predigt zur Kenntnis gebracht worden sein könnte.

B. AUFBAU UND INHALT

Der Autor gibt nicht vor, Genovefa gekannt zu haben. Sein Werk besteht hauptsächlich aus Wunderberichten und Erzählungen über ihre Taten, die jeweils in sich abschlossene erzählerische Einheiten bilden und oft nur mit einer Zeit- oder Ortsangabe, manchmal auch nicht einmal mit einer solchen Angabe, in den Rahmen der Vita eingebunden sind.[37] Diese literarische Struktur der Episodenerzählung ist den Evangelien verwandt.[38] Das Werk macht den Eindruck, als habe der Autor seinen Stoff vor allem aus Erzählungen geschöpft, die in Paris, vielleicht auch an den übrigen Orten ihres Wirkens 18 Jahre nach ihrem Tode noch lebendig waren,[39] diese redaktionell bearbeitet und mehr oder weniger lose in einen biographischen Rahmen gefügt.

Die Vita besteht aus einem ersten, stärker biographisch orientierten Teil (c. 1-16),[40] dem Hauptteil, der Genovefas Wirken als Heilige beschreibt (c. 17-52), und einem Schlußteil, der auf ihren Tod, mehrere Wunder an ihrem Grab und die ihr zu Ehren errichtete Kirche eingeht. Der Autor nennt am Anfang zunächst die Namen der Eltern Genovefas, ihren Geburtsort Nanterre bei Paris und das Ziel seiner Darstellung (c. 1). Dann schildert er ausführlich, wie Bischof Germanus von Auxerre auf seiner ersten Reise nach Britannien in Nanterre Station macht und Genovefa begegnete (c. 2-6). Wenige Tage nach seiner Abreise ereignete sich ein Strafwunder an Genovefas Mutter (c. 7). Nach dem Bericht über Genovefas Jungfrauenweihe durch einen sonst unbekannten Bischof Vilicus, die weder zeitlich noch räumlich eingeordnet wird (c. 8), folgt ein Kapitel, das über eine schwere Krankheit berichtet, die Genovefa in Paris durchmachte, wohin sie nach dem Tode ihrer Eltern zu ihrer Patin übergesiedelt war (c. 9). Nach einigen Anspielungen auf Gegner Genovefas (c. 10) wird geschildert, wie Bischof Germanus für sie Partei ergriff, als er auf seiner zweiten Reise nach Britannien nach Paris kam (c. 11). Zur Zeit des Einfalls der Hunnen in Gallien unter Attilas Führung (451) setzte sich Genovefa für den Schutz und das Wohl der Stadt ein, wurde deshalb von den Pariser Bürgern mit dem Tod bedroht und durch das Auftreten eines Archidiakons von Auxerre gerettet, der Nachrichten von dem inzwischen verstorbenen Bischof Germanus überbrachte (c. 12-13). Ein Vergleich Genovefas mit den Bischöfen Martin von Tours und Anianus von Orléans (c. 14), eine Zusammenfassung der Nahrungsaskese mit Blick auf ihre ganze Lebenszeit (c. 15) und ein Tugendkatalog (c. 16) schließen den biographischen Teil der Vita ab und unterstreichen, daß Genovefa nun alle weltlichen Hindernisse überwunden und alle persönlichen Voraussetzungen erlangt hat,[41] um als Heilige in der Welt wirken zu können.

Der Übergang vom biographischen Teil zum Hauptteil, der ihr ungehindertes Wirken schildert (c. 17-52), ist nicht mit einem Wechsel von biographisch-chronologischer zu sachlich-thematischer Gliederung verbunden. Auch der Hauptteil dieser Vita bleibt, soweit erkennbar, der chronologischen Erzählweise verpflichtet.[42] Während im ersten Teil der Vita nur ein Wunderbericht enthalten ist (c. 7), dominiert Genovefas Wunderwirken nun die Erzählstruktur: Von den 36 Kapiteln des Hauptteils sind 28 der Darstellung von Wundern und wunderbaren Ereignissen gewidmet.[43] Nur wenige dieser Kapitel sind erzählerisch miteinander verknüpft. Zu Beginn des Hauptteils gruppiert sich eine Reihe von Episoden um den Bau einer Basilika am Grab des heiligen Dionysius in der Nähe von Paris unter Genovefas Leitung (c. 17-21), eine andere steht im Rahmen einer Aktion, mit der Genovefa die Getreideversorgung der Stadt während einer Belagerung durch die Franken sicherstellt (c. 35-40). Eine Reihe von Wundern spielte sich schließlich auf einer Reise ab, die Genovefa zur Anianusbasilika in Orléans und zum

Martinsheiligtum in Tours führt (c. 42-47). Der biographische Rahmen tritt in diesem Teil der Vita fast völlig in den Hintergrund; Nachrichten über Genovefas Lebensweise fließen nur noch beiläufig ein.

Der Schlußteil schließt sich inhaltlich eng an den Hauptteil an. Der Autor verzichtet ausdrücklich darauf, ihren Tod und ihr Begräbnis zu schildern, und gibt nur ihr Todesalter von über achzig Jahren, den Kalendertag ihres Begräbnisses und den Zeitraum von 18 Jahren an, der seither verstrichen ist (c. 53). Zwei Wunder an ihrem Grab führen vor Augen, daß sich Genovefas Wirken als Heilige auch nach ihrem Tod fortsetzt (c. 54-55). Mit dem Bericht über die vom merowingischen Königspaar erbaute Kirche und einer Bitte um Genovefas Interzession endet die Vita (c. 56).

Auch in dieser hagiographischen Lebensbeschreibung sind Lücken erkennbar. Wir haben bereits gesehen, daß das Apostelpatrozinium und die Funktion der vom fränkischen Königspaar erbauten Kirche als Königsgrablege verschwiegen werden. Die Bischöfe, die zu Genovefas Lebzeiten in Paris amtierten, werden nicht erwähnt.[44] Die Vita gibt auch über die weltlichen Voraussetzungen von Genovefas öffentlichem Wirken in Paris keine Auskunft. Sie teilt nur die Namen ihrer Eltern mit, nicht aber deren soziale Stellung.[45] Ihr Vater Severus und ihre Mutter Geroncia spielen nur in dem Abschnitt über ihre Kindheit bzw. Jugend eine Rolle.[46] Die Patin, die Genovefa nach dem Tod der Eltern zu sich nach Paris rief, wird nur einmal erwähnt;[47] auch ihre soziale Stellung bleibt im Dunkeln. Es ist allerdings erkennbar, daß Genovefa der vermögenden und landbesitzenden Schicht angehört haben muß. In diese Richtung deutet schon eine Aufforderung, sie solle auf das Tragen von Schmuck aus Gold, Silber oder Perlen verzichten.[48] Sie wird außerdem mit *domina* angeredet,[49] verfügt über Dienerinnen,[50] ein eigenes Haus in Paris[51] und Landgüter bei Meaux.[52] Einen Eindruck vom Umfang ihrer Besitzungen vermittelt die Vita jedoch nicht.

Der Mangel an Nachrichten über Genovefas soziale Herkunft hat dazu geführt, daß die historische Glaubwürdigkeit ihrer Vita umstritten ist. Diese Frage ist zwar für die Mentalitätsgeschichte von untergeordneter Bedeutung, bei der Beurteilung des sozialgeschichtlichen Kontextes des Heiligenideals aber mit zu berücksichtigen. Krusch hatte sein Verdikt nicht zuletzt mit der historischen Unannehmbarkeit dieses für seine Begriffe unziemlichen Wirkens einer gottgeweihten Jungfrau begründet.[53] Um diese Ansicht zu entkräften, untersuchte Heinzelmann zunächst die Chronologie von Genovefas Lebensgeschichte als Prüfstein für die historische Zuverlässigkeit der Vita. Er zeigte, daß die aus anderen Quellen datierbaren Ereignisse und Lebensdaten von Personen, die in der Vita vorkommen, ein chronologisches Gerüst ergeben, in das sich der Lebenslauf Genovefas ohne Widersprüche einordnen läßt.[54] Auf dieser Grundlage argumentierte er für die historische Glaubwürdigkeit der Vita.[55] Zwar sah er die literarische und hagiographische Stilisierung der Darstellung, erkannte Indizien für ihre Unvollständigkeit, beispielsweise, daß kein Bischof von Paris erwähnt wird, und räumte ein, daß sich insbesondere bei den sehr detaillierten Abschnitten über die Begegnungen der jungen Genovefa mit Bischof Germanus von Auxerre die Frage nach den Quellen stellt, aus denen der Autor fast einhundert Jahre später seine Informationen über diese Gespräche bezog. Dennoch sah er in der chronologischen Sorgfalt des Autors, seiner Reserviertheit gegenüber dem Wunderbaren, als die er das Fehlen literarischer und folkloristischer Motive in den zahlreichen Wunderberichten deutete, und seinem Interesse am Detail, der konkreten Tatsache und der Aktualität Hinweise auf die historische Glaubwürdigkeit.[56]

Auf der Grundlage dieser modern gedachten Gegenüberstellung von „historischem (Tatsachen-)Bericht" und hagiographischer Darstellung versuchte Heinzelmann den „historischen Kern" der Vita zu erkennen. Er stützte sich dabei erstens auf die in seinen Untersuchungen des Vokabulars festgestellten Bezüge zu den Institutionen der spätantiken Stadtverwaltung in Gallien und zweitens auf alle diejenigen Motive der Vita, die mit einem modernen Geschichtsverständnis zu vereinbaren sind oder eine rationalistische Umdeutung zulassen.[57] Er zeigte, daß die Nachrichten der Vita sich in die Geschichte der fränkisch-römischen Beziehungen in der zweiten Hälfte des 5. Jahrhunderts einordnen lassen,[58] und entwickelte auf dieser Grundlage eine Hypothese über die in der Vita verschwiegenen weltlichen Hintergründe von Genovefas Wirken. Seiner Ansicht nach bestanden diese in einer Führungsposition in der Stadtverwaltung von Paris, deren Voraussetzung Reichtum und eine herausgehobene soziale Stellung ihrer Eltern gewesen sei. Von den Eltern, so vermutete er, könnte zumindest ein Teil trotz des römischen Namens fränkischer Abstammung gewesen sein; vielleicht habe ihr Vater als Offizier fränkischer Herkunft in römischen Diensten gestanden.[59] Den Glauben der Zeitgenossen an ihre thaumaturgischen Fähigkeiten deutete er als eine Folge dieses weltlichen Sozialprestiges.[60]

Gegen diese Interpretation erhob I. N. Wood Einwände. Er wies darauf hin, daß hagiographische Texte, auch wenn die Aussagen des Autors über den Zeitpunkt ihrer Abfassung glaubwürdig sind, dennoch in ihrem Inhalt so tendenziös sein können, daß sie historisch unglaubwürdig sind. In Bezug auf die historische Glaubwürdigkeit der *Vita Genovefae* wies er auf neuere Forschungen zur Datierung der zweiten Britannienreise des Bischofs Germanus von Auxerre hin, die zur Revision der von Heinzelmann erarbeiteten internen Chronologie von Genovefas Lebensgeschichte zwingen.[61] Diese chronologische Verschiebung ist jedoch m. E. nicht so unvereinbar mit dem Inhalt der Vita wie Wood meint.[62] Von größerem Gewicht ist seine Überlegung, daß die Rolle, die Bischof Germanus im biographischen ersten Teil dieser Vita spielt, wegen ihrer großen legitimatorischen Bedeutung für Genovefas Heiligkeit eine Fiktion sein könnte.[63] Wie Krusch bezweifelte er außerdem die Möglichkeit, daß eine *virago*, wie sie in der *Vita Genovefae* porträtiert wird, im Paris des 5. Jahrhunderts eine derartige Führungsrolle innegehabt haben könne. Seines Erachtens ist Genovefas öffentliches Wirken mit dem literarischen Vorbild der Viten gallischer Bischöfe und dem Fehlen eines solchen Vorbildes für die Heiligkeit einer nichtklösterlich lebenden Frau zu erklären.[64]

Diese Ablehnung eines historischen Kerns für einen Bericht über Genovefas Wirken, der nur 18 Jahre nach ihrem Tod am Ort dieses Wirkens entstanden sein dürfte, ist nicht völlig überzeugend. Die Rolle des Bischofs Germanus kann eine Fiktion sein, zumal die betreffenden Nachrichten mit der 475/480 von Constantius von Lyon verfaßten *Vita Germani* übereinstimmen.[65] Diese Begebenheiten aus Genovefas Jugend lagen zum Zeitpunkt der Abfassung der Vita zudem 70-100 Jahre zurück, so daß es wohl kaum noch lebende Zeugen dafür gegeben haben dürfte. Daß Genovefas öffentliches Wirken jedoch nur eine Fiktion ihres Biographen ist, ist dagegen eher unwahrscheinlich, weil sein Text, um in der beabsichtigten Weise für Genovefas Kult zu werben, ein Mindestmaß an Übereinstimmung mit den Spuren aufweisen mußte, die Genovefa in der Erinnerung der Zeitgenossen und in der mündlichen Überlieferung hinterlassen hatte.

Der von Heinzelmann herausgearbeitete „historische Kern" der *Vita Genovefae* ist aber dennoch problematisch, denn er trägt Züge einer rationalistischen Umdeutung der Vita. Er nimmt deren Bild von Genovefas Führungsrolle in Paris ernst, ohne ausreichend zu berücksichtigen, daß gerade das Herausstreichen dieser Machtstellung – etwa mit dem Mittel des gezielten Verschweigens – zur Tendenz der Darstellung gehört. Da keine weiteren Quellen zur Verfügung stehen, ist nicht mehr auszumachen, inwieweit das in der Vita gezeichnete Gesamtbild von Genovefas Stellung in Paris der historischen Realität entspricht.[66] Die Überlieferungslage erlaubt hier weder Beweis noch Gegenbeweis. So ist die Möglichkeit, daß Genovefas Taten etwa durch die Unterstützung in der Vita nicht erwähnter männlicher Verwandten und Freunde ermöglicht wurden, letztlich nicht auszuschließen.

Bei der historischen Auswertung von Nachrichten aus hagiographischen Quellen muß immer auch deren Verhältnis zur Tendenz der Darstellung berücksichtigt werden. Das gilt auch für die in der *Vita Genovefae* hervorgehobene Verehrung nicht nur des Frankenkönigs Chlodwig, sondern auch seines Vorgängers Childerich für die Heldin.[67] Heinzelmann sieht darin einen Hinweis auf ihre guten Beziehungen zu den Franken, die er mit ihrer seines Erachtens zumindest teilweise fränkischen Herkunft in Zusammenhang bringt und als eine Voraussetzung ihres Wirkens deutet.[68] Die Nachricht über den schon etwa 40 Jahre vor Abfassung der *Vita Genovefae* verstorbenen König Childerich paßt jedoch mit einer profränkischen Tendenz zusammen, die ihre Glaubwürdigkeit zumindest relativiert. Von einer Mittlerrolle Genovefas während der fränkischen Belagerung von Paris, wie sie aufgrund guter Beziehungen zu erwarten wäre, ist nicht die Rede.[69] Bei der Schilderung ihrer Reise zur Sicherung der Getreideversorgung, die sie durch die Linien der Belagerer geführt haben muß, kommt kein einziger feindlicher Franke vor.[70] Der Autor scheint an die kriegerische Bedrohung, die die Franken für die Pariser damals dargestellt haben müssen, nicht erinnern zu wollen; die fränkische Belagerung wird nur ganz am Rande erwähnt.

Diese profränkische Tendenz und die Betonung der Verehrung des fränkischen Königshauses für Genovefa, die Pariser Nothelferin in der Zeit der Barabareneinfälle, dürfte auf den Einfluß der Auftraggeberin der Vita, Königin Chrodechilde, zurückgehen. Wenn diese Vermutung richtig ist, verfolgte die Königin mit der Förderung von Genovefas Kult auch die Absicht, zur Überwindung der Gegensätze zwischen der einheimischen Bevölkerung und den fränkischen Eroberern von Paris beizutragen.

C. Die Absicht des Autors

Nachdem er ihre Eltern und ihren Geburtsort genannt hat, umschreibt Genovefas Biograph, ohne auf ihre soziale Herkunft einzugehen, sein Vorhaben in dieser Weise:

> „Doch *(sed)* ich habe beschlossen, den Gläubigen zuerst ihr Gelöbnis (*devotio*) von Jugend auf, dann erst die ihr verliehene Gnade Gottes (*gratia Dei*) bekannt zu machen."[71]

Die einleitende adversative Partikel *sed* dieser Absichtserklärung läßt die Vermutung zu, der Autor wolle vielleicht Erwartungen seiner Hörer oder Leser abwehren, Angaben über Genovefas soziale Herkunft zu erhalten. Ehe wir diese Vermutung prüfen können, müssen wir zunächst untersuchen, was mit *devotio* und mit *gratia Dei* gemeint ist. Die Bedeutung dieser Begriffe ist aus einer Reihe von Stellen zu erschließen, die sich auf den biographischen Teil und das erste Drittel des Hauptteils der Vita beschränken.[72]

1. Devotio

Das Wort *devotio* legt der Autor zunächst Genovefa selbst in den Mund. Auf eine Frage des Bischofs Germanus von Auxerre, der auf seiner ersten Britannienreise in ihrem Heimatort Nanterre Station machte, antwortete sie:

> „Gesegnet seist du, mein Vater, weil du verkündest, was ich zu erreichen wünsche [...]. Ich will,' sagte sie, ‚heiliger Vater, und bete du, daß der Herr sich entschließen möge, mein Gelübde (*devotio*) zu erfüllen.'"[73]

Mit dem Wort *devotio* greift Genovefa hier das auf, wonach Germanus gefragt hatte:

> „Bitte scheue dich nicht, mir frei heraus zu sagen, ob du, wenn du Christus in Heiligkeit geweiht worden bist, deinen Körper wie seine Braut unbefleckt und unversehrt bewahren willst."[74]

Diese Frage bezieht sich auf die Hauptforderung, die eine geweihte Jungfrau zu erfüllen hatte.[75] Dies zeigt auch eine andere Stelle der Vita, an der eine nach Paris kommende fremde Asketin ihren Status als geweihte Jungfrau (*sanctimonialis*) von demjenigen einer Witwe mit ganz ähnlichen Worten abgrenzt.[76] Ist also mit *devotio* hier das Keuschheitsgelöbnis gemeint, das Genovefas Lebensform als gottgeweihter Jungfrau zugrunde lag?[77]

Aus einem weiteren Gespräch, das Bischof Germanus mit Genovefa vor seiner Abreise am nächsten Morgen führte, ist ersichtlich, daß der Autor in Genovefas Aussage ein Versprechen sieht.[78] Germanus fragte Genovefa nämlich bei dieser Gelegenheit, ob sie sich noch an das erinnerte, was sie ihm am Vortag über die Unversehrtheit ihres Körpers versprochen hatte.[79] Als Genovefa bejahend erklärte, das Vorhaben dieser Lebensform (*vite huius propositum*) begierig zu ersehen,[80] schenkte ihr der Bischof zum Abschied eine eherne, mit dem Kreuzzeichen geschmückte Münze und bat sie, diese als Andenken an ihn beständig an einer Kette um den Hals zu tragen und ihren Hals oder ihre Finger nicht mit Gold, Silber oder Perlen zu schmücken, da sie sonst den ewigen und himmlischen Schmuck werde entbehren müssen.[81] Mit dieser Verhaltensmaßregel wird Genovefa bereits als Kind dazu verpflichtet, mit dem Verzicht auf weltlichen Schmuck ihre asketische Distanz zur Welt sichtbar zu machen.[82]

Für Genovefa ergaben sich aus dem Gespräch mit dem Bischof noch weitere Verpflichtungen. Die Vita schildert, wie sie wenige Tage nach seiner Abreise von ihrer Mutter forderte, am Sonntag den Gottesdienst besuchen zu dürfen, und erklärte:

> „Ich werde das Versprechen, das ich dem heiligen Germanus gegeben habe, mit Christi Hilfe einhalten (*fidem, quam sancto Germano pollicita sum, [...] servabo*) und häufig in die Kirche gehen, damit ich eine Braut Christi zu sein verdiene und ihrer Perlen und Kleider für würdig befunden werde."[83]

Der Ausdruck *fidem servare*, mit dem sich Genovefa auf ihre Erklärung gegenüber Germanus bezieht, kann hier, darauf weist auch das Verbum *polliceri* (versprechen) in dem von *fides* abhängigen Relativsatz hin, als „ein Versprechen einhalten" gedeutet werden. *Fides* kann aber auch auf den Inhalt dieses Versprechens bezogen werden: Genovefas *devotio*-Erklärung wird als eine Glaubensäußerung aufgefaßt,[84] die Germanus mit der Ermunterung bestärkte, Genovefa solle durch Taten unter Beweis zu stellen, was sie im Herzen glaubte und mit Worten bekannte.[85]

Mit der Kleidung einer Braut Christi, von der Genovefa ihrer Mutter gegenüber spricht, ist wohl der Eintritt in den Stand der Jungfrauen gemeint, der in Gallien im 5. Jahrhundert vor allem mit einem Wechsel des Gewandes manifestiert wurde, zu dem eine liturgische Weihe hinzutreten konnte, aber nicht mußte.[86] Die Rede von den Perlen einer Braut Christi könnte auf die Ehrenstellung der Jungfrauen in der Kirche oder ihren himmlischen Lohn anspielen.[87] Wenn Genovefa dabei ihre Situation nach dem Gespräch mit Germanus als eine Art Probezeit auffaßt, in der sie sich für die Perlen und Kleidung einer Jungfrau würdig erweisen müsse, so zeigt dies, daß ihre *devotio*-Erklärung für den Autor nicht den Eintritt in den Jungfrauenstand markiert.

Die Jungfrauenweihe, die Genovefa erst zu einem nicht näher bestimmten späteren Zeitpunkt von einem Bischof Vilicus empfing, über den wir sonst nichts wissen, nimmt in der Vita sehr viel weniger Raum ein als die Begegnung mit Germanus. Sie wird mit den Worten *consecrare* und *benedictio* bezeichnet.[88] R. Metz hat darauf hingewiesen, daß Genovefa in der Vita eine Segnung im Rahmen eines Gottesdienstes bereits von Bischof Germanus im Anschluß an das Gespräch über ihre *devotio* empfing.[89] Die Vita stellt so der eigentlichen Jungfrauenweihe die Anerkennung ihres Entschlusses zum asketischen Leben durch Bischof Germanus von Auxerre voran.

Im Hauptteil der Vita kommt das Wort *devotio* an zwei weiteren Stellen vor und meint dort ebenfalls einen festen Vorsatz zu frommem Handeln.[90] Genovefas Absicht, für den Bau einer Basilika am Grab des heiligen Dionysius zu sorgen, führt die Vita auf ihre *devotio* zurück,[91] ebenso ihre Gewohnheit, in der Nacht auf Sonntag Vigilien zu halten.[92] Auch hier ist *devotio* Ausdruck ihres Glaubens. Der Plan, eine Basilika am Ort des Martyriums und Grabes des Dionysius zu bauen, wird auf Genovefas Verehrung und Liebe (*veneratio et amor*) für diesen Ort und ihr Empfinden für seine Heiligkeit zurückgeführt.[93] Der Entschluß, die Nacht auf Sonntag wachend zu verbringen, wird auf ein Herrenwort bezogen[94] und veranschaulicht so Genovefas Streben, die Gebote Christi zu erfüllen.

Die Frömmigkeitsformen, auf die diese beiden *devotio*-Belege verweisen, spielen auch an anderen Stellen der Vita eine Rolle. Auch in Genovefas Gehorsam gegenüber den Mahnungen von Bischöfen, ihr Fasten zu mindern, sieht ihr Biograph ein Zeichen ihres Bemühens, biblische Gebote zu erfüllen.[95] Von ihrer Verehrung für Heiligengräber zeugt auch eine Reise, die Genovefa zur Anianus-Basilika nach Orléans und zum Martinsheiligtum nach Tours führte, wo sie am Martinsfest teilnahm (c. 42-47).

Die der *devotio* zugrundeliegenden inneren Haltungen werden nur angedeutet. Da die Vita die äußerlich sichtbaren Handlungen, die aus der *devotio* jeweils folgen, in den Mittelpunkt stellt, nimmt das Wort den Charakter von *votum* an und unterscheidet sich damit grundlegend vom *devotio*-Begriff der lateinischen Kirchenväter.[96] Die mit *devotio* bezeichneten Frömmigkeitsformen bilden statische Elemente in Genovefas Leben, die keiner Veränderung unterliegen. Die Formulierung der Absichtserklärung (*„ab ineunte aetate eius devotionem"*) hebt hervor, daß solche Frömmigkeit Genovefa von Kindheit an kennzeichnete. Da dies in der Vita nur für ihre asketische Orientierung aufgezeigt wird, die sie zu Beginn der Darstellung öffentlich bekennt, dürfte damit vor allem ihre Lebensweise gemeint sein.

2. *Gratia Dei/Christi*

Um zu sehen, was mit *„gratia Dei in ipsam conlata"* gemeint ist, die am Anfang der Vita als zweites Darstellungsziel genannt wird, betrachten wir die fünf weiteren Stellen, an denen von göttlicher *gratia* die Rede ist.

Der erste dieser Belege steht im Zusammenhang mit einem Strafwunder an Genovefas Mutter Geroncia, die ihrer Tochter eine Ohrfeige gab, weil diese dagegen protestierte, während des sonntäglichen Kirchgangs der Mutter das Haus zu hüten, und forderte, selbst den Gottesdienst besuchen zu dürfen. Die Mutter wurde daraufhin auf durchaus symbolische Weise für 21 Monate mit dem Verlust ihres Augenlichtes gestraft. Diese Strafe wurde nach Ansicht von Genovefas Biographen von Gott verhängt, *„ad manifestandam gratiam Genovefae."*[97] Diese Wendung läßt zwei Deutungsmöglichkeiten zu: Faßt man *„Genovefae"* als einen Dativ auf, ist *gratia* als Gnade oder Gunst Gottes zu deuten, die zu ihren Gunsten offenbart wird. Man kann *„Genovefae"* aber auch als einen Genitiv betrachten und *gratia* als Gnadengabe übersetzen. Beide Deutungen machen Sinn: In der Erblindung der Mutter manifestiert sich ein strafendes Eingreifen Gottes zu Genovefas Gunsten, während sich in ihrer Heilung die Genovefa verliehene thaumaturgische Gabe, die in der Vita, wie wir noch sehen werden, als Gnadengabe aufgefaßt wird, zum ersten Mal offenbart. Diese Heilung wird dadurch möglich, daß sich Geroncia „zuletzt endlich einmal erinnerte, was für ein Zeugnis damals der hochangesehene Bischof Germanus über ihre Tochter abgelegt hatte."[98] Mit diesem Zeugnis ist die Nachricht von Genovefas Auserwähltheit schon vor ihrer Geburt gemeint, die der Bischof von Auxerre bei seinem Besuch in Nanterre ihren Eltern verkündet hatte.[99] Daraufhin habe Geroncia ihre Tochter zum Wasserholen geschickt und sich mit dem von ihr gesegneten Wasser mehrmals die Augen befeuchtet, bis sie wieder wie früher sehen konnte.[100] Bei diesem Wunder aus Genovefas Kinder- oder Jugendzeit spielt die

Protagonistin eine auffallend passive Rolle. Ihr Handeln richtet sich ganz nach den Anordnungen Geroncias, und diese steht als Handelnde im Mittelpunkt.[101] Die Wunderkraft erscheint als eine Gabe Genovefas, die ihre Mutter quasi „anzapfen" konnte, als sie die Prophezeihung des Bischofs Germanus ernst nahm.

Der nächste Beleg steht im Zusammenhang mit einer schweren Krankheit, die die geweihte Jungfrau kurz nach ihrer Übersiedlung nach Paris durchmachte und die nach Ansicht ihres Biographen den Sinn hatte, die Kraft des Herrn (*virtus Domini*) zu erweisen und die ihr verliehene Gnade Christi, (*gratia Christi in ea conlata*) immer mehr anwachsen zu lassen.[102] Was meint der Autor mit der *virtus* des Herren, die in dieser Krankheit bewiesen werden sollte? Was meint er mit dem stärkeren Anwachsen der Genovefa zugewandten göttlichen Gnade?

Virtus bezeichnet in dieser Vita, wie wir noch sehen werden, die Kraft oder Fähigkeit, Veränderungen in der sichtbaren Welt zu bewirken.[103] Mit *virtus Domini* dürfte daher eine Kraft Gottes gemeint sein, die das im folgenden geschilderte Geschehen ermöglichte:

> „Während sie von dieser Krankheit überaus hart mitgenommen wurde, wurde ihr schon entseelter Körper drei Tage lang nur nur wegen einer leichten Rötung der Wangen aufbewahrt. Als sie schließlich die körperliche Gesundheit erlangt hatte, bekannte sie, sie sei im Geist von einem Engel zum Ruheort der Gerechten und zum Strafort der Ruchlosen geführt worden, und dort habe sie die Belohnungen gesehen, die für die, die Gott lieben, vorbereitet sind, […]."[104]

Diese Schilderung ist einer der frühesten abendländischen Belege für die Vorstellung, die menschliche Seele könne, während der Körper scheinbar tot daliege, von Engeln geführt eine Reise ins Jenseits unternehmen. A. Angenendt erklärte das Eindringen dieser Vorstellungen in die abendländische Theologie mit dem „religionsgeschichtlichen Eigengewicht" des in vielen Religionen verbreiteten Glaubens an Seelenreisen.[105] Die zwei Aufenthaltsorte der Verstorbenen und die Belohnungen für die Heiligen im Paradies, die in unserem Text genannt werden, ordnen sich noch in den Rahmen der Jenseitsvorstellungen der ausgehenden Patristik ein[106] und sind mit den vielfältigen Landschaften, die die Visionsberichte ab dem 7. Jahrhundert beschreiben, nicht vergleichbar.[107]

Worin sieht der Autor das Anwachsen der Genovefa verliehenen *gratia* bei dieser Erfahrung? Das Verbum *crescere* deutet darauf hin, daß er im Wirken der göttlichen *gratia* ein dynamisches Element in Genovefas Leben sieht.[108] Betrachten wir die drei weiteren Belegstellen für göttliche *gratia*, um zu sehen, was mit diesem Anwachsen der *gratia* gemeint sein könnte.

Der nächste Beleg findet sich im Hauptteil der Vita und steht in Zusammenhang mit dem Bau der Dionisius-Basilika, den Genovefa organisierte (c. 17-21). Als sie sich bemühte, die Unterstützung der Priester für den Bau dieser Kirche zu gewinnen, wandten diese ein, daß der dafür notwendige Kalk fehle. Genovefa schickte sie daraufhin zur Brücke der Stadt und wies sie an, ihr zu melden, was sie dort hören würden. Die Priester erfuhren dort aus dem Gespräch zweier Schweinehirten von einem wunderbar großen und einem noch ungeöffneten Kalkofen im Wald.[109] Daraufhin erhoben sie ihre Gesichter erfreut zum Himmel und „lobten Gott, der sich entschlossen hat, seiner Dienerin Genovefa eine solche Gnadengabe (*tanta gratia*) zu verleihen."[110] Während an den bisher besprochenen Stellen aus dem biographischen Abschnitt das Wirken der göttlichen *gratia* sich auf Genovefa selbst bezieht und mit kommentierenden Hinweisen des Autors vermittelt wird, wird hier die Genovefa verliehene *gratia* von ihren Mitmenschen wahrgenommen. Mit *gratia* ist hier eine Gnadengabe gemeint, nämlich die hellseherische Fähigkeit, die die Vita an der „vom heiligen Geist erfüllten" und „wahrsagenden" Genovefa hervorhebt, als sie die Priester losschickte.[111]

Wenn diejenige, der diese Gnadengabe verliehen wurde, als „Dienerin Gottes" bezeichnet wird, so deutet das auf eine besondere Beziehung zu Gott hin, die für ihren Biographen auf ihre vorgeburtliche Auserwähltheit zurückgeht. Dies geht aus einer Stelle hervor, an der die Bürger von Paris, als sie von dieser Erwählung („*ex utero matris suae a Deo electa*") hören, damit zugleich erfahren, daß sie „Gottes getreueste Dienerin (*Dei [...] fidelissima famula*)" war.[112]

In ähnlicher Weise wie die Pariser Priester rühmte die Bevölkerung von Laon nach einem Heilungswunder Christus für die Gnadengabe, die er „denen, die ihn lieben" verliehen habe.[113] *Gratia* bezieht sich hier auf Genovefas thaumaturgische Gabe. Wenn sie zu „denen, die Christus lieben," gerechnet wird, so wird auch hier eine besondere Beziehung zu Gott betont.[114] Das Volk lobte nicht nur Christus, sondern ehrte auch Genovefa mit einem Geleitzug, Jubel und Psalmengesang, als sie den Heimweg antrat.[115]

Diese beiden Stellen führen vor Augen, wie die Genovefa verliehene *gratia* in der Welt wirksam wird: Der Bau von St. Denis wird nicht nur vom Klerus, sondern auch von den Bürgern von Paris unterstützt und hat damit den Charakter eines öffentlichen Bauvorhabens;[116] das Wunder in Laon ist ihr erstes Heilungswunder, das öffentliche Resonanz hervorruft. Sowohl die prophetische als auch die thaumaturgische Gabe sind für ihr Wirken in der Welt von großer Bedeutung.[117] Mit der Interpretation dieser besonderen Fähigkeiten als von Gott verliehene Gnadengaben verfolgt ihr Biograph eine belehrende Absicht. Er will klarmachen, daß Gott bzw. Christus für diese Gaben Dank und Ruhm gebührt, und stellt den Gläubigen mit der Reaktion der Priester und der Bevölkerung von Laon auf diese Ereignisse vorbildliche Verhaltensweisen vor Augen. Dieses Anliegen tritt auch in anderen Wunderberichten dieser Vita ausgesprochen deutlich hervor.[118]

Nicht lange nach dem Heilungswunder in Laon ist in der Vita zum letzten Mal von der göttlichen Gnade die Rede: Ein Mädchen in heiratsfähigem Alter erbat von Genovefa den Wechsel des Gewandes (*petiit sibi ab ea(m) veste(m) mutare*), der den Eintritt in den Jungfrauenstand ausdrückt,[119] als sie von den ihr verliehenen Gnadengaben erfuhr.[120] Ob Caelinia das Jungfrauengewand von Genovefa empfing, und ob diese somit eine eigentlich dem Bischof vorbehaltene Handlung vornahm, kann hier dahingestellt bleiben.[121] Der Kontext zeigt, daß es Caelinia darum ging, sich aus ihrem Verlöbnis zu befreien. Die Vita erzählt, daß sie bei Genovefa in Meaux weilte, als sie hörte, daß ihr Bräutigam dorthin unterwegs war, und mit dieser in eine Kirche floh, deren

Türen sich wunderbarerweise von selbst aufschlossen. Damit sei sie aus ihren weltlichen Bindungen befreit gewesen.[122]

Was ist hier mit *gratia* gemeint? Da Caelinia von dieser *gratia* bereits gehört hatte und sich auch die Formulierung „*tantam gratiam Christo Genovefe conlatam*" eng an die vorige Belegstelle anlehnt, liegt die Deutung „Gnadengabe" nahe. Die Tatsache, daß hier die Kunde von Genovefas *gratia* der Anlaß ist, sich an sie zu wenden, verdeutlicht ein weiteres Anwachsen der Wirkung dieser Gnadengaben in der Welt. Die Geschichte, die diese Bemerkung einleitet, führt die Fähigkeit Genovefas vor Augen, Schutz zu gewähren. Diese Fähigkeit ist ein wichtiger Aspekt ihres Wirkens, und ihr Biograph bringt sie regelmäßig mit ihrer Wunderkraft in Verbindung.[123]

Die Belegstellen für göttliche *gratia* drücken, wie wir sehen, tatsächlich eine Entwicklung aus, nämlich einen Prozeß des allmählichen Sichtbar- und Wirksamwerdens der Genovefa verliehenen Gnadengaben. Während diese *gratia*, die Genovefa aufgrund ihrer Erwählung verliehen wird, im biographischen Abschnitt nur in ihrem persönlichen Lebensbereich wirkt, wird sie im Hauptteil in ihrem Wirken in der Welt für ihre Mitmenschen erfahrbar. Diese Entwicklung betrifft jedoch nur die äußeren Gegebenheiten und Umstände. Die Wunderkraft selbst kennzeichnet Genovefa schon in ihrer Kindheit oder Jugend, wie die Heilung der erblindeten Mutter zeigt, und wird damit im Grunde ähnlich statisch gedacht wie ihre *devotio*. Vom Anwachsen der Genovefa verliehenen Gnadengaben ist jedoch nicht erst im Zusammenhang mit deren sozialer Wirksamkeit die Rede, sondern bereits bei ihrer Erkrankung und Jenseitsvision. Das deutet darauf hin, daß ihr Biograph in dieser „Jenseitsreise" eine Art persönlicher Initiation sieht,[124] die Genovefa auf ihr öffentliches Wirken vorbereitet, das in seinem Bericht unmittelbar darauf einsetzt.[125]

Diese Beobachtungen sprechen dagegen, die Tatsache, daß in dieser um 520 entstandenen Vita der Topos des Wachsens direkt auf die von Gott verliehene *gratia* und nicht, wie in der Hagiographie verbreitet, auf die Verdienste der Heiligen oder den Ruhm ihrer Wunderkraft bezogen wird,[126] als eine Stellungnahme im sogenannten semipelagianischen Streit um die augustinische Gnadenlehre zu deuten, der 529 durch die Synode von Orange beendet wurde.[127] Genovefas Biograph wendet sich zwar ausdrücklich gegen die pelagianische Irrlehre,[128] und seine Betonung der Auserwähltheit und des Wirkens der göttlichen Gnade scheinen auf den ersten Blick augustinischen Vorstellungen zu entsprechen.[129] Er führt jedoch an einer Stelle Genovefas Wunderkraft in durchaus pelagianischer Weise auf ihre Verdienste zurück.[130] Ein Nebeneinander von eher pelagianischen und eher augustinischen Denkmustern ist, wie M. van Uytfanghe zeigte, für die merowingische Hagiographie nicht untypisch.[131] Das theologische Reflexionsniveau unseres Textes liegt jedoch weit unterhalb dieser beiden Positionen. Eine innere Gnadenwirkung im augustinischen Sinne spielt so gut wie keine Rolle;[132] sowohl bei Genovefas *devotio* als auch bei der ihr verliehenen *gratia* stehen die äußerlich sichtbaren Wirkungen im Vordergrund. Die pelagianische Lehre wird auf eine praktische Schlußfolgerung reduziert, die sich aus der Ablehnung der augustinischen Erbsündenlehre ergibt, nämlich auf die Ansicht, daß die Kinder zweier getaufter Christen der Taufe nicht mehr bedürften, um das ewige Heil zu erlangen.[133] Diese Konzentration, ja

Beschränkung des Blicks auf sichtbare oder konkret erfahrbare Vorgänge, Wirkungen und Handlungen ist für die Heiligkeitsvorstellungen dieser Vita kennzeichnend.

Diese Tendenz wird an einer Stelle besonders deutlich, die Genovefas christliche Nächstenliebe und ihre Einstellung zum irdischen Leben beschreibt. Daß sie von dem Getreide, das sie in einer Notsituation für die Versorgung der Stadt Paris besorgt hatte, den besonders Bedürftigen „ungeteilte Brote" ausgab,[134] erklärt ihr Biograph mit ihrem Wissen um die Wahrheit des Prophetenwortes, daß der, der den Armen austeile, Gott gegen Zinsen leihe. Dieses Wissen führt er auf ihre Jenseitsvision zurück: Ihr sei nämlich jenes Vaterland, in welchem die Gläubiger der Notleidenden ihren Schatz wieder auffinden, einst durch Offenbarung des Geistes (*per revelationem Spiritus*) gezeigt worden. Auf diese Offenbarung wird auch Genovefas frommes Bewußtsein um die Gottferne des irdischen Lebens zurückgeführt, das sich in ihrem ständigen tränenreichen Beten ausdrückte.[135] Darin, daß diese Einstellung und die Sorge für die Armen nicht als Ausdruck des Glaubens oder der Orientierung am Evangelium begriffen, sondern auf eine sichere Kenntnis jenseitiger Verhältnisse zurückgeführt wird, kommt eine verdinglichende Sichtweise zum Ausdruck.[136] Nur insofern, als im Zusammenhang mit dieser Jenseitsvision vom Anwachsen der göttlichen *gratia* die Rede ist, besteht hier auch eine indirekte Beziehung zwischen Gnade und Frömmigkeit, die jedoch den Autor nicht näher zu interessieren scheint. Die Offenbarung dieser Glaubenswahrheiten bezeichnet er nicht als Gnadengabe.

Eine verdinglichende Sichtweise zeigt auch die Art und Weise, in der er Genovefas Freigebigkeit gegenüber den Armen von weltlicher Freigebigkeit abgrenzt. Er arbeitet heraus, daß sie den Armen die Brote heimlich (*clam*) und hinter dem Rücken ihrer für das Backen zuständigen Dienerinnen ausgab, die den Verbleib der fehlenden Brote jedoch daraus erschlossen hätten, daß sie die Armen Genovefas Namen rühmen hörten.[137] Diese Heimlichkeit beweist für ihn, daß Genovefa nicht um des weltlichen Ruhmes willen handelte, den ihre Tat unweigerlich einbrachte. Er betont, daß es ihr gerade nicht um die Sichtbarkeit vor den Menschen ging:

„Ihre Hoffnung gründete sich nicht auf das, was zu sehen ist, sondern auf das, was nicht gesehen wird."[138]

Die hier zu beobachtende Verdinglichungstendenz geht darauf zurück, daß zwischen Tat und Motivation nicht unterschieden wird. Dies ist auch für die Wergeldkataloge der frühmittelalterlichen Rechtsaufzeichnungen und für das seit dem 7. Jahrhundert vorherrschende kirchliche Bußsystem der Tarifbuße kennzeichnend.[139]

Mit der einleitenden Ankündigung meint der Autor, wie wir sehen, daß er den Gläubigen zuerst Genovefas Lebensform (*devotio ab ineunte aetate*) und dann ihre Gnadengaben (*gratia Dei/Christi*), d.h. den göttlichen Ursprung der übernatürlichen Fähigkeiten bekanntmachen will, die ihrem Wirken in der Welt zugrunde liegen. Während er bei der *devotio* innere Grundlagen des frommen Entschlusses immerhin andeutet, interessiert ihn bei der *gratia Dei/Christi* ausschließlich die äußerlich sichtbare Wirkung; auf ihr Wirksamwerden in der Welt bezieht sich auch seine Rede vom Anwachsen der *gratia*. Ehe wir den sozialgeschichtlichen Kontext dieser beiden Aspekte von Genovefas

Heiligkeit näher betrachten, wollen wir zunächst einen Blick auf die direkten und indirekten Vergleiche werfen, die ihr Biograph zwischen seiner Heldin und biblischen und nachbiblischen Vorbildern für christliches Vollkommenheitsstreben anstellt.

D. VORBILDER UND VERGLEICHE

1. *Virtus*

Neben dem *gratia*-Konzept, das Genovefas Fähigkeiten als Gnadengaben deutet, gebraucht die Vita im Zusammenhang mit ihrem Wirken auch das Wort *virtus*. Es fällt mit Bezug auf die Protagonistin zum ersten Mal, als Bischof Germanus auf Genovefas Bitte, er möge für die Erfüllung ihrer *devotio* beten, antwortete:

„Sei zuversichtlich, Tochter, handle tatkräftig und beweise mit Taten, was du im Herzen glaubst und mit Worten bekennst. Der Herr wird dich nämlich mit Kraft (*virtus*) und Stärke (*fortitudo*) auszeichnen."[140]

Das Nebeneinander von *virtus* und *fortitudo* legt es nahe, *virtus* hier als Kraft zu deuten. Was für eine Kraft ist hier gemeint? Betrachten wir die weiteren acht Stellen, an denen dieses Wort gebraucht wird.

Einige Male bezeichnet *virtus* die Wunderkraft und die Wunder der Heiligen. Das Wort bezieht sich dabei nicht nur auf Genovefa selbst. Der Sieg der Bischöfe Germanus und Lupus über den Pelagianismus in Britannien wird unter anderem auf ihre in Wundern zum Ausdruck kommende Wirkkraft (*virtutum miracula*) zurückgeführt.[141] An einer anderen Stelle ist von den Wundern (*virtutes ac mirabilia*) des Apostels Petrus die Rede.[142] Erst gegen Ende der Vita wird *virtus* mit Bezug auf Genovefas Wunderkraft verwendet. Ein Wetterwunder, bei dem die Felder Genovefas, auf denen gerade die Ernte eingebracht wurde, trocken blieben, während es rundherum regnete, deutet der Autor als bewundernswürdige *virtus*, die Christus allen Gottesfürchtigen gezeigt habe (*ostendere*).[143] Als Genovefa einmal zur Heilung eines Besessenen geweihtes Öl benötigte, habe sich das Fläschchen auf ihr Gebet hin wunderbarerweise von selbst gefüllt und sie habe den Besessenen damit salben und heilen können. Die Vita spricht an dieser Stelle von doppelten *virtutes*, die in einer Stunde mit Christi Hilfe durch sie in Erscheinung getreten seien (*apparere*).[144] Hier meint *virtus*, darauf deuten die Verba *ostendere* und *apparere* hin, die von Christus verliehene Fähigkeit, diese Wunder zu bewirken. Das Nebeneinander von Belegen, die sich auf die Wunder oder Wunderkraft der Bischöfe Germanus und Lupus, des Apostels Petrus und der Protagonistin beziehen, stellt Genovefas *virtus* mit derjenigen der männlichen Heiligen auf eine Stufe.

Auch an weiteren Stellen läßt sich *virtus* im Sinne von Wirkkraft, Fähigkeit deuten. Mit der *virtus* des Herrn, die der Vita zufolge in einer Krankheit Genovefas bewiesen werden sollte,[145] dürfte die Kraft Gottes gemeint sein, die ihre Jenseitsreise während dieser Krankheit bewirkte. Zwei andere Belege beziehen sich auf das Fehlen von *virtus*. Diesen Mangel mußte Genovefa überwinden, um ihren Entschluß zum Bau der

Dionysius-Basilika zu verwirklichen.¹⁴⁶ Krusch und Heinzelmann deuteten *virtus* an dieser Stelle als Vermögen, materielle Ressourcen.¹⁴⁷ In dem Bericht über die Behebung des Mangels an *virtus* geht es jedoch nicht nur um das Aufbringen der für den Bau notwendigen Vermögenswerte. Der Satz, in dem dieser Mangel angesprochen wird, eröffnet den Bericht über Genovefas Bemühungen, die Unterstützung der Priester zu gewinnen, die ihr wie gewöhnlich einen Höflichkeitsbesuch abstatteten.¹⁴⁸ Diese lehnten jedoch mit der Begründung ab, daß sie nicht über *vires aedificandi* verfügten und insbesondere „*quoquende calces copia*" fehle.¹⁴⁹ Dieser Einwand läßt mehrere Deutungen zu. Mit „*quoquende calces copia*" kann die Fülle des zu brennenden Kalkes, nach der besten Handschrift, die „*quoquandi calces copia*" überliefert, aber auch die Möglichkeit zum Brennen des Kalkes gemeint sein. *Vires aedificandi* wären dementsprechend mit Mittel bzw. Fähigkeiten zum Bauen zu übersetzen. Mit der Auffindung von zwei Kalköfen, die die Vita, wie wir oben gesehen haben, auf eine Gnadengabe Genovefas zurückführt, wird dieses Problem gelöst. Dabei ist davon die Rede, daß aus einem dieser Öfen, der unter den Wurzeln eines vom Wind ausgerissenen Baumes entdeckt wurde, noch nichts entnommen worden sei.¹⁵⁰ Die technischen Kenntnisse, die der Bau der mehrfach verwendbaren Kalköfen erforderte, in denen in der Antike Kalk für die Herstellung von Mörtel gebrannt wurde,¹⁵¹ und die Überlegung, daß gebrannter Kalk durch Feuchtigkeitseinwirkung schnell unbrauchbar wird, sprechen dafür, daß es auf die Öfen selbst ankam und mit „*quoquandi calces copia*" die Möglichkeit zum Brennen von Kalk gemeint ist.¹⁵²

Mit der Auffindung dieser Kalköfen allein war jedoch der Bau der Kirche noch nicht gesichert. Die Vita beschreibt, wie Genovefa die folgende Nacht um Gottes Unterstützung für ihr Projekt betete¹⁵³ und am nächsten Morgen den Priester Genesius aufsuchte, um ihn zum Leiter des Bauvorhabens zu machen. Dies gelang ihr, nachdem sie von der Auffindung der Kalköfen berichtet hatte. Als der Priester Genesius davon hörte, verehrte er „von Furcht überwältigt, Genovefa zu Boden geneigt" und versprach, „Tag und Nacht beharrlich zu erfüllen, was sie befohlen hatte."¹⁵⁴ Auf ihre Bitte leisteten dann auch alle Bürger ihren Beitrag zu dem Vorhaben.¹⁵⁵

Bereits Krusch wies auf eine weitere Stelle hin, an der *virtus* in ähnlichem Sinn verwendet wird.¹⁵⁶ Die Vita beschreibt die Verteilung des Getreides, das Genovefa für die Versorgung der Stadt Paris in einer Notsituation herbeigeschafft hatte, so:

„Nach Paris zurückgekehrt, verteilte sie (*dispersit*) jedem einzelnen nach Bedarf Getreide. Außerdem gab sie einigen, denen aus Not *virtus* fehlte, ganze Brote aus (*erogavit*), [...]."¹⁵⁷

Heinzelmann interpretierte diese Stelle dahingehend, daß Genovefa das Getreide zum Teil verkaufte und an die, „denen aus Not *virtus* fehlte," verschenkte. Diese Deutung überinterpretiert jedoch die Verba *dispergere* und *erogare*, die beide verteilen, ausgeben bedeuten. Eine Unterscheidung von Verkaufen und Verschenken ist hier nicht klar erkennbar. Deutlich gemacht wird aber die unterschiedliche Qualität des ausgeteilten Produktes: Einigen gab Genovefa nicht (unverarbeitetes) Getreide, sondern „ganze Brote" aus. Die Empfänger dieser Brote werden zwar im folgenden als Bedürftige (*egeni*) und sozial

Schwache (*pauperes*) bezeichnet.[158] Die *virtus*, die ihnen fehlte, läßt sich nicht nur als Mangel an Geldmitteln, sondern auch als fehlende Möglichkeit oder Kraft deuten, Getreide zu Brot zu verarbeiten: Vielleicht hatten sie zu keinem Backofen Zugang, vielleicht waren sie vom Hunger zu geschwächt, um Getreide zu mahlen und zu verarbeiten.

Der Mangel an *virtus* kann an diesen beiden Stellen als ein Fehlen von Fähigkeiten zur Weiterverarbeitung von Rohstoffen gedeutet werden. *Virtus* bezieht sich damit auch hier auf Fähigkeiten oder Kräfte, mit denen Dinge oder Zustände in der sichtbaren Welt verwandelt oder verändert können. Dabei tritt deutlich hervor, daß diese *virtus* für den Autor eng mit dem sozialen Status in der Welt verknüpft ist. Dieser soziale Kontext kommt in der Rede von „einigen, denen aus Not *virtus* fehlte," unmittelbar zum Ausdruck. Aber auch die Auffindung der Kalköfen liefert nicht nur den gebrannten Kalk für den Bau, sondern macht vor allem die Genovefa verliehene *gratia Dei* sichtbar, deren Bewunderung zur Durchsetzung dieses Bauvorhabens als eines von Klerus und Bürgern gemeinsam getragenen Unternehmes wesentlich beiträgt. Sowohl dieses Bauvorhaben als auch Genovefas Reise zur Sicherung der Getreideversorgung von Paris, bei der Genovefa der Vita zufolge öffentliche Transportmittel benutzte, lassen sich, wie Heinzelmann gezeigt hat, in den Rahmen der städtischer Verwaltungsaufgaben einordnen.[159]

Wie wichtig dem Autor Genovefas Wirken zugunsten der Stadt Paris ist, zeigt auch folgende Stelle:

„Die höchsten Bischöfe Martin und Anianus, die aus Bewunderung für ihre *virtutes* sehr gelobt werden, der eine, weil er in der Nähe der Stadt Worms, nachdem er sich am Vortag als Unbewaffneter zum Kampf anbot, ein Bündnis erlangte, da die Wut der beiden Heere besänftigt war, der andere, weil er sich um die vom Heer der Hunnen umzingelte Stadt Orléans verdient machte, damit sie mit Hilfe der Goten, durch den Verdienst seiner Gebete, nicht unterging. Ist nun aber nicht auch Genovefa würdig, verehrt zu werden (*nonne dignum est honorari*), die ebenso durch ihre Gebete das obengenannte Heer, damit es nicht Paris belagerte, in die Ferne forttrieb?"[160]

Die Genovefa zugeschriebene Leistung, die drohende Belagerung von Paris während des Hunneneinfalls in Gallien 451 mit ihren Gebeten abgewendet zu haben, wird hier mit Taten der Bischöfe Martinus von Tours und Anianus von Orléans verglichen, die deren Lebensbeschreibungen überliefern. Sulpicius Severus berichtet in seiner *Vita Martini*, daß Martin, als er am Vorabend einer Schlacht seinen Abschied als Soldat nehmen wollte, weil sich das Kämpfen für den Kaiser für einen *miles Christi* nicht schicke, sich bereiterklären mußte, unbewaffnet in die Schlacht zu gehen, um zu zeigen, daß sein Entschluß nicht aus Feigheit resultiere. Zu der Schlacht kam es dann nicht, da die Feinde unerwartet Unterhändler schickten und ein Bündnis vereinbarten.[161] Diese Verhandlungsbereitschaft der Feinde führt bereits Sulpicius Severus auf ein Eingreifen Gottes zurück, das er als von Martins mutigem Angebot veranlaßt ansieht.[162] Im Mittelpunkt der ältesten *Vita Aniani* steht die Rettung der Stadt Orléans, die von den Hunnen belagert wurde. Sie berichtet, daß der Bischof von Orléans vor dem Eintreffen der Hunnen nach Arles reiste, um den militärischen Schutz des römischen Heermeisters Aetius zu gewinnen, die Stadt verteidigungsbereit machen ließ und einen Bittgang zum Hunnenkönig unternahm. Außerdem organisierte er gemeinsame Gebete der Einwohner, um den Schutz Gottes zu erflehen, und ließ Prozessionen über die Stadtmauern durchführen.[163] Genovefas Biograph mag diese Vita gekannt haben.[164] Er greift jedoch nur den Gedanken auf, daß die Vertreibung der Hunnen auf die Gebete des Anianus zurückzuführen sei.[165]

Genovefas Wirken während der Hunnengefahr in Paris ist mit diesen Taten des Soldaten Martin und des Bischof Anianus nicht auf der ganzen Linie vergleichbar. Sie hat ihrer Vita zufolge lediglich die Bürgersfrauen im Baptisterium zusammengerufen, um mit Wachen, Fasten und Beten den Schutz Gottes für die Stadt zu erflehen. Deren Ehemänner, die ihr Hab und Gut in andere Städte in Sicherheit bringen wollten, versuchte sie mit der Prophezeihung, Paris werde im Unterschied zu jenen Städten nicht von den Hunnen verwüstet werden, von diesem Vorhaben abzubringen.[166]

Der Autor trägt diesen Unterschieden Rechnung, indem er die *virtus*, d.h. die Fähigkeit, kriegerische Bedrohungen mit geistlichen Mitteln abzuwenden, zum Angelpunkt des Vergleiches seiner Protagonistin mit Martinus und Anianus macht. Wegen dieser *virtus* würden die beiden männlichen Heiligen bewundert und gelobt; mit der abschließenden rhetorischen Frage weist er darauf hin, daß Genovefa ebenso verehrungswürdig (*dignum honorari*) sei. Den Vergleich zwischen Genovefa und Martin von Tours führt die Vita an anderen Stellen weiter.[167]

Der Begriff *virtus* bezieht sich in dieser Vita ausschließlich auf Vorgänge der sichtbaren Welt; in der Bedeutung Tugend wird er nicht verwendet. *Virtus* meint eine Wirkkraft, die an sozialen Status gebunden ist und Veränderungen in der sichtbaren Welt bewirken kann. Sie zeigt sich im Wirken der Heiligen in der Welt. Aufgrund der *virtus*, die sich in ihrem Wirken ausdrückt, ist Genovefa für ihren Biographen mit heiligen Bischöfen wie Martinus und Anianus vergleichbar; wie diese vermag sie mit Gottes Hilfe in dieser Welt Schutz zu gewähren. Der Gebrauch des Wortes stellt auch einen impliziten Vergleich zur Wunderkraft der Bischöfe Germanus und Lupus sowie des Apostels Petrus her. Dort, wo von Genovefas *virtus* die Rede ist, betont ihr Biograph den göttlichen Ursprung dieser Fähigkeiten oder stellt einen Zusammenhang zu ihren Gnadengaben her. Dies deutet darauf hin, daß er ihre Vergleichbarkeit mit den männlichen Heiligen nicht auf ihre weltliche Stellung innerhalb von Paris, sondern auf ihre Auserwählung zurückführt.

2. Tugend

Mit dem Mittel des Vergleichs arbeitet auch die Aufzählung von Tugenden, die am Ende des biographischen Teils Genovefas innere Vollkommenheit darstellt:

> „Zwölf geistige Jungfrauen (*virgines spiritales*) jedoch, die Hermas beschrieb, der auch der Hirt genannt wird, entfernten sich nie von ihr. Ohne diese kann weder Jungfrau noch Büßer in Jerusalem, das wie eine Stadt gebaut ist, wohnen; ihre Namen sind: Glaube (*fides*), Enthaltsamkeit (*abstinentia*), Geduld (*patientia*), Seelengröße (*magnanimitas*), Einfachheit (*simplicitas*), Unschuld (*innocentia*), Eintracht

(*concordia*), Liebe (*caritas*), Zucht (*disciplina*), Keuschheit (*castitas*), Aufrichtigkeit (*veritas*) und Klugheit (*prudentia*). Diese waren von Genovefa unzertrennlich und unlösbar."[168]

Dieser Tugendkatalog, der sich mit ausdrücklicher Bezugnahme an den *Hirten* des Hermas, eine frühchristliche Schrift von fast kanonischem Ansehen, anlehnt,[169] will zeigen, daß Genovefa über alle für den Zutritt zum himmlischen Jerusalem erforderlichen Tugenden verfügte. Er steht fast völlig isoliert in der Vita, die zwischen Genovefas Leben und Handeln und den hier aufgezählten Tugenden fast keine Verbindung herstellt. Diese Unverbundenheit wird von der aus dem Hirten übernommenen Auffassung der Tugenden als personifizierte Geistwesen begünstigt.

Lediglich die Tugenden *fides* und *magnanimitas* werden andeutungsweise auch an anderer Stelle auf die Protagonistin bezogen. Bischof Germanus nahm bei seiner Ankunft in Nanterre „*magnanimen Genovefam*" wahr.[170] Was mit diesem Attribut, das die an vierter Stelle genannte Tugend *magnanimitas* aufzugreifen scheint, gemeint ist, wird nicht veranschaulicht.[171] Es charakterisiert den Eindruck, den Genovefas Anblick auf den Bischof macht, als er sie zum ersten Mal von Ferne sieht. Es scheint sich eher um eine innere als um eine äußerlich sichtbare Qualität zu handeln, denn Germanus „erblickt (sie) im Geiste (*intuitur in spiritu*)." Sie ist ein Anzeichen für Genovefas Heiligkeit, denn ihre Wahrnehmung veranlaßt den Bischof, das Kind zu sich zu rufen und ihren Eltern und den Umstehenden ihre Erwählung zu verkünden.[172] Dies legt die Vermutung nahe, daß diese Tugend ebenso wie Genovefas Frömmigkeit (*devotio*) als statisches Element in ihrem Leben gesehen wird, das von Anfang an vorhanden ist.

Abgesehen von dem ihrer *devotio* zugrundeliegenden Glauben, der an einer Stelle mit der *fides,* die Genovefa Germanus versprach, mitgemeint sein kann,[173] kommt keine weitere der hier genannten Tugenden an anderer Stelle mit Bezug auf die Protagonistin vor. Die Tugenden der *abstinentia* und der *castitas* werden nur bei der Nebenfigur Caelinia hervorgehoben, um ihr Leben als gottgeweihte Jungfrau zu beschreiben.[174] Genovefa dagegen wird einige Male *benignissima* genannt, weil sie Bitten anderer Menschen wohlwollend erfüllt.[175] Diese Eigenschaft hat im Tugendkatalog keine Entsprechung. Die isolierte Stellung des Tugendkataloges ist symptomatisch für eine Heiligkeitsauffassung, die das sichtbare Geschehen ins Zentrum stellt.

3. Martin von Tours

Während Genovefa mit dem Bischof Anianus von Orléans nur an der bereits besprochenen Stelle verglichen wird,[176] wird ihre Gleichrangigkeit mit dem Bischof von Tours noch an weiteren Stellen ausgeführt. Auch dort geht es um die Fähigkeit, mit Gottes Hilfe für Schutzbedürftige zu wirken, und um ihre Verehrungswürdigkeit.

Die Vita berichtet, daß Genovefa in Orléans für einen schuldigen Diener eintrat, dem sein hartherziger und hochmütiger Herr jedoch nicht vergeben wollte. Die Krankheit, die diesen Herrn daraufhin befiel und zum Einlenken bewog,[177] deutet er als vom Engel Gottes auferlegt und vergleicht dieses Eingreifen eines Engels mit einem Ereignis aus dem Leben Martins, das Sulpicius Severus in den *Dialogen* überliefert.[178] Im Unterschied zu dem *comes* Avitianus, von dem Martin in Sulpicius' Erzählung die Freilassung von Gefangenen fordert, ist der bestrafte Mann in der *Vita Genovefae* kein Vertreter der weltlichen Gewalt, und das Eingreifen des Engels ermöglicht nicht wie bei Martin den Vortrag der Fürbitte, sondern straft deren Ablehnung. Der Vergleich mit dem heiligen Bischof bezieht sich also auch hier nur auf das Eingreifen Gottes zu Genovefas Gunsten, als sie wie Martin für jemanden eintritt, der sich selbst nicht zu helfen vermag. Ihr Biograph arbeitet dabei nicht heraus, daß sie das Vorbild des Bischofs von Tours übertroffen habe.

Im Anschluß an diese Stelle berichtet die Vita über eine Reise Genovefas zum Martinsfest nach Tours. Bei ihrer Ankunft am Stadttor von Tours sei ihr die Menge der Besessenen vom Martinsheiligtum aus entgegengelaufen. Dabei hätten die bösen Geister schreiend verkündet, „zwischen dem heiligen Martin und Genovefa von Flammen verbrannt" zu werden, und bekannt, die Gefahren, die Genovefa auf der Fahrt auf der Loire von Orléans nach Tours zu bestehen hatte, „aus Rivalität zu ihr" verursacht zu haben.[179] Eine Reihe von Besessenenaustreibungen zeigt Genovefas Sieg über diese bösen Geister.[180] Die spektakulärste dieser Dämonenaustreibungen trug sich während der Vigilien am Vorabend des Martinsfestes zu. Einer der Psalmensänger wurde plötzlich von einem Dämon „ergriffen" und rannte aus der Apsis zu Genovefa hin, die unerkannt in der Menge stand und ihn dann vor aller Augen heilte.[181] Danach überhäuften alle Genovefa mit vielen Ehren, wenn sie kam und ging.[182]

Diese Stelle greift das im Zusammenhang mit den *virtutes* der Bischöfe Martin und Anianus angesprochene Thema der Verehrungswürdigkeit Genovefas auf.[183] Die hier wieder verwandten Worte *honores* und *honorare* unterstreichen dies zusätzlich. Die Ehrung Genovefas durch alle Menschen, die in Tours das Martinsfest feierten, impliziert einen Vergleich zwischen beiden Heiligen mit einer Tendenz zu Genovefas Gunsten.

4. Heilige Zeitgenossen

Die Themen der Verehrungswürdigkeit und Gleichrangigkeit werden auch bei der Beschreibung der Beziehungen zweier berühmter Zeitgenossen zu Genovefa angeschlagen. Bischof Germanus von Auxerre, der Genovefas Besonderheit „im Geiste" wahrnimmt[184] und sie in ihrer *devotio* bestärkt,[185] bringt bei seiner Abreise aus Nanterre seine Anerkennung Genovefas damit zum Ausdruck, daß er sie bittet, seiner häufig im Gebet zu gedenken.[186] Das Thema des Vergleichs steht bei der Schilderung ihrer zweiten Begegnung im Mittelpunkt. Als der Bischof von Auxerre auf seiner zweiten Britannienreise Genovefa in Paris aufsuchte, so berichtet die Vita, stellte er fest, daß Genovefa bei der ihm entgegeneilenden Menschenmenge wenig Ansehen genoß. Ohne im Einzelnen darzulegen, wer Genovefas Gegner waren, beschreibt der Autor die Menge als „eher bereit, die Guten zu kritisieren, als sie nachzuahmen," spricht von „übler Nachrede" und nennt die Gegner „Verleumdende," deren „geschwätzige Stimme" der Bischof verachtete. Die Anspielung auf den Inhalt des Vorgebrachten ist mit *„adserebant eam* *inferiorem sibi"* denkbar knapp gehalten und wird sogleich durch die Feststellung relativiert, daß die Verleumdenden Genovefa „eher priesen, als daß sie sie getadelt hätten."[187]

Was ist mit der Behauptung *„eam inferiorem sibi"* gemeint? Krusch übersetzte die Stelle als „Genovefa sei [...] zu minderwertig" und ließ *„sibi"*, das er als einen Dativus comparationis erkannte, unter den Tisch fallen.[188] Das Wort kann jedoch m. E. gedeutet werden, wenn man den weiteren Verlauf der Episode in die Betrachtung miteinbezieht. Der Rest des Kapitels berichtet, wie Germanus, ohne der Volksmeinung Gewicht beizumessen, in die Stadt ging und Genovefa aufsuchte:

> „Er begrüßte sie mit so großer Demut (*cum tanta humilitate*), daß alle sich wunderten. Nachdem das Gebet beendet war, zeigte er denen, denen es zur Schande gereichte, die feuchte Erde, die von seinen Tränen benetzt war."[189]

Dann wiederholte er seine Weissagung über Genovefas Erwählung.[190]

Die Meinung der Menge, Genovefa sei *inferior*, wird in dieser Szene durch das ehrerbietige Verhalten des Bischofs widerlegt. Dem Volk, das die geweihte Jungfrau mißachtete, machte Germanus deutlich, daß er Genovefa für verehrungswürdig hielt. Dieser Kontext legt nahe, das Reflexivpronomen der Formulierung *„abserebant eam inferiorem sibi"* auf Germanus zu beziehen und zu übersetzen: „sie behaupteten, daß sie [Genovefa] geringer sei als er [Germanus]."[191]

Ähnlich wie bei Germanus stellt die Vita auch bei einem anderen bedeutenden Heiligen und Zeitgenossen Genovefas heraus, daß er ihre Heiligkeit anerkannte und sie verehrte. Sie berichtet, der syrische Asket Simeon, der Säulensteher, habe Kaufleute, die aus Gallien kamen oder dort Handel trieben, nach Genovefa gefragt und sie gebeten, Genovefa mit sehr großer Verehrung (*veneratio profusa*) zu grüßen und darum zu bitten, für ihn zu beten.[192] Das Wort *veneratio* drückt Simeons Anerkennung der Heiligkeit Genovefas aus;[193] seine Bitte um Gedenken im Gebet erinnert an eine ähnliche Bitte des Germanus.[194] Die erstaunliche Tatsache, daß Simeon im fernen Syrien von ihr erfuhr, führt der Autor auf Gottes Einwirken zurück und stellt dabei mit der Bezeichnung *Christi fidelissimi famuli* seine Protagonistin mit Simeon auf eine Stufe.[195] Er vergleicht sie also nicht nur mit gallischen Bischöfen, sondern auch mit dem weltabgewandt lebenden syrischen Asketen.

Die beiden berühmten heiligen Zeitgenossen, deren Anerkennung und Verehrung für Genovefa ihr Biograph hervorhebt, repräsentieren quasi die beiden Aspekte ihrer Heiligkeit. Germanus wird in der *Vita Genovefae* als ein Mann des Wirkens in der Welt vorgestellt, nämlich als erfolgreicher Kämpfer gegen die pelaginaische Irrlehre in Britannien,[196] Simeon dagegen als ausgesprochener Verächter dieser Welt (*valde contemptor seculi*).[197] Diese beiden Aspekte heiligenmäßigen Wirkens und Lebens korrespondieren mit der Genovefa verliehenen göttlichen *gratia* und ihrer *virtus*, die in ihrem öffentlichen Wirken sichtbar werden, auf der einen und mit ihrer *devotio* auf der anderen Seite, mit der eine persönliche Frömmigkeit gemeint ist, bei der auch die asketische Distanz zur Welt eine Rolle spielt.

5. Biblische Gestalten

Genovefa wandte sich angesichts der Bedrohung durch den Hunneneinfall an die Frauen der Pariser Bürger

> „[…] und überredete sie, mit Eifer zu fasten, zu beten und zu wachen, damit sie, wie Judith und (H)ester, dem drohenden Unheil entkommen könnten."[198]

Dieser Vergleich mit den alttestamentarischen Frauengestalten Judith und Esther, die durch ihr beherztes Wirken das Volk Israel vor seinen Feinden retteten, zeigt, daß der Autor solches öffentliches Wirken nicht ausschließlich als eine Aufgabe für Bischöfe ansah, sondern der Auffassung war, daß Genovefa, ebenso wie in früheren Zeiten Judith und Esther, von Gott dazu ausersehen war, sein Volk vor dessen Feinden zu retten.

Am Ende des biographischen Abschnitts wird Genovefa noch mit einer Gestalt der Apostelgeschichte verglichen, nämlich mit Stephan. Sie sei wie dieser von reinem Herzen gewesen und habe deshalb ebenfalls im Himmel Christus neben seinem Vater thronen sehen.[199]

Diese biblischen Vergleiche, die sich sowohl auf Frauen als auch auf Männer beziehen, korrespondieren ebenfalls mit den beiden Aspekten des öffentlichen Wirkens und der persönlichen Frömmigkeit, auf die sich die Rede von der Genovefa verliehenen göttlichen *gratia* und ihrer *devotio* bezieht.

E. DER SOZIALGESCHICHTLICHE KONTEXT

Als Hauptaspekte des Heiligenideals stellt die *Vita Genovefae,* wie gezeigt wurde, asketische Lebensform und soziales Engagement nebeneinander. Das Verhältnis dieser beiden Aspekte zueinander und ihr sozialgeschichtlicher Kontext soll im folgenden näher beleuchtet werden.

1. Die asketische Lebensform

Genovefa war eine geweihte Jungfrau, die nicht in ein Kloster eintrat, sondern in ihrem eigenen Haus lebte.[200] Ob sie mit Verwandten zusammenlebte oder mit anderen Frauen oder Jungfrauen ein asketisches Gemeinschaftsleben führte, ist aus ihrer Lebensbeschreibung nicht erkennbar. Von Verwandten Genovefas ist nur im biographischen Teil der Vita, bei der Schilderung ihrer Kindheit und Jugend die Rede;[201] auch die Patin, die Genovefa nach dem Tod ihrer Eltern zu sich nach Paris rief,[202] wird danach nicht mehr erwähnt. Ein Zusammenleben Genovefas mit anderen Frauen oder Jungfrauen wird nicht beschrieben. Aus den beiläufigen Hinweisen, daß die Jungfrau Caelinia bei ihr in Meaux weilte,[203] daß andere Jungfrauen sie zur Dionysius-Basilika begleiteten[204] und daß eine von Genovefa geheilte Frau sich auch später noch bei ihr aufhielt,[205] lassen sich dauerhafte Formen des Zusammenlebens nicht sicher erschließen.

Heinzelmann beobachtete, daß Genovefa von ihrem Biographen ungeachtet ihrer Zugehörigkeit zum Jungfrauenstand nicht mit dem Titel einer *virgo* bezeichnet wird.[206] Er erklärte dies mit ihrem öffentlichen Wirken, das dem Bild einer idealen christlichen Jungfrau nicht entsprochen habe.[207] Tatsächlich stehen das Wirken und die Reisen Genovefas im Widerspruch zu der Forderung der Kirchenväter, die christlichen Jungfrauen sollten zurückgezogen leben.[208] Diese Vorstellungen werden in den Dialogen des Sulpicius Severus, die Genovefas Biograph kannte,[209] nachdrücklich bekräftigt.[210] Die Vita Genovefae nimmt auf diese Forderungen nur insofern Bezug, als sie berichtet, Genovefa habe jedes Jahr vom Erscheinungsfest (6.1.) bis Gründonnerstag ganz allein und von der Welt zurückgezogen in einer Zelle gelebt, um in Beten und Wachen nur für Gott dazusein.[211]

Daß Genovefas Status als gottgeweihte Jungfrau für seinen Glauben an ihre Heiligkeit nicht von zentraler Bedeutung ist, macht ihr Biograph im Bericht über ihre Jungfrauenweihe deutlich. Er läßt den die Weihe spendenden Bischof Vilicus durch göttliche Eingebung erkennen, daß Genovefa „von höherem Rang" (*sublimior*) sei als die beiden älteren Jungfrauen, die mit ihr zur Weihe antraten, und erklären, sie, die „vom Himmel schon die Heiligung (*sanctificatio*) errungen" habe, sei als erste zu weihen.[212]

Möglicherweise dient auch das Gespräch, in dem Bischof Germanus Genovefas Entschluß (*devotio*), asketisch zu leben, bestärkt und ihr seinen Segen gibt,[213] dazu, ihre Lebensweise in einen breiteren Rahmen zu stellen. In der Prophezeihung dieses Bischofs über ihre Auserwählung macht Genovefas Biograph deutlich, daß er ihr Leben nicht nur für Jungfrauen, sondern für einen breiteren Kreis christlicher Laien beiderlei Geschlechtes als vorbildlich ansieht. Er läßt Germanus voraussagen, viele, die Genovefas Lebensform (*vita propositumque sanctum*) bewunderten, würden sich „vom Bösen" abwenden, von „ruchlosem und unzüchtigem Leben" zu Gott bekehren, „Religiose" werden (*„ab inproba atque inpudica vita conversi ad Dominum hac religiosi effecti"*) und, indem sie ihr nachfolgten, die Vergebung der Sünden und himmlischen Lohn (*„premia Christi"*) erlangen.[214] Der Autor hat hier, das zeigen Genus und Numerus der Substantiva *multi* und *religiosi* und der Partizipia *conversi* und *effecti*, nicht nur Frauen, sondern auch Männer im Auge, die Genovefas Vorbild folgen. Die Worte *convertere* und *religiosus* verweisen nicht spezifisch auf die Lebensform als geweihte Jungfrau, sondern auf einen breiteren Kontext christlicher Laienfrömmigkeit: Als *conversi* oder *religiosi* wurden in Gallien im 5. und 6. Jahrhundert Laien beiderlei Geschlechtes bezeichnet, die sich zu einer am asketischen Ideal orientierten Lebensweise bekehrt hatten (*convertere, conversio*), ohne ihren gewohnten Lebensrahmen aufzugeben.[215] In der Voraussage der Sündenvergebung für diese Menschen klingt die Auffassung der Laienkonversion als einer Form der Buße an.[216] Daß der Autor Genovefas Lebensform in einen breiteren Kontext christlicher Laienaskese einordnet, zeigt auch eine Stelle, an der er ihr alle die Tugenden zuschreibt, „ohne die weder eine Jungfrau noch ein Büßer" im himmlischen Jerusalem Aufnahme finden könne.[217]

Die Verwirklichung dieser Prophezeihung über die Vorbildwirkung ihrer Lebensweise stellt die Vita ebensowenig dar[218] wie die Erfüllung der Forderungen, die sich aus ihrer *devotio*-Erklärung ergaben.[219] Der einzige Aspekt ihrer Askese, dessen Verwirklichung beschrieben wird, ist ihr Fastenregiment. Genovefa habe von ihrem 15. bis zu ihrem 50. Lebensjahr regelmäßige wöchentliche Fastentage eingehalten[220] und bis zu ihrem 50. Lebensjahr nur Gerstenbrot und Bohnen, die sie drei Wochen lang in einem Topf aufbewahrt hatte, zu sich genommen. Danach habe sie, den Mahnungen der Bischöfe gehorchend, zum Gerstenbrot auch Milch und Fisch verzehrt. Auf Wein und andere berauschende Getränke habe sie ihr ganzes Leben lang verzichtet.[221] Diese Charakterisierung ihrer Speisegewohnheiten gegen Ende des biographischen Abschnitts betrifft Genovefas ganzes Leben und hebt so die Beständigkeit ihres Fastens hervor. Durch die Umrißhaftigkeit dieser Nachrichten wird gleichzeitig der Eindruck verstärkt, daß die asketische Lebensweise nur den Hintergrund für das Bild von Genovefas Heiligkeit bildet.

2. Öffentliches Wirken

Während er im Zusammenhang mit ihrem Fasten Genovefas für asketisch lebende Laien vorbildlichen Gehorsam gegenüber den Bischöfen betont,[222] macht der Autor ihrer Vita an anderer Stelle deutlich, daß seine Heldin wegen ihrer besonderen Beziehung zu Gott auch ohne die sakramentale Mittlerrolle der Bischöfe auskommen konnte. Als sie einmal geweihtes Öl benötigte, sei das entsprechende Fläschchen leer und kein Bischof (*pontifex*) in der Nähe gewesen, der Öl hätte weihen können. Auf ihr Gebet hin habe sich das leere Fläschchen auf wunderbare Weise gefüllt.[223] Diese beiden Stellen verdeutlichen, daß für den Autor Genovefas Stellung in der göttlichen Weltordnung nicht allein durch ihre asketische Lebensform, sondern vor allem durch ihre direkte Beziehung zur Gottheit bestimmt wird. Der letztere Aspekt, der in der Verleihung von *virtus* und *gratia* Ausdruck findet und ihr Wirken in der Welt ermöglicht, ist für seinen Glauben an ihre Heiligkeit der wichtigere.

Wir haben gesehen, wie die Vita Genovefas öffentliches Wirken, ihre Wunderkraft und ihre Verehrungswürdigkeit mit entsprechenden Fähigkeiten und Qualitäten berühmter gallischer Bischöfe vergleicht. In den Kontext dieses Bemühens, Genovefas Gleichrangigkeit mit berühmten Bischöfen zu betonen, ordnete Heinzelmann neben dem Schweigen über zu Genovefas Zeiten amtierende Bischöfe von Paris auch zwei Stellen ein, an denen Paris „ihre" oder „ihre eigene" Stadt genannt wird und die er als Hinweis auf ein bischofsähnliches Verhältnis Genovefas zu „ihrer" Stadt intepretierte.[224] Bei genauerer Betrachtung sind in der Vita jedoch Besonderheiten und Begrenzungen von Genovefas öffentlichem Wirken erkennbar, die diesen Eindruck einer bischofsähnlichen Stellung Genovefas in Paris relativieren.

Genovefas Biograph beschreibt zum Beispiel die feierlichen Empfänge, die seiner Heldin bei der Ankunft in einer fremden Stadt bereitet wurden, nicht so ausführlich wie denjenigen der Bischöfe Germanus und Lupus in Nanterre. Sie scheint auch nicht von so breiten Bevölkerungskreisen empfangen worden zu sein wie Bischof Germanus in Paris.[225] In diesen Abstufungen ist eine gewisse Differenzierung des individuellem Charismas Genovefas und des Ansehens der hohen kirchlichen Amtsträger durchaus spürbar.

Vergleicht man das Zeugnis der Wunderberichte der *Vita Genovefae*, der *Martinsschriften* des Sulpicius Severus und der *Vita Germani* des Constantius von Lyon, ergeben sich hinsichtlich des Geschlechts der Bittsteller und der Geheilten merkliche Unterschiede im thaumaturgischen Wirken Genovefas und dieser Bischöfe.[226] Von den Personen, die nach diesen Wunderberichten ihre Gesundheit oder ihr Leben wiedererlangten und deren Geschlecht erkennbar ist, sind in der *Vita Genovefae* zehn weiblichen[227] und neun männlichen[228] Geschlechtes, während in den *Martinsschriften* und in der *Vita Germani* jeweils nur vier Frauen und Mädchen[229] zehn bzw. neun Männern und Knaben[230] gegenüberstehen. Sowohl Genovefa als auch die beiden Bischöfe werden nicht nur von Elternpaaren und anderen Personengruppen, sondern auch gelegentlich von einzelnen Menschen um ein Heilungswunder zu eigenen Gunsten oder für einen Angehörigen gebeten. Auch unter diesen selbständig auftretenden Bittstellern ist bei Genovefa der Frauenanteil deutlich höher. Sie wird neben neun männlichen Einzelpersonen auch von fünf Frauen um ein Heilungswunder gebeten,[231] während Martin und Germanus neben sieben bzw. vier einzelnen Männern nur jeweils einmal von einer allein auftretenden Frau mit einer solchen Bitte konfrontiert werden.[232]

Dieser sowohl relativ wie absolut gesehen stärkere „Frauenbezug" des thaumaturgischen Wirkens Genovefas hängt mit ihren Beziehungen zu Frauen im Alltagsleben zusammen. Zwei der Frauen, die sie um ein Wunder zugunsten eines Angehörigen bitten, haben vorher bereits selbst von ihren besonderen Fähigkeiten profitiert und leben zumindest zeitweilig auch bei Genovefa oder in ihrem Haushalt;[233] bei zwei weiteren geht es um die Heilung der eigenen Erblindung, die als Strafe dafür gedeutet wird, daß sie Genovefa bestohlen bzw. ihr nachspioniert hatten.[234] Solche Kontakte im Alltagsleben spielen dagegen bei den beiden Frauen, die die Bischöfe Martin bzw. Germanus um Wunder bitten, keine Rolle. Diese Frauen begegnen den Bischöfen vielmehr im öffentlichen Raum, meist auf ihren Reisen. Da auch bei Genovefa die auf ihren Reisen an sie herantretenden einzelnen Bittsteller meist männlichen Geschlechtes sind, kommen in den Berichten über Heilungswunder aus ihren Lebzeiten in dieser Hinsicht nicht nur vergleichsweise mehr Frauen, sondern auch sehr viel mehr Personen vor, die dem entgegengesetzten Geschlecht angehören. Wenn dieser Befund als Hinweis darauf zu deuten ist, daß im öffentlichen Raum zu dieser Zeit in erster Linie Männer als selbständig Handelnde auftreten,[235] dann verweist der Anteil der Männer, die Genovefa um ein Wunder bitten, darauf, daß ihr Wirken sich auch auf diesen „männerdominierten" Raum erstreckte.

Auch bei Genovefas Führungsrolle innerhalb von Paris ist ein „Frauenbezug" erkennbar. Im religiösen Leben bezieht sich diese Rolle vor allem auf andere Jungfrauen. Auf ihr Wirken zum Schutz der Jungfräulichkeit Caelinias, die sich durch die Flucht in eine Kirche dem Zugriff ihres Verlobten entzieht, sind wir oben bereits eingegangen.[236] Die Vita berichtet auch, daß einmal auf dem Gang zur Dionysius-Basilika vor Morgengrauen die Kerzen, die vor Genovefa hergetragen wurden, plötzlich im Sturm erloschen und die Jungfrauen, „die bei ihr waren", sich in der stürmischen Nacht fürchten. In dieser Situation habe sich Genovefa die Kerze geben lassen, die sich in ihrer Hand wunderbarerweise von selbst entzündete und den Rest des Weges leuchtete.[237] Einer Fremden, die aus Bourges nach Paris kam und sich als geweihte Jungfrau ausgab, habe Genovefa im Gewissen lesen und auf den Kopf zusagen können, wann, wo und mit wem sie ihr Keuschheitsgelübde gebrochen habe. Wenn die Vita beschreibt, daß die solchermaßen „durch ihr Gewissen überführte" Frau sich daraufhin Genovefa zu Füßen wirft,[238] stellt dies die Anerkennung von Genovefas Autorität bildlich vor Augen, die hier wie in den anderen Situationen aus ihren besonderen Fähigkeiten erwächst.

Neben ihren jungfräulichen Standesgenossinnen erkennen auch die Frauen der Pariser Bürger die Führerinnenrolle Genovefas offenbar bereitwillig an. Sie folgen, wie wir bereits gesehen haben, ihrem Aufruf, sich angesichts der Bedrohung durch den Hunneneinfall für einige Tage des Fastens, Wachens und Betens im Baptisterium zu versammeln, um Gottes Schutz für die Stadt zu erflehen.[239] Im Unterschied dazu muß Genovefa ihren Führungsanspruch bei den Männern, den Priestern und den Bürgern der Stadt gegen Widerspruch durchsetzen. Wir haben bereits gesehen, wie es ihr dank der ihr verliehenen *gratia Dei* gelingt, die zunächst verweigerte Unterstützung der Priester für den Bau der Dionysius-Basilika und den Priester Genesius für die Leitung dieses Bauvorhabens zu gewinnen.[240] Nur im Zusammenhang mit diesem Bauvorhaben geht Genovefas Führungsrolle im kirchlichen Leben über die Leitung anderer Jungfrauen hinaus.[241] Abgesehen von dem Baptisterium, in dem sie die Bürgersfrauen zum Fasten, Wachen und Beten versammelte,[242] spielen für ihr öffentliches Wirken in Paris vor allem die Dionysius-Basilika und andere, für ihre Frömmigkeit wichtige Orte eine Rolle, nicht aber die bischöfliche oder andere städtische Kirchen.[243] Auch dies weist auf Begrenzungen von Genovefas Wirken im kirchlichen Bereich hin.

Während die Priester gegen Genovefas Bauvorhaben nur die eigene Unfähigkeit, dieses zu unterstützen, ins Feld führen, leisten die Bürger gegen ihren während der Hunnengefahr erhobenen Führungsanspruch nachdrücklicheren Widerstand. Die Vita berichtet, daß sie, als sie vom Einfall der Hunnen in Gallien hörten, ihre Güter und Geldmittel in anderen Städten in Sicherheit bringen wollten. Diesen Evakuierungsplänen trat Genovefa entgegen, indem sie voraussagte, daß jene Städte, die die Bürger für sicherer hielten, verwüstet werden würden, Paris aber durch den Schutz Christi unversehrt bliebe und gerettet würde. Die Bürger verfolgten sie deshalb als falsche Prophetin (*pseudopropheta*)[244] und berieten in Versammlungen, ob sie sie steinigen oder ertränken sollten.[245] Aus dieser lebensbedrohenden Situation rettete Genovefa ein Archidiakon aus Auxerre, der die Bürger von dem geplanten „Verbrechen" abbrachte. Er berichtete über Germanus' „großartiges Zeugnis," nach dem Genovefa schon im Mutterleib von Gott erwählt wurde, und zeigte ihnen die Geschenke, die Germanus ihr hinterlassen habe.[246] Auf seine Worte und den Anblick der Geschenke reagierten die Bürger mit Gottesfurcht und Staunen und stießen ihren Beschluß um. In dieser Rettung sieht der Autor das Bibelwort erfüllt, nach dem Gott die Seinen vor Übel beschützt.[247]

Die weltlichen Hintergründe dieses Konfliktes um die Evakuierungspläne der begüterten Bürger, die möglicherweise den Fortbestand der Stadt und ihrer Verwaltung bedrohten, interessieren Genovefas Biographen nicht. Ein Indiz für eine bereits beim Ausbruch des Konfliktes mit den Pariser Bürgern nicht ganz unbedeutende Stellung Genovefas in der Stadt stellt die Nachricht dar, daß die Bürger ihre Worte nicht einfach ignorierten, sondern sich gegen sie „erhoben", weil sie von ihr in ihrem Vorhaben „gehindert" würden.[248] Auf weltliche Voraussetzungen dafür, daß die Bürger sich gegen Genovefas Ansichten mit Gerichtsversammlungen wehren mußten, geht die Vita jedoch nicht ein, sondern sieht die Auseinandersetzung nur als Konflikt um eine religiös legitimierte Führungsrolle.

Unverkennbar ist das im Mittelpunkt der Vita stehende Wirken Genovefas zugunsten ihrer Mitmenschen und zum Schutze Schwächerer mit einem herausgehobenen sozialen Status verbunden. Ihr unabhängiges Leben, ihre Reisen, ihre Freigebigkeit gegenüber den Armen und nicht zuletzt die regelmäßigen Höflichkeitsbesuche der Priester bei ihr zeigen, daß sie zu den Reichen und Angesehenen gehörte. Inwieweit ihr Ansehen auf ererbten Reichtum zurückging, inwieweit es durch einen durch beherztes Handeln in Notzeiten erworbenen Ruf als Heilige gesteigert wurde, ist für uns wegen des Mangels an weiteren Quellen nicht mehr erkennbar.

Um die Aufmerksamkeit seiner Leser und Hörer ganz auf die geistlichen Voraussetzungen zu lenken, verschweigt ihr Biograph die weltlichen Vorbedingungen ihres Wirkens ganz. Bei seinen Bemühungen, ihre Führungsrolle ausschließlich charismatisch zu legitimieren, kommt der Figur des Germanus zentrale Bedeutung zu. Abgesehen von Bischof Vilicus, der durch göttliche Eingebung davon erfuhr, nahm nur der Bischof von Auxerre Genovefas Heiligkeit unmittelbar wahr.[249] Sein Zeugnis ist für die Durchsetzung des Führungsanspruchs entscheidend. Die übrigen Menschen – ihre Mutter ebenso wie Bürger und Bevölkerung von Paris – waren, bevor die Genovefa verliehene *gratia* sich in ihrem Wirken manifestierte, darauf angewiesen, seinem Zeugnis zu glauben.

Die Prophezeiungen dieses Bischofs, der um 520 vermutlich schon ein berühmter Heiliger war,[250] richten sich wohl auch an die Leser und Hörer der *Vita Genovefae*. Anspielungen des Autors auf den Unglauben mancher seiner Zeitgenossen und auf mögliche Kritik an seiner Darstellung[251] gehen den Abschnitten über den Besuch des Germanus in Paris und die Auseinandersetzungen während des Hunneneinfalls unmittelbar voraus und werden so vom Zeugnis des Germanus gewissermaßen mit widerlegt.

Daß für den Autor der *Vita Genovefae* auch Frauen von Gott dazu berufen sein können, sein Volk aus der Not zu retten, zeigt der Hinweis auf das Vorbild Judiths und Esthers.[252] Daß die Aufforderung des Bischofs Germanus, Genovefa solle mannhaft handeln („*viriliter age*"),[253] auf symbolisches Mannwerden bezogen gemeint ist, läßt sich aus der *Vita Genovefae* nicht belegen, in der keine Anspielungen auf naturgegebene Unterschiede der Geschlechter vorkommen. Von einer natürlichen, geschlechtsbedingten Schwäche Genovefas ist keine Rede; ihre *virtus* wird in direktem und indirektem Vergleich mit berühmten männlichen Heiligen aufgezeigt. Die Rolle, die Bischof Germanus als Prophet und Beschützer Genovefas spielt, deutet allerdings darauf hin, daß eine Frau männlicher Unterstützung bedurfte, um einen derartigen Führungsanspruch in der Welt durchzusetzen.

IV. DAS HEILIGENIDEAL DER VITA GENOVEFAE UND DIE FRAUENVITEN DER FRÜHEN MEROWINGERZEIT

Welche Rolle spielten die *Vita Genovefae* und die älteren Asketinnenbiographien als Vorbilder für die Frauenviten der frühen Merowingerzeit? Ausgehend von einer vergleichenden Zusammenfassung der Ergebnisse der bisherigen Untersuchungen soll diese Frage im folgenden unter drei Gesichtspunkten beleuchtet werden: Welche Bedeutung haben asketische Weltabwendung (*vita contemplativa*) und soziales Engagement bzw. öffentliches Wirken (*vita activa*) für das Heiligenideal? Welchen Zielgruppen stellen die Viten ein Tugendvorbild und/oder eine wirkmächtige Interzessorin vor Augen: Inwiefern ist ihr Heiligenidel auf asketische bzw. monastische Lebensformen von Frauen bezogen? Wie veränderte sich im Zusammenhang mit der Entwicklung des Heiligentypus die Art und Weise, in der das Geschlecht der Heiligen angesprochen wird?

Dabei sollen vor allem vier Viten des ausgehenden 6. und frühen 7. Jahrhunderts betrachtet werden, während die nach 640 in irofränkisch geprägten Klöstern entstandenen Frauenviten nur an einzelnen Punkten ergänzend herangezogen werden. Die vier Texte aus der frühen Merowingerzeit und ihre Protagonistinnen seien zunächst kurz vorgestellt.

A. Die Frauenviten der frühen Merowingerzeit

1. Gregor von Tours: *Vita Monegundis*

Das Leben der Klausnerin Monegunde beschrieb Bischof Gregor von Tours (538/39-594/95) vermutlich vor 587 und fügte sie später an vorletzter Stelle in eine Sammlung von Heiligenleben mit dem Titel *Buch des Lebens der Väter* (*liber vitae patrum*) ein.[1] Gregor von Tours, der eigentlich Georgius Florentius hieß, stammte aus einer senatorischen Adelsfamilie, die schon mehrere Bischöfe hervorgebracht hatte.[2] Die Weltsicht dieses bedeutendsten Geschichtsschreibers und Hagiographen der Merowingerzeit wurde durch seine Herkunft und seine Stellung geprägt.[3] 573 wurde er Bischof von Tours und erhielt damit den bedeutendsten Bischofssitz des Frankenreichs, zu dem das Grab und Haupheiligtum des heiligen Martin, des Reichsheiligen der Merowinger, gehörte. In seiner schriftstellerischen Tätigkeit sah er einen wichtigen Bestandteil seines bischöflichen Wirkens;[4] sie sollte nicht zuletzt eine angemessene Verehrung der Heiligen, vor allem des heiligen Martin, fördern. Zu diesem Zweck sammelte er Nachrichten über Wunder, die er durch Selbsterlebtes ergänzte und in sieben Wunderbüchern sowie im *liber vitae patrum* festhielt.[5]

Über Monegunde unterrichtet nur Gregors Vita. Ein kurzer Abschnitt seiner Sammlung von Wundern der Bekenner (*liber in gloria confessorum*) würdigt ihre Wunderkraft, ohne zusätzliche Nachrichten über ihr Leben zu liefern.[6] Sie stammte aus der Gegend von Chartres. Auf den sozialen Rang ihrer Familie geht Gregor nicht näher ein; er scheint nicht besonders herausragend gewesen zu sein.[7] Monegunde verließ ihren Ehemann nach dem Tod ihrer beiden Töchter und lebte zunächst in einer Zelle in der Nähe des Wohnsitzes ihrer Familie, später, wahrscheinlich seit den 560er Jahren,[8] beim Martinsheiligtum in Tours als Klausnerin. Der familiäre Kontext dieser Bekehrung bleibt unklar: Gregor berichtet weder, daß Monegunde die Zustimmung ihres Ehemannes für ihre Entscheidung gewann, noch wie dieser darauf reagierte. Hatte er nach dem Tod ihrer Töchter das Interesse an seiner Frau verloren, die vielleicht nicht mehr in gebärfähigem Alter war? Als Monegunde wegen ihrer Wunder berühmt geworden war, kam er, wie Gregor berichtet, nach Tours und holte sie in ihre alte Zelle in der Nähe seines Hauses zurück. Gregor geht auf seine Motive nicht ein. Wollte er von den Geschenken mitprofitieren, die Monegunde von Menschen erhielt, die an ihre Wunderkraft glaubten? Nach ihrer zweiten Übersiedlung nach Tours ließ er sie dann offenbar in Ruhe.[9]

Beim Martinsheiligtum leitete Monegunde eine Gruppe gleichgesinnter Frauen zum asketischen Leben an. Zur Zeit von Gregors Amtsantritt im Jahre 573 war sie wohl bereits tot, denn er berichtet nicht, sie noch persönlich kennengelernt zu haben. Gregor dürfte seine Informationen daher aus mündlicher Überlieferung geschöpft haben. Auch die von Monegunde begründete asketische Gemeinschaft scheint 573 nicht mehr bestanden zu haben, sonst hätte er darüber sicherlich Angaben gemacht.

2. Venantius Fortunatus: *Vita Radegundis I*

Die Heiligkeit der thüringischen Königstochter und merowingischen Königin Radegunde († 587) beschrieb nach ihrem Tod der mit ihr befreundete Dichter Venantius Fortunatus († nach 600),[10] der aus Italien stammte und in Ravenna noch eine rhetorische Ausbildung erhalten hatte. Um 565 kam er anläßlich einer Pilgerreise ins Frankenreich und erwarb sich dort einen Ruf als Dichter und Hagiograph. Neben mehreren Heiligenviten sind zahlreiche Fest- und Lobgedichte überliefert, die er als Auftragsarbeiten für besondere Anlässe oder als Dank für erwiesene Gastfreundschaft verfaßte.[11] 567 ließ er sich in Poitiers nieder, wo Radegunde als Nonne lebte. Er starb nach 600 als Bischof von Poitiers.[12] Obgleich zahlreiche Gedichte die Freundschaft bezeugen, die ihn mit Radegunde verband,[13] geht Fortunatus auf diese Beziehungen in der *Vita Radegundis I* nicht ein und erwähnt auch sich selbst nur sehr beiläufig.[14] Neben dieser Vita und seinen Gedichten überliefern auch die *Zehn Bücher Geschichten* Gregors von Tours und die *Vita Radegundis II* Nachrichten über Radegunde.

Radegunde wurde als Kind 531 bei der Eroberung Thüringens von den Franken erbeutet und ins Frankenreich verschleppt. König Chlothar I. (511-560/61), dem sie zugesprochen worden war, machte sie, sobald sie alt genug dazu war, zu seiner Königin.[15] Um 550, nach der Ermordung ihres Bruders, an der Chlothar nicht unbeteiligt war,[16] trennte sie sich von ihrem Gemahl und ließ sich von Bischof Medardus von Noyon weihen.[17] Zunächst lebte sie auf einem Landgut in Saix bei Poitiers, fern des königlichen Hofes, und widmete sich karitativen Aufgaben,[18] später gründete sie ein Frauenkloster in Poitiers, als dessen Äbtissin sie ihre geistliche Tochter Agnes einsetzte.[19]

3. Baudonivia: *Vita Radegundis II*

Baudonivia, eine Nonne des von Radegunde begründeten Klosters, ergänzte zwischen 609 und 614 die Vita des Fortunatus um ein zweites Buch.[20] Sie gibt sich als Zögling und Vertraute der Königin zu erkennen, die aus ihrer eigenen Erinnerung schöpft,[21] und widmet ihr Werk, das in einer sehr unbeholfener Sprache verfaßt ist und neben der literarisch und theologisch stärker durchkomponierten Vita des Fortunatus eher naiv wirkt,[22] ihrer Äbtissin Dedimia und der „ganzen ruhmreichen Kongregation der Herrin Radegunde."[23] Baudonivia, die in ihrer Darstellung und Sichtweise, wie S. Gäbe zeigte, Interessen ihres Klosters vertritt,[24] zeichnet ein Bild von Radegundes Heiligkeit, das sich nicht unwesentlich von demjenigen des Fortunatus unterscheidet[25] und daher auch Züge einer Überarbeitung trägt.[26] Inhaltliche Erweiterungen gegenüber der *Vita Radegundis I* bilden unter anderem der Bericht über die Gründung des Klosters[27] und über dessen Austattung mit Reliquien, vor allem mit einer Kreuzreliquie aus Konstantinopel,[28] sowie die ausführliche Darstellung von Radegundes Wirken als geistliche Mutter im Kloster[29] und der großen Trauer der Nonnen bei ihrem Tod und Begräbnis.[30] Diese zweite *Vita Radegundis* bildete den eigentlichen Grundlagentext für den Radegundenkult im Mittelalter.[31]

4. Florentius: *Vita Rusticulae*

Im Auftrag eines Frauenklosters entstand auch um 630 die Lebensbeschreibung der vierten Äbtissin des Anfang des 6. Jahrhunderts von Bischof Caesarius († 542) in Arles begründeten Klosters St. Jean.[32] Als Autor gibt sich ein Priester Florentius von Tricastrinum zu erkennen, der Rusticula als „meine Herrin" anredet.[33] Er widmete sein Werk der Äbtissin Celsa, der Nachfolgerin Rusticulas, die ihm auch die notwendigen Informationen über deren Leben hatte zukommen lassen. Daneben stützte er sich auch auf andere, nicht näher bezeichnete Augenzeugen.[34] Diese Vita ist unsere einzige Informationsquelle über Rusticula.

Rusticula, die aus einer senatorischen Familie stammte und im Gebiet der Stadt Vaison um 560 geboren wurde (c. 1), kam in sehr jungen Jahren in das Arelatenser Kloster. Im Alter von fünf Jahren war sie ihrer verwitweten Mutter von einem Adeligen namens Cheroanius geraubt worden, der sich die Heirat mit dieser Erbtochter sichern wollte. Äbtissin Liliola von Arles führte jedoch mit Hilfe des Bischofs Syagrius von Autun (um 561-599/600) eine Entscheidung König Guntrams (561-593) herbei, nach der Rusticula in ihr Kloster eintreten sollte (c. 3). Liliolas Eingreifen wird in der Vita lediglich mit einer göttlichen Eingebung motiviert. Möglicherweise wandte sich Clementia, die Mutter Rusticulas, an Liliola, denn die Äbtissin stand in gutem Einvernehmen mit König Guntram, für den sie 567/ 5569 Theudechilde, die Witwe seines Bruders Charibert, in Gewahrsam nahm.[35] Die Vita schildert jedoch Clementias Unzufriedenheit mit dem Ausgang des Verfahrens und ihr – erfolgloses – Bemühen, die Unterstützung des Bischofs Sepaudus von Arles (551-586) zu gewinnen, um ihre Tochter wieder zu sich zu holen (c. 5). Nach dem Tode Liliolas wurde Rusticula im Alter von 18 Jahren von ihren

Mitschwestern zu deren Nachfolgerin gewählt (c. 7). Die Anklage, heimlich einen Königssohn aufgezogen zu haben, veranlaßte eine Reise Rusticulas an den Königshof (c. 9, c. 12-17). Der politische Kontext dieser Anklage wird in der Vita nicht näher erläutert, jedoch dürfte sie in die Auseinandersetzungen nach dem Sturz der Königin Brunichilde im Jahr 613 einzuordnen und mit dem verborgenen Königssohn ein geflüchteter Nachkomme König Theoderichs von Burgund gemeint sein.[36] Rusticula leitete nach ihrer Rückkehr noch 14 Jahre die Nonnengemeinschaft in Arles und wurde 77 Jahre alt. Sie muß demnach um 630 gestorben sein.[37]

B. Asketische Weltabwendung und Wirken in der Welt

Im Mittelpunkt des Heiligenideals steht in den biographischen Briefen und in der *Vita Melaniae iunioris* asketische Weltabwendung, die auf einen Gesinnungswandel zurückgeht, bei dem sich die Einstellung der Protagonistinnen zu ihrem Reichtum veränderte. Ihre asketische Tugend wird mit ihren angestammten adeligen Privilegien kontrastiert. Die vorbildliche Opferung des Vermögens und der Verzicht auf luxuriöses Leben sind wichtige Aspekte dieser „adeligen Askese". Mit Armut (*paupertas, sancta inopia*) ist kein wirklicher Abstieg in die unteren Schichten gemeint: Die vornehmen Witwen ernährten sich nicht von ihrer Hände Arbeit. Ein solcher Abstieg war für vom antiken Standesdenken geprägte adelige Christen wohl schwer vorstellbar.[38]

Neben der asketischen Weltabwendung spielt aktives Wirken, sei es als soziales Engagement oder öffentliches Mitgestalten, meist eine untergeordnete Rolle in diesen Darstellungen. Hieronymus lobt die Weggabe des Vermögens an Bettler und Bedürftige als *liberalitas*,[39] den Dienst an Armen und Kranken als *misericordia*.[40] Soziales Engagement ist hier vor allem Ausdruck frommer Gesinnung; es gewinnt Bedeutung nicht um seiner selbst willen, sondern als Mittel asketischer Selbstheiligung. Nur bei Marcella spielt neben ihrer weltabgewandten Gesinnung auch öffentliches Eintreten für den rechten Glauben eine Rolle.[41] Der Tugendkatalog der *Vita Melaniae iunioris* greift die Opferung des Reichtums unter dem Stichwort *beneficia* (Wohltaten) auf.[42] Dieser Begriff, in dem die Sichtweise derjenigen anklingt, die von dieser Entäußerung profitieren, verweist auf die Wirkung in der Welt. Abgesehen von dieser Anspielung hat Melanias Engagement als Klostergründerin, Kirchenstifterin und Missionarin in diesem Tugendkatalog jedoch keinen Niederschlag gefunden.

Eine stärkere Würdigung öffentlichen Wirkens ist in Paulinus von Nolas Lobschrift auf Melania die Ältere festzustellen, die sich an seinem *virtus*-Begriff ablesen läßt. Im *Epitaphium Paulae* und in der lateinischen *Vita Melaniae iunioris* meint *virtus* Tugend, Tugendstreben und Kraft Gottes.[43] Paulinus dagegen verwendet das Wort nicht nur für die Tugendstärke seiner Heldin, sondern faßt darunter – in Anlehnung an die *Vita Martini* seines Freundes Sulpicius Severus – auch ihr Wirken in der Welt.[44] Die weltabgewandte orientalische Anachorese, an der sich die in Palästina entstandenen Frauenbiographien orientieren, wird hier von einem occidentalen Leitbild abgelöst, das aktives Wirken mit politischen Komponenten zu wichtigen Aspekten des Heiligenideals macht. Als „composantes politiques" der *Vita Martini* interpretierte J. Fontaine vor allem die offensive Konfrontation des Heiligen mit Vertretern der weltlichen Gewalt, die ihre Macht mißbrauchen, und seinen Kampf gegen Heidentum und Unglauben.[45] Paulinus greift diese Thematik in Bezug auf den theologisch motivierten Widerstand seiner Heldin gegen Vertreter der Staatsgewalt auf und stellt dieses Handeln, wie sein *virtus*-Begriff zeigt, neben ihre asketische Selbstheiligung.

In der *Vita Genovefae,* die ebenfalls von den Martinsschriften des Sulpicius Severus beeinflußt ist, steht nicht die asketische Selbstheiligung, sondern das öffentliche Engagement zugunsten der Mitmenschen im Zentrum. Da dieses Wirken der Asketin mit einer Führungsrolle und angesehenen Stellung in Paris einhergeht, kann ebenfalls von „adeliger Askese" gesprochen werden. Dieser Begriff hat hier jedoch einen anderen Inhalt, da eine innere Distanz der Heldin zu ihren Standesprivilegien keine Rolle spielt. Genovefas soziale Herkunft wird verschwiegen, eine Opferung ihres Vermögens für fromme Zwecke nicht herausgearbeitet. Vor diesem Hintergrund bewirkt die charismatische Legitimierung ihrer Führungsrolle eine Steigerung der Affinität zwischen sozialem Status und Heiligkeit.

Das Heiligenideal der *Vita Genovefae* orientiert sich am Vorbild gallischer Bischofsviten; Genovefa wird mehrfach mit berühmten Bischöfen verglichen. In den meisten gallischen Bischofsviten des 5. und 6. Jahrhunderts finden sich jedoch mehr oder weniger direkte Hinweise auf die vornehme Herkunft ihrer Protagonisten.[46] In der zu Beginn des 6. Jahrhunderts in Orléans entstandenen *Vita Aniani* und in der die *Vita Severini*, die Abt Eugippius von Castrum Lucullanum bei Neapel im Jahre 511 verfaßte, wird dagegen die soziale Herkunft des Protagonisten verschwiegen.[47] Diese beiden Viten sind auch inhaltlich in besonderer Weise mit der *Vita Genovefae* vergleichbar: Wie Genovefa in Paris trugen Bischof Anianus in Orléans und Severinus in Noricum in der Niedergangszeit des weströmischen Reiches zum Schutz der Bevölkerung vor Barbarenübergriffen bei. Anders als Anianus, aber ähnlich wie Genovefa, hatte auch Severinus kein bischöfliches Amt inne. Die weltliche Voraussetzung für sein Wirken könnten, wie F. Lotter zeigte, Ämter als Reorganisator Pannoniens und als Heermeister gewesen sein, die Eugippius nicht erwähnt.[48] Das Schweigen über Herkunft und (frühere) weltliche Stellung ist auch hier Ausdruck eines Heiligenideals, das Severins Wirken ausschließlich auf charismatische Begabung zurückführen will.

Obgleich Genovefas Biograph von den Martinsschriften des Sulpicius Severus stark beeinflußt wurde, bezeichnet er mit dem Wort *virtus,* anders als die *Vita Martini,* nicht Genovefas Tugend oder ihr Tugendstreben, sondern ausschließlich die Fähigkeit, Zustände in der sichtbaren Welt zu verändern, sei es durch Wunder, Gebet oder durch die Verfügung über bestimmte Hilfsmittel und Ressourcen.[49] Dieser im Vergleich zu den älteren lateinischen Asketinnenbiographien eklatante Bedeutungswandel zeigt eine tiefgreifende Veränderung des Heiligenideals an, in dessen Mittelpunkt nicht mehr innere Tugend und Gesinnung, sondern äußerlich sichtbare Taten und Erfolge stehen.

Dieses Ausblenden der inneren Aspekte der *virtus* kann als „Verdinglichung" bezeichnet werden, da nur noch die dinglich erfaßbaren Wirkungen der *virtus* beschrieben werden. Eine vergleichbare Tendenz zur Verdinglichung zeigt sich auch bei der

Beschreibung von Genovefas Frömmigkeit, für die nicht mehr der Begriff *fides* (Glaube) als Schlüsselwort dient, sondern der Begriff *devotio,* der einen festen Entschluß zu bestimmten frommen Taten und Handlungsweisen meint. Eine Differenzierung zwischen Motiv und Handlung findet nicht statt.[50] Dies mag auch damit zusammenhängen, daß sich diese Vita, die im kulturell rückständigeren Nordgallien entstand, nicht an gebildete Leser oder Hörer wandte.[51] In den Rahmen dieser verdinglichenden Sichtweise paßt eine innere Distanzierung von vornehmer Stellung, passen die Tugenden der *humilitas* und *paupertas,* wie sie in den Asketinnenbiographien des 4.-5. Jahrhunderts propagiert werden, nicht hinein. In der *Vita Genovefae* finden sich dementsprechend nur noch erstarrte Anspielungen auf diesen Themenkreis, z.B. das Verbot, weltlichen Schmuck zu tragen. Die gesteigerte Affinität zwischen sozialem Status und Heiligkeit in dieser Vita hängt so auch mit den verdinglichenden Tendenzen im Heiligenideal zusammen.

Eine Tendenz, nur die äußerlich sichtbaren Taten, nicht aber die asketische Gesinnung darzustellen, läßt sich auch in der *Vita Aniani* beobachten. Abt Eugippius dagegen beschreibt in der *Vita Severini,* die sich auch an seine Mönchsgemeinschaft in Castrum Lucullum wendet, auch die Tugenden Severins und seine Rolle als geistlicher Vater seiner Mönche.[52]

Gregor von Tours und Venantius Fortunatus knüpfen im ausgehenden 6. Jahrhundert nicht an die *Vita Genovefae,* sondern eher an die älteren Vorbilder an. Die *Vita Monegundis* beginnt wie die biographischen Briefe mit dem Bericht über die Bekehrung der Heldin, die Gregor ebenfalls als einen Gesinnungswandel und als Weltflucht, nämlich als bewußtes Heraustreten aus familiären Bindungen begreift, auf dessen biblische Motivation er ausführlich eingeht.[53] Daß dabei ein Verzicht auf adelige Privilegien nicht thematisiert wird, hängt wohl damit zusammen, daß Monegunde nicht aus vornehmer Familie stammte.[54] Ihr soziales Engagement beschränkt sich auf die Anleitung anderer Frauen zu asketischem Leben[55] und thaumaturgisches Wirken.[56] Ihre Wunderkraft wird jedoch nicht, wie diejenige Genovefas, als von Anfang an vorhanden gedacht, sondern tritt in Gregors Bericht erst hervor, als die Heldin nach dem Weggang ihrer Dienerin, die das karge Leben nicht mehr ertragen wollte, Ausdauer (*constantia*) in der Askese bewiesen hatte.[57]

Expliziter als sein Freund Gregor von Tours orientiert sich Venantius Fortunatus in seiner *Vita Radegundis* an den lateinischen Asketinnenbiographien des 4.-5. Jahrhunderts.[58] Wie die *Vita Melaniae iunioris* begreift er das irdische Leben seiner Heldin als einen Lauf (*vitae praesentis cursus*), mit dem sie die Aufnahme ins Paradies verdiente,[59] arbeitet die Steigerung ihrer christlichen Tugend von Lebensphase zu Lebensphase heraus[60] und deutet ihre Heirat als Zwangsehe. Bei der Beschreibung ihres ehelichen Lebens legt er einen Akzent auch auf die innere Ablehnung der Stellung als Königin.[61] Der Einfluß und die Verfügungsgewalt über Einkünfte und Vermögen, die sie durch diese Stellung erlangte, bilden jedoch die Basis ihres Engagements für benachteiligte Mitmenschen und für die Kirche.[62] Radegundes Weltflucht ist für Fortunatus vor allem ein Aufgeben des weltlichen Ranges. In der Weiheszene vertreten die Fürsten den Anspruch des Königshofes gegen Radegundes Wunsch nach einem Leben für Gott.[63] Die anschließenden Schenkungen ihrer königlichen Gewänder und ihres Schmuckes an Arme,

Einsiedler und Klöster unterstreichen das Motiv der Aufgabe der königlichen Stellung.[64] Fortunatus betont nicht wie Hieronymus im *Epitaphium Paulae* eine vollständige Weggabe des Besitzes, sondern weist auf die erstaunliche Unerschöpflichkeit der Reichtümer hin, die auch nach der Aufgabe der königlichen Stellung noch Schenkungen an alle Bittsteller und an Priester in königlicher Weise (*regali more*) ermöglichten.[65] Radegundes Weltflucht gipfelt im Rückzug ins Kloster, im völligen, auch inneren, Abschluß von der Welt und von weltlichen Belangen.[66]

Den Leitsatz des *Epitaphium Paulae* variierend, nennt Fortunatus Radegunde „ihrer Herkunft nach vornehm, aber um vieles vornehmer durch ihre Tätigkeit (*celsa licet origine, multo celsior actione*)."[67] Mit *actio* meint er vor allem Radegundes Dienst an Armen und Kranken, später an ihren Mitschwestern im Kloster. Ähnlich wie Fabiola errichtete Radegunde ein Haus für Arme und diente ihnen persönlich. Fortunatus greift in diesem Zusammenhang Hieronymus' Begriff des *opus misericordiae* auf[68] und nennt Radegunde eine *nova Martha*.[69] Im Kloster leistete sie niedrigste Putzdienste, um sich auf diese Weise zu adeln (*se nobilitare*).[70]

An die Stelle des Gegensatzes *nobilis* (*divis*) / *pauper* tritt der Kontrast *regina* (*domina palatii*) / *ancilla*.[71] Das Ideal einer Herrscherin, die sich als Magd erniedrigt, hat, wie J. Fontaine zeigte, ein Vorbild im Verhalten der frommen Ehefrau des Kaisers Maximus gegenüber Martinus, das Sulpicius Severus in seinen *Dialogen* schildert.[72] Fortunatus stellt Radegunde als Wohltäterin der Armen, als Asketin und Thaumaturgin in subtiler Weise in den Rahmen martinischer Tradition.[73] Das Wort *virtus* verwendet er jedoch, anders als die *Vita Martini* und ähnlich wie Hieronymus in den biographischen Briefen, fast ausschließlich in der Bedeutung Tugend.[74]

Wie Gregor von Tours verzichtet auch Fortunatus darauf, Formen der Einflußnahme auf das kirchliche Leben zu beschreiben, die den einer frommen Frau oder einer Nonne in der kirchlichen Tradition zugewiesenen Rahmen überschreiten. Er betont die Ehrerbietung, mit der die Königin Radegunde Bischöfen und Priestern begegnete.[75]

Daß Fortunatus, um dieses Bild Radegundes zu gestalten, einige Aspekte ihres Wirkens aussparte, bezeugt die *Vita Radegundis II*, die in mancher Hinsicht an die *Vita Genovefae* erinnert. Baudonivias Heiligenideal ist nicht weniger martinisch geprägt als die erste Vita. Anders als Fortunatus knüpft sie jedoch einerseits an die aktiven, militanten Aspekte der Heiligkeit des Mönchsbischofs an und überliefert andererseits wie Sulpicius Severus auch Visionen und mystische Erfahrungen ihrer Heldin.[76] An Szenen der *Vita Martini* erinnert beispielsweise Radegundes Vorgehen gegen einen heidnischen Tempel.[77] Ihre Bekehrung wird nicht vorrangig als Weltflucht gedeutet; Radegundes Wirken in der Welt endet nicht mit ihrem Klostereintritt. Auch als Nonne pflegt die ehemalige Königin noch Kontakte zu den merowingischen Königshöfen und zu Bischöfen anderer Diözesen.[78] Vom Kloster aus bemüht sie sich um Vermittlung zwischen den sich bekriegenden merowingischen Königen.[79] Die Vigilien und Gebete für die Stabilität der königlichen Herrschaft und das Wohl des Vaterlandes, die Radegunde ihren Nonnen auferlegt,[80] erinnern an Genovefas Bemühungen, die Bürgersfrauen in Paris angesichts der Hunnengefahr zum Wachen, Fasten und Beten zu versammeln.[81] Radegundes Einsatz „für die Stabilität des Reiches (*pro stabilitate regni*)" war vielleicht traditionsbildend: E. Ewig sah Baudonivias Bericht als ältesten Beleg für diese Formel, die als Gebetsklausel in merowingischen Königsurkunden häufig vorkommt.[82] Die Intention, „dem Wohl des ganzen Vaterlandes und der Stabilität seiner (d. h. König Sigiberts) Herrschaft" zu dienen, verfolgte Radegunde auch mit der Beschaffung einer Kreuzreliquie. Dies geht aus einem von Baudonivia wiedergegebenen Schreiben an König Sigibert hervor, in dem Radegunde ihren Wunsch vortrug, eine solche Reliquie vom oströmischen Kaiser Justinian zu erbitten.[83] Ein Vergleich Radegundes mit Kaiserin Helena, der Mutter Konstantins, der seit dem 4. Jahrhundert die Auffindung des Kreuzes Christi zugeschrieben wurde, unterstreicht die Bedeutung, die Baudonivia der Erwerbung der Kreuzreliquie zumißt: „Was jene im östlichen Vaterland leistete, vollbrachte die heilige Radegunde in Gallien."[84]

Diese Bezugnahme auf das Vorbild der heiligen Kaiserin deutet auch darauf hin, daß die politischen Komponenten von Radegundes Wirken in der *Vita Radegundis II* mit einer starken Affinität zwischen sozialem Status und Heiligkeit korrespondieren. Sie steht damit auch in diesem Punkt der *Vita Genovefae* näher als der *Vita Radegundis I*.[85] Baudonivia tituliert Radegunde durchweg als *sancta* oder *beata regina* sowie als *domina*;[86] auch nach ihrem Klostereintritt bleibt sie Königin. Wenn Baudonivia ausführt, Radegunde habe das, was sie aus ihrer Herkunft empfing, aus dem Glauben besser geschmückt (*„et quod sumpsit ex genere suo, plus ornavit ex fide"*),[87] so greift sie damit nur scheinbar den *nobilior-sanctitate*-Gedanken des Hieronymus auf. Da sie keine innere Distanzierung ihrer Heldin vom weltlichen Rang beschreibt, bekommt dieses Steigerungsmotiv einen neuen Sinn: Baudonivia denkt die weltliche Stellung Radegundes als direkte Voraussetzung für deren Heiligkeit.

Für die Beschreibung der Frömmigkeit Radegundes verwendet sie neben *fides* auch den Begriff *devotio*. Während sie anfangs in diesem Zusammenhang zunächst wie Fortunatus von *fides* spricht,[88] treten im Laufe ihrer Darstellung Wendungen wie *fidelis mens, fidelis animus* und vor allem *fidelis devotio* immer stärker in den Vordergrund.[89] Die in diesem attributivem Gebrauch des Wortes *fidelis* spürbare verdinglichende Tendenz, den Glauben als eine feste persönliche Eigenschaft aufzufassen, tritt an einigen Stellen, an denen das Wort allein steht und substantivisch gebraucht wird, noch deutlicher hervor. Baudonivia nennt Radegunde in Analogie zur weltlichen Treuebeziehung eines Grafen zum König[90] Gottes Getreue (*fidelis*), um mit dieser besonderen Beziehung zu Gott ihre Wunderkraft zu erklären.[91] Ähnlich wie Genovefas Biograph sieht auch sie in ihrer Heldin eine Autorität, die in direkter Beziehung zu Gott steht und deshalb amtskirchlicher Vermittlung nicht bedarf,[92] und denkt ihre Wunderkraft als eine von Anfang an vorhandene charismatische Begnadung.[93]

Auch die *Vita Rusticulae* greift Vorstellungen der *Vita Genovefae* auf. Als Themen dieser Vita nennt ihr Autor Florentius einleitend Rusticulas Herkunft (*ortus nativitatis*), ihre Lebensweise (*vitae qualitas*) und die Anfänge der Gottesverehrung und der Wunder (*primordia religionis virtutisque*), die die göttliche Gnade (*gratia divina*) wirkte.[94] Wie im Eröffnungsabschnitt der *Vita Genovefae* werden auch hier Frömmigkeit und göttliche Begabung nebeneinandergestellt; ergänzend hinzu treten Herkunft und Lebensweise, Themen der Asketinnenbiographien des 4.-5. Jahrhunderts. Obgleich Rusticulas

Abstammung aus einer vornehmen romanischen Familie hervorgehoben wird,[95] spielt ein Kontrast zwischen asketischer und adelig-weltlicher Lebensführung in dieser Vita, deren Protagonistin bereits im Alter von 5 Jahren ins Kloster kam, keine Rolle. Die Verachtung weltlicher Güter gilt als Zeichen der Glaubensfestigkeit der jungen Heldin, die den Versuchen der verwitweten Mutter widersteht, die einzige Tochter zu sich zurückzuholen, und an ihrer Entscheidung zum Klosterleben festhält.[96]

Wie in der *Vita Genovefae* wird die Erwählung Rusticulas von einem berühmten Bischof bezeugt: Die Vita schildert einen entsprechenden Traum von Rusticulas Mutter, in dem Bischof Caesarius von Arles auftritt.[97] Ein Wunder weist auf Rusticulas göttliche Begnadung bereits in ihrer Kindheit hin.[98] Der Prozeß ihrer Vervollkommnung zeigt sich nicht nur an ihren Werken und wunderbaren Anzeichen, sondern auch an Visionen, die ihr zuteil werden.[99] Die heilige Lucia und heilige Melania kündigen ihr im Traum himmlischen Lohn an, und der Erzengel Micheal ermuntert sie, weiter so tatkräftig zu kämpfen.[100]

Das Wirken der Äbtissin Rusticula konzentriert sich zwar in erster Linie auf den klösterlichen Bereich, aber sie bewährt sich auch, wie Genovefa, im Konflikt mit irdischen Gegnern. Von Bischof Maximus und einem Adeligen namens Riccimarus angeschuldigt, heimlich einen König aufgezogen zu haben, mußte sie am Königshof erscheinen, um sich zu rechtfertigen.[101] Anders als Genovefa dehnt Rusticula ihren Wirkungsbereich jedoch nur unter äußerem Zwang auf Räume jenseits der Klostermauern aus und wehrt sich zunächst unter Berufung auf die in ihrem Kloster geltende *Regula sanctarum virginum* des Caesarius von Arles, die sogenannte *Caesariusregel,*[102] am Königshof zu erscheinen.[103] Auf wunderbare Weise wird sie gerettet, als ein Freund des Riccimarus sie mit dem Schwert bedroht,[104] und am Königshof verteidigt sie ihre Unschuld erfolgreich.[105] Die Bedeutung der Fähigkeit, sich mit Gottes Hilfe gegen Feinde zu behaupten, für das Heiligenideal dieser Vita unterstreicht ein Vergleich Rusticulas mit der biblischen Susanna in diesem Zusammenhang.[106]

Wie in der *Vita Genovefae* sind auch in der *Vita Rusticulae* Bemühungen zu erkennen, die Heldin mit berühmten Bischöfen, in diesem Fall mit Caesarius von Arles, auf eine Stufe zu stellen. Dies geschieht vor allem mit literarischen Mitteln: Bei der Beschreibung von Rusticulas Empfang am Königshof und ihrer Rückkehr nach Arles verwendet Florentius Formulierungen der *Vita Caesarii*.[107] Diese Versatzstücke aus inhaltlich vergleichbaren Episoden verdeutlichen seinen Leserinnen bzw. Hörerinnen, denen die Vita ihres Klostergründers wohlbekannt war,[108] daß Rusticulas Wirkung auf ihre Mitmenschen ebenso groß war wie die des heiligen Bischofs. Anläßlich des *occursum,* des feierlichen Empfangs, den ihr die Bevölkerung von Arles bereitete, wird Rusticula sogar noch deutlicher mit Bischöfen auf eine Stufe gestellt als Genovefa: Eine Differenzierung zwischen dem *occursum* für eine heilige Frau und für amtierende Bischöfe, wie sie in der *Vita Genovefae* zu beobachten ist, nimmt Florentius bei der Adaption von Formulierungen der *Vita Caesarii* nicht vor. Wie Germanus von Auxerre, Martin von Tours, Caesarius von Arles und Genovefa auf ihren Reisen erweist sich auch die reisende Rusticula mit zahlreichen Wundern als Wohltäterin und Beschützerin ihrer Mitmenschen.[109]

Zusammenfassend ist festzuhalten, daß Gregor von Tours und Venantius Fortunatus im ausgehenden 6. Jahrhundert in ihren Frauenviten nicht an die *Vita Genovefae*, sondern an die älteren lateinischen Asketinnenbiographien anknüpften. Sie stellten asketische Weltabwendung in den Mittelpunkt ihres Heiligenideals, für das öffentliches Wirken mit (kirchen-)politischen Komponenten keine Rolle spielt. Diese Tendenz setzt sich in den von Frauenklöstern in Auftrag gegebenen Viten des beginnenden 7. Jahrhunderts nicht durch. Bereits Baudonivias Überarbeitung der *Vita Radegundis* bezeugt dies. Das öffentliche Wirken ihrer Heldin, eine charismatisch geprägte Heiligkeitsauffassung und gewisse verdinglichende Tendenzen erinnern an die *Vita Genovefae*. Florentius drückt die charismatische Heiligkeitsauffassung sogar mit ähnlichen Motiven aus wie die *Vita Genovefae;* und die Fähigkeit, sich in politischen Auseinandersetzungen mit Gottes Hilfe zu behaupten, spielt auch im Heiligenideal der *Vita Rusticulae* eine Rolle.

C. Heiligkeit und Klosterleben

Das Heiligenideal der biographischen Briefe, der *Vita Melaniae iunioris* und der *Vita Genovefae* ist, wie gezeigt werden konnte, seinem Inhalt nach in charakteristischer Weise zielgruppenorientiert. Abgesehen von der *Vita Melaniae* wurden diese Frauenbiographien nicht in erster Linie für asketische Frauengemeinschaften geschrieben, sondern wandten sich an breitere Leserkreise.

Um vornehme, gebildete Leser für christliche Ideale zu gewinnen, propagierten Hieronymus und Paulinus von Nola in ihren biographischen Briefen die Steigerung des Adels durch christliche Tugend. Der Gedanke des Tugenderbes mochte auch weltlich eingestellten adeligen Familienoberhäuptern verdeutlichen, daß die asketische Tugend von Frauen das Ansehen ihrer Familie steigern kann. Speziell an asketisch lebende Frauen ist nur Hieronymus' *Lobschrift auf die Jungfrau Asella* gerichtet. Für die asketische Tugend der vornehmen Witwen ist ein klösterlicher Rahmen ohne Bedeutung. Im *Epitaphium Paulae* wird die Gründung und die Organisation der Bethlehemer Klöster zwar zusammenfassend dargestellt,[110] als Anleitung für das Tugendstreben der Nonnen sollte dieser Text jedoch nicht dienen. Dazu übersetzte Hieronymus die *Pachomiusregel* ins Lateinische.[111] Paulinus erwähnt das Kloster Melanias der Älteren in Jerusalem gar nicht erst.

Die Frage, warum die klösterlichen Leitungsfunktionen der vornehmen Klostergründerinnen des 4. Jahrhunderts in ihren Lebensbeschreibungen so wenig Beachtung fanden, versuchte E. A. Clark mit der Art von Autorität zu erklären, die diese Frauen innerhalb der Klostergemeinschaften ausübten, deren Mitglieder ihre Verwandten und Dienerinnen waren: Da ihre Führungsrolle nicht in erster Linie auf ihr religiöses Charisma oder eine Klosterregel gegründet war, sondern vor allem auf ihren Reichtum und aristokratischen Status zurückging und somit dem Weber'schen Typus der „traditionalen Herrschaft" entsprach, hätten die Kirchenväter zwar ihre *humilitas* gelobt, da diese Tugend für das Zusammenleben adeliger Nonnen wichtig war, ihre klösterlichen Führungsrollen jedoch nicht.[112] Diese historischen Verhältnisse allein können jedoch die weitgehende Aussparung des klösterlichen Wirkens im Heiligenideal der biographischen Briefe nicht erklären; wesentlicher scheint mir in diesem Zusammenhang die Leserschaft zu sein, an die sich Hieronymus und Paulinus wenden.

Daß diese Autoren auch eine Verwendung im Rahmen des Heiligenkults nicht im Auge hatten, zeigt schon die geringe Bedeutung oder das völlige Fehlen von Wunderberichten in ihren Texten. Hieronymus erzählt keine Wunder seiner Protagonistinnen. Er schildert lediglich, wie Paula staunend beobachtete, wie die Kraft Gottes an Heiligengräbern auf die Besessenen gewirkt habe.[113] Paulinus vergleicht zwar eine Tat Melanias der Älteren mit der biblischen Speisung der Fünftausend, interpretiert sie jedoch nicht eindeutig als ein Wunder.[114]

Im Unterschied zu diesen Briefen weist die *Vita Melaniae iunioris* Züge eines klösterlichen Anleitungstextes auf. Sie enthält Elemente einer Klosterregel, die erkennen lassen, daß die Nonnen von Melanias Jerusalemer Kloster eine wichtige Zielgruppe dieser Darstellung sind. Melanias asketische Perfektion weist jedoch über den Rahmen des Klosterlebens hinaus. Das Klosterleben stellt sich in dieser Vita als eine Durchgangsstation dar, als eine Lebensform, die vor allem zu Beginn des asketischen Tugendstrebens von Bedeutung ist. Den Nonnen werden dementsprechend die Anfangsjahre von Melanias Askese, ihre Zeit in Tagaste, als Vorbild vor Augen gestellt. Ihre Bekehrungsgeschichte wird so erzählt, daß sich auch Jungfrauen damit identifizieren können.

Das nicht ausschließlich auf den klösterlichen Lebensraum bezogene Heiligenideal spricht dafür, daß die *Vita Melaniae iunioris* sich zugleich auch an breitere Kreise asketisch gesinnter Laien wendet. Die facettenreiche Beschreibung und Erläuterung von Melanias asketischer Gesinnung und Tugend ist für eine meditative Erbauungslektüre – nicht nur im Kloster – wie geschaffen. Eine Verwendung im Heiligenkult im engeren Sinn ist jedoch wohl nicht anvisiert worden. Die Vita berichtet zwar drei Heilungswunder, aber diese haben die literarische Funktion, Melanias Vollkommenheit zu unterstreichen und sind von der pädagogischen Intention geprägt, Jungfrauen die Gefahren des Gebärens vor Augen zu führen.[115]

Obgleich es in Gallien seit dem ausgehenden 4. Jahrhundert geweihte Jungfrauen und zumindest seit dem 6. Jahrhundert auch Frauenklöster gab,[116] entstand die *Vita Genovefae,* die älteste Frauenvita dieses Raumes, im 6. Jahrhundert nicht als Erbauungstext für diese Zielgruppen. Nicht Genovefas asketische Vorbildlichkeit, sondern der Erfolg ihres öffentlichen Wirkens steht im Mittelpunkt der Darstellung. Für eine Verwendungsabsicht dieser Vita im Heiligenkult sprechen auch die sehr zahlreichen Wunderberichte, in denen angemessenes Verhalten gegenüber Gott und seinen Heiligen beschrieben und christliche Gebote eingeschärft werden. Den Teilnehmern der Genovefafeste, denen diese Vita vorgelesen worden sein dürfte, werden nicht nur die Taten der Heldin, sondern auch das Verhalten der Menschen, die ihr begegnen, leitbildhaft vor Augen gestellt. Dieser Intention entspricht auch der Gebrauch des Begriffs *fides* (Glaube) für die Einstellung derjenigen, die Genovefa erfolgreich um Hilfe und Heilung bitten.[117] In den älteren lateinischen Asketinnenbiographien bezeichnet *fides* dagegen so gut wie ausschließlich die christliche Gesinnung der Protagonistinnen.

Mit der Darstellung Genovefas als machtvoller Interzessorin tritt in der lateinischen Asketinnenbiographie erstmals die für den Heiligenkult zentrale Mittlerfunktion in den Vordergrund. In den in dieser Sprache abgefaßten Lebensbeschreibungen männlicher Asketen wurde sie dagegen schon von Anfang an, nämlich schon in der etwa 397 in Gallien entstandenen *Vita Martini* des Sulpicius Severus, deutlich herausgearbeitet, ohne daß dort jedoch die Vorbildfunktion des Heiligen eine so geringe Rolle spielt wie in der *Vita Genovefae*.[118] Dieser Unterschied besteht nicht zufällig. Die Darstellung Martins als Mönchsbischof weist darauf hin, daß ein Mann monastische Ideale mit bischöflichem Wirken in der Welt verbinden konnte. Im Gegensatz dazu spielen in der *Vita Genovefae* asketisch-jungfräuliche Ideale eine geringe Rolle, da ihr öffentliches Engagement sich nicht mit dem Bild einer vorbildlichen geweihten Jungfrau vereinbaren ließ. In ihrem Heiligenideal tritt dementsprechend die Jungfrauenweihe hinter die Erwählung zurück, die Genovefas öffentliches Wirken legitimiert.

Die in der *Vita Genovefae* so sehr in den Hintergrund getretene Vorbildfunktion gewinnt in den merowingischen Frauenviten seit dem ausgehenden 6. Jahrhundert wieder an Gewicht. Die *Vita Monegundis* besteht zwar zum größeren Teil aus Wunderberichten,[119] die Monegundes Fähigkeit zur Interzession vor Augen führen. Neben dem thaumaturgischen Wirken spielt jedoch die asketische Selbstheiligung eine wichtige Rolle. Gregor will mit dieser Vita auch zur Nachahmung der christlichen Tugend seiner Heldin einladen. Er schildert ihre Gesinnung und biblische Motivation zur Weltabwendung,[120] ebenso anschaulich wie ihre asketische Praxis,[121] die Ausdruck ihres Glaubens (*fides*) ist.[122]

Für Monegundes Askese ist die Einbindung in eine asketische Gemeinschaft ohne Belang. Es ist daher unwahrscheinlich, daß er die asketische Frauengemeinschaft, die Monegunde begründete,[123] und über deren Fortbestand er keine Angaben macht, als primäre Leserschaft im Auge hatte. Wie in seinen übrigen Heiligenleben nähert er sich auch hier der Sprache der Ungebildeten an (*sermo rusticus*), um von einem breiteren Publikum verstanden zu werden.[124] Neben den zahlreichen Wunderberichten weist auch diese sprachliche Gestalt auf eine Verwendungsabsicht im Heiligenkult hin. Gregor schildert Monegundes asketische Tugend außerdem so kurz, prägnant und bildhaft, daß sie sich auch einem zuhörenden Publikum einprägen konnte. In der Einleitung stellt er als Koordinaten ihrer Vorbildlichkeit erstens ihr Geschlecht und zweitens ihre Übersiedlung zur Martinsbasilika heraus, die er mit der Reise der Königin von Saba zu Salomo vergleicht.[125] Diese Vita dürfte sich also vor allem an Teilnehmerinnen der Heiligenfeste in Tours gerichtet haben, die eingeladen wurden, es Monegunde nachzutun,

> „die ihre Heimat verließ und wie die kluge Königin, die herbeireiste, um die Weisheit Salomos zu hören, die Basilika des heiligen Martin aufsuchte, um seine Wunder, von täglicher Wirkung begünstigt, zu bestaunen und aus der priesterlichen Quelle zu schöpfen, mit der sie den Zugang zum paradiesischen Hain erschließen konnte."[126]

Wenn diese Propaganda für die Herauslösung von Asketinnen aus dem Familienverband[127] erfolgreich war, ergab sich die – von Gregor sicher nicht unbeabsichtigte –

Gelegenheit für den Bischof von Tours, auf das Leben der Asketinnen bei der Martinsbasilika ein wachsames Auge zu behalten.

Im Prolog seiner *Vita Radegundis* erklärt Fortunatus, ihr irdisches Leben öffentlich bekannt machen zu wollen, damit in der Welt die Erinnerung an den Ruhm der nun bei Christus Weilenden gefeiert werde.[128] Consolino interpretierte dies als Hinweis auf das Ziel, für literarischen Ruhm zu sorgen.[129] Die vergleichsweise anspruchsvolle sprachliche Gestalt seines Textes[130] und die Anknüpfung an das Heiligenideal der Asketinnenbiographien des 4.-5. Jahrhunderts sprechen für die von Consolino als Zielgruppe angenommene gebildete Leserschaft. Mit ihren Idealen individueller asketischer Perfektion und ihrem kaum klosterbezogenen Inhalt ist diese Vita kein ausgesprochener Erbauungstext für eine Nonnengemeinschaft. Mit einer, wie Gäbe zeigte, ausgesprochen bischöflich-kirchlichen Sicht von Radegundes Heiligkeit[131] und dem weitestmöglichen Verzicht darauf, ihre konflikträchtige Klostergründung zu erwähnen,[132] könnte Fortunatus durchaus die Absicht verfolgt haben, die vielfach der senatorischen Bildungsschicht entstammenden Bischöfe des Frankenreiches[133] von der christlichen Vollkommenheit seiner germanischen Freundin zu überzeugen. Es sind aber auch über Gallien hinausreichende Zielgruppen denkbar.[134]

Die Intention, Gedenkfeiern für Radegunde veranlassen zu wollen, könnte auch auf Heiligenfeste zu beziehen sein. Die zahlreichen Wunderberichte dieser Vita würden zu einer solchen Verwendungsabsicht passen, lassen sich jedoch auch aus ihrer literarischen Funktion, die christliche Vollkommenheit der Heldin anzuzeigen, erklären: Ihre Anordnung betont die Steigerung ihrer christlichen Tugend von Lebensphase zu Lebensphase.[135] Daß der Begriff *fides* auch in den Wunderberichten nur für den Glauben der Protagonistin verwendet wird,[136] unterstreicht die Absicht des Autors, vor allem Radegundes christliche Tugend zu loben.

Daß diese Vita den Nonnen des von Radegunde begründeten Klosters weder als Erbauungstext noch zur Verwendung bei Heiligenfesten voll genügte, zeigt Baudonivias *Vita Radegundis II*. Im Unterschied zu Fortunatus, der Radegunde vorherrschend aus einer Sicht „von außen" beschreibt und zu ihrer Bewunderung anregt, sieht Baudonivia Verhalten und Einstellung ihrer Heldin „von innen" und zeigt so ihre konkrete, nachahmbare Beispielhaftigkeit auf.[137] Sie läßt die von Fortunatus betonten Aspekte extremer Askese und karitativer Frömmigkeit zurücktreten, die sich nicht in einen Klosteralltag einfügen, der nach den Grundsätzen der *Caesariusregel* organisiert war.[138] Sie erzählt beispielsweise, daß Radegunde sich in Gedanken immer mit dem Lob Gottes und der Meditation der Psalmen beschäftigte, Lesungen aus den heiligen Schriften mit großer Aufmerksamkeit folgte, nachts zu den Vigilien mit freudigem Eifer aufstand und die liturgischen Pflichten bis zu ihrem Tod erfüllte.[139] Diese Motive führen die exemplarische Erfüllung wichtiger Forderungen der *Caesariusregel* vor Augen.[140]

Ein ganz in den klösterlichen Lebensrahmen eingepaßtes Bild asketischer Vollkommenheit zeichnet auch die *Vita Rusticulae*.[141] Rusticula wird auf herausragende Weise den Anforderungen ihrer jeweiligen klösterlichen Position gerecht. Als junge Nonne zeigt sie besonderen Lerneifer.[142] Als Äbtissin fastet und betet sie für ihre „Herde",[143] erbaut aufgrund einer Vision eine Kirche,[144] wirbt durch ihr Vorbild für ihr Kloster,[145] lehrt und leitet ihre Nonnen mit der richtigen Mischung aus anspornendem Eifer, Strenge und Liebe.[146]

Da sowohl die *Vita Radegundis II* als auch die *Vita Rusticulae* für Nonnengemeinschaften verfaßt wurden, die nach der *Caesariusregel* lebten, ist eine Verwendungsabsicht für individuelle Erbauungslektüre und für Lesungen in der Gemeinschaft wahrscheinlich. Diese Regel sieht nämlich sowohl individuelle Lektürestunden als auch Lesungen während der Mahlzeiten und bei der Arbeit vor.[147] Dabei ist vom Wort Gottes die Rede; wahrscheinlich wurden aber auch Heiligenleben unter diese Kategorie subsumiert.[148] Von Radegunde ist überliefert, daß sie in ihrem Kloster solche Lesungen bei den Mahlzeiten einrichtete.[149] Florentius gibt zu erkennen, daß er sowohl an ein Lesen als auch an ein Vorlesen der *Vita Rusticulae* denkt, als deren Adressatinnen er die Arelatenser Nonnen anspricht.[150] Mit der Zielsetzung klösterlicher Erbauung paßt zusammen, daß das Wort *fides* in dieser Vita überwiegend das Tugendstreben der Nonnen bezeichnet;[151] die *Vita Radegundis II* bietet hier, wie noch zu zeigen ist, ein etwas anderes Bild.

Während in den beiden um 590 entstandenen Frauenviten noch *exempla* individueller Askese vorgestellt werden, geht es im beginnenden 7. Jahrhundert um klösterliche Vorbildlichkeit. In den beiden Fassungen der *Vita Radegundis* stehen sich beide Vorstellungen auf markante Weise gegenüber. Sie sind hier nicht mehr, wie in der *Vita Melaniae iunioris*, in ein Gesamtkonzept des idealen Lebenslaufes integriert, sondern treten als konkurrierende Vorstellungen von weiblicher christlicher Vollkommenheit auseinander: Baudonivia formte das von Fortunatus gezeichnete Bild der individuellen asketischen Perfektion zu einem monastischen Ideal um und machte damit erstmals das Klosterleben zum maßgeblichen Rahmen für das asketische Vollkommenheitsstreben. Diese Tendenz setzt sich nicht nur in der *Vita Rusticulae* fort, sondern auch in den übrigen merowingischen Frauenviten, die durchweg im Auftrag von Frauenklöstern entstanden. Es sollen daher einige dieser Texte hier mit hinzugezogen werden, und zwar vor allem die um 670 im Kloster Nivelles entstandene *Vita Geretrudis,* zu der von Anfang an eine Sammlung von Wunderberichten gehörte,[152] die nach 680/81, wahrscheinlich von einer Nonne, im Kloster Chelles bei Paris verfaßte *Vita Balthildis,*[153] sowie die *Vita Sadalbergae,* die um 680 im Auftrag des Klosters Laon entstand und in einer vermutlich leicht überarbeiteten Fassung überliefert ist.[154]

Als klösterliche Erbauungstexte benennen und erläutern diese Viten nicht nur monastische Tugenden, sondern laden auch zur Identifikation mit der Heldin ein. So beschreibt Baudonivia Radegundes Bekehrung, anders als Fortunatus, als einen Klostereintritt.[155] Ein enger Zusammenhang von Bekehrung und Klostereintritt besteht auch in den Viten der Äbtissinnen Rusticula, Gertrude und der Sadalberga.[156] Dabei werden auch Beispiele vorbildlicher Konfliktbewältigung dargestellt: Mit Radegundes erfolgreicher Abwehr der Absicht König Chlothars, sie aus dem Kloster an den Königshof zurückzuholen,[157] geht Baudonivia auf eine Situation ein, die in dieser Zeit nicht ganz selten gewesen zu sein scheint.[158] Ebenso wie in der *Vita Rusticulae* erfolgt auch in der *Vita Balthildis* der Klostereintritt der Heldin unter dem Einfluß äußerer Umstände.[159] Die jugendliche Rusticula widersteht aber dennoch den Versuchen ihrer verwitweten Mutter, sie zum Verlassen des Klosters und zur Rückkehr in die Welt zu bewegen,[160] und die ehemalige Königin und Regentin Balthilde ordnet sich vorbildlich in die Klostergemeinschaft ein.[161] Als Voraussetzung der Bekehrung gewinnt in der zweiten Hälfte des 7. Jahrhunderts neben dem Entschluß der Heldin die Zustimmung ihres sozialen Umfeldes (Familie, Königshof) an Bedeutung.[162]

Dem Heiligenideal der *Vita Radegundis II* und der *Vita Rusticulae* liegt nicht, wie demjenigen der *Vita Melaniae iunioris* und der *Vita Radegundis I*, ein Katalog von Tugenden zugrunde, der als eine Art von Leitfaden für asketisches Streben durch die Vita erläutert wird. Baudonivias Bericht enthält mehrere, variierende Tugendaufzählungen.[163] Von den beiden Tugendkatalogen der *Vita Rusticulae* hat der erste die für das 7. Jahrhundert typische Gestalt einer meist mit „*erat enim* (sie war nämlich)" eingeleiteten Aufzählung vorbildlicher Eigenschaften.[164] Diese Tugendaufzählungen nähern sich an typisierte Personenbeschreibungen an. Nicht alle der aufgezählten Merkmale werden in der Vita auch inhaltlich gefüllt, das heißt an Beispielen veranschaulicht oder näher erläutert. Parallel dazu ist ein Rückgang der Reflexion über innere Tugend zu beobachten. Der Blick verlagert sich von der Betrachtung (abstrakterer) innerer Tugend auf (konkretere) tugendhafte Verhaltensweisen. Einige Überlegungen zur Tugend *humilitas* mögen diese Thesen verdeutlichen.

Gerontius, der dieser Tugend in seiner *Vita Melaniae iunioris* hohen Stellenwert beimaß, verstand unter *humilitas* die innerliche Überwindung von Stolz und Ruhmsucht. In der *Vita Rusticulae* kommt diese Tugend, auf die Heldin bezogen, nur einmal vor, um, zusammen mit dem Begriff *caritas* (Liebe), den Umgang der Heldin mit ihren Mitschwestern zu beschreiben.[165] Baudonivia spricht in der *Vita Radegundis II* zwar in mehreren Tugendaufzählungen von *humilitas*,[166] verdeutlicht aber nicht, was sie darunter versteht und wie diese Tugend Einstellung oder Verhalten ihrer Heldin prägte.

In einer anderen Königinnenvita des 7. Jahrhunderts, der *Vita Balthildis,* ist *humilitas* dagegen die wichtigste Tugend. Balthilde beweist diese Tugend zunächst in ihrer Jugend als Sklavin, indem sie zu niedriger gestellten Mitsklavinnen nicht überheblich ist, sondern sie bedient.[167] Für ihr Handeln als Königin und, nach dem Tod ihres Gatten König Chlodwigs II. (639-657), als Regentin spielt *humiltas* dagegen keine Rolle. Erst in ihrer letzten Lebensphase, nach ihrem Rückzug ins Kloster Chelles wird diese Tugend wieder bedeutsam; die ehemalige Herrscherin gehorcht der Äbtissin und dient ihren Mitschwestern.[168] *Humilitas* am Königshof zu üben, in der Position einer Regentin, war für die Autorin dieser Vita offenbar nicht vorstellbar. Um die Diskontinuität in der Entwicklung der Haupttugend ihrer Heldin etwas zu mildern, bemerkt sie jedoch, Balthilde habe *humilitas* auch als Regentin geübt, und zwar dann, wenn sie das Kloster besuchte.[169] Diese Auffasung von *humilitas* weist Tendenzen der „Verdinglichung" auf: An die Stelle der Reflexion über eine innere Tugend ist die Beschreibung konkreter Verhaltensweisen getreten, die zudem an ein bestimmtes soziales Umfeld gebunden sind.

Ungeachtet des Wiedergewinns der Vorbildfunktion geht die in der *Vita Genovefae* so deutlich hervorgetretene Interzessorinnenrolle der weiblichen Heiligen in den Frauenviten der frühen Merowingerzeit nicht wieder verloren. Sie wird durch eine meist recht große Zahl von Wunderberichten veranschaulicht. Abgesehen von der *Vita Radegundis I* hat das Wort *virtus* ausschließlich oder überwiegend die Bedeutung Wunder / Wunderkraft,[170] und *fides* bezeichnet immer auch den Glauben derer, die auf ein Wunder hoffen.[171]

Direkter als in der *Vita Monegundis* und der *Vita Radegundis I* wird der Bezug zum Heiligenkult in der *Vita Radegundis II* und der *Vita Rusticulae* angesprochen. Am Schluß ihrer Vita bezeugt Baudonivia, im Plural sprechend, Verehrung für und Vertrauen auf die im Himmel weilende Radegunde.[172] In seiner pluralischen Form könnte dieser Satz, der wie die Schlußformel einer liturgischen Lesung klingt, je nachdem, ob die Vita innerhalb des Klosters oder bei Heiligenfesten vorgetragen wurde, die Gemeinschaft der Nonnen oder breitere Kreise von Gläubigen einschließen. Auch Florentius hebt abschließend hervor, daß seine Heldin im Himmel weilt, und spricht sie als Fürsprecherin ihrer Herde bei Gott, als *advocatrix* der Nonnen an.[173] Hier ist erkennbar, daß mit dem Kreis derer, die auf die Interzession der Heiligen hoffen, die Nonnen gemeint sind, an die die Vita gerichtet ist. Dies ist um so auffallender, als die Vita auch schildert, wie bei Rusticulas Rückkehr nach Arles und bei ihrem Begräbnis die gesamte Stadtbevölkerung zusammenströmte,[174] und daß Rusticula nicht nur für die ihr anvertraute Herde, sondern auch für das gesamte Volk betete.[175] In den Wunderberichten der *Vita Rusticulae* werden allerdings – abgesehen von den Wundern auf der Reise zum Königshof – nur Mitglieder der Klostergemeinschaft[176] oder Abhängige des Klosters begünstigt.[177] In den Wundererzählungen der *Vita Radegundis II* ist der Kreis der Begünstigten nicht auf Klosterangehörige, d. h. Konventsmitglieder und Bedienstete, beschränkt; dazu war die Anziehungskraft der Kreuzreliquie zu groß. Baudonivias Absicht, nicht nur die Verehrung Radegundes, sondern auch der Reliquien, die das Kloster besaß, zu fördern, war nicht nur pastoral motiviert: An einer Stelle wird deutlich, daß das Kloster für Wunder, die seinen Reliquien zugeschrieben wurden, Gegenleistungen in Form von Schenkungen erhielt.[178] Wenn sie Radegunde als *provitrix optima, gubernatrix bona* lobt, die ihr Kloster mit einer Kreuzreliquie ausstattete, um für sein Ansehen, seinen Schutz und für den Unterhalt der Nonnen über ihren Tod hinaus zu sorgen,[179] macht dies deutlich, daß in der Gemeinschaft, deren Schutzherrin Radegunde ist, in erster Linie das von ihr begründete Kloster in Poitiers zu sehen ist.

In den merowingischen Frauenviten des 7. Jahrhunderts wird, wie wir sehen, das Klosterleben zum maßgeblichen Rahmen asketischen Vollkommenheitsstrebens. Dies entspricht einer allgemeinen Entwicklungstendenz des Heiligenideals in dieser Zeit, im Rahmen derer das Ideal einer extremen, individuellen Askese an Bedeutung verlor.[180] Diese Entwicklung wurde nach dem Zeugnis der Frauenviten von Frauenklöstern getragen: Nicht einzelne wohlwollende Freunde, Schüler oder Verehrer, sondern Klostergemeinschaften treten als Auftraggeber dieser Texte und als Förderer der Verehrung ihrer Gründerinnen und Leiterinnen hervor.[181] Diese Kulte mögen nicht unwesentlich zur Sicherheit und zur substantiellen Unterhaltung der betreffenden Klöster beigetragen haben.[182]

Diese Entwicklung setzte, wie die hier analysierten Quellen zeigen, nicht erst im sogenannten irofränkischen Mönchtum ein, sondern zeichnet sich bereits in der *Vita Radegundis II* und der *Vita Rusticulae* ab, die im Auftrag von Frauenklöstern verfaßt

103

wurden, die noch in einer südgallischen, von Caesarius von Arles geprägten Tradition standen.[183] Sie steht in Zusammenhang mit der Einbindung des Monastizismus in die politisch-religiösen Strukturen des Frankenreichs, die im Gefolge der Mission des Iren Columban im Frankenreich stark vorangetrieben wurde,[184] für die aber auch das von Baudonivia geschilderte Wirken Radegundes von Wichtigkeit gewesen sein dürfte.

Das Spannungsverhältnis zwischen dem Ideal jungfräulicher Zurückgezogenheit und heiligmäßigem Wirken, das in der *Vita Genovefae* und der *Vita Melaniae iunioris* auf unterschiedliche Weise deutlich zu spüren ist, wird in der *Vita Rusticulae* nur in Bezug auf die Reise der Äbtissin an den Königshof zum Problem, der das Gebot der *Caesariusregel* entgegenstand, das Kloster zu Lebzeiten jemals wieder zu verlassen.[185] Im übrigen stellt diese Vita eine Jungfrau dar, die sich als Äbtissin, also in einer legitimen kirchlichen Position, als erfolgreiche Schutzherrin ihrer Mitmenschen erwies.

D. Geschlecht und Heiligentypus

In den biographischen Briefen und in der *Vita Melaniae iunioris* wird, wie wir gesehen haben, die asketische Tugend und Glaubensstärke der Heldinnen auf je unterschiedliche Weise mit der ihrem Geschlecht zugeschriebenen Schwäche und Inferiorität kontrastiert. Nur Hieronymus spricht sich dabei gegen eine notwendige Überwindung der „weiblichen Natur" aus. Das Heiligenideal dieser Frauenviten nimmt auf unterschiedliche, zunächst in Männerviten formulierte asketische Heiligentypen Bezug. Hieronymus und Gerontius, die sich am anachoretischen Heiligentyp orientieren, behandeln das Thema der Überwindung weiblicher Schwäche im Zusammenhang mit asketischen Lebensformen bzw. körperlicher Leistungsfähigkeit. Paulinus von Nola dagegen verzichtet auf eine derartige Veranschaulichung. Er betont die martinische *militia Christi* seiner Heldin, die er damit an den Typus des Mönchsbischofs annähert. Die Anspielungen auf Vergleichbarkeit mit Männern verweisen insofern auf soziale Realitäten, als sich das Leben christlicher Asketinnen und Asketen stärker ähnelte als die weltlichen Lebensformen von Frauen und Männern in der Spätantike.[186]

Das Heiligenideal der *Vita Genovefae* orientiert sich am Typus des heiligen Bischofs, wie er sich in Gallien im 5. und beginnenden 6. Jahrhundert ausgeprägt hatte, und verzichtet auf eine Idealisierung als vorbildliche Jungfrau. Insofern läßt sich die Aufforderung, die Heldin solle tatkräftig handeln („*viriliter age*", c. 5), als Transzendierung geschlechtsspezifisch geprägter sozialer Rollen interpretieren. Sie knüpft zwar an das spätantike Bild der Asketin, die männliche Tatkraft zeigt, an,[187] der Topos der Überwindung weiblicher Schwäche fehlt jedoch. Bei näherem Hinsehen paßt dieser Verzicht zu den verdinglichenden Tendenzen im Heiligenideal dieser Vita. Die Wortspiele, mit denen Paulinus von Nola die Tugendstärke seiner Heldin hervorhebt, beziehen Reiz und Wirkung daraus, daß sie auf die antike Auffassung anspielen, nach der Tugend (*virtus*) als zu Mann (*vir*) gehörig gedacht wird. In der *Vita Genovefae* kommt *virtus* in der Bedeutung „innere Tugend" nicht vor. Der Gedanke einer Überwindung einer zunächst vorhandenen natürlichen Schwäche ist mit ihrem auf vorgeburtliche Erwählung ausgerichteten Heiligenideal nicht zu vereinbaren. Die Reduktion der geschlechtsspezifischen Thematik auf die Handlungsanweisung „*viriliter age*" entspricht der Verlagerung des Blicks von innerer Tugend zu äußerlich sichtbarem Handeln. Dies bedingt, daß das antike Konzept des Geschlechterverhältnisses, das sich im Topos der weiblichen Inferiorität ausdrückt, in der *Vita Genovefae* nicht mehr affirmiert wird.

In den geschlechtspezifischen Anspielungen der Frauenviten der frühen Merowingerzeit spiegeln sich unterschiedliche Auffassungen von weiblicher Heiligkeit. Gregor von Tours und Venantius Fortunatus greifen in den Prologen der *Vita Monegundis* und der *Vita Radegundis I* die spätantike Vorstellung von der Überwindung weiblicher Inferiorität und Schwäche im Ringen um asketische Vollkommenheit auf.[188] Der Bischof von Tours verzichtet auch darauf, die Gleichrangigkeit Monegundes mit seinem verehrten Vorgänger Martin zu sehr zu betonen.[189]

Den Topos der weiblichen Inferiorität greifen die *Vita Radegundis II* und die *Vita Rusticulae* dagegen nicht auf. Bei Baudonivia fehlt jeder Hinweis auf „mannhaftes" Handeln Radegundes. Das Attribut *viriliter* verwendet sie nur mit Bezug auf eine männliche Nebenfigur.[190] Daß sie jedoch Tugendaufzählungen aus der *Vita Caesarii* mit nur geringfügigen Abwandlungen übernahm, zeigt, daß ihrer Ansicht nach Radegundes Tugend durchaus derjenigen des berühmten Arelatenser Bischofs gleichkam.[191] Rusicula wird, ähnlich wie Genovefa von Bischof Germanus, in einer Vision vom Erzengel Michael ermuntert, tatkräftig zu handeln („*viriliter age*").[192] Mit dem Attribut *viriliter* unterstreicht Florentius auch die Lebensleistung seiner Heldin, die er darin sieht, daß Rusticula, von Christus gestärkt, „auf Erden mannhaft (*viriliter*) zu triumphieren vermochte,"[193] und greift damit die spätantike Vorstellung des Tugendkampfes auf.

Florentius bemüht sich, so wird hier deutlich, um eine Vermittlung zwischen dem spätantiken asketischen Tugendideal und dem Heiligenideal der *Vita Genovefae,* wobei er ebenfalls den Topos der weiblichen Inferiorität ausspart. Dies könnte auf entsprechende Anweisungen seiner Auftraggeberin Äbtissin Celsa zurückgehen, die sich dabei auch auf die Anleitungsschriften des Bischofs Caesarius für ihr Kloster hätte berufen können, in denen von weiblicher Schwäche keine Rede ist.[194] Ein Zeugnis dafür, daß eine Frau asketisches Tugendstreben als mannhaftes Kämpfen auffaßte, dabei auch den Vergleich mit dem anderen Geschlecht anstellte, aber nicht von der Überwindung natürlicher weiblicher Schwäche sprach, liefert im 6. Jahrhundert ein Brief einer Vorgängerin Celsas, der Äbtissin Caesaria von Arles an Richilde und Radegunde.[195]

Baudonivia und Florentius bemühten sich um einen neuen Typus weiblicher Heiligkeit, der von den weltlichen und klösterlichen Führungsrollen ihrer Heldinnen ausgeht. In der *Vita Radegundis II* entstand daraus eine stärkere Einbeziehung der königlichen Stellung, in der *Vita Rusticulae* der neue Typus einer heiligen Äbtissin. Gleichzeitig spielt hier neben den auch in den älteren Texten zu findenden Anspielungen auf biblische Vorbilder erstmals auch das Vorbild weiblicher Heiliger eine Rolle. Baudonivia führt Kaiserin Helena als Auffinderin des heiligen Kreuzes an, Rusticula wird im Traum von der heiligen Lucia und der heiligen Melania ermuntert.[196]

Diese Ansätze zur Herausbildung von auf neue Art „weiblichen" Heiligentypen finden in den Frauenviten der späteren Merowingerzeit ihre Fortsetzung; ihre Weiterentwicklung soll daher hier zumindest angedeutet werden. Wie in Baudonivias Text fehlen auch in der *Vita Geretrudis,* der *Vita Balthildis* und der *Vita Sadalbergae* Hinweise auf „mannhaftes" Handeln. Geschlechtspezifische Anspielungen scheinen in den merowingischen Frauenviten des 7. und 8. Jahrhunderts überhaupt, mit Ausnahme der *Vita Rusticulae,* eher konkrete Verhaltensformen zu beschreiben, als die im Ringen um asketische Tugend erlangte Perfektion zu unterstreichen.[197] Insbesondere in der *Vita Balthildis* und der *Vita Sadalbergae,* die beide nicht lange nach 680 entstanden,[198] zeichnet sich ein neues Ideal der *sancta femina* ab, die sich als vorbildliche Christin in der Welt und dann im Kloster hervorragend bewährt. Balthilde wird einleitend als verehrungswürdige und große Frau (*venerabilis magnaque femina*) gelobt; Sadalberga als eine für ihr Zeitalter beispielgebende und als eine sehr kluge Frau (*prudentissima femina*).[199] Beide werden ausdrücklich in eine Tradition weiblicher Heiligkeit gestellt: Die *Vita Balthildis* führt die Merowingerköniginnen Chrodechilde, Ultrogotha und Radegunde an; Sadalberga wird als Nachahmerin heiliger Frauen (*sanctae feminae*), nämlich der vornehmen Römerinnen Melania der Älteren und Paula sowie der Kaiserin Helena, gesehen.[200] Die Darstellung der weltlichen Lebensphase ist nicht wie in der *Vita Melaniae iunioris* und der *Vita Radegundis I* von asketischer Distanzierung bestimmt, sondern diese wird positiv in das Heiligenideal einbezogen.[201] Ansätze dieser Sichtweise sind bereits in der *Vita Radegundis II* erkennbar, die allerdings auf diesen Lebensabschnitt nicht ausführlich eingeht.[202] Weltliche Vorbildlichkeit war jedoch nur eine Vorstufe; für die Heiligkeit blieb im 7. Jahrhundert eine asketische Lebensphase unabdingbar.[203] Die asketische Bekehrung wird in beiden Viten als Realisierung eines lange gehegten Wunsches aufgefaßt.[204]

Die Genese dieses neuen Typus einer *sancta femina* steht im Kontext einer Tendenz der positiveren Würdigung des weltlichen Lebensabschnitts in der merowingischen Hagiographie, einer, wenn man will, partiellen „Verweltlichung" des asketischen Ideals im 7. Jahrhundert, die nicht sehr glücklich als „Adelsheiligkeit" bezeichnet wurde.[205] Dieser Wandel des Heiligenideals ermöglichte die Darstellung von Vorbildern auch für weltlich lebende Adelige in Heiligenleben und spricht daher für eine Rezeption dieser Texte nicht nur im Kloster, sondern auch im Heiligenkult.[206]

Das Zurücktreten der Topoi der weiblichen Schwäche und des Ideals des symbolischen Mannwerdens der Asketin in den Frauenviten des 7. Jahrhunderts steht so in Zusammenhang mit der Herausbildung von neuen, monastisch geprägten Heiligentypen, die zuerst im Umfeld der Nonnengemeinschaften von Poitiers und Arles entwickelt und in den Frauenklöstern des sogenannten irofränkischen Mönchtums ausgebaut wurden. Inwieweit dieser Wandel des weiblichen asketischen Heiligentyps auf spezifische Sichtweisen dieser Frauengemeinschaften zurückgeht, läßt sich aus dem Zeugnis der Frauenviten allein nicht ablesen.[207] Da sich diese Viten nicht nur an klösterliche Leser wenden, ist nicht auszuschließen, daß dieser Wandel an Vorstellungen breiterer Kreise der laikalen Führungsschichten des Merowingerreiches anknüpft, die im 7. Jahrhundert kaum noch von antiker Bildung geprägt waren.

Zusammenfassend sei festgehalten, daß das spätantike Ideal der *mulier virilis,* das in der *Vita Genovefae* mit der Annäherung an den Typus des heiligen Bischofs, wenn man so will, auf extreme Weise umgesetzt wurde, Ende des 6. Jahrhunderts zwar von Gregor von Tours und Venantius Fortunatus in den traditionellen Rahmen zurückgeführt wurde, im 7. Jahrhundert jedoch zunehmend an Bedeutung verlor. Das Zurücktreten dieses Ideals steht im Zusammenhang mit neuen, monastisch geprägten Vorstellungen von weiblicher Heiligkeit, die die weltlichen Frauenrollen stärker einbeziehen und frauenspezifische Heiligentypen – greifbar in der Formulierung von Traditionsreihen weiblicher Heiliger – auszuprägen beginnen. Dies geschieht im Einklang mit allgemeinen Entwicklungstendenzen des asketischen Ideals.

SCHLUSS: VON DER ANTIKE ZUM MITTELALTER

Das Ziel der vorliegenden Studien lag in der Erforschung und sozialgeschichtlichen Einordnung des Wandels asketischer Ideale in lateinischen Frauenbiographien beim Übergang von der Antike zum Mittelalter. Da die Ergebnisse der ersten drei Kapitel im vierten Kapitel bereits vergleichend aufgearbeitet wurden, soll abschließend nur auf einige, für weitere Forschungen besonders bedeutsame Erkenntnisse hingewiesen werden.

Die Struktur der Heiligkeitsvorstellungen, die in den untersuchten Quellen propagiert werden, hängt, wie sich zeigen ließ, eng mit den Zielgruppen zusammen, an die sie sich wenden. Dies ist aufgrund des didaktisch-propagandistischen Charakters von Heiligenleben nicht verwunderlich. Bei der Erarbeitung der Heiligkeitsvorstellungen durch philologische und lexikographische Analysen trat dieser Zusammenhang jedoch mit großer Deutlichkeit hervor. Diese Methode kann daher auch als Hilfsmittel für die Bestimmung des „Sitzes im Leben" solcher Texte verwendet werden.

Die biographischen Briefe erwiesen sich nicht nur ihrer sprachlichen Gestalt nach, sondern auch in ihrem von der *nobilior-sanctitate*-Vorstellung geprägten Heiligenideal als auf die Bedürfnisse gebildeter, adeliger Laien zugeschnitten, während die Darstellung monastischer Tugenden in der *Vita Melaniae iunioris* sich an Nonnen wendet. Die *Vita Genovefae* ist dagegen ein frühes Zeugnis für die Verwendungsabsicht im Heiligenkult, die in der merowingischen Hagiographie im 6. Jahrhundert zunehmend an Bedeutung gewann. In ihrem Heiligenideal ist ein Bruch mit den Traditionen der älteren Asketinnenbiographien zu beobachten, der mit dieser Änderung des „Sitzes im Leben" zusammenhängt: Nicht das Bemühen um asketische Tugend, sondern das erfolgreiche Wirken einer charismatisch begabten Heiligen steht im Mittelpunkt dieser Vita, deren Heiligenideal durch den Verzicht auf Reflexionen über Tugenden und die Konzentration auf äußerlich sichtbare Handlungen und Ereignisse gekennzeichnet ist. Dieser Wandel der Heiligkeitsvorstellungen, der sich auch in der veränderten Bedeutung des Begriffs *virtus* zeigt, wurde als Ausdruck eines Prozesses der „Verdinglichung" gedeutet, der mit der Erweiterung des Publikums von Heiligenviten auf die meist ungebildeten Teilnehmer an Heiligenfesten einerseits und mit dem Untergang der antiken Bildung und literarischen Kultur andererseits in Zusammenhang zu bringen ist. Solche „Verdinglichungstendenzen" prägten sich in der *Vita Genovefae,* die kein asketischer Erbauungstext sein will, mit besonderer Deutlichkeit aus. Sie ließen sich aber auch in Frauenviten des 7. Jahrhunderts an einigen Punkten nachweisen. Diese bisher unbeachtete qualitative Veränderung der Heiligkeitsideale beim Übergang zum Mittelalter verdient näher untersucht zu werden. Die reiche hagiographische Überlieferung der Merowingerzeit dürfte, unter diesem Blickwinkel analysiert, wichtige Aufschlüsse über die Rezeption des antiken Erbes in einer rückständigeren Gesellschaft und über eventuelle Ansätze einer monastisch geprägten Wiedergewinnung dieser geistigen Kultur liefern.

Als Voraussetzung der Heiligkeit tritt die Zugehörigkeit zu den führenden Gesellschaftsschichten in den Frauenviten sowohl der Spätantike als auch der Merowingerzeit

– abgesehen von der *Vita Monegundis* – auch deshalb besonders deutlich hervor, weil nur sie den aus der kirchlichen Hierarchie ausgeschlossenen Frauen die Möglichkeit an die Hand geben konnte, als Wohltäterin der Kirche und der Armen, Klostergründerin, Schutzherrin ihrer Mitmenschen etc. zu wirken. Die Einbeziehung dieser sozialen Voraussetzungen in das Heiligenideal veränderte sich im untersuchten Zeitraum nicht unwesentlich. Die Texte des 5. Jahrhunderts sind vom Gedanken einer inneren Distanzierung von Reichtum und Adelsprivilegien geprägt. Diese weltabgewandte Konzeption von asketischer Tugend wird, wie das Beispiel der *Vita Genovefae* zeigt, in Nordgallien beim Übergang zur Merowingerzeit durch ein charismatisches Heiligenideal ersetzt, das die weltlichen Voraussetzungen nicht mehr der Tugendleistung gegenüberstellt, sondern zum Teil verschweigt, zum Teil als Zeichen vorgeburtlicher Erwählung deutet. Diese gesteigerte Affinität von weltlicher Stellung und Heiligkeit läßt sich ebenfalls als Ausdruck einer „Verdinglichung" des Heiligenideals deuten. In der frühen Merowingerzeit läßt sich eine solche Affinität von weltlicher Stellung und Heiligkeit vor allem in Baudonivias *Vita Radegundis* feststellen, während Fortunatus in seiner *Vita Radegundis* die innere Distanzierung und Aufgabe der Stellung als Königin betonte.

Das wechselvolle Schicksal der spätantiken Topoi der weiblichen Schwäche und Inferiorität und des Ideals der *mulier virilis* in den Frauenviten des 6. und 7. Jahrhunderts ist im vierten Kapitel dargestellt worden. Hier sei nur festgehalten, daß in einigen der hier untersuchten Frauenviten des 5.-6. Jahrhunderts eine Spannung zwischen dem Ideal weltabgewandter Selbstheiligung, das für die weibliche Askese in der Spätantike maßgeblich war, und dem für die Heiligenverehrung bedeutsamen aktiven Wirken deutlich hervortritt. So wird das (kirchen-)politische Wirken Melanias der Jüngeren im Tugendkatalog ihrer Vita nicht hervorgehoben, während umgekehrt Genovefas Status als geweihte Jungfrau für ihre Heiligkeit von sekundärer Bedeutung ist. Diese Spannung wurde im 7. Jahrhundert aus monastischem Blickwinkel relativiert, als bedeutende merowingische Frauenklöster begannen, den Kult ihrer Gründerinnen und herausragenden Leiterinnen zu fördern. Während im 4.-6. Jahrhundert das Heiligenideal der hier betrachteten Texte von individueller Askese bestimmt war – auch in der *Vita Melaniae iunioris* bildet das Klosterleben nur eine Durchgangsstation – wurde im 7. Jahrhundert das in die Herrschaftsstrukturen des Merowingerreiches einbezogene Königs- oder Adelskloster zum maßgeblichen Rahmen für die Erlangung asketischer Perfektion. Daß in diesem Zusammenhang monastisch geprägte und durch eine stärkere Einbeziehung des weltlichen Lebens gekennzeichnete weibliche Heiligentypen entstanden, für die das Ideal des symbolischen Mannwerdens keine Bedeutung mehr hatte, wurde im vierten Kapitel ebenfalls aufgezeigt.

ANHANG

A. Abkürzungsverzeichnis

Zeitschriften, Reihen und Lexika

AA AA	MGH Auctores Antiquissimi
AA SS	Acta Sanctorum
AB	Analecta Bollandiana
AKG	Archiv für Kulturgeschichte
BEC	Bibliothèque de l'Ecole des Chartes
BHG	Bibilotheca hagiographica graeca
BHL	Bibliotheca hagiographica latina
BKV	Bibliothek der Kirchenväter
CChrSL	Corpus Christianorum. Series Latina
CSEL	Corpus Scriptorum Ecclesiasticorum Latinorum
DA	Deutsches Archiv
DACL	Dictionnaire d'Archéologie chrétienne et de Liturgie
DHGE	Dictionnaire d'histoire et de Géographie ecclésiastiques
DS	Dictionnaire de Spiritualité
FMSt	Frühmittelalterliche Studien
FStGA	Ausgewählte Quellen zur deutschen Geschichte des Mittelalters. Freiherr vom Stein-Gedächtnisausgabe
HZ	Historische Zeitschrift
JAC	Jahrbuch für Antike und Christentum
LMA	Lexikon des Mittelalters
MGH	Monumenta Germaniae Historica
MIÖG	Mitteilungen des Instituts für österreichische Geschichtsforschung
NA	Neues Archiv
PL	J. P. Migne, Patrologia latina
RAC	Reallexikon für Antike und Christentum
RE	Paulys Real-Encyclopädie der classischen Altertumswissenschaft
RGA	Reallexikon der Germanischen Altertumskunde
RGG	Religion in Geschichte und Gegenwart
RHE	Revue d'histoire ecclésiastique
RHEF	Revue d'histoire de l'Eglise de France
SC	Sources Chrétiennes
SS rer Germ	MGH Scriptores rerum Germanicarum in usum scholarum seperatim editi
SS rer Mer	MGH Scriptores rerum Merovingicarum
TRE	Theologische Realenzyklopädie
VSWG	Vierteljahresschrift für Sozial- und Wirtschaftsgeschichte
ZKG	Zeitschrift für Kirchengeschichte
ZSRKA	Zeitschrift der Savigny-Stiftung für Rechtsgeschichte. Kanonistische Abteilung

Autoren und Quellen

ep.	epistola; episocopus
G. v. Tours	Gregor von Tours
Glor. conf.	Liber in gloria confessorum
Glor. mart.	Liber in gloria martyrum
HFr	Libri Historiarum decem
HL	Historia Lausiaca
V.	Vita
V. Gen.	Vita Genovefae
V. Germ. Aux.	Vita Germani ep. Autisiodorensis
V. Mart.	Vita Martini
V. Mel. iun.	Vita Melaniae iunioris (lat. Fassung)
V. Rad. I	Fortunatus, Vita Radegundis
V. Rad. II	Baudonivia, Vita Radegundis liber II.
V. Rust.	Vita Rusticulae, ed. Krusch
V. Rust. suppl.	Vita Rusticulae, ed. Mabillon
V. patr.	Liber vitae patrum
Virt. Iul.	Liber de passione et virtutibus sancti Juliani martyris
Virt. Mart.	Libri IV de virtutibus sancti Martini episcopi

B. ANMERKUNGEN

Einleitung

1 Die Transformation von Kultur und Gesellschaft zwischen Antike und Mittelalter hat sowohl Althistoriker als auch Mediävisten ausgiebig beschäftigt. Zu diesen Diskussionen s. die Sammelbände: Der Untergang des römischen Reiches, hg. v. K. Christ, Darmstadt 1970; Zur Frage der Periodengrenze zwischen Altertum und Mittelalter, hg. v. P. E. Hübinger, Darmstadt 1969; Kulturbruch oder Kulturkontinuität im Übergang von der Antike zum Mittelalter, hg. v. P. E. Hübinger, Darmstadt 1968; D'une déposition à un couronnement. Rupture ou continuité dans la naissance de l'Occident médiéval (476-800). Colloque organisé par l'Institut des Hautes Etudes de Belgique 4.-5.6.1975, Brüssel 1977 (= Revue de l'université de Bruxelles 1977.1); Von der Spätantike zum frühen Mittelalter. Aktuelle Probleme in historischer und archäologischer Sicht, hg. v. J. Werner / E. Ewig, Sigmaringen 1979. Den Charakter der Merowingerzeit als einer Übergangszeit zwischen Spätantike und Frühmittelalter arbeiteten heraus J. M. Wallace-Hadrill, Frankish Gaul, in: Ders., The Long-Haired Kings and Other Studies in Frankish History, London 1962, S. 1-24; Th. Schieffer, Europa im Wandel von der Antike zum Mittelalter, in: Handbuch der Europäischen Geschichte, I, hg. v. Th. Schieffer, Stuttgart 1976, S. 22-50.

2 Vgl. beispielsweise P. Lehmann, Panorama der literarischen Kultur des Abendlandes im 7. Jahrhundert, in: Erforschung des Mittelalters, V, Stuttgart 1962, S. 258-274, hier S. 265f.; H. Dannenbauer, Die Entstehung Europas. Von der Spätantike zum Mittelalter, II, 1962, S. 62f.; M. Rouche, La „rénovation" carolingienne, in: Le Moyen Age, hg. v. R. Fossier, I: Les mondes nouveaux, Paris 1982, S. 441f.

3 P. Riché, Education et culture dans l'occident barbare, VIe-VIIIe siècle, Paris 1962, S. 227-233.

4 Vgl. etwa M. Manitius, Geschichte der lateinischen Literatur des Mittelalters, Bd. I, München 1911, ND 1974, S. VII; F. Brunhölzl, Geschichte der lateinischen Literatur des Mittelalters, Bd. I: Von Cassiodor bis zum Ausgang der karolingischen Erneuerung, München 1975, S. 3. Erst jüngst dokumentiert sich das Interesse an dieser biographischen Literatur in einem eigenen Handbuch, von dem bisher 2 Bände erschienen sind: W. Berschin, Biographie und Epochenstil im lateinischen Mittelalter, I-II, Stuttgart 1986-1988. Zur Einordnung der merowingischen Heiligenleben in die Geschichte der abendländischen Heiligenlegende vgl. auch H. Günter, Legenden-Studien, Köln 1906, S. 133ff.; ders., Die christliche Legende des Abendlandes, Heidelberg 1910, S. 156f.

5 F. Prinz, Heiligenkult und Adelsherrschaft im Spiegel merowingischer Hagiographie, in: HZ 204, 1967, S. 532.

6 K. Weber, Kulturgeschichtliche Probleme der Merowingerzeit im Spiegel frühmittelalterlicher Heiligenleben, in: Studien und Mitteilungen zur Geschichte des Benediktinerordens und seiner Zweige, N. F. 17, 1930, S. 347-403, hier S. 381ff.

7 G. Strunk, Kunst und Glaube in der lateinischen Heiligenlegende. Zu ihrem Selbstverständnis in den Prologen, München 1970, S. 57ff., 67ff.; zur Abwendung der kirchlichen Schriftsteller von der rhetorischen Tradition s. auch J. Fontaine, La littérature latine chrétienne, Paris 1970, S. 118; zur Annäherung an die gesprochene Sprache L. F. Sas, Changing Linguistic Attitudes in the Merovingian Period, in: Word 5, 1949, S. 131-134.

Positiv beurteilte diesen Prozeß im Zusammenhang mit der Entstehung einer breiteren Kreisen verständlichen Erbauungsliteratur schon A. Hauck, Kirchengeschichte Deutschlands, I. Teil, Berlin 91958, S. 222f. Zum sozialgeschichtlichen und soziolinguistischen Kontext dieser Entwicklungen, E. Auerbach, Literatursprache und Publikum in der lateinischen Spätantike und im Mittelalter, Bern 1958, S. 65-83; M. Banniard, Europa von der Spätantike bis zum frühen Mittelalter, München – Leipzig 1989, S. 178-214, bes. S. 199ff.; zur Erforschung des Verhältnisses der gesprochenen zur geschriebenen Sprache in der Merowingerzeit vgl. jetzt R. McKitterick, The Carolingians and the Written Word, Cambridge u.a. 1989, S. 7ff.

8 Zur Bedeutung des Glaubens an die Wunderkraft von Heiligen bei der Bekehrung zum Christentum in der Spätantike und in der Merowingerzeit, R. MacMullen, Two Types of Conversion to Early Christianity, in: Vigiliae Christianae 37, 1983, S. 184ff; A. Rouselle, Deux exemples d'évangélisation en Gaule à la fin du IVe siècle: Paulin de Nole et Sulpice Sévère, in: Béziers et Biterrois, 43e Congrès de la Fedération historique du Languedoc méditerranéen et du Roussillon, Béziers 30.-31.5.1970, Montpellier 1971, S. 91-98; dies., Du sanctuaire au thaumaturge: la guérison en Gaule au IVe siècle, in: Annales E.S.C. 6, 1976, S. 1101f.; W. von den Steinen, Chlodwigs Übergang zum Christentum, in: MIÖG Erg.-Bd. 12, 1932, S. 492ff. Auf die Bedeutung des Heiligenkultes für die Religiosität dieser Zeit verweist auch die Tatsache, daß trotz des Niederganges der kirchlichen Infrastruktur in ehemaligen römischen Provinzen lokale Heiligenkulte lebendig blieben, E. Ewig / K. Schäferdiek, Christliche Expansion im Merowingerreich, in: Kirchengeschichte als Missionsgeschichte, II/1, München 1978, S. 117f.

9 J. Chélini, Histoire religieuse de l'occident médiéval, Paris ²1970, S. 71, hat diese Zeit deshalb als „hagiocratie" bezeichnet.

10 F. Prinz, Zur geistigen Kultur des Mönchtums im spätantiken Gallien und im Merowingerreich, in: Zeitschrift für bayerische Landesgeschichte 26, 1963, S. 29-102, hier S. 78f.; die enge Verquickung von Religion und Politik zeigt sich schon bei dem für die Gründung des Frankenreichs bedeutsamen Übergang König Chlodwigs zum Christentum, von den Steinen, Chlodwigs Übergang zum Christentum, bes. S. 489f.

11 Die Auswahl der von B. Krusch und W. Levision 1885-1920 in der Reihe SS rer Mer der MGH nicht immer ungekürzt edierten Heiligenviten orientierte sich allerdings an ihrer positivistischen Verwertbarkeit für die Ereignis-, Rechts- oder allgemeine Kulturgeschichte, F. Lotter, Methodisches zur Gewinnung historischer Erkenntnisse aus hagiographischen Quellen, HZ 229, 1979, S. 304f.

12 Berschin, Biographie und Epochenstil, II, S. 25.

13 Vgl. beispielsweise P. Riché, La femme à l'époque barbare, in: Histoire mondiale de la femme, II, Paris 1967, S. 35-46; R. Pernoud, La femme au temps des cathédrales, Paris 1980, bes. S. 44ff.; E. Ennen, Frauen im Mittelalter, München 1984, S. 48ff., 75ff.; dies., Politische, kulturelle und karitative Wirksamkeit mittelalterlicher Frauen in Mission – Kloster – Stift – Konvent, in: Religiöse Frauenbewegung und mystische Frömmigkeit im Mittelalter, hg. v. P. Dinzelbacher / D. R. Bauer, Köln – Wien 1988, S. 59-62; B. S. Anderson / J. P. Zinser, A History of Their Own. Women in Europe from Prehistory to the Present, I, New York u.a. 1988, S. 183ff.

14 N. Z. Davis, Gesellschaft und Geschlechter. Vorschläge für eine neue Frauengeschichte, in: Dies., Frauen und Gesellschaft am Beginn der Neuzeit, Berlin 1986, S. 126-132; J. Kelly-Gadol, Did Women Have a Renaissance? (1977), wiederabgedr. in: Dies.,

Women, History and Theory, S. 19-50; A. Farge, Pratique et effets de l'histoire des femmes, in: Une histoire des femmes est-elle possible? hg. v. M. Perrot, Paris 1984, S. 18-35; H. Wunder, Historische Frauenforschung. Ein neuer Zugang zur Gesellschaftsgeschichte, in: Frauen in Spätantike und Frühmittelalter, S. 38f.

15 Frauen in der Geschichte VII. Interdiziplinäre Studien zur Geschichte der Frauen im Frühmittelalter. Methoden – Probleme – Ergebnisse, hg. v. W. Affeldt / A. Kuhn, Düsseldorf 1986; Frauen in Spätantike und Frühmittelalter. Lebensbedingungen – Lebensnormen – Lebensformen. Beiträge zu einer internationalen Tagung der Freien Universität Berlin, 18-21.2.1987, hg. v. W. Affeldt, Sigmaringen 1990. Zum Defizit der deutschen Mittelalterforschung, W. Affeldt, Bemerkungen zum Forschungsstand, in: Frauen in der Geschichte VII, S. 32-42; M. Howell, A Documented Presence: Medieval Women in Germanic Historiography, in: Women in Medieval History and Historiography, hg. v. S. M. Stuard, Philadelphia 1987, S. 101-131; H. Röckelein, Historische Frauenforschung. Ein Literaturbericht zur Geschichte des Mittelalters, in: HZ 255, 1992, S. 379f. Gegen die Historische Frauenforschung wendet sich mit wenig überzeugenden Argumenten E. Ennen, Zur Geschichtsschreibung über die Frauen im Mittelalter, in: Historia socialis et oeconomica, hg. v. H. Kellenbenz / H. Pohl, Stuttgart 1987, S. 44-60.

16 Vgl. insbesondere J. Kelly-Gadol, The Social Relation of the Sexes: Methodological Implications of Women's History (1975/76), wiederabgedr. in: Dies., Women, History and Theory. The Essays of J. Kelly, Chicago – London 1984, S. 4-9; N. Z. Davis, Gesellschaft und Geschlechter, S. 126ff.; G. Bock, Historische Frauenforschung: Fragestellungen und Perspektiven, in: Frauen suchen ihre Geschichte, hg. v. K. Hausen, München 1983, S. 33-50; M. Perrot, Préface, in: Une histoire des femmes est-elle possible? hg. v. ders., Paris 1984, S. 15; H. Wunder, Historische Frauenforschung, S. 38ff.; G. Pomata, Die Geschichte der Frauen zwischen Anthropologie und Biologie, in: Feministische Studien 2, 1983, S. 27-41; C. Opitz, Der „andere Blick" der Frauen in die Geschichte. Überlegungen zu Analyse- und Darstellungsmethoden feministischer Geschichtsforschung, in: Beiträge zur feministischen Theorie und Praxis 11, 1984, S. 61-70, bes. S. 63f. Die notwendige Erweiterung der Historischen Frauenforschung zur Geschlechtergeschichte betonte jüngst U. Frevert, Geschichte als Geschlechtergeschichte? Zur Bedeutung des „weiblichen Blicks" für die Wahrnehmung von Geschichte, in: Saeculum 43, 1992, S. 108-123.

17 F. Graus, Volk, Herrscher und Heiliger im Reich der Merowinger. Studien zur Hagiographie der Merowingerzeit, Prag 1965, S. 361ff.; A. Vauchez, La sainteté en Occident aux derniers siècles du Moyen Age d'après les procès de cannonisation et les documents hagiographiques, Rome 1981, S. 203ff. Erst seit dem Spätmittelalter rekrutierten sich Heilige auch aus den unteren Gesellschaftsschichten, Vauchez, ebd., S. 215ff., 324ff.; vgl. auch ders., Der Heilige, in: Der Mensch des Mittelalters, hg. v. J. LeGoff, Frankfurt/M – New York 1989, S. 347ff., 355ff.

18 J. T. Schulenburg, Sexism and the celestial gynaeceum – from 500 to 1200, in: Journal of Medieval History 4 (1978), S. 117-133. Sie legte dabei die Angaben der Bibliotheca Sanctorum, 13 Bde, Rom 1961-1970, zugrunde und ordnete die heiligen Männer und Frauen ihrem Todesjahr entsprechend den einzelnen Jahrhunderten zu.

19 Ebd. S. 122.

20 Vgl. etwa den lokal begrenzten Kult der „historischen" Wiborada, Reklusin in St. Gallen, und die weitverbreitete Verehrung der „mythischen" Verena von Zurzach,

W. Berschin, Verena und Wiborada. Mythos, Geschichte und Kult im 10. Jahrhundert, in: Freiburger Diözesan-Archiv 102, 3. Folge 34, 1982, S. 5-15, bes. S. 11ff.

21 Ebd. S. 122f.; vgl. auch J. T. Schulenburg, Female Sanctity: Public and Private Roles, ca. 500-1100, in: Women and Power in the Middle Ages, hg. v. M. Erler / M. Kowaleski, Athens/Georgia – London 1988, S. 104ff.

22 Zu den im französischen Raum, aber oft erst im 9.-11. Jahrhundert entstandenen Lebensbeschreibungen von Äbtissinnen, die im 7. Jahrhundert lebten, A. Molinier, Les sources de l'histoire de France des origines aux guerres d'Italie, I, Paris 1901, ND New York 1967, S. 114, 125, 146-157, 160, 163-165.

23 Aufgrund der Verzeichnisse bei Molinier, Les sources de l'histoire de France, I, S. 107-165; Wattenbach-Levison, Deutschlands Geschichtsquellen im Mittelalter. Vorzeit und Karolinger, Heft I, bearb. v. W. Levison, Weimar 1952, S. 119-146; E. Dekkers / A. Gaar, Clavis patrum latinorum qua in novum Corpus Christianorum edendum optimas quasque scriptorum recensiones a Tertulliano ad Bedam, Steenbrugge ²1951, S. 102-122, 210-238, 292-297, 474-487; A. M. Zimmermann, Kalendarium Benedictinum. Die Heiligen des Benediktinerordens und seiner Zweige, 4 Bde., Abtei Metten 1933-1938, ergeben sich unter Berücksichtigung der in der neueren Forschung korrigierten Datierungen 52 mit Sicherheit in diese Zeit datierbare Lebensbeschreibungen männlicher und 10 Lebensbeschreibungen weiblicher Bekenner.

24 *Liber in gloria confessorum,* ed. B. Krusch, SS rer Mer I,2, 1885, ND 1969, S. 294-379 (im folgenden nach dem ND zitiert als *Glor. conf.*). In diese Rechnung wurden Heiligengräber außerhalb Galliens und des Frankenreiches, sowie c. 105-107, von denen nur der Titel überliefert ist, und c. 84, in dem es nicht um ein Heiligengrab, sondern ein Bett geht, nicht einbezogen.

25 *Liber vitae patrum,* ed. B. Krusch, SS rer Mer I, 2, 1885, ND 1969, S. 211-294 (im folgenden nach dem ND zitiert als *V. patr.*).

26 *V. patr. XIX*, S. 286-291.

27 Zum Unterschied zwischen den mittelalterlichen und modernen Auffassungen von Biographie, Th. J. Heffernan, Sacred Biography. Saints and their Biographers in the Middle Ages, New York, Oxford 1988, S. 38-71. Wenn in der Forschung ein grundsätzlicher Unterschied zwischen Heiligenvita und Biographie gemacht wird, wie etwa bei Graus, Volk, Herrscher und Heiliger, S. 68 und 448, so wird dabei ein moderner, historisch-kritischer Begriff von Biographie zugrundegelegt, der dem Charakter der mittelalterlichen Überlieferung nicht angemessen ist. Ihres religiösen Bezugsrahmens wegen wurden die Heiligenleben auch als „biographies spirituelles" oder „sacred biographies" bezeichnet, G. Bardy / Ir. Hausherr / F. Vernet / P. Pourrat / M. Viller / D. Daeschler, Art. Biographies spirtuelles, in: DS I, 1937, Sp. 1624-1719, hier Sp. 1624; Heffernan, Sacred Biography, S. 15ff.

28 H. L. Mikoletzky, Über Geschichte und Biographie im frühen und hohen Mittelalter, in: MIÖG 78, 1970, S. 13-26, hier S. 25; Berschin, Biographie und Epochenstil, I, S. 17ff.

29 Der mittelalterliche Begriff „historia" schloß auch die Heiligenvita mit ein, H.-W. Goetz, Von der *res gesta* zur *narratio rerum gestarum*. Anmerkungen zu Methoden und Hilfswissenschaften des mittelalterlichen Geschichtsschreibers, in: Revue belge de philologie et d'histoire 67, 1989, S. 697; vgl. auch F. J. Schmale, Funktion und Formen mittelalterlicher Geschichtsschreibung. Eine Einführung, Darmstadt 1985, S. 113f. Zur Verwandtschaft der Zielsetzungen mittelalterlicher Hagiographie und Historiographie,

Heffernan, Sacred Biography, S. 3ff., 28f., 67ff. Auf die Notwendigkeit, aus dieser Sicht die Wechselbeziehungen zwischen den historischen Literaturgattungen des Mittelalters neu zu erörtern, wies hin H. U. Gumbrecht, Schriftlichkeit in mündlicher Kultur, in: Schrift und Gedächtnis, hg. v. A. u. J. Assmann / C. Hardmeier, München 1983, S. 158-174, hier S. 166.

30 Vgl. etwa die Beobachtungen von B. R. Voss, Berührungen von Historiographie und Hagiographie in der Spätantike, in: FMSt 4, 1970, S. 53-69; E. H. Walter, Hagiographisches in Gregors Frankengeschichte, in: AKG 48, 1966, S. 291-310; S. Boesch-Gajano, Il santo nella visione storiografica di Gregorio di Tours, in: Gregorio di Tours, Atti dell XII° Convegno internazionale Todi 1971, Todi 1977, S. 29-91.

31 Lotter, Methodisches, S. 307-312. Diese Unterscheidung ist problematisch, weil ihr eine nachaufklärerische Scheidung von Geschichtsdarstellung und Wunderglauben zugrundelegt, die für die mittelalterlichen Historiographen und Hagiographen in dieser Form nicht gültig war. Zu den Diskussionen über den Wunderglauben, auf die Lotter Bezug nimmt, vgl. jetzt M. van Uytfanghe, La controverse biblique et patristique autour du miracle, et ses répercussions sur l'hagiographie dans l'Antiquité tardive et la Haut Moyen Age latin, in: Hagiographie, Cultures et Sociétés (IVᵉ-XIIᵉ siècle), Paris 1981, S. 205-233. Zum Untergang des mittelalterlichen Geschichtsverständnisses im Zeitalter der Aufklärung, E. Pitz, Der Untergang des Mittelalters. Die Erfassung der geschichtlichen Grundlagen Europas in der politisch-historischen Literatur des 16. bis 18. Jahrhunderts, Berlin 1987, S. 573f. Zur literarhistorischen Einordnung des hagiographischen Wirklichkeitsverständnisses, H. R. Jauss, Zur historischen Genese der Scheidung von Fiktion und Realität, in: Funktionen des Fiktiven, hg. v. D. Henrich / W. Isar, München 1983, S. 425f.

32 Zu diesen Problemen: H. Delehaye, Les légendes hagiographiques, Brüssel ⁴1955; ders., Cinq leçons sur la méthode hagiographique, Brüssel 1934; R. Aigrain, L'hagiographie. Ses sources, ses méthodes, son histoire, Paris 1953, bes. S. 156-290; B. de Gaiffier, Hagiographie et historiographie, in: La storiografia altomedievale, I, Spoleto 1970, S. 139-166, 179-196; Lotter, Methodisches; I. N. Wood, Forgery in Merovingian Hagiography, in: Fälschungen im Mittelalter, V, Hannover 1988, S. 369-384.

33 Zur Geschichte der Erforschung der hagiographischen Literatur und den älteren Ansätzen ihrer historischen Auswertung, Graus, Volk, Herrscher und Heiliger, S. 25-39; M. van Uytfanghe, Les atavars contemporains de l' „hagiologie." A propos d'un ouvrage récent sur saint Séverin de Norique, in: Francia 5, 1977, S. 639-643.

34 Vgl. etwa die Deutung der Darstellungsintention der Vita Severini als „Umdeutung" oder „Übermalung" (sic!) historischer Fakten bei F. Lotter, Severinus von Noricum. Legende und historische Wirklichkeit. Untersuchungen zur Phase des Übergangs von spätantiken zu mittelalterlichen Denk- und Lebensformen, Stuttgart 1976, S. 178ff.; sowie die rationalisierenden Deutungen von M. Heinzelmann, Vita sanctae Genovefae, in: Ders. / J.-Cl. Poulin, Les vies anciennes de sainte Geneviève de Paris. Etudes critiques, Paris 1986, S. 77, 90. Zum methodischen Problem dieser Trennung von „historischem Kern" und hagiographischer Stilisierung vgl. Walter, Hagiographisches in Gregors Frankengeschichte, S. 295; zur Kritik eines naiven Positivismus beim Umgang mit hagiographischer Überlieferung, Heffernan, Sacred Biography, S. 58ff.

35 L. van der Essen, Etude critique et littéraire sur les Vitae des saints mérovingiens de l'ancienne Belgique, Louvain-Paris 1907, S. X; W. Levison, Die Politik in den Jenseitsvisionen des frühen Mittelalters (1921), wiederabgedruckt in: Ders., Aus rheinischer

und fränkischer Frühzeit. Ausgewählte Aufsätze, Düsseldorf 1948, S. 229-246, hier S. 237.
36 Zu dieser Forschungsrichtung, G. Duby, Historie des mentalités, in: Encyclopédie de la Pléiade: L'histoire et ses méthodes, hg. v. Ch. Samaran, Paris 1961, S. 937-966; ders., Histoire sociale et idéologies des sociétés, in: Faire l'histoire, I, hg. v. J. LeGoff / P. Nora, Paris 1974; H. Schulze, Mentalitätsgeschichte – Chancen und Grenzen eines Paradigmas der französischen Geschichtswissenschaft, in: Geschichte in Wissenschaft und Unterricht, 36/4, 1985, S. 247-270; F. Graus, Mentalität – Versuch einer Begriffsbestimmung und Methoden der Untersuchung, in: Mentalitäten im Mittelalter: methodische und inhaltliche Probleme, hg. v. dems., Sigmaringen 1987, S. 9-48. Zu hagiographischen Zeugnissen als Quellen für die Mentalitätsgeschichte, ders., Littérature et mentalité médiévale, le roi et le peuple, in: Historica 16, 1969, S. 17f.; A. Loyen, Les miracles de saint Martin et les débuts de l'hagiographie en Occident, in: Bulletin de littérature ecclésiastique 73, 1972, S. 147f.; J.-Cl. Poulin, L'idéal de la sainteté dans l'Aquitaine carolingienne, Quebec 1975, S. 3f. und passim; vgl. auch die Besprechung von W. Pohlkamp, Hagiographische Texte als Zeugnisse einer „histoire de la sainteté." Bericht über ein Buch zum Heiligkeitsideal im karolingischen Aquitanien, in: FMSt 11, 1977, S. 229-240.
37 F. Graus, Die Gewalt bei den Anfängen des Feudalismus und die „Gefangenenbefreiungen" der merowingischen Hagiographie, in: Jahrbuch für Wirtschaftsgeschichte 1961/1, S. 61-156; ders., Volk, Herrscher und Heiliger, S. 197-302; ders., Sozialgeschichtliche Aspekte der Hagiographie der Merowinger- und Karolingerzeit. Die Viten der Heiligen des südalemannischen Raumes und die sogenannten Adelsheiligen, in: Mönchtum, Episkopat und Adel zur Gründungszeit des Klosters Reichenau, hg. v. A. Borst, Sigmaringen 1974, S. 131-176. Vgl. auch E. Patlagean, Ancienne hagiographie byzantine et histoire sociale, in: Annales E.S.C. 23, 1968, 108-126; dies., Pauvreté économique et pauvreté sociale à Bycance. 4e-7e siècles, Paris, La Haye, 1977, S. 17ff.; dies., Sainteté et pouvoir, in: The Byzantine Saint, hg. v. S. Hackel, London 1981, S. 88-105; F. Prinz, Der Heilige und seine Lebenswelt. Überlegungen zum gesellschafts- und kulturgeschichtlichen Aussagewert von Viten und Wundererzählungen, in: Ders., Mönchtum, Kultur und Gesellschaft: Beiträge zum Mittelalter, hg. v. A. Haverkamp / A. Heit, München 1989, S. 251-268; P. Fouracre, Merovingian Historiography and Merovingian Hagiography, in: Past and Present 127, 1990, S. 3ff.
38 Vgl. beispielsweise J. Nelson, Queens as Jezebels: The Careers of Brunhild and Balthild in Merowingian History, in: Medival Women, hg. v. D. Baker, Oxford 1978, S. 31-77; J. McNamara / S. Wemple, The Power of Women through the Family in Medieval Europe 500-1100, in: Clio's Consciousness Raised: New Perspectives on the History of Women, hg. v. M. Hartman / L. Banner, New York 1974, S. 103-118; dies., Sanctity and Power: The Dual Pursuit of Medieval Women, in: Becoming Visible: Women in European History, hg. v. R. Bridenthal / C. Koonz, Boston 1977, S. 90-118; S. F. Wemple, Women in Frankish Society, 500 to 800, Philadelphia 1981, bes. S. 51ff., 150-165.
39 Zu den Auswertungsmöglichkeiten von Heiligenleben als Quellen für die Historische Frauenforschung, J. Verdon, Les sources de l'histoire de la femme en Occident aux Xe-XIIIe siécles, in: Cahiers de civilisation médiévale 20, 1977, S. 231f.; sowie grundlegend J. T. Schulenburg, Saints' Lives as a Source for the History of Women, 500-1100, in: Medieval Women and the Sources of Medieval History, hg. v. J. T. Rosenthal, Athens – London 1990, S. 285-320, bes. S. 302ff. Ansätze zu einer vom Charakter der Quellen

ausgehenden sozialgeschichtlichen Auswertung merowingischer Frauenviten finden sich bei J. McNamara, A Legacy of Miracles: Hagiography and Nunneries in Merovingian Gaul, in: Women of the Medieval World. Essays in Honor of John H. Mundy, hg. v. J. Kirshner / S. F. Wemple, Oxford u.a. 1985, S. 45f.; dies., Living Sermons: Consecrated Women and the Conversion of Gaul, in: Medieval Religious Women, II: Peaceweavers, hg. v. L. T. Shank, J. A. Nichols, Kalamazoo/Mich. 1987, S. 29; vgl. auch die Hinweise von E. Patlagean, L'histoire de la femme déguisée en moine et l'évolution de la sainteté féminine à Byzance, in: Studi Medievali, 3. Ser., 17, 2, 1976, S. 622f.

40 C. W. Bynum, Women mystics and eucharistic devotion in the thirteenth century, in: Women's Studies, 11, 1984, S. 179-214; dies., Holy Feast and Holy Fast: The Religious Significance of Food to Medieval Women, Berkeley – Los Angelos 1987; C. Opitz, Frauenalltag im Mittelalter. Biographien des 13. und 14. Jahrhunderts, Weinheim u.a. 1985; dies., Evatöchter und Bräute Christi. Weiblicher Lebenszusammenhang und Frauenkultur im Mittelalter, Weinheim 1990.

41 Dies zeigen Untersuchungen zur merowingischen Hagiographie oft eher beiläufig: Weber, Kulturgeschichtliche Probleme, S. 352ff., 362f., 369; Graus, Volk, Herrscher und Heiliger, S. 406-416; J. Fontaine, Hagiographie et politique. De Sulpice Sévère à Venance Fortunat, in: RHEF 62, 1976, S. 113-140; M. van Uytfanghe, Stylisation biblique et condition humaine dans l'hagiographie mérovinginne (600-750), Brüssel 1987, S. 136, 160f., 188ff. und öfter.

42 Zu den Kennzeichen und Zielen hagiographischer Quellen vgl. M. van Uytfanghe, Art. Heiligenverehrung II (Hagiographie), in: RAC XIV, 1988, Sp. 155ff.

43 Zur Entstehung der christlichen Heiligenverehrung, E. Lucius, Die Anfänge des Heiligenkults in der christlichen Kirche, hg. v. G. Anrich, Tübingen 1904; A.-J. Festuière, La sainteté, Paris ²1949; H. Leclercq, Art. Saint, in: DACL XV, 1, 1950, Sp. 373-462; K. Hausberger / G. Lanczkowski / G. Larsson, Art. Heilige/Heiligenverehrung, in: TRE XIV, 1985, S. 641-653; J.-C. Picard, Art. Saints, II: Dans les églises latines. Des origines au IXe siècle, in: DS XIV (Lief. 91, 1988), S. 203-212; A. Dihle, Art. Heilig, in: RAC XIV, 1988, Sp. 1-63; Th. Baumeister, Art. Heiligenverehrung I, in: RAC XIV, 1988, Sp. 96-150. Zu den religionswissenschaftlichen Deutungsversuchen jüdisch-christlicher Heiligkeitsvorstellungen, G. Widengren, Religionsphänomenologie, Berlin 1969, S. 30-45, 419-426.

44 Lucius, Anfänge des Heiligenkults, S. 337f.; H. Delehaye, Sanctus. Essai sur le culte des saints dans l'Antiquité, Brüssel 1927, S. 109-121; M. Viller, Le martyre et l'ascèse, in: Revue d'ascétique et de mystique 6, 1925, S. 116-135; H. Frh. v. Campenhausen, Die Idee des Martyriums in der alten Kirche, Göttingen ²1964, S. 139-144.

45 M. van Uytfanghe, Modèles bibliques dans l'hagiographie, in: Le Moyen Age et la Bible, hg. v. P. Riché / G. Lobrichon, Paris 1984, S. 479-482.

46 Zum frühmittelalterlichen Heiligungsprozeß *per viam cultum*, d.h. durch die *vox populi* und Förderung durch lokale kirchliche Instanzen, Vauchez, Sainteté, S. 15-24; R. Klausner, Zur Entwicklung des Heiligsprechungsverfahrens bis zum 13. Jahrhundert, in: ZSRKA, 40, 1954, S. 86ff.

47 Zum Prozeß der literarisch-hagiographischen Stilisierung des Lebens der Heiligen mit Hinblick auf Viten, deren Autoren ihre Protagonisten persönlich kannten, J. Fontaine, Sulpice Sévère, Vie de saint Martin, I, Paris 1967, S. 186ff. Zum Einfluß mündlich überlieferter Berichte auf die Form hagiographischer Lebensbeschreibungen, Lotter, Severinus von Noricum, S. 10-19.

48 Zur Anknüpfung an antike biographische Formen, D. Hoster, Die Form der frühesten lateinischen Heiligenviten von der Vita Cypriani bis zur Vita Ambrosii und ihr Heiligenideal, Diss. Köln 1963; S. Cavallin, Literarhistorische und textkritische Studien zur Vita S. Caesarii Arelatensis, Lund 1934, S. 5-26; M. Heinzelmann, Neue Aspekte der biographischen und hagiographischen Literatur in der lateinischen Welt (1.-6. Jh), in: Francia, 1, 1973, S. 27-44; J.-P. Weis, Honorat héros antique et saint chrétien. Etude du mot *gratia* dans la Vie de saint Honorat d'Hilaire d'Arles, in: Augustinianum 24, 1984, S. 265-280. Zum Zusammenwirken antiker und christlicher literarischer Vorbilder, Fontaine, Vie de saint Martin, I, S. 63-71; zur Anknüpfung an die antike historiographische Literatur, Voss, Berührungen von Historiographie und Hagiographie, S. 53-69. Zur Entwicklung der Heiligenvita als literarische Gattung, Th. Wolpers, Die englische Heiligenlegende des Mittelalters. Eine Formgeschichte des Legendenerzählens von der spätantiken lateinischen Tradition bis zur Mitte des 16. Jahrhunderts, Tübingen 1964; Uytfanghe, Art. Heiligenverehrung II (Hagiographie), in: RAC XIV, 1988, Sp. 153f.

49 Die Interdependenz zwischen Autor und Publikum betont Heffernan, Sacred Biography, S. 18-21, mit Blick auf das Hoch- und Spätmittelalter. Für die Merowingerzeit ist zwar von einer ausgesprochenen Distanz der klerikal-monastischen Literatur zur Volksüberlieferung auszugehen, Graus, Volk, Herrscher und Heiliger, S. 217-267; J. LeGoff, Kirchliche Kultur und Volksüberlieferungen in der Zivilisation der Merowinger, in: ders., Für ein anderes Mittelalter. Zeit, Arbeit und Kultur im Europa des 5.-15. Jahrhunderts, Wien 1984, S. 121-136; C. Lecouteux, Paganisme, christianisme et merveilleux, in: Annales E.S.C. 37, 1982, S. 701f., 708ff., aber dennoch müssen die Hagiographen, wenn sie denn die einfache Bevölkerung mit ihren Texten erreichen wollten, deren Erwartungshorizont berücksichtigt haben. Zu diesem Problem s. u., S. 18f.

50 Zu diesen Stilmitteln, Graus, Volk, Herrscher und Heiliger, S. 60-88.

51 Graus, Volk, Herrscher und Heiliger, S. 61, 60-88; Poulin, L'idéal de la sainteté, S. 3f.; Lotter, Methodisches, S. 316ff. Zum Begriff Heiligentypus s. u. S. 14.

52 Ebd., S. 74-78.

53 Ebd., S. 89.

54 Die dichtere Überlieferung des Spätmittelalters liefert dagegen ausreichendes Vergleichsmaterial für solche Fragen, vgl. beispielsweise die Studie von K. Glente, Mystikerinnenviten aus männlicher und weiblicher Sicht: Ein Vergleich zwischen Thomas von Cantimpré und Katharina von Unterlinden, in: Religiöse Frauenbewegung und mystische Frömmigkeit im Mittelalter, hg. v. P. Dinzelbacher / D. R. Bauer, Köln – Wien 1988, S. 250-264.

55 Wemple, Women in Frankish Society, S. 183-187; dies., Female Spirituality and Mysticism in Frankish Monasteries: Radegund, Balthild and Aldegund, in: Medieval Religious Women, II: Peaceweavers, hg. v. L. T. Shank / J. A. Nichols, Kalamazoo/Mich. 1987, S. 39-53.

56 M. Stoeckle, Studien über Ideale in Frauenviten des VII.-X. Jahrhunderts, Diss. München 1957, S. 55. Zu den von Stoeckle als „fränkisch" eingestuften Frauenviten ebd., S. 6.

57 Ebd., S. 71.

58 C. Papa, Radegonda e Batilde: Modelli di santità regia femminile nel regno merovingio, in: Benedictina fascioli trimestrali di studi benedettini 36, 1989, S. 21, 28.

59 Papa, Radegonda e Batilde, S. 32f. Im Ausgang von weltlichen Frauenrollen definiert „weibliche Heiligkeit" auch P. Corbet, Les saints ottoniens. Sainteté dynastique, sainteté royale et sainteté feminine autour de l'an Mil, Sigmaringen 1986, S. 24f.

60 G. Delling, Art. Geschlechter, in: RAC X, 1978, Sp. 800; J. Michl, Art. Engel IV (christlich), in: RAC V, 1962, Sp. 156ff.; T. H. C. van Eijk, Marriage and Virginity, Death and Immortality, in: Epektasis. Mélanges J. Daniélou, Paris 1972, S. 235.

61 L. Hertling, Der mittelalterliche Heiligentypus nach den Tugendkatalogen, in: Zeitschrift für Aszese und Mystik 8, 1933, S. 267. Im Tugendkatalog einer Frauenvita der Karolingerzeit deutet er die Fürsorge für Kirchengeräte als besondere „Frauenaktivität," S. 267. Zum Umfang seiner Stichprobe, S. 263; abgesehen von acht zitierten Viten ist bedauerlicherweise nicht zu erkennen, um welche Texte es sich handelt und wie diese ausgewählt wurden.

62 Zur Entwicklung dieser Vorstellungen in der lateinischen Kirche im 2.-4. Jahrhundert, D. S. Bailey, The Man-Woman Relation in Christian Thought, London–Tonbridge 1959, S. 61-65; K. Thraede, Art. Frau, in: RAC VIII, 1972, Sp. 242-247, 255-258; ders., Ärger mit der Freiheit. Die Bedeutung von Frauen in Theorie und Praxis der alten Kirche, in: „Freunde in Christus werden ..." Die Beziehung von Mann und Frau als Frage an Theologie und Kirche, hg. v. G. Scharffenroth / K. Thraede, Gelnhausen – Berlin – Stein/Mfr. 1977, S. 129-133; ders., Augustin-Texte aus dem Themenkreis „Frau," „Gesellschaft" und „Gleichheit" I, in: JAC 22, 1979, S. 84-87; ders., Zwischen Eva und Maria: das Bild der Frau bei Ambrosius und Augustin auf dem Hintergrund der Zeit, in: Frauen in Spätantike und Frühmittelalter, S. 131-136; Th. d'Alverny, Comment les théologiens et les philosophes voient la femme, in: Cahiers de civilisation médiévale 20, 1977, S. 108-111. Zum androzentrischen Charakter dieses Gleichheitsbegriffs, den Transzendierungsversuchen Augustins und seiner Wirkungsgeschichte im Mittelalter, K. E. Børresen, Male-Female. A Critique of Traditional Christian Theology, in: Temenos 13, 1977, S. 31-42; dies., Die anthropologischen Grundlagen der Beziehung zwischen Mann und Frau in der klassischen Theologie, in: Concilium 12/1, 1976, S. 10-16; dies., Imago Dei, privilège masculin? Interpretation augustinienne et pseudoaugustinienne de Gen 1,27 et 1 Cor. 11,7, in: Augustinianum 25, 1985, S. 213-234; Thraede, Eva und Maria, S. 136ff.

63 E. Giannarelli, La tipologia femminile nella biografia e nell'autobiografia cristiana del IV° secolo, Roma 1980, S. 13-45.

64 Zur im Westen stärkeren Betonung des Motives, daß die heilige Frau so stark sei wie ein Mann, Giannarelli, Tipologia femminile, S. 21-24; zur Entwicklung des Motivs der als Mann verkleideten Asketin in der byzantinischen Hagiographie, ebd., S. 86-88; vgl. dazu auch Patlagean, L'histoire de la femme déguisée en moine; J. Anson, The Female Transvestite in Early Monasticism, in: Viator 5, 1974, S. 1-32.

65 Giannarelli, Tipologia femminile, S. 13-17; vgl. auch M.-L. Portmann, Die Darstellung der Frau in der Geschichtsschreibung des früheren Mittelalters, Basel – Stuttgart 1958, S. 19.

66 Portmann, Darstellung der Frau, S. 20-23.

67 Uytfanghe, Stylisation biblique, S. 191.

68 F. Graus, Volk, Herrscher und Heiliger, S. 117f.

69 Das biblische Thema des *omnia relinquere* (vgl. Matth. 19, 26) spielt z. B. in den Frauenviten eine geringere Rolle, Uytfanghe, Stylisation biblique, S. 74; zu Heirat und Ehe ebd., S. 185-192.

70 A. Barbero, Un santo in famiglia. Vocazione religiosa e resistenze sociali nell'agiografia latina medievale, Turin 1991, S. 78, vgl. auch S. 54f.
71 Zur Notwendigkeit, bei der Untersuchung des Heiligenideals vom Heiligentypus auszugehen, Graus, Volk, Herrscher und Heiliger, S. 89-91; Lotter, Methodisches, S. 316ff.
72 Tipologia femminile, S. 84f.
73 A. Jaegerschmid, Der weibliche Heiligentypus in der Merowingerzeit. Ein Beitrag zur Geschichte frühmittelalterlicher Heiligenleben, Diss. Freiburg i. Br. 1920, wertete die Heiligenviten als Quellen für die Lebensbedingungen von Frauen aus, ging dabei aber von der Lebenszeit der Heiligen anstatt von der Abfassungszeit der Texte aus. Stoeckle zeigte in ausgewählten Frauenviten aus dem 6.-10. Jahrhundert einen Gegensatz zwischen christlichen und „germanisch-adeligen" Vorstellungen auf, ohne auf deren spätantike Vorbilder zu achten, Studien über Ideale, bes. S. 37, 42f., 46ff. Zur Problematik des Begriffes „germanisch," Graus, Volk, Herrscher und Heiliger, S. 23f.; Angenendt, Frühmittelalter, S. 31ff.
74 Volk, Herrscher und Heiliger, S. 88-120.
75 Ebd., S. 117.
76 Ebd., S. 113, S. 406-416.
77 Giannarellis Untersuchungsfeld ist vorneherein auf die selektive Betrachtung von Frauenbiographien ausgerichtet. Graus geht es wesentlich um die Genese des Typus des heiligen Königs, und die Zuordnung der Königinnenviten ergibt sich, weil in diesen Texten, vor allem in der *Vita Balthildis,* in der Merowingerzeit erstmals Züge eines heiligen Herrschers feststellbar sind, Volk, Herrscher und Heiliger, S. 406ff.
78 Zu den Litaneien, H. Nobel, Königtum und Heiligenverehrung zur Zeit der Karolinger, Diss. masch. Heidelberg 1956, I, S. 13ff.; M. Heinzelmann, Art. Frau, A: Theologie, Philosophie und Hagiographie, in: LMA IV, 1989, Sp. 854; die Zusammenstellung der Frauenviten als einer besonderen Gruppe ist bereits in den aus dem 8. Jahrhundert überlieferten ältesten erhaltenen Legendaren feststellbar, F. Dolbeau, Note sur l'organisation interne des légendiers latins, in: Hagiographie, Cultures et Sociétés (IVe-XIIe siècle), Paris 1981, S. 17f.; G. Philippart, Les légendiers latins et autres manuscrits hagiographiques, Turnhout 1977, S. 87.
79 Vgl. *Glor. mart.,* c. 48; c. 90; *Glor. conf.,* c. 5; c. 16; c. 18; c. 24; c. 34; c. 42; c. 63; c. 89; c. 102-104; c. 107; c. 109.
80 Der Begriff „Sitz im Leben" wurde von H. Gunkel für die historisch-kritische Bibelforschung geprägt, C. Kuhl / G. Bornkamm, Art. Formen und Gattungen, in: RGG II, ^{3}1958, Sp. 998; zu seiner Bedeutung für die soziologische Auswertung religiöser Überlieferungen, G. Theißen, Die soziologische Auswertung religiöser Überlieferungen. Ihre methodischen Probleme am Beispiel des Urchristentums, in: Kairos, N.F. 17, 1975, S. 284-299, bes. S. 285f.
81 R. Albrecht, Das Leben der heiligen Makrina vor dem Hintergrund der Thekla-Tradition. Studien zu den Ursprüngen des weiblichen Mönchtums im 4. Jahrhundert in Kleinasien, Göttingen 1986, bes. S. 156ff., 324f.
82 Heinzelmann, Vita sanctae Genovefae, S. 52f. und passim.
83 Zur irischen Mission und ihren Auswirkungen auf die monastische Entwicklung im Merowingerreich im 7. Jahrhundert, F. Prinz, Frühes Mönchtum im Frankenreich. Kultur und Gesellschaft in Gallien, den Rheinlanden und Bayern am Beispiel der monastischen Entwicklung (4.-8. Jahrhundert), Darmstadt ^{2}1988, S. 121-151. Prinz wies

auch auf ein „neues hagiographisches Leitbild" im irofränkischen Mönchtum hin, ebd. S. 496ff. Zu dieser These vgl. auch unten, S. 17f.

84 Das gilt vor allem für die beiden Fassungen der *Vita Radegundis;* vgl. zu diesen Viten insbesondere, Fontaine, Hagiographie et politique; F. E. Consolino, Due agiografi per una regina. Radegonda di Turinga fra Fortunato e Baudonivia, in: Studi storici 29, 1988, S. 143-159; S. Gäbe, Radegundis: Sancta, regina, ancilla. Zum Heiligkeitsideal der Radegundisviten von Fortuat und Baudonivia, in: Francia 16/1, 1989, S. 1-30; zur *Vita Rusticulae,* A. Simonetti, La „Vita" di Rusticola nell'agiografia merovingia, in: Studi medievali, 3. Ser., 27, 1986, S. 211-220; zu Gregor von Tours' *liber vitae patrum,* in dem die *Vita Monegundis* als 19. Abschnitt enthalten ist, A. M. Castagno, Il vescovo, l'abate e l'eremita: tipologia della santità nel Liber Vitae Patrum di Gregorio di Tours, in: Augustianum XXIV, 1984, S. 235-264.

85 Zur Entwicklung im Osten, P. Brown, Rise and Function of the Holy Man in Late Antiquitity (1971), wiederabgedr. in: Ders., Society and the Holy in Late Antiquity, New York 1982, S. 103-152; zu den Unterschieden zwischen den östlichen und westlichen Reichsteilen, ders., Eastern and Western Christendom in Late Antiquity: A Parting of the Ways (1976), wiederabgedr. in: Ders., Society and the Holy, S. 175-195; zur Rolle laikaler und dem Klerus angehörender Adeliger als „impresarios" des Heiligenkultes im Westen, ders., The Cult of the Saints. Its Rise and Function in Latin Christianity, Chicago u.a. 1981, London ²1983, S. 32-41, 93-105; vgl. auch ders., Relics and Social Status in the Age of Gregory of Tours (1977), wiederabgedr. in: Ders., Society and the Holy, S. 240-249.

86 Zu Humes Essay „The Natural History of Religion" und seiner Wirkung auf die Forschungen von E. Gibbon und H. Delehaye, Brown, Cult of the Saints, S. 13-17. Zu den Theorien, die notwendig wurden, um zu erklären, warum und unter welchen historischen Umständen es zu einer solchen „Kapitulation" kam, ebd. S. 17f. Diese Auffassung vertrat Delehaye namentlich in Les légendes hagiographiques, Brüssel ⁴1955.

87 Brown, Cult of the Saints, S. 18ff.

88 Ebd., S. 48. Kritik an diesem Erklärungsansatz, der den religiösen Charakter des Heiligenkultes nicht genügend berücksichtige, übte J. Fontaine, Le culte des saints et ses implications sociologiques. Réflexions sur un récent essai de Peter Brown, in: AB 100, 1982, S. 23ff.

89 Zur Heiligenverehrung der Bildungsschicht, Brown, Cult of the Saints, S. 50-68; zur Einbindung des imperialen *adventus*-Zeremoniells in den Kult, ebd. S. 98ff.; ders., Relics and Social Status, S. 247ff., zu den vom Gerichtsverfahren beeinflußten Vorstellungen von Besessenheitsaustreibung, ders., Cult of the Saints, S. 108ff.

90 Volk, Herrscher und Heiliger, S. 31f., 36f.

91 Ebd., S. 210-302; zur Einbindung von eremitischen und monastischen Heiligentypen in die kirchlichen Institutionen, ebd., S. 108-113. Die kirchliche Prägung der merowingischen Hagiographie betonte bereits A. Marignan, Etudes sur la civilisation française, II: Le culte des saints sous les Mérovingiens, Paris 1899, S. 91f.

92 Volk, Herrscher und Heiliger, S. 440f., 441-449; zu heidnischen Vorstellungen innerhalb des Gräber- und Reliquienkultes und zum Anknüpfen der Kirche an ältere Kultstätten, ebd., S. 171-196.

93 Ebd., S. 441f.; zu den Einnahmen aus Votivgaben an die Heiligen und den Heiligenfesten, ebd., S. 439, 445.

94 Ebd., S. 114-117.
95 Vgl. die Hinweise zum Monastizismus ebd., S. 111f. Zur politischen Bedeutungslosigkeit des Adels ebd., S. 200-204, 449f.
96 Weber, Kulturgeschichtliche Probleme, S. 358-361, 368-372.
97 Ebd.
98 Ebd., S. 379f.
99 Ebd., S. 387-390.
100 Ebd., S. 371.
101 Ebd., S. 390.
102 Prinz, Frühes Mönchtum, S. 496-501; vgl. auch ders., Zur geistigen Kultur, S. 84ff.; ders., Heiligenkult und Adelsherrschaft, S. 533-539. Zum Wandel des asketischen Ideals im Merowingerreich zwischen dem 6. und 7. Jahrhundert vgl. auch van Uytfanghe, Stylisation biblique, S. 166-170. Das Eindringen aristokratischer Motive in die bayerische Hagiographie der Merowingerzeit arbeitete heraus K. Bosl, Der Adelsheilige. Idealtypus und Wirklichkeit, Gesellschaft und Kultur im merowingerzeitlichen Bayern des 7. und 8. Jahrhunderts. Gesellschaftsgeschichtliche Beiträge zu den Viten der bayerischen Stammesheiligen Emmeram, Rupert, Korbinian, (1965), wiederabgedr. in: Mönchtum und Gesellschaft im Frühmittelalter, hg. v. F. Prinz, Darmstadt 1976, S. 355-386; vgl. dagegen aber zu diesen Viten, Graus, Volk, Herrscher und Heiliger, S. 121ff.
103 Prinz, Frühes Mönchtum im Frankenreich, S. 502f.; ders., Askese und Kultur. Vor- und frühbenediktinisches Mönchtum an der Wiege Europas, München 1980, S. 79ff. Zur poltischen Funktion des Heiligenkultes (Praeiectus und Leudegar) s. auch G. Scheibelreiter, Die Verfälschung der Wirklichkeit. Hagiographie und Historizität, in: Fälschungen im Mittelalter, V, Hannover 1988, S. 303-319.
104 Prinz, Frühes Mönchtum, S. 489-495, Zitate S. 492f. Graus kritisierte den Begriff des „Adelsheiligen" und widersprach der Annahme eines germanischen Adelscharismas, Rez. Prinz, Frühes Mönchtum, in: Historica 15, 1967, S. 233ff.; ders., Sozialgeschichtliche Aspekte, S. 146, 159-176. Graus sah in der merowingischen Hagiographie auch kein Anzeichen eines germanischen „Königscharismas," Volk, Herrscher und Heiliger, S. 312-437, und beurteilte ihre Haltung zur weltlichen Karriere der Heiligen als schwankend, ebd., S. 364-367. Er bestritt die Existenz eines germanischen Uradels, ebd., S. 200-204, 449f.; vgl. dagegen Prinz, Frühes Mönchtum, S. 489-493; ders., Heiligenkult, S. 536-539. Zur Auseinandersetzung über diese Frage in der weiteren Forschung, K. Schreiner, Adel oder Oberschicht? Bemerkungen zur sozialen Schichtung der fränkischen Gesellschaft im 6. Jahrhundert, in: VSWG 68, 1981, S. 225-231.
105 Diese Bischofsviten bezog Weber in ihre Untersuchung des asketischen Ideals nicht ein, Kulturgeschichtliche Probleme, S. 373f. Zur Herkunft der Protagonisten von fünf der acht Viten, auf die sich Prinz für sein „neues hagiographisches Leitbild" stützte, aus dem senatorischen Adel, M. Heinzelmann, Bischofsherrschaft in Gallien. Zur Kontinuität römischer Führungsschichten vom 4. bis zum 7. Jahrhundert. Soziale, prosopographische und bildungsgeschichtliche Aspekte, München 1976, S. 185, Anm. 3.
106 Heinzelmann, Bischofsherrschaft, S. 185-211.
107 Ebd., S. 211; zum Lob von Vornehmheit und Reichtum in den Bischofsviten des 6. Jahrhunderts, R. Collins, Beobachtungen zu Form, Sprache und Publikum der

Prosabiographien des Venantius Fortunatus in der Hagiographie des römischen Gallien, ZKG 92, 1981, S. 30ff.; vgl. auch G. Scheibelreiter, Der Bischof in merowingischer Zeit, Wien – Köln – Graz 1983, S. 16-20, der von einem „Adelsheilige(n)' gallo-römischer Prägung" spricht, S. 16.
108 Collins, Beobachtungen zu Form, Sprache und Publikum, S. 16-38.
109 Ebd., S. 21ff.
110 Ebd., S. 32-38.
111 A. Dihle, Die griechische und lateinische Literatur der Kaiserzeit. Von Augustus bis Justinian, München 1989, S. 422f.
112 Collins, Beobachtungen zu Form, Sprache und Publikum, S. 18f.; Heinzelmann, Neue Aspekte der biographischen und hagiographischen Literatur, S. 41ff.; vgl. auch Fontaine, Vie de saint Martin, I, S. 72ff. Zu den literarischen Intentionen der spätantiken lateinischen Hagiographen, Strunk, Kunst und Glaube, S. 13-47. Bereits Evagrius verwandte in seiner lateinischen Übersetzung der Vita Antonii des Athanasius (um 370) die Literatursprache und ersetzte damit eine nur wenige Jahre vorher entstandene anonyme Übersetzung von literarisch anspruchsloserer Gestalt, Berschin, Biographie und Epochenstil, I, S. 120-128.
113 Zu diesen Hinweisen und ihrer Deutung, B. de Gaiffier, La lecture des Actes des martyres dans la prière liturgique en Occident, AB 72, 1954, S. 145ff.
114 Beobachtungen zu Form, Sprache und Publikum, S. 20f., der das Zeugnis der Vita *Genovefae A* nicht berücksichtigte.
115 Collins, Beobachtungen zu Form, Sprache und Publikum, S. 22-25. Strunk untersuchte dagegen hauptsächlich die in Hexametern abgefaßte *Vita Martini* und rechnete Fortunatus zu den von der antiken rhetorischen Tradition geprägten Hagiographen, Kunst und Glaube, S. 43-47.
116 H. Beumann, Gregor von Tours und der *sermo rusticus,* in: Spiegel der Geschichte. Festgabe für Max Braubach, hg. v. K. Repgen und S. Skalweit, Münster 1964, S. 69-98; zum Begriff *sermo rusticus* vgl. auch Banniard, Europa, S. 200f.
117 Strunk, Kunst und Glaube, S. 52-62, 69-73; Banniard, Europa, S. 201f.
118 Volk, Herrscher und Heiliger, S. 70f., 442ff.; vgl. auch M. van Uytfanghe, L'hagiographie et son public à l'époque mérovingienne, in: Studia Patristica 16/2: Papers presented to the Seventh International Conference on Patristic Studies held in Oxford 1975, II, Berlin 1985, S. 58ff.
119 Volk, Herrscher und Heiliger, S. 446f.; vgl. auch J.-C. Poulin, Les saints dans la vie religieuse populaire au moyen âge, in: Les religions populaires. Colloque international 1970, hg. v. B. Lacroix / P. Boglioni, Quebec 1972, S. 71.
120 Modèles bibliques dans l'hagiographie, S. 452f., 479ff.; vgl. auch ders., L'hagiographie et son public, S. 61.
121 Uytfanghe, L'hagiographie et son public, S. 56.
122 F. Prinz meinte mit diesem Begriff den Charakter der frühmittelalterlichen Kirche als Adelskirche, Zur geistigen Kultur, S. 102; ders., Heiligenkult und Adelsherrschaft, S. 538, bei K. F. Werner bezieht er sich auf die Tatsache, daß sich die Bemühungen um die Vermittlung christlicher Glaubenswahrheiten kaum an die unteren Schichten wandten, Le rôle de l'aristorcratie dans la christianisation du nord-est de la Gaule, in: Revue d'histoire de l'Eglise de France 62, 1976, S. 62; vgl. dazu auch W. Haubrichs, Art. Christentum in der Bekehrungszeit, B. Frömmigkeitsgeschichte (Kontinent), in:

RGA IV, 1981, S. 529. J. Delumeau bezeichnete das gesamte mittelalterliche Christentum bis zum 13. Jahrhundert als Oberschichtenreligion, Religion populaire et christianisation, in: Bulletin de la Société d'études des Hautes-Alpes 1985/86, S. 244, 250.
123 Zur integrativen Funktion des Heiligenkultes im Merowingerreich, Brown, Cult of the Saints, S. 99.
124 Angenendt, Frühmittelalter, S. 37f., 48ff.
125 Haubrichs, Art. Christentum der Bekehrungszeit, S. 519-527; J. Ropert, Mentalité religieuse et régression culturelle dans la Gaule du IVe au VIIe siècle, in: Les cahiers de Tunise 24, 1976, S. 56-63; E. Salin, La civilisation mérovingienne. D'après les sépultures, les textes et le laboratoire, IV: Les croyances. Conclusions. Index général, Paris 1959.
126 Haubrichs, Art. Christentum in der Bekehrungszeit, S. 511.
127 Zur Problematik des Begriffs „germanische Religiosität," Angenendt, Frühmittelalter, S. 37ff. Den Begriff Barbarisierung verwendete J. LeGoff, Le christianisme médiéval en Occident, du concile de Nicée (325) à la Réforme (début du XVIe siècle), in: Histoire des Religions, II, hg. v. H. C. Puech, Paris 1972, S. 784ff. Den Begriff „archaisierend", mit dem er in Rechnung stellen wollte, daß das Frühmittelalter ja zumindest teilweise an die ausgeformten geistigen Traditionen der Antike anknüpfte, schlug als Ersatz für den aus diesem Grund problematischen Begriff „archaisch" vor Angenendt, Frühmittelalter, S. 43ff.
128 Graus wies allerdings auf einen „merkwürdigen Synkretismus" in den Heiligkeitsvorstellungen der Merowingerzeit hin, den er als Fortwirken „der alten numinösen Auffassung" innerhalb des insgesamt kirchlich und von einer „Art von ‚Vulgärtheologie'" geprägten Bildes des Heiligen ansah, Volk, Herrscher und Heiliger, S. 120, vgl. auch S. 52-56, 69, 102, 106, S. 119f.; zu seinem Begriff „numinös," ebd., S. 52f., 69, 106.

I. Die biographischen Briefe

1 Zu dieser Vita, die um 365 von einem unbekannten Übersetzer und um 370 von Evagrius von Antiochien ins Lateinische übertragen wurde, Berschin, Biographie und Epochenstil, I, S. 113-128.
2 Zu dieser Vita, Berschin, Biographie und Epochenstil, I, S. 134-137; zu ihrer Datierung, F. Cavallera, Saint Jérôme, sa vie et son oeuvre, Louvain – Paris 1922, I, 2, S. 16f.
3 Ed. P. Maraval, Gregoire de Nysse, Vie de sainte Macrine, Paris 1971 (= SC 178); zur Datierung, ebd., S. 67; zu dieser Schrift, O. Bardenhewer, Geschichte der altkirchlichen Literatur, III, Freiburg ²1923, S. 204f.
4 E. Hieronymus, *Epistulae*, ed. I. Hilberg, CSEL 54-56, Wien – Leipzig 1910-1918 (im folgenden nach dieser Ausgabe zitiert als Hieronymus, *ep. 23, 24, 77, 108, 127* etc.); weitere Textausgabe mit französischer Übersetzung: J. Labourt, Saint Jérôme, Lettres, 8 Bde, Paris 1949-1963; deutsche Übertragung von *ep. 108, 77, 127*: L. Schade, Des Kirchenvaters Hieronymus ausgewählte Schriften, I, Kempten – München 1914 (= BKV 15), S. 95-148, 165-194; P. M. Paulinus, Bischof von Nola, *Epistola 29*, ed. G. de Hartel, CSEL 29, Prag – Wien – Leipzig 1894, S. 247-262 (im folgenden nach dieser Ausgabe zitiert als Paulinus, *ep. 29*); englische Übersetzung: P. G. Walsh, The Letters of Paulinus of Nola, II, London 1967, S. 101-118.
5 Zu dieser Vita s. u., Kapitel II.

6 Zu diesen Schriften, H. Strathmann / P. Keseling, Art. Askese II, in: RAC I, 1950, Sp. 767-779; P.-Th. Camelot, Virgines Christi. La virginité aux premiers siècles de l'église, Paris 1944; ders., Les traités *De Virginitate* au IVe siècle, in: Etudes Carmélitaines 31, 1952: Mystique et continence, S. 273-293.

7 Zu den inhaltlichen Berührungspunkten der spätantiken Asketinnen- und vor allem der Jungfrauenbiographien mit den asketischen Mahnschriften, Giannarelli, Tipologia femminile, S. 34-43; M. R. Nugent, Portrait of the Consecrated Women in Greek Christian Literature of the First Four Centuries, Washington D.C. 1941, S. 83, 85; F. E. Consolino, Modelli di santità femminile nelle più antiche Passioni romane, Augustinianum 24, 1984, S. 83-113; dies., Modelli di comportamento e modi di sanctificazione per l'aristocrazia femminile d'occidente, in: Società romana e impero tardoantico, I: Istituzioni, ceti, economie, hg. v. Andrea Giardina, Rom – Bari 1986, S. 273-276.

8 Consolino, Modelli di comportamento, S. 277, mit Belegen aus Ambrosius, *De virginibus libri tres;* vgl. auch Ambrosius, *De viduis liber unus,* V, ed. J.-P. Migne, PL 16, Paris 1880, Sp. 255ff. (im folgenden nach dieser Ausgabe zitiert als *De viduis*).

9 Strathmann / Keseling, Art. Askese II, Sp. 773; zum Jungfräulichkeitsideal des Ambrosius, E. Dassmann, Die Frömmigkeit des Kirchenvaters Ambrosius von Mailand, Münster 1965, S. 250-260.

10 *De virginibus libri tres,* I, I, 1; I, III, 10; II, VI, 39; ed. E. Cazzaniga, Pavia 1948, S. 1f.; S. 6; S. 53 (im folgenden nach dieser Ausgabe zitiert als *De virginibus*); dt. Übersetzung: J. E. Niederhuber, Des heiligen Kirchenvaters Ambrosius ausgewählte Schriften, III, Kempten – München 1917 (= BKV 32), S. 311-386.

11 *De viduis liber unus* (s. o., Anm. 8 zu diesem Kapitel) entstand 377 oder 378, nicht lange danach folgte *De virginitate liber unus,* 391 *De insitutione virginis et s. Mariae virginitate perpetua liber unus* und 393 *Exhortatio virginitatis.* Zu diesen Traktaten, Bardenhewer, Geschichte der altkirchlichen Literatur, III, S. 530-533; Strathmann / Keseling, Art. Askese II, Sp. 773ff; B. Altaner / A. Stuiber, Patrologie, Freiburg u.a. 1978, S. 382ff.; P. Brown, The Body and Society. Men, Women and Sexual Renunciation in Early Christianity, New York 1988, S. 341-365; F. E. Consolino, Dagli „exempla" ad un esempio di comportamento cristiano: il „exhortatio virginitatis" di Ambrogio, in: Rivista storica italiana 94, 1982, S. 455-477.

12 Zum Widerstand von Adelsfamilien gegen solche Entscheidungen von Töchtern zur Zeit des Ambrosius, Brown, The Body and Society, S. 343f. Ambrosius stellte die Notwendigkeit der elterlichen Zustimmung zur Jungfrauenweihe nicht in Frage, sondern forderte die jungen Mädchen auf, diese zu gewinnen und sich von der Möglichkeit, enterbt zu werden, nicht schrecken zu lassen, *De virginibus,* I, XI, 62-63, S. 31f. Die aus Hieronymus' Korrespondenz bekannten vornehmen Jungfrauen wurden entweder bei ihrer Geburt für diesen Stand bestimmt (Asella: Hieronymus, *ep. 24,* c. 2, CSEL 54, S. 215; Paula d. J.: ders., *ep. 108,* c. 26, 5, CSEL 55, S. 345; vgl. auch *Vita Melaniae iunioris,* c. 1, ed. M. Rampolla del Tindaro, Santa Melania giuniore senatrice Romana, Rom 1905, S. 5; im folgenden nach dieser Ausgabe zitiert als *V. Mel. iun.*), oder gewannen die elterliche Zustimmung (Demetrias: Hieronymus, *ep. 133,* c. 5-6, CSEL 56, S. 179ff.) Die geringe Entscheidungsfreiheit junger Mädchen bezeugt auch das Motiv der Zwangsehe in *V. Mel. iun.,* c. 1, S. 5.

13 Ambrosius, *De viduis,* II, 10; Sp. 251; XV, 88-90, Sp. 275f. Die Entscheidungsfreiheit vornehmer Witwen beim Verzicht auf eine Wiederverheiratung bezeugt Hieronymus,

ep. 127, c. 2, 1, CSEL 56, S. 146; *ep. 108,* c. 5, 1, CSEL 55, S. 310; vgl. auch *ep. 77,* c. 3, CSEL 55, S. 38-40. Zum antiken Ideal der *univira,* dem eine solche Entscheidung ebenfalls entsprach, B. Kötting, Art. Digamus, in: RAC III, 1957, Sp. 1017ff.; ders., Die Bewertung der Widerverheiratung (der zweiten Ehe) in der Antike und in der Frühen Kirche, Opladen 1988 (= Rheinisch-Westfälische Akademie der Wissenschaften. Vorträge G 292), S. 15ff.

14 Eine besondere Hochschätzung brachte den Jungfrauen entgegen bereits Mitte des 2. Jahrhunderts Bischof Cyprian von Karthago, *De habitu virginum,* c. 3, ed. G. Hartel, CSEL 3, 1, 1968, S. 189; dazu K. S. Frank, Frühes Mönchtum im Abendland, I, Zürich – München 1975, S. 12f. Weitere Belege für die Hochschätzung des Jungfrauenstandes bei J. Wilpert, Die gottgeweihten Jungfrauen in den ersten Jahrhunderten der Kirche, Freiburg i. Br. 1892, S. 3-6; I. Feusi, Das Institut der Gottgeweihten Jungfrauen. Sein Fortleben im Mittelalter, Diss. Freiburg (Schweiz) 1917, S. 2-4. Zum historischen Kontext dieser ekklesiologischen Einbindung des Virginitätsideals und des Jungfrauenstandes, C. Andresen, Die Kirchen der alten Christenheit, Stuttgart 1971, S. 166-181. Die Bedeutung der geweihten Jungfrauen für die Identität der christlichen „société religieuse" betont H. Savon, Un modèle de sainteté à la fin du IVe siècle. La virginité dans l'œuvre de saint Ambrose, in: Sainteté et martyre dans les religions du livre, hg. v. J. Marx, Bruxelles 1989, S. 28f.

15 Brown, The Body and Society, S. 344f.

16 Zu den Adressatinnen der asketischen Traktate des Ambrosius und Augustinus, Bardenhewer, Geschichte der altkirchlichen Literatur, III, S. 530-533; IV, S. 492; zu den asketischen Mahnbriefen des Hieronymus an Jungfrauen und Witwen, H. Hagendahl / J. H. Waszink, Art. Hieronymus, in: RAC XV, Lief. 113, 1989, Sp. 132.

17 Den Jungfrauen neben jungfräulichen Märtyrerinnen wie Thekla und Agnes, *De virginibus,* I, II, 5-9, S. 3-6; II, III-IV, 19-33, S. 42-50, in erster Linie die Jungfrau Maria, ebd., II, II, 6-15, S. 36-40; vgl. auch *De institutione virginis et S. Mariae virginitate perpetua liber unus,* XIII, 81; XIV, 87-90, ed. J.-P. Migne, PL 16, Paris 1880, Sp. 339; 340f.; *Exhortatio virginitatis,* X, 71, ebd., Sp. 373; *Expositio evangelii secundum Lucam,* II, 8; II, 20-23; II, 26-27, ed. G. Tissot, Ambroise de Milan, Traité sur l'évangile de S. Luc, I, Paris 1956 (= SC 45), S. 75; 81f.; 83f.; den Witwen die Witwe, die den Propheten Elias versorgte (1. Kön 17, 9ff.), die Witwe Hanna (Luk 2, 36ff.) sowie Noemi, Judith und Deborah, *De viduis,* I, 3-6, Sp. 248f.; IV, 21, Sp. 254; VI, 33, Sp. 257f.; VII-VIII, 37-49, Sp. 259-263. In dieser Schrift ordnete er auch den drei Stufen der weiblichen *castitas* – den Ehefrauen, den Witwen und den Jungfrauen – Susanna, Hanna und Maria als spezifische biblische Vorbilder zu, ebd., IV, 24, Sp. 255.

18 Zur Entwicklung der Vorstellung von der dauernden Jungfräulichkeit Mariens und eines vom asketischen Ideal geprägten Marienbildes, Lucius, Anfänge des Heiligenkultes, S. 422-433; D. Fernandez, Art. Marie (Vierge) II: La spiritualité mariale chez les Pères de l'Eglise, in: DS X, 1980, Sp. 423-440. Zum Widerstand gegen den von Ambrosius auf neue Weise betonten Vorrang der Jungfrauen, mit dem eine Abwertung der spirituellen Jungfräulichkeit nicht nur der Witwen, sondern auch der meisten Kleriker verbunden war, Brown, The Body and Society, S. 354-362.

19 Hieronymus, *ep. 66,* c. 2, 1, CSEL 54, S. 648; vgl. auch *ep. 22,* c. 19, 2, ebd. S. 168. Zur Höherschätzung der jungfräulichen im Vergleich zur nachehelichen Askese, Ambrosius, *De viduis,* II, 9, Sp. 251; IV, 23, Sp. 254f. Diese Auffassung liegt auch Äußerungen des

Augustinus zugrunde, vgl. etwa *De bono viduitatis,* XV, 19, ed. J. Zycha, CSEL 41, Prag – Wien – Leipzig 1900, S. 326, Z. 14ff.

20 Er ist darin vergleichbar mit Johannes Chrysostomos. Zu diesen Freundschaften, E. A. Clark, Friendship between the Sexes: Classical and Christian Practice, in: Dies., Jerome, Chrysostom, and Friend. Essays and Translations, New York – Toronto 1979, S. 35-106.

21 Zu Hieronymus' Lebensdaten, die nur approximativ feststellbar sind, Cavallera, Saint Jérôme, I, 2, S. 153-167; Hagendahl / Waszink, Art. Hieronymus, Sp. 117-139. Zum Leben des Hieronymus s. auch G. Grützmacher, Hieronymus. Eine biographische Studie zur alten Kirchengeschichte, 3 Bde., Leipzig 1901-1908; H. v. Campenhausen, Lateinische Kirchenväter, Stuttgart 1960, S. 109-150; J. N. D. Kelly, Jerome, his Life, Writings, Controversies, London 1975. Nautins Zweifel an einigen von Hieronymus überlieferten biographischen Angaben sind für unseren Zusammenhang ohne Belang, P. Nautin, Art. Hieronymus, in: TRE XV, 1986, S. 304-315.

22 Zu diesem Kreis s. jetzt K. Sugano, Marcella in Rom. Ein Lebensbild, in: Roma renascens, hg. v. M. Wissemann, Frankfurt/M. u. a. 1988, S. 359ff., 362.

23 Consolino, Modelli di comportamento, S. 280; vgl. auch A. de Vogüé, Histoire litteraire du mouvement monastique dans l'antiquité, I, Paris 1991, S. 327ff.

24 Grützmacher, Hieronymus, I, S. 275-298; Cavallera, Saint Jérôme, I, 1, S. 113-120.

25 Hieronymus, *ep. 108,* c. 7-14, CSEL 55, S. 312-325.

26 Cavallera, Saint Jérôme, I, 1, S. 89, 139f., 142f., 165ff., 312. Hieronymus lobt Paula als seine Bibelschülerin in *ep. 108,* c. 26, 1-3, S. 344f.

27 Brown, The Body and Society, S. 368.

28 Zu diesen drei Mönchsviten, Berschin, Biographie und Epochenstil, I, S. 134-144.

29 Grützmacher, Hieronymus, I, S. 231-236. Die 16 überlieferten Briefe des Hieronymus an Marcella sind meist exegetischen Inhalts, ebd., S. 232. Zur Bedeutung des geistigen Austausches mit Marcella für Hieronymus, Sugano, Marcella in Rom, S. 362ff.

30 Hieronymus, *ep. 23: Ad Marcellam de exitu Leae, ep. 24: Ad Marcellam de vita Asellae,* CSEL 54, S. 211-217; zur Datierung Cavallera, Saint Jérôme, I, 2, S. 22f.; Hieronymus, *ep. 24,* c. 1, 1, S. 214. Ausführlich interpretierte diese Briefe jüngst de Vogüé, Histoire litteraire du mouvement monastique, I, S. 341-357.

31 Consolino, Modelli di comportamento, S. 281f.

32 Hieronymus, *ep. 23,* c. 3, CSEL 54, S. 213; vgl. auch ebd. c. 2, 1, S. 212.

33 Consolino, Modelli di comportamento, S. 282-284.

34 Hieronymus, *ep. 77,* c. 2, 1, CSEL 55, S. 37; *ep. 127,* c. 3, 2, CSEL 56, S. 147.

35 Hieronymus, *ep. 24,* c. 1, 1, CSEL 54, S. 214.

36 Hieronymus, *ep. 24,* c. 1, S. 214.

37 Hieronymus, *ep. 24,* c. 3-4, S. 215f. Zu den mit dieser Darstellung im wesentlichen übereinstimmenden Vorstellungen der lateinischen Kirchenväter über die Lebensweise gottgeweihter Jungfrauen, Wilpert, Die gottgeweihten Jungfrauen, S. 30-40; Strathmann / Keseling, Art. Askese II, Sp. 771-779.

38 Hieronymus, *ep. 24,* c. 5, S. 216f.

39 Hieronymus, *ep. 77: Ad Oceanum de morte Fabiolae,* CSEL 55, S. 37-49; *ep. 108: Epitaphium Sanctae Paulae,* CSEL 55, S. 306-351; *ep. 127: Ad Principiam virginem de vita sanctae Marcellae,* CSEL 56, S. 145-156.

40 Eustochium: *ep. 108,* c. 2, 2, CSEL 55, S. 308; c. 4, 1, S. 309; c. 26, 4, S. 345; c. 27,

2-3, S. 346; c. 29, 3, S. 348; c. 31, 1, S. 349; Paula d. J.: ebd. c. 26, 5, S. 345; Principia: *ep. 127*, CSEL 56, c. 1, 1, S. 145; c. 8, 1, S. 151; c. 13, S. 155.
41 *Ep. 108: Epitaphium sanctae Paulae*, ed. I. Hilberg, CSEL 55, S. 306-351 (im folgenden zitiert als *ep. 108*).
42 *Ep. 108*, c. 2, 2, S. 308.
43 Ebd., c. 32, S. 350.
44 Ebd., c. 32, S. 350; zu Sprache und Stil dieses Briefes, Kelly, Jerome, S. 279; zu Hieronymus' Einstellung zur antiken literarischen Tradition und den rhetorischen Vorschriften, Strunk, Kunst und Glaube, S. 31-34.
45 Heinzelmann, Bischofsherrschaft, S. 25 mit Anm. 78; zu Form und Entwicklung dieser literarischen Gattung, W. Kierdorf, Laudatio funebris. Interpretationen und Untersuchungen zur Entwicklung der römischen Leichenrede, Meisenheim 1980.
46 Vollmer, Art. laudatio funebris, in: RE XXIII, 1924, Sp. 992-994; Kierdorf, Laudatio funebris, S. 112-116.
47 Obgleich Hieronymus zu Beginn von c. 3 ankündigt, nun der Reihe nach berichten zu wollen (c. 3, 1, S. 308), enthält das Kapitel wichtige grundsätzliche Überlegungen zu Paulas Heiligkeit, die er schließlich selbst als Abschweifungen einstuft (c. 3, 4, S. 309). Das Kapitel kann daher seinem Inhalt nach zum einleitenden Abschnitt gerechnet werden.
48 Nunc virtus latius describatur [...], *ep. 108*, c. 15, 1, S. 325.
49 Er erwähnt in diesem Zusammenhang nur den Eindruck, den das Tugendstreben der Bischöfe Paulinus von Antiochien und Epiphanius von Salamis auf Paula gemacht habe, mit denen er 382 nach Rom kam, *ep. 108*, c. 6, 1-2, S. 310f.
50 Hieronymus, *ep. 39: Ad Paulam de morte Blesillae*, c. 5, 4, CSEL 54, S. 305.
51 Schade, Des Kirchenvaters Hieronymus ausgewählte Schriften, I, S. 101, Anm. 1.
52 Zu dieser Feindschaft und ihren Gründen, die vor allem in einem Streit über die Verbreitung origenistischer Schriften und Ideen lagen, Grützmacher, Hieronymus, III, S. 2-5, 27-85; zu den Beziehungen zwischen den beiden abendländischen Klostergründungen in Bethlehem und in Jerusalem, E. D. Hunt, Holy Land Pilgrimage in the Later Roman Empire A. D. 312-460, Oxford ²1984, S. 168-173.
53 *Ep. 108*, c. 2, 1, S. 307f.; c. 15, 1, S. 325; c. 21, 5, S. 338; vgl. auch die Zitate in Anm. 55 u. 56 zu diesem Kapitel.
54 *Ep. 108*, c. 21, S. 335ff.
55 Dicat prudens lector pro laudibus me vituperationem scribere. Testor Iesum [...] me in utraque parte nihil fingere, sed quasi Christianum de Christiana, quae sunt vera, proferre, id est historiam scribere, non panegyricum, et illius vitia aliorum esse virtutes. Vitia loquor secundum animum meum et omnium sororum ac fratrum desiderium, qui illam diligimus et absentem quaerimus, ebd., c. 21, 5, S. 338.
56 Nunc virtus latius describatur [...] et in qua exponenda deo iudice ac teste profiteor me nihil addere, nihil in maius extollere more laudantium, sed, ne rerum excedat fidem, multa detrahere [...], ebd., c. 15, 1, S. 325.
57 Dies zeigt schon die Anrufung von Gott, Christus und den Engeln als Zeugen an den oben, Anm. 53 zu diesem Kapitel, genannten Stellen.
58 *Ep. 108*, c. 28, 3, S. 347.
59 Ebd., c. 22, S. 338f.; c. 31, S. 349f.; vgl. auch c. 2, 2, S. 308.
60 Ebd., c. 31, S. 349f.

61 [...] choris comitata virgineis civis est salvatoris effecta et de parvula Bethlem caelestia regna conscendens dicit ad veram Noemi: Populus tuus populus meus et deus tuus deus meus, ep. *108*, c. 31, 2, S. 349f. (vgl. Ruth 1, 16). Mit *vera Noemi* ist hier Maria, die Mutter Christi, gemeint. Zur Deutung von Bethlehem als Heimat Christi, *ep. 108,* c. 11, 7, S. 318. Die indirekte Gleichsetzung Paulas mit Ruth impliziert, daß Paula Marias „Schwiegertochter", also eine „Braut Christi" sei, ein an sich den gottgeweihten Jungfrauen vorbehaltener Titel; nach Hieronymus' Auffassung gehörte sie nach ihrem Tod auch dem Chor der Jungfrauen an.

62 Das Wort *virtus* kommt in diesem Text häufig in der Bedeutung Tugend vor, steht dann aber meist im Singular: *ep. 108*, c. 3, 4, S. 309, Z. 8; c. 15, 1, S. 325; c. 15, 2, S. 325; c. 15, 4, S. 326; c. 19, 4, S. 333; c. 21, 5, S. 338; c. 30, 1, S. 349. Im Plural verwendet, bezeichnet es das Tugendstreben insgesamt: ebd., c. 6, 2, S. 311; c. 14, 1, S. 324; c. 18, 1, S. 328; c. 19, 5, S. 333. Einige Stellen können sowohl im Sinn von Tugend als auch im Sinn von Tugendstreben gedeutet werden, ebd., c. 17, 1, S. 328; c. 18, 2, S. 329, einmal legt die Verbindung mit *potentia* die Deutung als Tugendkraft nahe, ebd., c. 3, 4, S. 309. Außerdem bezeichnet *virtus* oder *virtutes* die Kraft Gottes: ebd., c. 23, 6, S. 341, Z. 10 und 16; c. 24, 3, S. 342 und wird als Attribut Gottes verwendet, der *dominus virtutum* genannt wird, ebd., c. 12, 3, S. 321, Z. 8; c. 22, 1, S. 338, Z. 18; c. 28, 1, S. 347. Von diesen Bedeutungen paßt an der hier in Frage stehenden Stelle am besten Tugendstreben.

63 Nobilis genere, sed multo nobilior sanctitate, potens quondam divitiis, sed nunc Christi paupertate insignior, Gracchorum stirps, suboles Scipionum, Pauli heres, cuius vocabulum trahit, Maeciae Papiriae, matris Africani, vera et germana progenies, Romae praetulit Bethlem et auro tecta fulgentia informis luti vilitate mutavit, *ep. 108,* c. 1, 1, S. 306.

64 Ebd., c. 1, 2-4, S. 307.

65 Vult lector breviter eius scire virtutes? Omnes suos pauperes pauperior ipsa dimisit. Nec mirum de proximis et familiola, quam in utroque sexu de servis et ancillis in fratres sororesque mutaverat, ista proferre, cum Eustochium, virginem et devotam Christo filiam, [...] procul a nobili genere sola fide et gratia divitem reliquerit, ebd., c. 2, 2, S. 308.

66 [...] alter [sc. Rogatus pater, S. W.] per omnes Graecias usque hodie et stemmatibus et divitiis ac nobilitate Agamemnonis fertur sanguinem trahere, qui decennali Troiam obsidione delevit [...], ebd., c. 3, 1, S. 308.

67 Zur Verbindung von Adel und Reichtum vgl. auch ebd., c. 23, 3, S. 340.

68 Ebd., c. 3, 1, S. 308.

69 Ebd., c. 33, 2, S. 350.

70 Ebd., c. 4, 1, S. 309.

71 Ebd., c. 4, 1, S. 309.

72 Quid ergo referam amplae et nobilis domus et quondam opulentissimae omnes paene divitias in pauperes erogatas? ebd., c. 5, 1, S. 310.

73 Expoliabat filios et inter obiurgantes propinquos maiorem se eis hereditatem Christi misericordiam dimittere loquebatur, ebd., c. 5, 2, S. 310.

74 Ebd., c. 6, 5, S. 312.

75 Ebd., c. 6, 2, S. 311.

76 Nec diu potuit excelsi apud saeculum generis et nobilissimae familiae visitationes et frequentiam sustinere. Maerebat honore suo et ora laudantium declinare ac fugere festinabat, ebd., c. 6, 1, S. 310.

77 [...] pietatem in filios pietate in deum superans. Nesciebat matrem, ut Christi probaret ancillam [...] hoc contra iura naturae plena fides patiebatur [...] et amorem filiorum maiore in deum amore contemnens [...], ebd., c. 6, 3-4, S. 311.
78 *Ep. 108,* c. 6, 4, S. 311f.; zu Eustochiums Liebe zu ihrer Mutter, ebd., c. 26, 4, S. 345; c. 27, 2-3, S. 346; c. 29, 3, S. 348.
79 Ebd., c. 26, 5, S. 345.
80 Ebd., c. 7, 3, S. 313.
81 Ebd., c. 9, 2, S. 315.
82 Ebd., c. 15, 2, S. 325.
83 Ebd., c. 15, 2-3, S. 325f.
84 „[...] Quae viro et saeculo placui, nunc Christo placere desidero," *ep. 108,* c. 15, 4, S. 326.
85 Ebd., c. 20, 3, S. 335.
86 „Turpanda est facies, quam contra dei praeceptum pur purisso et cerussa et stibio saepe depinxi; adfligendum corpus, quod multis vacavit deliciis; longus risus perpe ti conpensandus est fletu; mollia linteamina et serica pretiosissima asperitate cilicii conmutanda. [...]" ebd., c. 15, 4, S. 326. Dieser Gegensatz und das Thema der Buße beherrscht auch Paulas Portrait im 385 entstandenen Abschiedsbrief an Asella (*ep. 45*), de Vogüé, Histoire littéraire du mouvement monastique, I, S. 392ff.
87 *Ep. 108,* c. 22, 2, S. 338f.
88 Quid hac virtute mirabilius: feminam nobilissimae familiae, magnis quondam opibus tanta fide omnia delargitam, ut ad egestatem paene ultimam perveniret? Iactent alii pecunias, in corban (sic) dei aera congesta funalibusque aureis dona pendentia: Nemo plus dedit pauperibus, quam quae sibi nihil reliquit, *ep. 108,* c. 30, 1-2, S. 348f. Zur Bedeutung des aus dem Aramäischen entlehnten Wortes *corban,* J. W. Smit, Commento all' „Epitapium sanctae Paulae", in: Vite dei Santi IV: Vita di Martino, Vita di Ilarione, in Memoria di Paola, hg. v. C. Mohrmann, ²1983, S. 363.
89 *Ep. 108,* c. 5, 1, S. 310.
90 [...] ita enim singulis suam pecuniam dividebat, ut singulis necessarium erat, non ad luxuriam, sed ad necessitatem. Nemo ab ea pauperum vacuus reversus est. Quod obtinebat non divitiarum magnitudine, sed prudentia dispensandi [...] ebd., c. 16, 1-2, S. 327.
91 Ebd., c. 16, 1, S. 327.
92 Zu den Unterschieden, aber auch Verbindungslinien, zwischen antiker Großzügigkeit (Euergetismus) und christlichen Praktiken des Almosengebens und des Schenkens an die Kirche, P. Veyne, Le pain et le cirque. Sociologie historique d'un pluralisme politique, Paris 1976, S. 44-67; Patlagean, Pauvreté économique et pauvreté sociale, S. 184ff.; P. Brown, Dalla „plebs romana" alla „plebs Dei": Aspetti della cristianizzazione di Roma, in: Governanti e intellettuali. Populi di Roma e populo di Dio (1.-6. secolo), hg. v. P. Brown / L. C. Ruggini / M. Mazzo, Turin 1982, S. 123-145, hier S. 131ff. Zur Typologie des karitativen Handelns antiker Aristokratinnen vor dem Hintergrund von Euergetismus und Patronat, F. E. Consolino, Sante o patrone? Le aristocratiche tardoantico e il potere della carità, in: Studi storici 30, 1989, S. 969-991.
93 *Ep. 108,* c. 15, 6-7, S. 326f.
94 Ebd., c. 19, 3, S. 332. Auf die Hintergründe dieser Nachricht, die in den Germaneneinfällen im Westen des römischen Reiches zu suchen sein dürften, geht er nicht ein.
95 Ebd., c. 15, 6-7, S. 326f.

96 Plena fides, ebd., c. 6, 4; calente ardore fidei, c. 7, 3; fidei oculis, c. 10, 2; fide incredibili, c. 13, 6; ardentior fide, c. 15, 7; tanta fide c. 30, 1; vgl. auch c. 9, 2; 22, 1; 25, 4. In dieselbe Richtung deuten auch die Wendungen: pietate in deum, c. 6, 3; maiore in deum amore, c. 6, 4; ferventissimo aestu, c. 12, 5; mirus ardor, c. 14, 3. Vgl. auch die zahlreichen Bibelzitate und Glaubensbekenntnisse, die er Paula in den Mund legt: c. 1, 2-4, S. 306f.; c. 15, 4, S. 326; c. 15, 6-7, S. 326f.; c. 18-19, S. 329-334; c. 22, 1-2, S. 338f. und die ihre Tugenden und ihr Handeln erklären, z. B. c. 20, 4, S. 335f. Die heilige Schrift bezeichnet er als ihre *armatura Christi* gegen alle Laster, c. 19, 8, S. 334.

97 Consolino, Modelli di comportamento, S. 292; Beispiele für solche Schenkungen als Mittel zur Rettung des Seelenheils ebd., S. 301. Hieronymus hatte bereits 398 seinen jüngeren Bruder Paulinianus mit dem Auftrag in den Westen gesandt, durch den Verkauf der väterlichen Landgüter zusätzliche Mittel für den Unterhalt der Bethlehemer Klöster aufzutreiben, Hieronymus, *ep. 66: Ad Pammachium de dormitione Paulinae*, c. 14, CSEL 54, S. 665; zur Datierung dieses Briefes auf 398, Cavallera, Saint Jérôme, I, 2, S. 46.

98 *Ep. 108,* c. 30, 1, S. 348.

99 Ebd., c. 15, 7, S. 327.

100 In Paulas Nachruf ist von Handarbeit keine Rede. Dies ist um so auffallender, als Hieronymus ihrem Schwiegersohn Pachomius solche Arbeiten Paulas und Eustochiums schildert, *ep. 66,* c. 13, 2-3, CSEL 54, S. 664.

101 *Ep. 108,* c. 5, 1, S. 310.

102 Ebd., c. 30, 1, S. 349, zit. oben, Anm. 88 zu diesem Kapitel.

103 *Ep. 108,* c. 15, 7, S. 327.

104 Nihil animo eius clementius, nihil erga humiles blandius fuit. Non adpetebat potentes nec tamen superbo et gloriolam quaerente fastidio despiciebat. Si pauperem viderat, sustentabat; si divitem, ad benefaciendum cohortabatur, ebd., c. 15, 5, S. 326.

105 Ebd., c. 17, 1-3, S. 328.

106 Ebd., c. 15, 2, S. 325.

107 […] dicens munditiam corporis atque vestitus animae esse inmunditiam […] et per exteriorem hominem interioris hominis vitia demonstrantur, ebd., c. 20, 5, S. 336.

108 Ebd., c. 15, 2, S. 325.

109 […] ita cunctorum virtutes et potentias sua humilitate superavit minimaque fuit inter omnes, ut omnium maior esset, et quanto se plus deiciebat, tanto magis a Christo sublevabatur, ebd., c. 3, 4, S. 309.

110 Ebd.

111 Nam quae unius urbis contempsit gloriam, totius orbis opinione celebratur; quam Romae habitantem nullus extra Romam noverat, latentem in Bethlem et barbara et Romana terra miratur. […] Quis autem in sanctis locis praeter Paulam, quod plus inter homines miraretur, invenit? Et sicut inter multas gemmas pretiosissima gemma micat […], *ep. 108,* c. 3, 3-4, S. 308f. Daß jedoch nicht alle Besucher ihre Heiligkeit anerkannten und ihre Lebensweise bewunderten, läßt sich aus Andeutungen über Neid, Zerstörer und einen „Einflüsterer" schließen, der Paula mitteilte, sie werde wegen ihres Glaubenseifers für geisteskrank und ihr Gehirn für heilungsbedürftig gehalten, ebd., c. 15, 1, S. 325; c. 18, 1-2, S. 329; c. 19, 5, S. 333.

112 Ebd., c. 3, 2, S. 308. Hieronymus zitiert hier Matth. 19, 28 wohl nach einer älteren lateinischen Bibelübersetzung. Die Bibelstelle ist in dieser von der Vulgata abweichen-

den Fassung auch bei Irenäus von Lyon, Ambrosius und Augustinus überliefert, vgl. Bibliorum sacrorum latine versiones antiquae seu Vetus italica [...] hg. v. P. Sabatier, III, Remis 1743, S. 115f.

113 *Ep. 108,* c. 3, 4, S. 309, wo die Wendung „*virtutem quasi umbra sequitur*" als Cicerozitat gekennzeichnet ist.

114 [...] insulam Pontias, quam clarissimae memoriae [...] Flaviae Domitillae nobilitavit exilium, [...] ebd., c. 7, 1, S. 312. Zu Flavia Domitilla, D. Balsdon, Die Frau in der römischen Antike, München 1979, S. 275.

115 Dieser Gedanke wird in den Briefen des Hieronymus im Laufe der Zeit immer stärker betont, Consolino, Modelli di comportamento, S. 279 und 287ff.

116 Zu ähnlichen Gedanken bei Ambrosius von Mailand und Paulinus von Nola, Consolino, Modelli di comportamento, ebd. S. 277f. und 289ff.; vgl. auch dies., Dagli „exempla," S. 462-468, 471f., 475f. Zu Paulinus von Nola s. auch unten, S. 40f.

117 [...] et fecunditate ac pudicitia probata primum viro, dein propinquis et totius urbis testimonio, [...] *ep. 108,* c. 4, 2, S. 309; si inter tales tantasque virtutes castitatem in illa voluero praedicare, superfluus videar. in qua etiam, cum saecularis esset, omnium Romae matronarum exemplum fuit; [...] ebd. c. 15, 4, S. 326. Zu den römischen Tugenden der *castitas* und *pudicitia,* Traede, Art. Frau, in: RAC VIII, 1972, Sp. 215; zum Ideal weiblicher *fecunditas,* Brown, The Body and Society, S. 343.

118 *Ep. 108,* c. 5, 1, S. 310; c. 15, 5, S. 326.

119 Zu standes- und ämterspezifischen Tugendvorstellungen der römischen Antike, Heinzelmann, Bischofsherrschaft, S. 37ff. Paulas *liberalitas* gegenüber Armen unterscheidet sich allerdings von der auf mittellose Verwandte beschränkten Freigebigkeit einer römischen Matrone, die um 10 v. Chr. in einer römischen Leichenrede, der sogenannten *laudatio Turiae,* hervorgehoben wird. Zu diesem Zeugnis Kierdorf, Laudatio funebris, S. 33-48; zum Lob der *liberalitas* darin, ebd., S. 36.

120 *Ep. 108,* c. 6, 5, S. 312.

121 Ebd., c. 2, 2, S. 308; vgl. auch c. 5, 2, S. 310.

122 *Ep. 77: Ad Oceanum de morte Fabiolae,* c. 1, 2, CSEL 55, S. 37. Zur Datierung Cavallera, Saint Jérôme, I, 2, S. 46.

123 *Ep. 77,* c. 7-8, S. 44-46.

124 *Ep. 127: Ad Principiam virginem de vita sanctae Marcellae,* c. 14, CSEL 56, S. 156.

125 Ebd., c. 1, 2, S. 145.

126 Ebd., c. 8, S. 151f. Principia erlebte die Plünderung Roms in Marcellas Gesellschaft, so daß sie Hieronymus die Nachrichten für den Bericht über diese Ereignisse und den Tod Marcellas geliefert haben dürfte, ebd., c. 13-14, S. 155f.

127 *Ep. 77,* c. 1, S. 37; *ep. 127,* c. 1, 1-2, S. 145.

128 *Ep. 77,* c. 2, S. 37f.; *ep. 127,* c. 1, 3, S. 145f.

129 *Ep. 77,* c. 11-12, S. 48f.

130 *Ep. 127,* c. 14, S. 156.

131 *Ep. 77,* c. 2, 2-3, S. 38, *ep. 127,* c. 1, 3, S. 146.

132 Nihil in illa [sc. Marcella, S. W.] laudabo, nisi quod proprium est et in eo nobilius, quod opibus et nobilitate contempta facta est paupertate et humilitate nobilior, *ep. 127,* c. 1, 3, S. 146; zu Fabiolas Begräbnis, *ep. 77,* c. 11, 2, S. 48.

133 *Ep. 77,* c. 3-5, S. 38-42.

134 Ebd., c. 4, 2-5, S. 40ff.; vgl. auch c. 12, S. 49.

135 *Ep. 127,* c. 2, S. 146f.; vgl. Luk. 2, 36-37.
136 *Ep. 127,* c. 5, 4, S. 149f., s. u., S. 32 mit Anm. 162.
137 *Ep. 77,* c. 6, S. 42f.; vgl. *ep. 108,* c. 5., S. 310.
138 [...] reversa est ad patriam, ut ibi pauper viveret, ubi dives fuerat, manens in alieno, quae multos prius hospites habuit[...], ep. 77, c. 8, 4, S. 46. Auch die Witwe Lea bezeichnet Hieronymus als *pauper, ep. 23,* c. 3, 3, CSEL 54, S. 213, und betont den Gegensatz zwischen ihrer *humilitas* und ihrer früheren Stellung als *domina,* ebd. c. 2, 2, S. 213f.
139 *Ep. 77,* c. 9, 2-3, S. 47; vgl. auch c. 11, 1, S. 48.
140 *Ep. 127,* c. 1, 3, S. 146.
141 Ebd., c. 4, 3, S. 148f.
142 Ebd., c. 4, 2, S. 148.
143 [...] aurum [...] magis in ventribus egenorum quam in marsuppiis recondens, ebd., c. 3, 4, S. 147f.
144 [...] non tamen fecit fidem voluntariae paupertatis, *ep. 127,* c. 13, 1, S. 155. [...] in tantam laetitiam dicitur erupisse, ut gratias ageret deo [...] quod pauperem illam non fecisset captivitas, sed invenisset [...], ebd., c. 13, 3, S. 155.
145 Daß Hieronymus in dieser Hinsicht auf Marcella einzuwirken versuchte, zeigt z. B. der an diese gerichtete Nachruf auf Lea, *ep. 23,* c. 4, S. 213f.
146 *Ep. 77,* c. 2, 1, S. 38; vgl. auch c. 9, 1, S. 46, wo anstelle von *ieiunium* und *elemosynae* von *misericordia* die Rede ist.
147 Ebd., c. 2, 1, S. 37.
148 Ebd., c. 9, 1, S. 46.
149 Ebd., c. 6, S. 42-44.
150 *Ep. 127,* c. 1, 3, S. 145.
151 Ebd., c. 7, 2, S. 151.
152 *Ep. 77,* c. 2, 1, S. 38; *ep. 127,* c. 4, 2, S. 148.
153 *Ep. 77,* c. 2, 1-2, S. 38, vgl. auch c. 4, 1, S. 40, wo Fabiolas öffentliche Buße mit den Gewohnheiten weltlich lebender Witwen kontrastiert wird, die Bäder besuchen, auf den Plätzen spazieren und und dirnenhafte Blicke umherschweifen lassen. Vgl. auch *ep. 23,* c. 2, 2, S. 212f.
154 Dem Bemühen anderer Witwen um äußerliche Schönheit, aufwendige Kleidung und Schmuck und ihrer Suche nach unterwürfigen Liebhabern stellt er Marcellas zweckmäßige und züchtige Kleidung und fast schmucklose Aufmachung gegenüber, *ep. 127,* c. 3, 3-4, S. 147.
155 *Ep. 77,* c. 7, S. 44f.; c. 9, 2, S. 46; *ep. 127,* c. 4, 1, S. 148; 7, 2, S. 151; *ep. 108,* c. 26, 1-3, S. 344f.
156 *Ep. 108,* c. 20, S. 334-336; vgl. auch c. 11, 5, S. 320.
157 *Ep. 127,* c. 5, 2, S. 149.
158 Ebd., c. 7, 1-2, S. 151.
159 Ebd., c. 7, 2-3, S. 151 mit einem Zitat aus 1. Tim. 2, 12.
160 *Ep. 127,* c. 9, 3, S. 152; c. 10, 3, S. 153.
161 Zu diesen Vorgängen, Grützmacher, Hieronymus, III, S. 1-94, der jedoch Marcellas Eingreifen wenig Bedeutung beimißt, ebd., S. 57, 63; vgl. auch Cavallera, Saint Jérôme, I, 1, S. 193-286, der ausführlicher auf Marcellas Rolle eingeht, ebd., S. 234f., 255ff., 259.

162 Unde et Iesus Iohannem evangelistam amabat plurimum, qui propter generis nobilitatem erat notus pontifici et Iudaeorum insidias non timebat, in tantum, ut Petrum introduceret in atrium et staret solus apostulorum ante crucem matremque salvatoris in sua reciperet, ut heriditatem virginis domini virginem matrem filius virgo susciperet, *ep. 127,* c. 5, 4, S. 149f.

163 Non facio ullam inter sanctas feminas differentiam, quod nonnulli inter sanctos viros et ecclesiarum principes stulte facere consuerunt, sed illo tendit adsertio, ut, quarum unus labor, unum et praemium sit, *ep. 127,* c. 2, 3, S. 146f.

164 Zitiert nach Albrecht, Leben der Makrina, S. 188.

165 Zitat und Interpretation dieser Stelle bei E. Gössmann / H. Okano, Himmel ohne Frauen? Zur Eschatologie des weiblichen Menschseins in östlicher und westliche Religion, in: Das Gold im Wachs. Festschrift für Th. Immos, hg. v. E. Gössmann / G. Zobel, München 1988, S. S. 400. Den *Kommentar zum Epheserbrief* datiert Cavallera, Saint Jérôme, I, 2, S. 156 auf etwa 387/389; Nautin, Art. Hieronymus, in: TRE XV, 1986, S. 306 auf das Jahr 386. Weitere Stellen, an denen Hieronymus asketisch lebende Frauen als Männer anspricht, jedoch ohne Hinweis auf ihre zeitliche Einordnung, bei Clark, Friendship Between the Sexes, S. 55f. Zur Deutung des asketischen Lebens als „engelgleich" s. auch oben, Einleitung, S. 13.

166 Brown, The Body and Society, S. 382f.

167 *Ep. 108*, c. 23, 5-7, S. 340f.

168 Ebd., c. 15, 2, S. 325f.

169 Ebd., c. 20, 4, S. 335.

170 *Ep. 127,* c. 3, 4, S. 148.

171 *Ep. 77,* c. 10, S. 47.

172 [...] cum saecularis esset, omnium Romae matronarum exemplum fuit, *ep. 108,* c. 15, 4, S. 326; [...] ne [...] aliarum vitiis feminarum se in excelso crederet constitutam, ebd., c. 18, 2, S. 329; nulla iuvenum puellarum sano et vetego corpore tantae se dederat continentiae, quam ipsa fracto et senili debilitatoque corpusculo, ebd., c. 21, 1, S. 336f.; vgl. auch ebd., c. 7, 1, S. 312, wo von Flavia Domitilla, „*clarissimae memoriae [...] feminarum"* die Rede ist.

173 *Ep. 108,* c. 28, 1, S. 346; vgl. ebd. auch die Bezeichnungen *tanta femina,* c. 25, 4, S. 344, und *talis femina,* c. 29, 2, S. 348, die ebenfalls auf ihre außergewöhnliche Tugend hinweisen.

174 *Ep. 108,* c. 14, 2, S. 324.

175 Mirus ardor et vix in femina credibilis fortitudo! Oblita sexus et fragilitatis corporeae inter tot milia monachorum cum puellis suis habitare cupiebat, ebd., c. 14, 3, S. 324f.

176 *Ep. 77,* c. 2, 1, S. 38; c. 9, 1, S. 46.

177 Laudent ceteri misericordiam eius humilitatem, fidem: Ego ardorem animi plus laudabo. Librum, quo Heliodorum quondam iuvenis ad heremum cohortatus sum, tenebat memoriter et Romana cernens moenia inclusam se esse plangebat. Oblita sexus, fragilitatis inmemor ac solitudinis tantum cupida ibi erat, ubi animo morabatur, *ep. 77,* c. 9, 1-2, S. 46.

178 [...] pietatem in filios pietate in deum superans. Nesciebat matrem, ut Christi probaret ancillam. Torquebantur viscera et, quasi a suis membris distrahetur, cum dolore pugnabat [...] hoc contra iura naturae plena fides patiebatur [...] et amorem filiorum maiore in deum amore contemnens [...], *ep. 108,* c. 6, 3-4, S. 311.

179 [...] cum [...] matris dolorem crucis niteretur impressione lenire, superabat affectus et credulam mentem parentis viscera consternabant animoque vincens fragilitate corporis vincebatur, [...] ebd., c. 21, 4, S. 338.

180 Rideat forsitan infidelis lector me in muliercularum laudibus inmorari. Qui, si recordetur sanctas feminas, comites domini salvatoris, quae ministrabant ei de sua substantia, et tres Marias stantes ante crucem Mariamque proprie Magdelenen, quae ob sedulitatem et ardorem fidei ‚turritae' nomen accepit et prima ante apostolos Christum videre meruit resurgentem, se potius superbiae quam nos condemnabit ineptiarum, qui virtutes non sexu sed animo iudicamus, *ep. 127,* c. 5, 3, S. 149.

181 Zur Edition s. o., Anm. 4 zu diesem Kapitel; zur Datierung P. Fabre, Essai sur la chronologie de l'oeuvre de saint Paulin de Nole, Paris 1948, S. 33-38.

182 Prosopographische Angaben bei Strohecker, Senatorischer Adel, S. 201f.; zu seiner Biographie, Fabre, Saint Paulin de Nole et l'amitié chrétienne, Paris 1949, S. 7-51; zu seinem Leben und Werk vgl. auch Bardenhewer, Geschichte der altchristlichen Literatur, III, S. 569-582; J. T. Lienhard, Art. Paulin de Nole, in: DS XII, 1, 1984, Sp. 592-602; sowie zu seiner Bekehrung und asketischen Lebensweise W. H. C. Frend, Paulinus of Nola and the Last Century of the Western Empire, in: Journal of Roman Studies 59, 1969, S. 1-11; J. T. Lienhard, Paulinus of Nola and Early Western Monasticism, Köln – Bonn 1977 (mit kommentierter Bibliographie).

183 Zu diesem Briefwechsel, von dem nur die Briefe des Hieronymus überliefert sind, Grützmacher, Hieronymus, II, S. 224-234; Cavallera, Saint Jérôme, I, 1, S. 170-174; I, 2, S. 89ff.; P. Courcelle, Paulin de Nole et saint Jérôme, in: Revue des études latines 25, 1947, S. 250-280.

184 Dies ist die nach Umfang und Zahl bedeutendste Serie an einen Empfänger in der Briefsammlung des Paulinus, die auf Empfängerüberlieferung beruht, G. de Hartel, CSEL 29, S. V; Walsh, The Letters, I, S. 3f.; Fabre, Paulin de Nole, S. 227; zur Freundschaft zwischen Paulinus und Sulpicius Severus und zu ihrem Briefwechsel, Fabre, ebd., S.277-337.

185 *Vita Martini,* c. 25, 4-5, ed. Fontaine, Sulpice Sevère, Vie de saint Martin, I, Paris 1967 (= SC 133), S. 310 (im folgenden nach dieser Ausgabe zitiert als *V. Mart.;* deutsche Übersetzung: Frank, Frühes Mönchtum, II, S. 20-52). Zu den Beziehungen zwischen Martin von Tours, Paulinus und Sulpicius Severus, Lienhard, Paulinus of Nola and Early Western Monasticism, S. 94f.

186 *Ep. 29,* c. 5, S. 251, Z. 12f.; dazu F. X. Murphy, Melania the Elder. A biographical note, in: Traditio 5, 1947, S. 62.

187 Zu ihren nur in Bruchstücken überlieferten Schriften, N. Moine, Melaniana, in: Recherches Augustiniennes 15, 1980, S. 64, Anm. 327.

188 P. Brown, The Patrons of Pelagius: The Roman Aristocracy between East and West (1970), wiederabgedruckt in: Ders., Religion and Society in the Age of Saint Augustine, London 1972, S. 211-215.

189 Zu Melanias Leben und den Quellen, die darüber unterrichten, N. Moine, Art. Mélanie l'Ancienne, in: DS X, 1980, Sp. 955-960 (mit weiterer Literatur). Zu den chronologischen Problemen zuletzt dies., Melaniana, die sich auch mit den diesbezüglichen Widersprüchen zwischen den beiden wichtigsten Quellen, Paulinus, *ep.* 29 und Palladius, *Historia Lausiaca,* c. 46, 54, 55, ausführlich beschäftigte, ebd., S. 5-10.

190 Zur Datierung jetzt Moine, Melaniana, S. 25-36.

191 Nach Palladius, *Historia Lausiaca,* c. 46, dt. übers. von J. Laager, Zürich 1987, S. 254 (im folgenden nach dieser Ausgabe zitiert als *HL*), reiste Melania nach Rom zurück, um zu verhindern, daß ihre Enkelin und deren Ehemann, die der Welt entsagen wollten, Opfer übler Unterweisung, schlechter Lebensführung oder einer „Irrlehre" würden. Damit könnten die Gegner im origenistischen Streit, die Freunde des Hieronymus in Rom, gemeint sein, E. A. Clark, Piety, Propaganda, and Politics in the Life of Melania the Younger, in: Dies., Ascetic Piety and Women's Faith. Essays on Late Ancient Christianity, New York – Ontario 1986, S. 74; D. Gorce, Vie de sainte Mélanie, Paris 1962, S. 38, Anm. 2.

192 *Ep. 29,* c. 11, S. 257f.

193 Auf Sympathien für Melanias Partei deuten auch seine freundschaftlichen Beziehungen zu Rufinus, die auch die Verurteilung von dessen Position in diesem Streit überdauerten, Courcelle, Paulin de Nole et saint Jérôme, S. 276ff.

194 [...] sanctae et inlustris in sanctis dei feminae Melani (sic) [...], *ep. 29,* c. 5, S. 251.

195 K. Kohlwes, Christliche Dichtung und stilistische Form bei Paulinus von Nola, Bonn 1979, S. 100 deutet diese Lebensbeschreibung unter Berufung auf eine Formulierung in *ep. 29,* c. 6, S. 251, Z. 27ff. als Exkurs; anders Fabre, Paulin de Nole, S. 315, der im Lob Melanias mit Recht das eigentliche Thema des Briefes sieht.

196 *Ep. 29,* c. 6, CSEL 29, S. 252, zit. u., Anm. 198 zu diesem Kapitel; vgl. dagegen die Bescheidenheitsfloskeln bei Hieronymus, *ep. 108,* c. 32, CSEL 55, S. 350; *ep. 127,* c. 14, CSEL 56, S. 156. Zu Paulinus' Einstellung zur antiken literarischen Tradition, Strunk, Kunst und Glaube, S. 26-31; Kohlwes, Christliche Dichtung, passim.

197 Sulpicius Severus, *Dialogi,* ed. C. Halm, CSEL 1, Wien 1866, S. 152-216, passim und bes. III, 1, S. 198f. (deutsche Übersetzung: P. Bihlmeyer, Die Schriften des Sulpicius Severus über den heiligen Martinus, München 1914 (= BKV 20), S. 70-147). Zur Verbreitung von Briefen des Paulinus bereits zu seinen Lebzeiten, Lienhard, Art. Paulin de Nole, in: DS XII, 1, 1984, Sp. 597.

198 [...] ita sermonis mei cursum detorqueam, quo etiam inlustri illi materia et eloquentia libro tuo [sc. *V. Mart.*, S. W.] vicem aliquam videar reddere, si feminam inferiorem sexu virtutibus Martini Christo militantem prosequar, quae consulibus avis nobilis nobiliorem se contemptu corporeae nobilitatis dedit, *ep. 29,* c. 6, S. 252.

199 At quam tandem feminam, si feminam dici licet, tam viriliter Christianam! ebd., c. 6, S. 251.

200 Paulinus, *ep. 31,* c. 1, CSEL 29, S. 268, Z. 6ff. Zu dieser Vorstellung vgl. auch Albrecht, Leben der heiligen Makrina, S. 192-204; Gössmann / Okano, Himmel ohne Frauen? S. 399-404.

201 *Ep. 29,* c. 5, S. 251, Z. 11, zit o., Anm. 194 zu diesem Kapitel; vgl. auch Paulinus, *ep. 32,* c. 11, CSEL 29, S. 287, Z. 5. Daß sich hinter dem Genitiv *Melani* die männliche Namensform verbirgt, zeigt die Anrede *benedicta Melanius* in Paulinus, *ep. 31,* c. 1, CSEL 29, S. 268, Z. 6. Zu diesen Namensformen, D. Gorce, Vie de sainte Mélanie, Paris 1962 (= SC 90), S. 20ff.

202 *Ep. 29,* c. 13, S. 260, Z. 19f.

203 Albrecht, Leben der heiligen Makrina, S. 199f.

204 Zwischen Realitäts- und Symbolebene wurde bei der Vorstellung vom Mannwerden der Asketin nicht immer klar unterschieden, Gössmann / Okano, Himmel ohne Frauen, S. 401.

205 Hieronymus bezeichnet die heilige Schrift als Paulas *armatura Christi* gegen alle Laster, *ep. 108*, c. 18, 8, CSEL 55, S. 334. Damit ist kein offensives Eintreten für den christlichen Glauben in der Welt gemeint.
206 Verum ut ad perfectam domini columbam recurram, scito nunc istam tantam in sexu infirmitatis virtutem dei, cui refectio in ieiunio, requies in oratione, panis in verbo, habitus in panno, lectus in sagulo et centone durus in terra fit mollis in littera, qua rigidi cubilis iniuriam mitigat lectionis voluptas et sanctae animae in domino viligare requiescere est, *ep. 29*, c. 13, S. 260.
207 De multis tamen in illa virtutibus dei unam saltem, de qua eius omnia aestimentur opera, praedicabo, ebd., c. 11, S. 257.
208 Ebd., c. 11, S. 257f. Nach Palladius, *HL*, c. 46, S. 231, schüchterte Melania d. Ä. den kaiserlichen Beamten mit dem Hinweis auf ihre Herkunft ein.
209 *Ep. 29*, c. 11, S. 258.
210 Ebd., c. 11, S. 258, Z. 17.
211 Ebd., c. 11, S. 258, Z. 11f, 13ff.
212 Ebd., c. 11, S. 258, Z. 15f.
213 Kraft: illa ultra virtutem temptationum iam confortata, ebd., c. 10, S. 257, Z. 13f.; Tugend: de memoratis virtutibus, c. 13, S. 261, Z. 9; fidei constantia virtutisque gratia, ebd. Z. 16f.; vgl. auch c. 13, S. 260, Z. 20, zit. o., Anm. 206 zu diesem Kapitel.
214 Kraft Gottes: *V. Mart.*, c. 1, 6, S. 252; c. 7, 3, S. 268; c. 14, 4, S. 284; Tugend: c. 1, 5, S. 252; c. 10, 2, S. 274; c. 25, 1, S. 308; c. 25, 5, S. 310; c. 25, 8, S. 312; c. 27, 3, S. 314.
215 Wunder und Wunderkraft: *V. Mart.*, c. 7, 5, S. 268; c. 11, 1, S. 276; c. 13, 9, S. 282; c. 14, 1-2, S. 282; c. 16, 5, S. 288; c. 18, 4, S. 292; c. 19, 2, S. 292; besondere Kräfte oder Fähigkeiten Martins: c. 21, 2, S. 298; c. 22, 6, S. 302; c. 23, 11, S. 306; zweimal kann *virtutes* sowohl Tugenden als auch Wunder meinen, *V. Mart.*, ep. ded., 5, S. 250; c. 1, 7, S. 252.
216 Sulpicius Severus umschreibt Martins Herkunft mit der Litotes *parentibus secundum saeculi dignitatem non infimis* und gibt an, sein Vater sei erst Soldat, dann *tribunus militum* gewesen, *V. Mart.*, c. 2, 1-2, S. 254.
217 [...] corporeae pietatis vincula et navem cunctis flentibus laeta solvit constanterque congressa fluctibus maris [...] navigavit et simul saeculum et orbem commutans urbem Hierusalem spirituali dono [...] elegit, [...], *ep. 29*, c. 10, S. 257.
218 Ebd., c. 9, S. 256, Z. 9.
219 [...] domino providente pietatem divinam per humanae pietatis damna concepit, ebd., c. 8, S. 254, Z. 7ff.
220 Ebd., c. 8, S. 254.
221 Ebd., c. 9, S. 255f., vgl. 1. Sam. 1, 11. Nach Palladius, *HL*, c. 46, S. 229, ließ sie einen Vormund für ihn ernennen.
222 *Ep. 29*, c. 7, S. 252f.
223 Quamobrem non videbimur aliena potius quam nostra uti regula terrenam quoque nobilitatem in supradicta dei famula praedicantes, quia perspicuum sit id quoque ad operis sui gloriam dominum contulisse, quo magis confunderetur iste mundus, qui talibus titulis gloriatur, ut quo vanitas hominum ad contemptum dei utitur, ista potius ad contemptum mundi uteretur, simul ut maior salutaris exempli proderetur

auctoritas humiliandis superborum oculis, mulier celsiore gradu ad humilitatis cultum ob amorem Christi deiecta sublimiter, ut viros desides in infirmo sexu fortis argueret, adrogantes in sexu utroque personas pauperata dives et nobilis humiliata confunderet, ebd., c. 7, S. 253.
224 *Ep. 29,* c. 13, S. 261, Z. 3.
225 [...] magnae dei gratiae spectator fui, ebd., c. 12, S. 258, Z. 27f.; vidimus gloriam domini in illo matris et filiorum itinere [...], ebd., c. 12, S. 259, Z. 3f.
226 Ebd., c. 12, S. 259.
227 [...] sed splendoribus vanitatis praelucebat Christianae humilitatis gratia. Admirabantur divites pauperem sanctam; at illos nostra pauperies ridebat. Vidimus dignam deo huius mundi confusionem, purpuream sericam auratamque supellectilem pannis veteribus et nigris servientem, ebd., c. 12, S. 259.
228 [...] in humilitatis obscuro et veritatis luce viventem [...], ebd., c. 13, S. 261.
229 Zum Stellenwert dieser Tugend für Paulinus, Fabre, Paulin de Nole, S. 117-122.
230 *Ep. 29,* c. 12, S. 259, Z. 10f., Z. 19, Z. 17.
231 Ebd., c. 13, S. 261.
232 Palladius, *HL,* c. 54, S. 253f., lobt dagegen den Umfang ihrer Schenkungen sehr. Zu Paulinus' Ansichten über die heilsgeschichtliche Bedeutung der Armen für die Reichen und seiner Sicht des Almosengebens als Mittel, das Gleichgewicht in der Welt aufrecht zu erhalten, Fabre, Paulin de Nole, S. 129f.
233 [...] comminus videns omnia quae propter Christum reliquerat et contemnere perseverarat, *ep. 29,* c. 12, S. 259, Z. 22f.
234 Ebd., c. 12, S. 259, Z. 21.
235 Ebd., c. 12, S. 259f.
236 Ebd., c. 13, S. 260f.
237 Ebd., c. 12, S. 259, Z. 20.
238 S. folgende Anm.
239 In istis tamen divitibus eadem die de maternis bonis pauperem spiritum stupebamus, qui magis sancta matris inopia quam sua visibili abundantia gloriabantur, *ep. 29,* c. 12, S. 259.
240 Ebd., c. 13, S. 260f. Den Gedanken, daß Rom inzwischen soweit christlich sei, daß es als eine „heilige Stadt" bezeichnet werden könne, vertrat um dieselbe Zeit auch Rufinus, Brown, Patrons of Pelagius, S. 222. Paulinus läßt Melania jedoch auch im Getümmel Roms die Stille Jerusalems herbeisehnen und darüber klagen, „mit den Bewohnern von Cedar" wohnen zu müssen, *ep. 29,* c. 13, S. 261.
241 Hieronymus, *ep. 108,* c. 2, 2, CSEL 55, S. 308; c. 26, 4, S. 345.
242 In Paulinus, *ep. 29* findet sich kein Hinweis darauf, daß sich schon abzeichnete, daß sich wenige Jahre später, nach dem Tod von Melanias Sohn Valerius Publicola, ihre Schwiegertochter Albina, ihre Enkelin Melania d. J. und deren Gatte Pinianus ebenfalls zum asketischen Leben bekehren würden. Zu vergleichbaren, ebenfalls aristokratisch geprägten Vorstellungen vom Tugenderbe bei Ambrosius von Mailand und in einer zeitgenössischen Grabinschrift für eine gottgeweihte Jungfrau vornehmer Herkunft, Consolino, Modelli di comportamento, S. 289ff.
243 *Ep. 29,* c. 9, S. 256, Z. 8ff.
244 Ebd., c. 9, S. 256, Z. 23ff.
245 Ebd., c. 9, S. 256, Z. 16ff.

246 Paulinus, *ep. 29* unterscheidet sich von Hieronymus, *ep. 108* beispielsweise in der Verwendung von Bibelzitaten und biblischen Beispielen oder in der Deutung des Leides der Protagonistin beim Tod ihrer Angehörigen. Paulinus bemüht sich in sehr viel geringerem Ausmaß als Hieronymus, die *fides* seiner Heldin, d. h. ihre Glaubenshaltung, darzustellen. Dies ist wohl auch darauf zu rückzuführen, daß er auf ihre Position im origenistischen Streit nicht eingehen wollte.

247 Zur Herkunft des Hieronymus, Cavallera, Saint Jérôme, I, 1, S. 3ff.; Clark, Friendship Between the Sexes, S. 61ff.

248 E. A. Clark, Authority and Humility: A Conflict of Values in Fourth-Century Female Monasticism, in: Dies., Ascetic Piety and Women's Faith. Essays on Late Ancient Christianity, New York – Ontario 1986, S. 209-228, hier S. 219f.

249 Belege für das Lobschema „hervorragend durch äußere, hervorragender durch innere Qualität" in antiker und christlich-spätantiker Literatur bei C. Weymann, Die Güter-Ternare „forma, genus, virtus", „forma, divitiae, virtus" und Verwandtes in antiker, christlicher und mittelalterlicher Literatur, in: Festgabe Alois Knoepfler zur Vollendung des 70. Lebensjahres, Freiburg – München 1971, S. 386ff.

250 Zur Bedeutung der *exempla* für die Erziehungsmethoden und in der Literatur der römischen Antike, A. Lumpe, Art. Exemplum, in: RAC VI, 1966, Sp. 1229-1257, hier Sp. 1235ff., zur Anknüpfung an diese Tradition in den Erbauungsschriften der lateinischen Kirchenväter und in der Hagiographie, ebd., 1242f., 1245ff., 1254.

251 Sulpicius Severus berichtet, daß Bischof Martin von Tours, um ihn für das asketische Ideal zu gewinnen, das Beispiel seines Standesgenossen Paulinus von Nola gelobt habe, *V. Mart.*, c. 25, 4-5, S. 310. Hieronymus stellte den römischen Witwen Paula und Furia ihre Standesgenossinnen Melania die Ältere bzw. Marcella und dem vornehmen Julianus Paulas Schwiegersohn Pammachius und Paulinus von Nola als Vorbilder vor Augen, *ep. 39: Ad Paulam de morte Blesillae*, c. 5, 4, CSEL 54, S. 308; *ep. 54: Ad Furiam de viduitate servanda*, c. 18, 1, CSEL 54, S. 485; *ep. 118: Ad Julianum Exhortatoria*, c. 5, 1, CSEL 55, S. 441.

252 Diese Vorreiterrolle zeigte auf P. Brown, Aspects of the Christianization of the Roman Aristocracy, in: Religion and Society in the Age of Saint Augustine, London 1972, S. 172-177. Gegen die von A. Yarbrough, Christianization in the Fourth Century: The Example of Roman Women, in: Church History 45, 1976, S. 149-165, vorgebrachten Modifikationen von Browns Thesen wandte sich Consolino, Modelli di comportamento, S. 302f. Daß die Rede vom weiblichen Einfluß auf die Bekehrung von Männern in den Quellen jedoch auch als rhetorische Stilisierung zu sehen ist, zeigte kürzlich K. Cooper, Insinuations of Womanly Influence: An Aspect of the Christinisation of the Roman Aristocracy, in: The Journal of Roman Studies 82, 1992, S. 150-164. Die Pionierrolle von Frauen im westlichen Monastizismus betonte J. Simpson, Women and Asceticism in the Fourth Century: A Question of Interpretation, in: The Journal of Religious History 15, 1, 1988, S. 53ff.

253 E. A. Clark, Ascetic Renunciation and Feminine Advancement: A Paradox of Late Ancient Christianity, in: Anglican Theological Review 63, 1981, S. 240-257; dies., Patrons, not Priests: Gender and Power in Late Ancient Christianity, in: Gender and History, 2, 1990, S. 253-273; vgl. auch J. W. Drijvers, Clarissimae feminae en de christijke ascese. De vrouwelijke volgelingen van Hieronymus, in: Jaarboek voor vrouwengeschiedenis 4, 1983, S. 30ff.; J. Bremmer, Why did Early Christianity attract

Upper-class Women? in: Fructus Centesimus. Mélanges offerts à G. J. M. Bartelink à l'occasion de son 65ᵉ anniversaire, hg. v. A. A. R. Bastiaensen / A. Hilhorst / C. H. Kneepkens, Steenbrugis – Dordrecht 1989, S. 37-47. Zum Einfluß von Frauen in der Kirche des ausgehenden 4. Jahrhunderts, Brown, The Body and Society, S. 344f., 370f.

254 Dies gilt auch für die *V. Mel. iun.*, vgl. Clark, Ascetic Renunciation, S. 253f.
255 Hieronymus, *ep. 77,* c. 8, 4, CSEL 55, S. 46.
256 Hieronymus, *ep. 108,* c. 23-25, CSEL 55, S. 339-344. Um welchen Vertreter der Gegenpartei es sich dabei handelte, ist nicht feststellbar, Smit, Commento all' „Epitaphium Sanctae Paulae," S. 359.

II. Die lateinische Vita Melaniae Iunioris

1 Zur Entdeckung und zu den Editionen dieser Texte, D. Gorce, Vie de sainte Mélanie, Paris 1962 (= SC 90), S. 45-52; E. A. Clark, The Life of Melania the Younger, New York – Toronto 1984, S. 1-4. Die bisher einzige Edition des unverkürzten lateinischen Textes legte vor M. Rampolla del Tindaro, Santa Melania giuniore, senatrice romana: documenti contemporei e nota, Rom 1905, S. 3-40 (im folgenden nach dieser Ausgabe zitiert als *V. Mel. iun.*); leicht korrigierte Wiedergabe von Rampollas Edition des griechischen Textes mit französischer Übersetzung bei Gorce, Vie de sainte Mélanie, S. 124-271.
2 Zu diesen Unterschieden, A. d'Alès, Les deux vies de sainte Mélanie la Jeune, in: AB 25, 1906, S. 401-450.
3 Rampolla, Santa Melania giuniore, S. LXII; d'Alès, Les deux vies, S. 448; Clark, Life of Melania the Younger, S. 5.
4 Die Priorität der lateinischen Fassung und die These einer lateinischen Urfassung vertritt Rampolla, Santa Melania giuniore, S. LVIII-LXIX; die Gegenthese d'Alès, Les deux vies, passim. Ein Argument für eine griechische Urfassung liefert auch E. C. Butler, Cardinal Rampolla's Melania the Younger, in: Journal of Theological Studies 7, 1906, S. 630-632, hier S. 631. Zu diesen Diskussionen zusammenfassend Gorce, Vie de sainte Mélanie, Paris 1962, S. 49-54; Clark, Life of Melania the Younger, S. 5-16. Die Übersetzungsthese vermag einige obskure Stellen der lateinischen Fassung zu erklären, d'Alès, Les deux Vies, bes. S. 420, 423, 450; zu diesem Problem auch Clark, Life of Melania the Younger, S. 11-13, die der These einer griechischen Urfassung größere Wahrscheinlichkeit zubilligt.
5 D'Alès stellt die voneinander abweichenden Unterschiede der ältesten griechischen und lateinischen Fassungen zusammen, legt jedoch bei ihrer Deutung einen für hagiographische Darstellungen problematischen Originalitätsbegriff zugrunde. Er schreibt nicht nur sachliche Unebenheiten der lateinischen Fassung in oft wenig überzeugender Weise der Ungeschicklichkeit des Übersetzers zu, sondern deutet auch die größere sprachliche und inhaltliche Eleganz der griechischen Fassung als Zeichen größerer Nähe zur Urfassung, ohne zu berücksichtigen, daß es sich auch um Glättungen eines Überarbeiters handeln kann. Auch nach seiner Auffassung hängt jedoch die lateinische Fassung nicht von der ältesten überlieferten griechischen Version ab, Les deux vies, S. 403, 416, 431. Auf die Möglichkeit, daß die *Vita Melaniae iunioris* von Anfang an in zwei Fassungen verbreitet gewesen sein könnte, weist hin Berschin, Biographie und Epochenstil, I, S. 156 mit

Anm. 110; ein gleichzeitiges Zirkulieren der griechischen und der lateinischen Fassung in Jerusalem vermutete bereits Rampolla, Santa Melania giuniore, S. LXIX.
6   Zur Tendenz der lateinischen Fassung, d'Alès, Les deux vies, S. 449, Clark, Life of Melania the Younger, S. 22ff. D'Alès, ebd., datiert sie auf 452 oder wenig später.
7   Gorce, Vie de sainte Mélanie, S. 20ff.
8   Zur Verwandtschaft und Abstammung Melanias ausführlich Rampolla, Santa Melania giuniore, S. 106-148; zusammenfassend Gorce, Vie de sainte Mélanie, S. 20-36; Clark, Life of Melania the Younger, S. 83-92.
9   *V. Mel. iun.*, c. 49, S. 28, Z. 3f.; vgl. auch prol., S. 4, Z. 13ff. Im Prolog tituliert er Melania als *sancta mater* und *mater mea*. Zum Konzept der „geistlichen Mutterschaft" und den nicht-institutionalisierten geistlichen Führungsrollen, auf die der Muttertitel im östlichen Monastizismus hinweist, Albrecht, Leben der heiligen Makrina, S. 138-143.
10 Auf Erzählungen Melanias nimmt er im ersten Teil seines Berichts häufig Bezug, *V. Mel. iun.*, c. 11, S. 9, Z. 27; c. 15, S. 11, Z. 20ff.; c. 16, S. 12, Z. 7ff.; c. 17, S. 12, Z. 18f.; c. 22, S. 14, Z. 30 und 32; c. 31, S. 17, Z. 25ff.; c. 35, S. 20, Z. 21; c. 38, S. 21, Z. 30, und weist auf seine Probleme bei der chronologisch korrekten Berichterstattung hin, c. 15, S. 11, Z. 23f. Daneben beruft er sich seltener auch auf andere Augenzeugen, c. 23, S. 15, Z. 14ff., c. 40, S. 23, Z. 9f., vgl. auch prol., S. 4, Z. 11. Die These Rampollas, daß die Verwendung der 1. Pers. in c. 12, S. 9f. als Hinweis auf die Gegenwart des Autors bei der Audienz Melanias am weströmischen Kaiserhof zu deuten sei, Rampolla, Santa Meliania giuniore, S. LXXIIf., wurde allgemein abgelehnt. Zu dieser Stelle Fr. Diekamp, Rez. Rampolla, Santa Melania giuniore, in: Theologische Revue 5, 1906, Sp. 241-245, hier Sp. 244f.; d'Alès, Les deux vies, S. 407f. Gorce versucht eine Erklärung, indem er darauf hinweist, daß der Autor eine Erzählung Melanias wiedergeben könnte, auf die er kurz vorher Bezug nimmt (*V. Mel. iun.*, c. 11, S. 9, Z. 26f.) und deren Kennzeichnung als direkte Rede bei der Übersetzung ins Lateinische entfallen sein könnte, Vie de sainte Mélanie, S. 61f. Es wäre auch denkbar, daß der Autor bei der Schilderung von Melanias Empfang am weströmischen Kaiserhof seine Erinnerung an ihren Empfang am oströmischen Kaiserhof zu Hilfe nahm, den er miterlebt hatte, und deshalb unwillkürlich in die erste Person verfiel. Die einzige Stelle vor dem Bericht über Melanias Niederlassung in Jerusalem, an der er sich ausdrücklich selbst erwähnt, *V. Mel. iun.*, c. 28, S. 16, ist wohl als ein chronologischer Vorgriff auf die Jerusalemer Zeit zu erklären, Diekamp, Rez. Rampolla, Sp. 244; Gorce, Vie de sainte Mélanie, S. 60, 70. Weitere Beobachtungen, die gegen eine Augenzeugenschaft des Autors in Tagaste sprechen, bei Clark, Life of Melania the Younger, S. 112-114.
11 Er führt sich selbst ein und erläutert seine Beziehung zu Melania in *V. Mel. iun.*, c. 49, S. 28, Z. 2ff.; vgl. dazu auch prol., S. 4, Z. 19ff. Hinweise auf seinen Kontakt mit ihr finden sich danach in den letzten Abschnitten der Vita häufig, c. 52-54, S. 29f.; c. 64, S. 37; c. 65, S. 38; c. 66-68, S. 38f.
12 Ch. de Smedt, Vita sanctae Melaniae junioris, in: AB 8, 1889, S. 16-63, hier S. 17; Rampolla, Santa Melania giuniore, S. LXX-LXXII; Gorce, Vie de sainte Mélanie, S. 54-62.
13 Kyrillos von Skythopolis, *Leben des Euthymios*, c. 45, frz. übers. A.-J. Festugière, Cyrille de Scythopolis, Vie de Saint Euthyme, Paris 1962, S. 121f. Über Gerontius' Aufwachsen und Werdegang unter der Obhut von Melania und Pinian berichtet auch Johannes Rufus im *Leben Petrus des Iberers,* dt. übers. R. Raabe, Petrus der Iberer. Ein

Charakterbild zur Kirchen- und Sittengeschichte des 5. Jahrhunderts, Leipzig 1895, S. 35f.

14 Benedictus Deus, qui suscitavit tuum pretiosum caput, Sacerdos Dei sanctissime, scribere ad meam humilitatem ut exponerem de conversatione sanctissimae et cum angelis habitationem habentis matris nostrae Melaniae, *V. Mel. iun.,* prol., S. 3, Z. 1-3.

15 Dies zeigt auch folgende Stelle: […] sanctis episcopis, qui tibi, sancte, sunt similes, *V. Mel. iun.*, c. 11, S. 9, Z. 17f.

16 Santa Melania giuniore, S. LXVII.

17 Ebd., S. LXVIIIf.

18 Valentinian III. wird als *piissimus imperator noster Valentinianus* tituliert, *V. Mel. iun.*, c. 50, S. 28, Z. 17; Theodosius II. dagegen nur als *augustus, imperator* oder *rex* ohne namentliche Nennung, c. 53, S. 30, Z. 12; c. 56, S. 31, Z. 38; c. 59, S. 34, Z. 3.

19 Zu diesen Ereignissen, E. Honigmann, Juvenal of Jerusalem, in: Dumbarton Oaks Papers 5, 1950, S. 209-279, hier S. 247-257; zur Kehrtwendung Juvenals, dem der Verlust seines Bischofssitzes drohte, auf dem Konzil von Chalkedon ebd. S. 242f.; zur Rolle der in Jerusalem residierenden Kaiserin Eudokia bei der Einsetzung des Theodosius, K. G. Holum, Theodosian Empresses: Women and Imperial Dominion in Late Antiquity, Berkley 1982, S. 222-224.

20 D'Alès, Les deux vies, S. 446, 449.

21 Life of Melania the Younger, S. 18f.

22 Ebd., S. 19-22.

23 […] omnibus qui lecturi sunt […] *V. Mel. iun.*, c. 34, S. 18, Z. 27.

24 Multorum multa et varia per diversa tempora conscripta ad aedificationem credentium saeculo relicta sunt per gratiam Dei, quae fidem et propositum desiderantium confirmarent. Necessarium ergo existimavi proprium perficere desiderium, propriae utilitatis gratia et eorum qui muniuntur praesenti conversatione sanctae matris enarrare […] ebd., prol., S. 4, Z. 6-10. Belege für die Verwendung von *propositum* als *terminus technicus* für den asketischen Vorsatz bei spätantiken christlichen Autoren bei A. Blaise, Dictionnaire latin-français des auteurs chrétiens, Turnhout 1954, S. 676. Auch der Begriff *desiderium* ist in der *V. Mel. iun.* in diesem Sinne belegt: […] universa eius [sc. Melaniae, S. W.] studia vel in amore Christi profusum desiderium pronuntiare […], c. 63, S. 36, Z. 24f.

25 Siehe vorige Anm.

26 *V. Mel. iun.*, c. 65, S. 38, Z. 2-5; c. 67, S. 39, Z. 9f; c. 68, S. 39, Z. 16ff.

27 Ebd., c. 41-48, S. 23-27.

28 Ebd., c. 61, S. 35, Z. 7ff.

29 Ebd., c. 49, S. 27f. (Gründungsbericht); vgl. auch c. 57, S. 32, Z. 32ff., wo von einer weiteren Mönchsgemeinschaft bei einem von Melania erbauten Martyrium die Rede ist.

30 Ebd., c. 67, S. 39, Z. 9ff.

31 Ebd., c. 65, S. 37f. Diese Mahnrede hält Melania vom Krankenlager aus, als sie ihren Tod bereits ahnt. Sie geht der Sterbeszene voraus; der Abschied von den Jungfrauen wird in c. 67, S. 39, Z. 11f., berichtet.

32 Ebd., c. 65, S. 38, Z. 8-23; zum Fehlen dieser Stelle in der griechischen Fassung, d'Alès, Les deux vies, S. 445.

33 Zu den lateinischsprachigen Mitgliedern der westlichen Klostergründungen in Palästina und der Notwendigkeit, griechische Werke für sie zu übersetzen, Rampolla, Santa Melania giuniore, S. LXVIIIf. Zur Tendenz der lateinischen Fassung, einige für weströmische

Leser vielleicht ärgerliche theologische Positionen des Gerontius abzumildern, Clark, Life of Melanie the Younger, S. 22-24.
34 Zur Sprache der lateinischen Fassung, Rampolla, Santa Melania giuniore, S. LXIV; vgl. auch Gorce, Vie de sainte Mélanie, S.52. Zu obskuren Stellen, d'Alès, Les deux vies, bes. S. 416, 420, 423.
35 Zit. oben, Anm. 14 zu diesem Kapitel.
36 Zit. oben, Anm. 24 zu diesem Kapitel.
37 Vie de sainte Mélanie, S. 63f.
38 Zusammengestellt bei Moine, Art. Mélanie la Jeune, Sp. 960ff.
39 *V. Mel. iun.*, c. 27-28, S. 16.
40 Clark, Piety, Propaganda, and Politics, S. 72-82. Zu weiteren Lücken und Verzerrungen der Vita, die im Vergleich mit anderen Quellen erkennbar sind, ebd., S. 69ff, 82ff; dies., Life of Melanie the Younger, S. 85-92, 110-114. Zur historischen Melania vgl. auch Rampolla, Santa Melania giuniore, S. XII-XLIII.
41 Palladius, *HL,* c. 54, S. 254f.
42 Clark, Piety, Propaganda and Politics, S. 73-74. Möglicherweise handelt es sich bei der nicht namentlich genannten häretischen *matrona mulier nobilis,* in *V. Mel. iun.*, c. 28, S. 16, um Melania die Ältere, Moine, Melaniana, S. 73-77; Clark, ebd., S. 82.
43 Zu den literarischen Traditionen, an die diese Vita anknüpft, E. A. Clark, The Life of Melania the Younger and the Hellenistic Romance: A Genre Exploration, in: Dies., The Life of Melania the Younger, New York – Toronto 1984, S. 153-170, 244-259.
44 Z.B. *V. Mel. iun.*, c. 15, S. 11, Z. 23f.; c. 34, S. 18, Z. 28.
45 Ebd., c. 8, S. 7, Z. 22. Zu den leicht abweichenden Altersangaben der griechischen Fassung und des Palladius und ihrer Interpretation, Rampolla, Santa Melania giuniore, S. 103.
46 Zu dieser Datierung, die von dem traditionellen, auf Rampolla, Santa Melania giuniore, S. 99-103, zurückgehenden Ansatz abweicht und die sich aus einer revidierten Chronologie von Briefen des Augustinus und des Paulinus von Nola ergibt, Moine, Melaniana, S. 52-63.
47 *V. Mel. iun.*, c. 19, S. 13, Z. 19-23; zu den historischen Hintergründen und zur chronologischen Einordnung der Reise nach Nordafrika, Clark, Life of Melania the Younger, S. 103-110.
48 *V. Mel. iun.*, c. 34, S. 19, Z. 29ff; zur Datierung, Clark, Life of Melania the Younger, S. 114 mit Anm. 58 auf S. 218.
49 Rampolla, Santa Melania giuniore, S. 105.
50 *V. Mel. iun.*, prol., S. 4, Z. 4f.; c. 63, S. 36, Z. 28f.; c. 70, S. 40, Z. 18.
51 Ebd., c. 26, S. 16, Z. 12.
52 Ebd., c. 70, S. 40.
53 [...] videns te filiam meam [...] sic affligi ac nullam requiem dare corpori tuo magnamque sustinere martyrium, ebd., c. 33, S. 18, Z. 21f.
54 Ebd., c. 34, S. 18f.
55 Ebd., c. 34, S. 20. Über diesen Nestorius ist sonst nichts bekannt; er ist mit keinem anderen gleichnamigen Heiligen identifizierbar, Gorce, Vie de sainte Mélanie, S. 191, Anm. 3.
56 Nämlich das schreckliche Ende eines römischen Praetors, der die Veräußerung von Melanias und Pinians Vermögen bekämpft hatte, sowie Ereignisse auf einer Seereise, die sie

von Nordafrika aus unternahmen, um Paulinus von Nola zu besuchen, *V. Mel. iun.*, c. 34, S. 18, Z. 28-S. 39, 30.

57 Auf solche Vorgriffe deuten neben der Erwähnung der *sancta loca* auch das Auftreten des Autors, ebd., c. 28, S. 16, und die Anspielung auf Melanias völlige Besitzlosigkeit noch zu Lebzeiten hin, c. 30, S. 17, Z. 14f., da sowohl der Eintritt dieser Besitzlosigkeit als auch die Stellung des Autors erst im folgenden Abschnitt vor Augen geführt wird, c. 35, S. 20, Z. 21ff.; vgl. dazu Diekamp, Rez. Rampolla, Sp. 244; Gorce, Vie de sainte Mélanie, S. 60 u. 70.

58 *V. Mel. iun.*, c. 61, S. 34, Z. 35.

59 Wer könnte in der Tat ihre Tugenden erschöpfend beschreiben, entweder die leidenschaftliche Weltabwendung oder den Glauben oder so viele Wohltaten oder die Wachsamkeit oder das Liegen auf bloßer Erde oder das Ertragen eines ungünstigen Schicksals oder die ungeheure Enthaltsamkeit oder die Sanftmut oder die Mäßigkeit oder die Demut oder die Dürftigkeit der Kleidung, *V. Mel. iun.*, prol, S. 3, Z. 8-11.

60 Ebd., prol., S. 4, Z. 12f., 19ff und 30f.; vgl. auch die Überlegungen zu eventuell heimlich vollbrachten *virtutes,* prol., S. 4, Z. 25-29.

61 [...] assimilavi me ipsum pueris piscatorum mittentibus retia in mare, qui sciunt quia omnes pisces non valent piscari, [...] sed unusquisque eorum secundum propriam virtutem quantitatem adfert, ebd., prol., S. 3, Z. 13-17.

62 [...] sancta loca, in quibus Dominus noster virtutis suae gloriam demonstravit, ebd., c. 34, S. 18, Z. 25; vgl. auch c. 42, S. 24, Z. 19f. Melanias Fähigkeit, Heilungswunder zu bewirken, wird dagegen als *gratia* bezeichnet: gratia curationum, c. 60, S. 34, Z. 6; vgl. auch c. 62, S. 35, Z. 13f.; ähnlich mit Bezug auf Nestorius: prophetiae gratiam, c. 34, S. 20, Z. 1f. und 3f.

63 [...] ut ego [sc. Melania, S. W.] audiens virtutem orationis, confirmationem accipiam, ebd., c. 66, S. 39, Z. 3.

64 Ebd., c. 31, S. 17, Z. 31ff.

65 Nur wenige Male bezeichnet es im Singular eine jeweils spezifizierte Tugendleistung, ebd., prol., S. 4, Z. 13; c. 32, S. 18, Z. 2; vgl. auch c. 43, S. 24, Z. 26. Diese Deutung ist auch möglich für die Wendung *virtutem et hic operatam fuisse,* c. 61, S. 34, Z. 27f., die sich doch wohl auf das weiter unten, S. 35, Z. 13-17, geschilderte Verhalten bezieht. Aus dem Rahmen fällt der Nebensatz *qui erat virtute et moribus similis,* c. 8, S. 7, Z. 25f., der übrigens in der von Rampolla an die erste Stelle gesetzten Handschrift fehlt. Dieser Nebensatz ist auch inhaltlich eigenartig, da er die Vergleichbarkeit Pinians mit Melania hervorhebt, aber in einen Satz eingefügt ist, aus dem das Gegenteil hervorgeht, nämlich daß Pinian zunächst nicht in der Lage war, es ihr in der Kleideraskese gleichzutun. Dies spricht dafür, daß dieser Nebensatz interpoliert sein könnte.

66 [...] si qua ex vobis omnem virtutem faciat, sive abstinentiam sive ieiunium sive vigilias sive orationes sive castitatem [...] ebd., c. 43, S. 24, Z. 26f.; [...] et fidem incommutabilem tenete; haec enim est fundamentum omnium virtutum, S. 25, Z. 4f.; [...] ieiunium debet minimum esse omnium virtutum, S. 25, Z. 11f; vgl. auch c. 42, S. 24, Z. 9.

67 Ebd., prol., S. 4, Z. 25f.; c. 43, S. 24, Z. 26, s. vorige Anm.; vgl. auch die Verbindung mit *operari,* c. 70, S. 40, Z. 28ff., s. folgende Anm.

68 Pro [...] virtutibus quas operata est, [...] ebd., c. 70, S. 40, Z. 28; vgl. auch prol., S. 4, Z. 2ff.

69 *V. Mel. iun.*, c. 26, S. 16, Z. 14.
70 [...] sancti Alypii episcopi, qui erat vir [...] virtutibus pollens et sanctitate [...] ebd., c. 21, S. 14, Z. 9f.; [...] quam virtutibus audierant collucentem, c. 51, S. 28, Z. 27; vgl. auch c. 35, S. 20, Z. 17.
71 Aemulabatur itaque omnium conversationem et referebat nobis, maxime quibus confidebat. Nec enim desiderabat gloriam humanam, ut aliquis sciret virtutes eius, sed secundum Apostolum nobis dicebat: „Scio hominem" et ita haec sua gesta quasi de alio referebat, [...] ebd., c. 22, S. 14, Z. 29-33; vgl. auch prol., S. 3, Z. 2, 8, S. 4, Z. 9f., 20, 24, 27, wo der Gegenstand der Vita abwechselnd mit den Worten *virtutes* und *conversatio* bezeichnet wird. Zur Assoziation mit *lobores* siehe folgende Anm.
72 Pro laboribus quibus laboravit et virtutibus quas operata est, recepit quae oculus non vidit et auris non audivit nec in cor hominis ascendit quae praeparavit Deus diligentibus se, ebd., c. 70, S. 40, Z. 28ff.; vgl. auch prol., S. 4, Z. 2ff.
73 Mit der Aussicht, wenn zwei Kinder geboren seien, *tunc cum Dei vouluntate pariter mundo abrenuntiabimus,* ebd., c. 1, S. 5, Z. 10f., vertröstete Pinian seine Braut, die ihn gleich nach der Hochzeit um die Erlaubnis zu einem Keuschheitsgelöbnis bat.
74 [...] scientes quia nisi saecularium commixtiones magno et calcantis gloriam reiiciantur officio, difficile est mundum offerre ministerium, ebd., c. 7, S. 7, Z. 18ff.
75 [...] Dei iugum fiducialiter assumere, ebd., c. 6, S. 7, Z. 3.
76 [...] manifestius abrenuntiant, et coeperunt peregrinorum esse susceptores et pauperum curis vacare. Sanctis etiam episcopis et presbyteris et omnibus advenientibus peregrinis, in suburbano urbis Romae se in rure constituentes, non parvam humanitatem exhibientes administrabant. Nec enim semetipsos post abrenuntiationem passi sunt ingredi civitatem [...] ebd., c. 7, S. 7, Z. 10-14.
77 *V. Mel. iun.*, c. 8, S. 7f.
78 Quoniam cum in principio abrenuntiationis nostrae anxiaremur, impugnantibus nobis omnis (non enim erat nobis collucatio adversus carnem et sanguinem solum tantum pondus divitiarum deponere, sed adversus principes et potestates huius saeculi) [...] ebd., c. 14, S. 12, Z. 9-13. Zu den Widerständen von Verwandten und Standesgenossen gegen die Opferung dieses immensen Vermögens für fromme Zwecke, c. 10-12, S. 8ff.; c. 34, S. 18f.; zu den Anfechtungen Melanias dabei, c. 17-18, S. 12f. Zum historischen Kontext, P. Allard, Une grande fortune romaine au cinquième siècle, in: Revue des questions historiques, 41. Jg., N. S. 37, Paris 1907, S. 5-30.
79 [...] iam multas in mundo sustinens tribulationes, secundum quod scriptum est, per arma iustitiae a dextris et a sinistris fidem conservans, cursum consummans [...] *V. Mel. iun.*, c. 63, S. 36, Z. 27f. (vgl. 2. Kor. 6, 7).
80 Et erant [sc. Melania und Pinian, S. W.] in tribulatione magna positi, et non permittebatur Dei iugum fiducialiter assumere, ebd., c. 6, S. 7, Z. 2f.; [...] qualiter, cum vellent abrenuntiare, passi essent tribulationes, prohibente etiam patre propter vanam saeculi gloriam, c. 12, S. 10, Z. 8f.
81 Ebd., c. 52, S. 29, Z. 3; c. 55, S. 31, Z. 3.
82 Ebd., c. 21, S. 14, Z. 19; c. 27, S. 16, Z. 21ff. Vgl. aber c. 28, S. 16, Z. 26ff., wo von *ficta fides* einer vornehmen Häretikerin die Rede ist.
83 Ebd., c. 43, S. 25, Z. 4f., zit. oben, Anm. 66 zu diesem Kapitel.
84 [...] quia laborarent [sc. Melania und Pinian, S. W.] [...] ad profectum fidei, ebd., c. 16, S. 12, Z. 17.

85 *V. Mel. iun.*, c. 35, S. 20, Z. 24; in diesem Sinn ist *fides* wohl auch in c. 53, S. 30, Z. 4 zu deuten.
86 Ebd., c. 7, S. 7, Z. 14-18; vgl. auch c. 8, S. 7, Z. 29; c. 9, S. 8, Z. 24f.; c. 14, S. 11, Z. 11f.; c. 15, S. 11, Z. 25; c. 20, S. 13, Z. 29f; c. 30, S. 17, Z. 12f. und an zahlreichen weiteren Stellen. Zu Melanias *fides* vgl. auch c. 31, S. 17, Z. 32f.; c. 30, S. 17, Z. 20; c. 49, S. 27, Z. 32; c. 53, S. 30, Z. 4.
87 Ebd., c. 31, S. 17, Z. 24; c. 70, S. 40, Z. 20.
88 Ebd., c. 4, S. 5, Z. 16; c. 36, S. 21, Z. 14f; c. 50, S. 28, Z. 22f.
89 Ebd., c. 27, S. 16, Z. 21f.; c. 49, S. 27, Z. 28.
90 [...] beatissima libentius postea cilicium, quam ante linteamina utebatur, sed acceperat virtutum ab eo, qui dixit: Petite et accipietis. Ita et huic beatissimae ex fide petenti virtus ab alto data est, ebd., c. 31, S. 17, Z. 31ff.
91 Ebd., c. 55, S. 31, Z. 18f.
92 [...] ipsa nihil dubitans de sexus sui fragilitate, sed roborata fide quotidie iter agere properabat, [...] ebd., c. 56, S. 32, Z. 5f. Zu dieser Stelle s. auch S. 60f.
93 So etwa *V. Mel. iun.*, c. 16, S. 12, Z. 16f.; c. 49, S. 48, Z. 8f.; c. 55, S. 31, Z. 18ff.
94 Das Wort wird ebd., c. 19, S. 13, Z. 10 und 12 in diesem Sinn verwendet.
95 Ebd., c. 14-15, S. 11f.; c. 17-18, S. 12f.; c. 20-21, S. 13f. Zur historischen Interpretation dieser Nachrichten über den Umfang von Melanias und Pinians Reichtum, Clark, Life of Melania the Younger, S. 95-100; vgl. auch Allard, Une grande fortune romaine, passim.
96 *V. Mel. iun.*, c. 14, S. 11, Z. 11ff.; vgl. auch c. 30, S. 17, Z. 12ff.
97 Ebd., c. 17, S. 12, Z. 20f.; c. 19, S. 13, Z. 9f.; c. 20, S. 13, Z. 28; vgl. auch c. 13, S. 12, Z. 3f. (Arme); c. 34, S. 19, Z. 30 (Gefangene).
98 Ebd., c. 19, S. 13, Z. 14-17.
99 Ebd., c. 20, S. 13f. Den hier ebenfalls genannten, aber nicht identifizierbaren *Iovius frater* erklärte d'Alès als eine Verschreibung von *huius frater,* Les deux Vies, S. 416.
100 *V. Mel. iun.*, c. 38, S. 21f.
101 Ebd., c. 34, S. 19, Z. 21-28; vgl. auch ebd. Z. 7ff.; c. 20, S. 13, Z. 28f.
102 Ebd., c. 30, S. 17, Z. 12ff.
103 So bei der Ankunft Melanias und ihrer Angehörigen in Jerusalem: [...] habentes adhuc quidem parvam pecuniam auri, quam expenderunt per manus eorum qui praepositi erant super pauperes [...] *V. Mel. iun.*, c. 35, S. 20, Z. 18ff.; vgl. auch c. 13, S. 12, Z. 3f. Nur sehr undeutlich klingt die persönliche Bemühung um Arme in der Wendung *pauperum curis vacare* an, c. 7, S. 7, Z. 10f.
104 Das Wort *vigilantia* wird nur an einer Stelle verwendet: [...] diabolus omnino potest imitari servos Dei, id est in ieiunio, quia ille, ex quo factus est, numquam manducavit; et si vigilantiam dixeris, numquam novit dormire [...] ebd., c. 43, S. 24f.
105 Ebd., c. 5, S. 6, Z. 2 u. 3f.; c. 36, S. 21, Z. 11; c. 43, S. 24, Z. 27; c. 63, S. 38, Z. 10.
106 Ebd., c. 33, S. 18, zit. oben, Anm. 53 zu diesem Kapitel.
107 *V. Mel. iun.*, c. 5, S. 6.
108 Ebd., c. 22, S. 14, Z. 20ff. Diese werden auch als „ihre Schwestern" bezeichnet, c. 23, S. 15.
109 Ebd., c. 23, S. 15, Z. 8-11.
110 Ebd., c. 42, S. 24; c. 46, S. 26; vgl. auch c. 65, S. 38, Z. 9f.
111 Ebd., c. 48, S. 27, Z. 8-14.

112 [...] quia nec sine cilicio dormivit [...], ebd., c. 24, S. 15, Z. 19; [...] nihil aliud umquam praeter cilicium uteretur [...], c. 35, S. 20, Z. 25f.; c. 40, S. 23, Z. 11, zit. unten, Anm. 117 zu diesem Kapitel.
113 Non vides quia multi in mattis et in nuda terra iacent? *V. Mel. iun.*, c. 62, S. 35, Z. 34f.
114 Melania entkräftet noch weitere, ähnliche Versuchungen mit dem Hinweis auf die größere Armut oder Askese anderer Menschen, ebd., c. 62, S. 35f. Zum Motiv des Schlafens auf bloßer Erde vgl. auch Athanasius, *Leben des Antonius*, c. 4, dt. übers. v. H. Mertel, in: Des heiligen Athanasius Schriften, II, Kempten – München 1917 (= BKV 31), S. 17.
115 [...] post hanc virtutem tolerantiae [...], *V. Mel. iun.*, c. 32, S. 18, Z. 2 mit Bezug auf c. 31, S. 17, bes. Z. 31ff.; vgl. auch c. 35, S. 20, Z. 25f.
116 Ebd., c. 40, S. 22f.
117 [...] puella quae ei [sc. Melaniae, S. W.] ministrabat [...] in cilicio, quod eidem sanctae [sc. Melania] substernebatur in cinere, vermes immanes inveniebat, ebd., c. 40, S. 23, Z. 10ff.
118 In hac tali tolerantia fecit annos quatuordecim in Hierosolyma, in omnibus sanctis moribus et caelesti conversatione semetipsam exercens, ebd., c. 41, S. 23, Z. 13f.
119 [...] cum propter voluntariam paupertatem et multam tolerantiam nihil aliud umquam praeter cilicium uteretur, [...] ebd., c. 35, S. 20, Z. 25f.
120 *V. Mel. iun.*, c. 25, S. 16, Z. 2, Z. 5; vgl. auch c. 43, S. 25, Z. 7-12.
121 Per multos igitur annos eodem modo abstinens et moribus aequaliter et ieiunio perduravit [...] ebd., c. 25, S. 15, Z. 25f.
122 Ebd., c. 22-24, S. 15: allmähliche Steigerung des Fastens (c. 22); Tageseinteilung: Handarbeit, Lesen, Kontakt mit „Schwestern" (c. 23); Veränderung des Fastens, der Schlafgewohnheiten und Schreib-, Lese-, und Speisezeiten im Jahres- und Tagesrhythmus (c. 24).
123 [...] coeperunt uti consilio, qualem sibi abstinentiae modum imponerent, ebd., c. 9, S. 8, Z. 17f.; per multos igitur annos eodem modo abstinens [...], c. 25, S. 15, Z. 25; et cum hanc abstinentiam perficeret, in aliam transferebatur, c. 26, S. 16, Z. 18f.
124 Dum non possent igitur in principio abstinentia fortissima uti [...] ebd., c. 8, S. 7, Z. 21; dicebant quidem: Nom valemus nimiam vel arduam suscipere abstinentiam, ne forte in principio corpus confringentes, postea ad delicias convertamur, c. 9, S. 8, Z. 18f.
125 Ebd., c. 8, S. 7, Z. 21f; c. 9, S. 8, Z. 20ff.
126 Ebd., c. 9, S. 8.
127 [...] beatissima [...] necessarium beatissimae Mariae opus elegit; et amplum pondus divitiarum deponens, incipit abstinentia uti, ebd., c. 22, S. 14, Z. 23f.
128 Zu dieser Vorstellung s. o., S. 20.
129 [...] talis debet esse vita monachorum sive abstinentia, [...] *V. Mel. iun.*, c. 43, S. 25, Z. 9.
130 [...] nimius ardor fidei eius et abstinentiae [...] ebd., c. 35, S. 20, Z. 24.
131 Vgl. auch ebd., c. 40, S. 23, Z. 8ff.; c. 62, S. 35, Z. 20 und S. 36, Z. 8f.
132 Mit Bezug auf Kleidungsaskese ist von *nimia* bzw. *ingens abstinentia* die Rede in c. 31, S. 17, Z. 22ff., zit. unten, Anm. 136 zu diesem Kapitel; c. 40, S. 23, Z. 3f.; mit Bezug auf Nahrungsaskese in c. 25, S. 16, Z. 2f.; nicht auf bestimmte Praktiken beziehen läßt sich dagegen der Beleg in c. 35, S. 20, Z. 24.

133 An einer Stelle fällt dies im Vergleich mit dem Tagaste-Abschnitt besonders auf: [...] semetipsam acrioribus ieiuniis et orationibus coarctans [...] *V. Mel. iun.*, c. 49, S. 27, Z. 25f.
134 Ebd., c. 40-41, S. 22f.
135 [...] amore divino perculsa, desiderabat maioribus se conluctationibus exhibere paratam. Voluit ergo intra cellulae suae secretum clausa iugiter residere, ut neminem nec ad videndum prorsus susciperet: sed probita est sanctorum consilio dicentium, hoc esse imposibile propter multorum ibidem conventum et propter bonam eius allocutionem et aedificationem, ebd., c. 32, S. 18, Z. 2-6. Der „Rat der Heiligen," der ihrem Wunsch nicht stattgab, dürfte Melanias Mutter, ihren Ehemann und die „heiligen Männer" umfaßt haben, die Melania auch zur Aufhebung ihres Fastens zu Ostern bewogen, c. 25, S. 15f. Der starke Wunsch Melanias nach einer *solitaria in Domino vita* wird bereits im Abschnitt über ihr eheliches Leben thematisiert, c. 5, S. 6, Z. 15.
136 Et omnia quae sunt ad usum vel sexum femineum deintus et foris non laneum, sed cilicinum factum utebatur, propter nimiam abstinentiam [...] ebd., c. 31, S. 17, Z. 22-24.
137 *Abstinentia* kommt in den Erbauungsreden mehrfach vor: *V. Mel. iun.*, c. 43, S. 24, Z. 26 und S. 25, Z. 9; c. 62, S. 35, Z. 20 und S. 36, Z. 8.
138 Ebd., c. 43, S. 25, Z. 8ff. Die Vermeidung von Einbildung und Hochmut wegen ihrer Tugendleistungen thematisiert Gerontius auch bei Melania, c. 62, S. 35f.; c. 26, S. 16, Z. 14f.; vgl. auch c. 32, S. 18, Z. 12, c. 22, S. 14, Z. 30ff.
139 Ebd., c. 45, S. 26. Melanias Vorschlag, *nimius labor vigiliarum* zu mildern, wird dagegen von den Nonnen nicht akzeptiert, c. 48, S. 27.
140 *V. Mel. iun.*, c. 62, S. 36, Z. 8f.
141 S. o., S. 44 mit Anm. 10.
142 S. o., S. 46.
143 Nam mansuetudinem eius, quam ad eos habebat qui philosophiam continebant, [...] *V. Mel. iun.*, c. 27, S. 16, Z. 20f. Zur Deutung von *philosophia* als idealchristliches Leben, Gorce, Vie de sainte Mélanie, S. 180, Anm. 2.
144 *V. Mel. iun.*, c. 48, S. 27.
145 Ebd., c. 62, S. 36, Z. 12, 17; vgl. auch c. 11, S. 9, Z. 16f.
146 Ebd., c. 65, S. 37, Z. 29f.
147 Ebd., c. 29, S. 17, Z. 5ff.
148 Ebd., c. 39, S. 17, Z. 2f.
149 Ebd., c. 42, S. 24, Z. 10.
150 Ebd., c. 41, S. 23, Z. 27f.; vgl. auch c. 42, S. 24, Z. 27.
151 Ebd., c. 43, S. 25, Z. 5ff.
152 Ebd.
153 [...] pro continentia sancti fratris [...], ebd., c. 6, S. 6, Z. 26; [...] sectabatur continentiam quarundam mulierum [...], c. 25, S. 15, Z. 28f.; [...] cum multae nobiles et inlustres matronae [...] continentiae studerent; [...] c. 54, S. 30, Z. 22ff.
154 Die noch jungfräuliche Braut hegte den Wunsch, [...] habitare [...] secum legem castitatis et continentia, ebd., c. 1, S. 5, Z. 5; während ihrer ehelichen Lebensphase ist die Rede von ihrem *desiderium pudicitiae*, c. 3, S. 5, Z. 18.
155 Zur Hochschätzung der nicht nur spirituell, sondern auch körperlich verwirklichten Jungfräulichkeit vgl. *V. Mel. iun.*, c. 29, S. 17, Z. 4ff.; c. 43, S. 25, Z. 5ff.

156 Ebd., c. 41, S. 23, Z. 19, S. 24, Z. 4; c. 57, S. 32, Z. 30; c. 61, S. 35, Z. 7; c. 64, S. 37, Z. 8; c. 65, S. 38, Z. 13 und öfter.
157 Die Verwendung des Wortes als Selbstbezeichnung des Autors oder in der direkten Rede (z.B. ebd., c. 49, S. 28, Z. 3; c. 64, S. 30, Z. 30f. u. ö.) gehört nicht in diesen Zusammenhang. Auch in c. 13, S. 10, Z. 29, drückt *humilitas* wohl nur konventionelles Verhalten aus.
158 [...] neptem suam Paulam virginem [...] ad Deum iter ostendens, et in omnibus mandatis Dei eam instruens, ad multam abstinentiam et humilitatem perduxit, ebd., c. 40, S. 23, Z. 7-9.
159 Zu deren Verwandtschaft mit Melania, Rampolla, Santa Melania giuniore, S. 138.
160 Piissima autem Serena regina iam ex multo tempore valde cupiebat et desiderabat videre beatissam Melaniam, audiens de eius tam mirabili et subita conversione, quod et de tali gloria mundi ad tantam humilitatem pervenisset, *V. Mel. iun.*, c. 11, S. 9, Z. 10ff.; vgl. auch c. 16, S. 12, Z. 8.
161 [...] cum vidisset eam in tali habitu et humilitate de tanta gloria et altitudine saeculi transmutatam, mirabatur et coepit flere, et ait ad me: „O si posses scire quomodo haec nutrita est in omnem generationem nostram sicut pupilla oculi et sicut rosa vel lilia cum incipiunt florere!" ebd., c. 53, S. 30, Z. 6-9.
162 Ebd., c. 12-13, S. 9-11.
163 Ebd., c. 50, S. 28, Z. 14ff.
164 Ebd., c. 52, S. 29.
165 Ebd., c. 56, S. 31, Z. 38f.
166 Ebd., c. 58-59, S. 33f.
167 Ebd., c. 58, S. 33, Z. 1-7.
168 Ebd., c. 63, S. 33, Z. 13ff.
169 Weitere, in der *V. Mel. iun.* verschwiegene Aktivitäten Eudokias berichtet Johannes Rufus, *Leben Petrus des Iberers,* dt. übers. Raabe, S. 37, der Eudokia auch die Errichtung des Martyriums zuschreibt, das nach *V. Mel. iun.*, c. 62-63, S. 32f., Melania erbauen ließ. Zu diesen Diskrepanzen, E. A. Clark, Claims on the Bones of saint Stephen: The Partisans of Melania and Eudocia, in: Dies., Ascetic Piety and Women's Faith, S. 99ff.
170 *V. Mel. iun.*, c. 43, S. 24f.
171 [...] humanam gloriam fugiens, humiliabat se et per blandam et mansuetam responsionem excusationem opponebat [...] ebd., c. 11, S. 9, Z. 15ff.
172 Christi autem ancilla cum haec audiret, non in elatione extollebatur, sed potius humiliabat se, sciens sicut foenum esse gloriam huius saeculi, ebd., c. 12, S. 10, Z. 5ff. (vgl. Jes. 40, 6; 1. Petr. 1, 24).
173 *V. Mel. iun.*, c. 51, S. 28, vgl. auch c. 39, S. 22, Z. 27ff.; c. 35, S. 20, Z. 26f.
174 Ebd., c. 41, S. 23, Z. 30.
175 Ebd., c. 42-48, S. 24-27; c. 65, S. 37f.
176 Et cum omnia ipsa sciret, faceret et doceret, semper humilians semetipsam, quasi nihil sciret et quod ab aliis sanctis doctoribus audiret, [...] ebd., c. 43, S. 24, Z. 29ff. Zu einer ähnlichen Stelle in Hieronymus' Nachruf auf Marcella s. o., S. 32. Zu Melanias geistlichem Bildungsstreben und ihren Studien, *V. Mel. iun.*, c. 21, S. 14, Z. 10ff.; c. 23, S. 15, Z. 4ff.; c. 26, S. 16, Z. 8-12; c. 36, S. 21.
177 Nec enim desiderabat gloriam humanam, ut aliquis sciret virtutes eius, sed secundum Apostolum nobis dicebat: „Scio hominem", et ita sua gesta quasi de alio referebat,

dicens: „Coepit ieiunare et septimanas perficere", ebd., c. 22, S. 14, Z. 30ff.; vgl. auch c. 26, S. 16, Z. 14f.

178 Sed beatissima concessam sibi gratiam humiliter volens celare et Deo reddens honorem,aliorum meritis cuncta reputabat dicens: „Quia haec zona cuiusdam sancti servi Dei fuit, pro cuius meritis te Dominus sanare dignatus est." Semper enim, ut dictum est, studebat quodcumque ei Dominus praestitisset, aliorum meritis deputare, ebd., c. 61, S. 35, Z. 13-17.

179 „Domina mater, quomodo tibi in tanta abstinentia et virtutum gratia superbia aut elatio non subripit?" At illa, ut solebat, sua illa humilitate aedificans nos, dicebat […] ebd., c. 62, S. 35, Z. 19ff.; […] referebat nobis ipsa beatissima ad aedificationem nostram, ut cognosceremus non extollere nos in quibus proficimus, c. 17, S. 12, Z. 18f.

180 Ebd., c. 43, S. 25, Z. 2f.

181 […] nolentes per se ipsos dispensare ne aliquid boni fecisse viderentur: ita semper humilitatem custodiebant. Asserebat denique beatissima quod eo voto et desiderio ibidem advenissent ut, omnibus in Christo dispensatis, in ecclesiastico breve conscripti, eleemosynam inter ceteros pauperes consequerentur, ebd., c. 35, S. 20, Z. 20ff. Neben der Intention, als Wohltäter unerkannt zu bleiben, könnte dieses Handeln auch den Zweck gehabt haben, eine gute Beziehung zu den lokalen kirchlichen Würdenträgern herzustellen. Auch ihrer Niederlassung in Tagaste waren Schenkungen an dieses Bistum vorausgegangen, ebd., c. 21, S. 14.

182 *V. Mel. iun.*, c. 20, S. 14, Z. 5f.

183 Ipsa autem vestiebatur tunica valde vilissima et vetusta valente tabulas quinque, ut auferret pulcritudinem iuventutis per exiguitatem vestimentorum, ebd., c. 8, S. 7, Z. 23ff.

184 Vgl. auch die Formulierung *habitum vel cultum* als Bezeichnung für Melanias Stand, ebd., c. 58, S. 33, Z. 3.

185 Ebd., c. 69, S. 40, Z. 11.

186 Ebd., c. 35, S. 20, Z. 25; c. 49, S. 27, Z. 34; vgl. auch c. 30, S. 17, Z. 14f.; c. 62, S. 36, Z. 7ff.

187 Daß sich Melania und Pinian in Jerusalem von ihrer Hände Arbeit ernährten, berichtet erst nach 591 Johannes Rufus nach 591 im *Leben Petrus des Iberers,* übers. Raabe, S. 33f.; zur Datierung, Raabe, ebd., S. 9f. Hier handelt es sich wohl bereits um Legendenbildung, die die Tugend der vornehmen Römer dem orientalischen Armutsideal anpaßte. Ein Armutsideal, das die Bestreitung des Lebensunterhalts durch Handarbeit einschloß, propagierte Athanasius, *Leben des Antonius,* c. 2, dt. übers. H. Mertel, S. 17.

188 *V. Mel. iun.*, c. 22, S. 14; c. 41, S. 23f.; c. 49, S. 27f.; c. 62,S. 32; vgl. Clark, Life of Melania the Younger, S. 115-119.

189 *V. Mel. iun.*, c. 35, S. 18; c. 37-39, S. 21f.

190 Einige Unternehmungen Melanias nach ihrer Ankunft in Jerusalem wurden durch unverhofft eintreffende zusätzliche Vermögensanteile und durch Schenkungen ermöglicht, vgl. ebd., c. 37, S. 21; c. 41, S. 24, Z. 5ff.; c. 49, S. 27f. Daß sie sich ihres Vermögens nicht vollständig entäußerte, ist deshalb zu vermuten, weil bei anderen Bauvorhaben und Reisen unklar bleibt, aus welchen Mitteln sie bestritten wurden, vgl. c. 40, S. 22f.; c. 41, S. 23, Z. 18ff.; c. 48, S. 27, Z. 14f.; c. 49, S. 27, Z. 26; c. 52-56, S. 28-32; c. 57, S. 32, Z. 35-39.

191 Zu Melanias geistlicher Bildung und ihren Studien, ebd., c. 21, S. 14, Z. 11f.; c. 23, S. 15, Z. 4ff.; c. 26, S. 16, Z. 6ff.; c. 63, S. 24, Z. 29ff.; zu ihrer Rolle als geistliche Lehrerin, c. 22, S. 15, Z. 13ff.; c. 40, S. 23, Z. 7ff.; c. 42-46, S. 24-26; c. 54, S. 30, Z. 22ff.; c. 62, S. 35f; c. 65, S. 37f.

192 Nämlich ihren Onkel Volusianus vor seinem Tod in Konstantinopel, ebd., c. 53-55, S. 30f.

193 Ebd., c. 30, S. 17, Z. 17ff.; c. 54, S. 30, Z. 23f.; c. 58, S. 33, Z. 16.

194 Ihren Gatten Pinian, ebd., c. 1, S. 5; c. 3, ebd.; c. 6, S. 6; c. 8, S. 7f.; aber auch andere Menschen: c. 29, S. 17; c. 41, S. 23, Z. 27f.

195 Ebd., c. 49, S. 27f.; c. 56, S. 31; c. 57, S. 32.

196 Ebd., c. 31, S. 17, Z. 27ff.; c. 53, S. 30, Z. 8f.; nicht kontrastiv: c. 22, S. 14, Z. 26f.

197 S. o., S. 50, 57.

198 Ebd., c. 41, S. 23, Z. 21ff., S. 24, Z. 5ff.

199 Ebd., c. 43, S. 24, Z. 27ff.; S. 25, Z. 1f.; c. 65, S. 37, Z. 32f.

200 [...] propter [...] caritatem quam habebat ad Deum, ebd., c. 31, S. 17, Z. 24; propter [...] nimiam caritatis mansuetudinem, quam in eas [sc. den Nonnen, S. W.] ostendebat, c. 48, S. 27, Z. 10f. Zu letzterer Stelle s. o., S. 54.

201 Ebd., c. 44, S. 25f.

202 Ebd., c. 25, S. 15f., bes. S. 16, Z. 3ff.; c. 32, S. 18, bes. Z. 11f.

203 *V. Mel. iun.*, c. 44, S. 25, Z. 29. Es wird angeführt, daß nicht nur in der Welt sich die Mächtigen den noch Mächtigeren unterordneten, sondern auch in der Kirche die Bischöfe *sub principe episcoporum sunt* und dieser wiederum *sub synodo* steht, c. 44, S. 25, bes. S. 16ff. Diese Stelle fehlt in der ältesten überlieferten griechischen Fassung, d'Alès, Les deux Vies, S. 427. Auch die Anspielungen auf Melanias und Pininans *humilitas* und *obedientia* (*V. Mel. iun.*, c. 20, S. 14, s. o., S. 57) haben dort keine Entsprechung, vgl. ed. Gorce, c. 20, S. 170f.; d'Alès, Les deux Vies, S. 417. In dieselbe Richtung deutet die Erwähnung von Nonnen, die sich Mitschwestern gegenüber hochmütig verhielten, *V. Mel. iun.*, c. 65, S. 38, Z. 8f., die dort ebenfalls nicht vorkommt, d'Alès, Les deux vies, S. 445.

204 [...] etenim non est mulier haec dicenda, sed vir; quia viriliter egit, [...] *V. Mel. iun.*, Prol., S. 3, Z. 21f.

205 Ebd., c. 39, S. 22, Z. 27ff.

206 [...] dicebat beata cum magna mansuetudine: „Indulgete mihi; novi enim me esse peccatricem, neque audebo me comparare ultimis saecularibus feminis," ebd., c. 63, S. 36, Z. 12f.

207 [...] ipsa nihil dubitans de sexus sui fragilitate, sed fide roborata quotidie iter agere properabat, [...] nos omnes qui videbamur sexu et natura fortiores, itineris labore quassabamur. [...] suis sermonibus nos confortans, animo fortiores reddebat [...] ipsa ita viriliter ambulabat, ut nisi qui vidit non possit dicenti credere [...] usque ad Malagurdalo ita viriliter [...] pervenit, ut nos omnes admirantes fragiliores inveniremur [...] ebd., c. 56, S. 32, Z. 5f., 9f., 14, 17 und 20f.

208 Ebd., c. 46, S. 26, Z. 22ff.

209 Dazu oben, S. 46; vgl. auch S. 54.

III. Die älteste vita Genovevae

1 MGH SS rer Mer III, 1896, S. 215-298 (im folgenden nach dieser Ausgabe zitiert als *V. Gen. A*). Zur Qualität dieser Edition und einigen Korrekturen M. Heinzelmann, Zum Stand der Genovefaforschung, in: DA 41, 1985, S. 532-548, hier S. 537f.
2 B. Krusch, Die Fälschung der Vita Genovefae, in: NA 18, 1893, S. 43-46; ders., Das Alter der Vita Genovefae, in: NA 19, 1894, S. 436ff.; ders., SS rer Mer III, S. 213ff. Zur Rangfolge und Datierung der vier weiteren frühmittelalterlichen Rezensionen dieser Vita, J.-Cl. Poulin, Les cinq premières vitae de sainte Geneviève. Analyse formelle, comparaison, essai de datation, in: M. Heinzelmann, J-Cl. Poulin, Les Vies anciennes de sainte Geneviève de Paris, Paris 1986, S. 113-182.
3 *V. Gen. A*, c. 53, S. 236f.
4 Ch. Kohler, Etudes critiques sur le texte de la vie latine de sainte-Geneviève de Paris, Paris 1881, S. LIIff.
5 Krusch, Fälschung der Vita Genovefae, S. 19-43; ders., SS rer Mer III, S. 204ff; ders., Alter der Vita Genovefae, S. 452-457; ders., Die neueste Wendung im Genovefa-Streit, in: NA 40, 1916, S. 267-309.
6 Die wichtigsten Beiträge gegen Kruschs Ansichten waren L. Duchesne, La Vie de sainte Geneviève, in: BEC 54, 1893, S. 209-224; G. Kurth, Etude critique sur la Vie de sainte Geneviève, in: Ders., Etudes franques, II, Paris, Brüssel 1919, S. 1-96. Zu dieser Debatte, Heinzelmann, Genovefaforschung, S. 532ff.; ders., Vita sanctae Genovefae, S. 3-9; sowie die kommentierte Bibliographie von J.-C. Poulin, Annexe I: Les Bella Genovefensia: fin XIXe-début XXe siècle, in: Heinzelmann / Poulin, Les vies anciennes, S. 183-185.
7 Zur unterschiedlich starken Übernahme von Kruschs Ansichten in der deutsch- und der französischsprachigen Forschung Heinzelmann, Vita sanctae Genovefae, S. 4f.; ders., Genovefaforschung, S. 534.
8 M. Heinzelmann / J.-C. Poulin, Les Vies anciennes de sainte Geneviève de Paris. Etudes critiques, Paris 1986; Zusammenfassung der Ergebnisse bei Heinzelmann, Genovefaforschung. Zu der 1893-1916 geführten Diskussion, die sich auf einzelne Indizien beschränkte und dabei vor allem nach dem „historischen Kern" der Vita fragte, Heinzelmann, Vita sanctae Genovefae, S. 8f.; zu den Problemen, die es aufwirft, die „historische Faktentreue" als Anhaltspunkt für die Datierung hagiographischer Texte zu verwenden, I. N. Wood, Forgery in Merovingian Hagiography, in: Fälschungen im Mittelalter, V, S. 369-384, bes. S. 375-379, 383f.
9 Zu den sprachlichen Argumenten Kruschs, Heinzelmann, Vita sanctae Genovefae, S. 11-19; zu Kruschs historischen Einzelbeobachtungen, ebd. S. 19-49; zu den von Krusch angeführten literarischen Abhängigkeiten von nach 520 verfaßten Texten, Poulin, Les cinq premières vitae, S. 140f.
10 Poulin, Les cinq premières vitae, S. 123-126; vgl. auch Krusch, Alter der Vita Genovefae, S. 450f. Die Interpolationsthese geht zurück auf Duchesne, Vie de sainte Geneviève, S. 211f. Zu ihrem Einfluß Heinzelmann, Vita sanctae Genovefae, S. 4, Anm. 6.
11 Heinzelmann, Vita sanctae Genovefae, S. 19-49.
12 Ebd.
13 Ebd., S. 52.
14 *V. Gen. A*, c. 56, S. 237f.

15 *Libri historiarum decem,* II, 43; IV, 1, ed. B. Krusch / W. Levison, SS rer Mer I, 1, 1937-1957, S. 93; 135 (im folgenden nach dieser Ausgabe zitiert als *HFr*).
16 *HFr* II, 43, S. 93.
17 *HFr* III, 18, S. 119; IV, 1, S. 135.
18 *V. Gen. A,* c. 56, S. 237.
19 Der Titel nach Genovefa für diese Kirche taucht erst ab dem 9. Jahrhundert auf; bis ins 12. Jahrhundert besteht daneben noch die ausführliche Benennung mit dem Doppelnamen, K. H. Krüger, Königsgrabkirchen der Franken, Angelsachsen und Langobarden bis zur Mitte des 8. Jahrhunderts. Ein historischer Katalog, München 1971, S. 51.
20 [...] in honore sancti Dionisi episcopi et martiris [...] in sancti Dionisi honore [...] *V. Gen. A,* c. 18, S. 222; [...] in honorem summi antestites ac martires sancti Dionisi [...] c. 19, S. 223; [...] in suprascripti martires honorem [...] c. 20, S. 223; [...] in honore sepe dicti martires [...] ebd., S. 224; vgl. dazu und zur Bedeutung des Patroziniums für die Datierungsfrage, Poulin, Les cinq premières vitae, S. 161f.
21 Heinzelmann, Vita sanctae Genovefae, S. 104ff.
22 *HFr* II, 43, S. 93; III, 10, S. 107; III, 18, S. 119; IV, 1, S. 135. Zu dieser Kirche und ihren Gräbern, Krüger, Königsgrabkirchen, S. 47ff.
23 Zu diesen Königsgrabkirchen, Krüger, Könisgrabkirchen, S. 438-445, 497-499.
24 Krüger, Könisgrabkirchen, S. 45, 51f.; zu den Deutungsmöglichkeiten des Apostelpatroziniums, ebd., S. 50ff.; zur Imitatio Imperii bei frühmittelalterlichen Herrschergrablegen, ebd., S. 459ff.
25 Ebd., S. 125f.
26 Ebd., S. 104, 107.
27 Der Ort, an dem diese Kirche errichtet wurde, wird in der *V. Gen. A* nicht ausdrücklich bezeichnet. Sie dürfte aber anstelle des in *V. Gen. A,* c. 55, S. 237, erwähnten hölzernen Oratoriums über Genovefas Grab errichtet worden sein, da sich dieses Grab nach Gregor von Tours, *HFr,* VI, 1, S. 135, in der Kirche befand, in der Liturgie aber keine Spuren einer Translation feststellbar sind; Heinzelmann, Vita sanctae Genovefae, S. 105. Erst die nach Poulin, Les cinq premières vitae, S. 162, um 750 entstandene *V. Genovefae C,* c. 42, ed. K. Künstle, Vita sanctae Genovefae virginis Parisiorum patronae, Leipzig 1910, S. 20, stellt diesen Zusammenhang ausdrücklich her. Die Kirche wurde auf einem Hügel erbaut, der im 5. Jh. als Friedhof genutzt wurde, M. Vieillard-Troiekouroff, Les monuments religieux de la Gaule d'après les œuvres de Grégoire de Tours, Lille 1974, S. 207; ders., Les anciennes églises suburbaines de Paris, 14-17: Sainte Geneviève et ses dépendances, in: Paris et Ile-de-France, Mémoires publiés par la fédération des Sociétés historiques et archéologiques de Paris et de l'Ile-de-France 11, 1960, S. 165-188, hier S. 166f.
28 Heinzelmann, Vita sanctae Genovefae, S. 53f.
29 *V. Gen. A,* c. 56, S. 237f.; vgl. dazu Heinzelmann, Vita sanctae Genovefae, S. 36 mit Anm. 177; S. 53.
30 Heinzelmann, Vita sanctae Genovefae, S. 53. Zu späteren Quellen, in denen Chrodechildes Rolle bei der Gründung dieser Kirche stärker betont wird, Krüger, Königsgrabkirchen, S. 42f.
31 Er gibt lediglich an, eine Ampulle, die sich auf Genovefas Gebet hin mit geweihtem Öl gefüllt habe, gesehen zu haben, *V. Gen. A,* c. 53, S. 237.
32 Poulin, Les cinq premières vies, S. 127-132; zur von diesem Vorbild jedoch stark abweichenden Erzählweise der *V. Gen. A,* Berschin, Biographie und Epochenstil, II, S. 9f.

33 Heinzelmann, Vita sanctae Genovefae, S. 51-57.
34 *V. Gen. A*, c. 1, S. 215; c. 54, S. 237.
35 Ebd., c. 56, S. 238.
36 Heinzelmann, Vita sanctae Genovefae, S. 18f.
37 Nur mit Zeitangabe: *V. Gen. A*, c. 7, 23, 29, 32, 35, 47, 48, 51; nur mit Ortsangabe: c. 25, 30, 33, 36, 37, 39, 42, 43, 50; ohne Zeit- oder Ortsangabe: c. 8, 24, 27, 28, 41, 49, 54, 55.
38 Heinzelmann, Vita sanctae Genovefae, S. 72.
39 Zu den der Volkssage verwandten Formen mündlicher Überlieferung, die wie in den Perikopenerzählungen der Evangelien auch in hagiographischen Lebensbeschreibungen noch erkennbar sein können, Lotter, Severinus von Noricum, S. 9-15.
40 Im Rahmen eines Gliederungsschemas nach „Lebensphasen" Genovefas sah Heinzelmann, Vita sanctae Genovefae, S. 72, auch in der Jungfrauenweihe (c. 8) eine Zäsur. Dies ist jedoch der literarischen und inhaltlichen Struktur des Textes nicht angemessen. Zur geringen Bedeutung der Jungfrauenweihe für Genovefas Heiligkeit s. S. 83.
41 Tugendkataloge finden sich in den Viten des 6.-13. Jahrhunderts oft „[...]ungefähr da, wo der Held auf der Höhe seines Lebens steht, [...]", Hertling, Der mittelalterliche Heiligentypus, S. 263.
42 Heinzelmann, Vita sanctae Genovefae, S. 73f.
43 *V. Gen. A*, c. 18, 21-26, 28-30, 32-39, 41-43, 46-52, 54-55.
44 Krusch, Genovefa-Streit, S. 301; Heinzelmann, Vita sanctae Genovefae, S. 69.
45 *V. Gen. A*, c. 1, S. 215.
46 Ebd., c. 4-7, S. 216f.
47 Ebd., c. 9, S. 218.
48 Ebd., c. 6, S. 217.
49 Ebd., c. 42, S. 233.
50 Ebd., c. 40, S. 232.
51 Ebd., c. 48, S. 235; vgl. aber c. 11, S. 219, wo nur von einem *hospicium Genovefae* die Rede ist.
52 Ebd., c. 50, S. 235f.
53 Krusch, Genovefa-Streit, S. 294-309; zur Kritik dieser Vorgehensweise, Wood, Forgery in Merovingian Hagiography, S. 375-379, 383f.; vgl. auch Heinzelmann, Vita sanctae Genovefae, S. 8.
54 Heinzelmann, Vita sanctae Genovefae, S. 73f.
55 Ebd., S. 57-80, bes. S. 78ff.
56 [...] les conditions pour un récit véritablement historique semblent réunies, ebd., S. 79.
57 Ebd., S. 91-102; vgl. auch S. 44-49; rationalistische Umdeutungen zu *V. Gen. A*, c. 30 und c. 13, ebd., S. 77, 90.
58 Ebd., S. 91-102.
59 Ebd., S. 83-86.
60 Ebd., S. 97.
61 Dadurch werden die die in *V. Gen. A*, c. 2-11, berichteten Ereignisse, die sich nach Heinzelmann, Vita sanctae Genovefae, S. 73, zwischen 429 und 444/447 zutrugen, auf den Zeitraum zwischen 429 und 435/437 oder spätestens 442 beschränkt, Wood, Forgery in Merovingian Hagiography, S. 376f. Zur Datierung der 2. Britannienreise des Germanus von Auxerre vgl. auch R. Scharf, Germanus von Auxerre – Chronologie seiner Vita, in:

Francia 18/1, 1991, S. 1-19, hier S. 11f., der sowohl 440/41 als auch 445/46 für mögliche Termine hält.
62 Gegen Wood, Forgery in Merovingian Hagiography, S. 377, ist anzumerken, daß nach den wenigen Zeitangaben in *V. Gen. A,* c. 2-11, die Annahme, die in diesen Kapiteln berichteten Ereignisse hätten sich innerhalb von 6-8 Jahren abgespielt, ohne weiteres möglich ist, auch wenn sich dann eine große zeitliche Dichte des Geschehens ergibt. Auch die Bezeichnung *infans* (c. 4, S. 216) weist nicht eindeutig darauf hin, daß Genovefa 429 noch ein „small child" war. Sie wird im gleichen Zusammenhang auch *puella* genannt und kann durchaus bereits etwa 10-12 Jahre alt gewesen sein. Dann wäre sie, wenn Germanus sie 435/437 in Paris besuchte, mit etwa 16-20 Jahren bereits erwachsen gewesen. Daß sie die Jungfrauenweihe in sehr jungen Jahren, mindestens ein Jahr vor dieser zweiten Begegnung mit Germanus, empfangen hat, ist mit *V. Gen. A,* c. 8 zu vereinbaren, wonach Genovefa die Jüngste von drei gleichzeitig geweihten Jungfrauen war.
63 Wood, Forgery in Merovingian Hagiography, S. 377.
64 Ebd., S. 378f.
65 Zu *V. Gen. A,* c. 2-6, 11, 13 vgl. Constantius von Lyon, *Vita Germani episcopi Autissidiorensis,* c. 14-20, 25-28, 43, ed. R. Borius, Constance de Lyon, Vie de saint Germain, Paris 1965 (= SC 112), S. 144-160, 170-174, 201 (im folgenden nach dieser Ausgabe zitiert als *V. Germ. Aux.*); vgl. auch Poulin, Les cinq premières vitae, S. 141f. Zur Datierung der *V. Germ. Aux.,* Borius, ebd., S. 44-46. Constantius von Lyon erwähnt Genovefa nicht.
66 Hier hilft auch die Suche nach „tendenzneutralen" Elementen nicht weiter, wie sie F. Lotter bei der historischen Interpretation der Vita Severini vornahm, Severinus von Noricum, bes. S. 2, 90-177. Lotters Begriff der Tendenzneutralität liegt eine methodisch problematische Gegenüberstellung von „historischem Kern" und hagiographischer Stilisierung zugrunde. Auch die von ihm als „tendenzneutral" angesehenen Motive sind als Bestandteile der Heiligkeitsvorstellungen des Autors anzusehen, der anderenfalls diese Handlungen seines Helden nicht ausführlich darstellen würde.
67 *V. Gen. A,* c. 56, S. 237; c. 26, S. 226.
68 Heinzelmann, Vita sanctae Genovefae, S. 97ff.
69 *V. Gen. A,* c. 35, S. 229. Heinzelmann, Vita sanctae Genovefae, S. 102, datiert diese Belagerung auf die Zeit vor 486/87.
70 Berschin, Biographie und Epochenstil, II, S. 9.
71 Sed primum ab ineunte aetate eius devotionem, tum demum gratia (sic) Dei in ipsam conlatam fidelibus censui innotisci, *V. Gen. A,* c. 1, S. 215.
72 *Devotio:* ebd., c. 1, 5, 10, 17, 22; *gratia Dei / Christi:* c. 1, 5, 7, 9, 19, 25, 28. Die letzte Belegstelle in c. 28 findet sich etwa in der Mitte des von Krusch in 56 Kapitel eingeteilten Textes der Vita.
73 „Benedictus tu, mi pater, quia que desidero sciscitas, si ambio adipisci. Volo," inquid, „sancte pater, et ora, ut devotionem meam Dominus implere dignetur," ebd., c. 5, S. 216.
74 Quaeso, ne verearis me profiteri, si vis in sanctimonio consecrata Christo inmaculatum et intactum corpus tuum, quemadmodum sponsa eius, servare, ebd., c. 5, S. 216.
75 L. Duchesne, Origines du culte chrétien. Etude sur la liturgie latine avant Charlemagne, Paris ⁵1925, S. 441f.

76 [...] se in sanctimonio consecratam, intacto corpore, Christo dignum prebere famulatum, V. Gen. A, c. 31, S. 228.

77 In diesem Sinn wird *devotio* in der Liturgie der Jungfrauenweihe verwendet, vgl. die Belege aus römischen liturgischen Texten des 6. und 7. Jahrhunderts bei A. Daniels, Devotio, Jahrbuch für Liturgiewissenschaft 1, 1921, S. 40-60, hier S. 53, 56, 58; ein Beleg aus der gallikanischen Liturgie bei Duchesne, Origines du culte chrétien, S. 447.

78 Den Unterschied zwischen diesem Gespräch und einem feierlichen Gelöbnis, wie es in späterer Zeit beim Klostereintritt üblich wurde, betont H. N. Waldron, Expressions of Religious Conversion among Laymen remaining within Secular Society in Gaul, 400-800 A.D., Phil. Diss. Ohio State University 1976, S. 200. Waldron vertritt die These, die Laien, die sich im 5.-8. Jh. für ein asketisches Leben entschieden, ohne in ein Kloster einzutreten, hätten kein solches Gelöbnis abgelegt, ebd. S. 199-207. Seine Deutung des Gespräches zwischen dem Kind Genovefa und dem Bischof als „personal exchange" ist jedoch nicht überzeugend, da sie dem für Genovefa verpflichtenden Charakter dieses Gespräches, der in der Vita deutlich herausgearbeitet wird, nicht gerecht wird.

79 Reminisceris, quid esterna die de corporis tui integritate mihi sis pollicita? V. Gen. A, c. 6, S. 217.

80 Reminiscor, quod tibi Deoque, pater sancte, promisi, quoniam vite huius propositum avidissime me desiderare dico et teste Deo profiteor, ebd., c. 6, S. 217.

81 [...] nullius metalli neque auri neque argenti seu quolibet margaritarum ornamento collum, saltim digitos tuos honerare paciaris. Nam si seculi huius vel exiguus decor tuam superave rit mentem, etiam aeterna et celestia ornamenta cerebis, ebd., c. 6, S. 217.

82 Die Forderung, geweihte Jungfrauen sollten auf weltlichen Schmuck verzichten, erhoben die lateinischen Kirchenväter bereits seit Cyprian, Wilpert, Die gottgeweihten Jungfrauen, S. 36f.; Feusi, Institut der gottgeweihten Jungfrauen, S. 6, 49.

83 Ego fidem, quam sancto Germano pollicita sum, Christo me consolante, servabo et ecclesiae liminibus frequentabo, ut sponsa Christi esse merear, quatenus margaritis ac vestibus eius digna repperiar, V. Gen. A, c. 7, S. 217.

84 Für diese Deutung sprechen auch die übrigen Stellen, an denen die *V. Gen. A* von *fides* spricht: Das Wort bezeichnet den christlichem Glauben, c. 32, S. 229; 56, S. 238; die fromme Ehrfurcht der Gläubigen vor Gott und der Heiligen, insbesondere im Zusammenhang mit Wundern, c. 7, S. 218; c. 34. S. 229; c. 38, S. 231; c. 42, S. 233. Im Tugendkatalog, der *fides* an erster Stelle nennt, ist die Bedeutung des Wortes nicht erkennbar, c. 16, S. 221.

85 Ebd., c. 5, S. 216.

86 Zu diesem Brauch und den Quellen, die seine kirchenrechtliche Bedeutung bezeugen, R. Metz, La consécration des vierges en Gaule des origines à l'apparition des livres liturgiques, in: Revue de droit canonique 6, 1956, S. 336ff.; vgl. auch Waldron, Lay conversion, S. 199.

87 Von einem himmlischen Schmuck, den Genovefa verdienen kann, spricht Germanus in *V. Gen. A*, c. 6, S. 217. Zur Ehrenstellung geweihter Jungfrauen in der alten Kirche, Andresen, Kirchen der alten Christenheit, S. 166-181.

88 V. Gen. A, c. 8, S. 218.

89 Pervenientes ergo ad ecclesiam, cursum spiritalem nona atque duodecima caelebrantes, semper sanctus Germanus manum suam super caput eius [sc. Genovefae, S. W.]

tenuit [...] ebd., c. 5, S. 216; zu dieser Stelle, Metz, Consécration des vierges en Gaule, S. 328, 334.
90 Unberücksichtigt bleibt hier ein Beleg in einem verstümmelt überlieferten Satz, in dem der Sinn des Wortes *devotio* nicht mehr erkennbar ist, *V. Gen. A*, c. 10, S. 218.
91 Devotio erat Genovefae, ut in honore sancti Dionisi episcopi et martiris basilicam construeret, [...] ebd., c. 18, S. 222.
92 Ebd., c. 22, S. 224, zit. unten, Anm. 94 zu diesem Kapitel.
93 Quanta veneratione et amore dilexit Catulacensem vicum, in quo sanctus Dionisius et passus est et sepultus, nequaquam conprehendere queo, ebd., c. 17, S. 221. Ihr Empfinden für die Heiligkeit dieses Ortes kommt auch in den Worten zum Ausdruck, mit denen der Autor Genovefa für dieses Kirchenbauprojekt werben läßt: [...] et edificetur in sancti Dionisi honore basilica, nam terribilem esse et metuendum locum ipsum, nulli habetur ambicum, c. 18, S. 222 (vgl. 1. Mose 28, 17).
94 Fuit illi devotio, ut noctem sabbati, que lucescit in prima sabbati, iuxta tradicionem Domini quemadmodum servus prestolans dominum suum, quando redeat de nuptiis, pervigilem duceret, ebd., c. 22, S. 224 (vgl. Luk. 12, 36).
95 Ebd., c. 15, S. 221 (vgl. Luk. 10, 16).
96 Die Kirchenväter Lactantius, Ambrosius und Augustinus meinten mit *devotio* die innere Haltung derjenigen, die sich ganz und gar in den Dienst Gottes stellen, J. Chatillon, Art. Devotio, in: DS III, 1957, Sp. 702-716, hier Sp. 708-710.
97 Tribus namque mensibus minus a biennio nutu divine magestatis (sic) ad manifestandam gratiam Genovefae hanc [sc. Geronciam, S. W.] perpessa est cecitatem, *V. Gen. A*, c. 7, S. 217.
98 Tandem aliquando recordata est mater eius, quid tunc testimonii de filia sua summus pontifex Germanus dedisset, [...] ebd., c. 7, S. 217.
99 Ebd., c. 4, S. 216; vgl. auch c. 13, S. 220.
100 Ebd., c. 7, S. 217f.
101 Mater vero eius expandens manus ad celum, cum fide et veneratione aquam a filia sua allata, insuper ipsa sperante, ab ea crucis vexillo signata accepit, de qua fumentans sibi oculos, paululum cernere cepit. Cumque hoc bis terque fesisset, lumen amissum pristinumque recepit, ebd., c. 7, S. 218. Das Handeln der Mutter wird hier aktivisch, dasjenige Genovefas dagegen in Partizpialkonstruktionen wiedergeben. Diese Darstellungsweise unterscheidet sich deutlich von Genovefas aktiver Rolle in den Wunderberichten im Hauptteil der Vita.
102 [...] ut virtus Domini in infirmitate eius probaretur, et gratia Christi in ea conlata plus cresceret, [...] ebd., c. 9, S. 218. Der Autor verwendet die Gottesbezeichnungen *deus* und Christus fast immer synonym, vgl. z. B. *Christi / Dei famula* in c. 27, 13, 52, 56 oder den Wechsel der Gottesbezeichnungen in c. 12. Christus wird in c. 39 als *Dominus ac Deus noster* angesprochen. Eine Unterscheidung zwischen Gottvater und -sohn wird nur in c. 16, mit ausdrücklicher Bezugnahme auf Apg. 7, 55, gemacht.
103 S. S. 75ff.
104 De qua infirmitate nimium afflicta, triduo corpus eius iam examine, solis paululum genis rubentibus, custodiebatur. Que cum denuo corporalem fuisset adepta sanitatem, profitebatur se in spiritu ab angelo in requiem iustorum et suplicio impiorum deducta et ibi se vidisse parata diligentibus Deum premia, [...] *V. Gen. A*, c. 9, S. 218.

105 A. Angenendt, Theologie und Liturgie der mittelalterlichen Toten-Memoria, in: Memoria. Der geschichtliche Zeugniswert des liturgischen Gedenkens im Mittelalter, hg. v. K. Schmid und J. Wollasch, München 1984, S. 91. Während Augustinus diese Vorstellungen ablehnte, rechtfertigte sie Gregor der Große in seinen *Dialogen,* ebd., S. 86-96.
106 Zu den Jenseitsvorstellungen der ausgehenden Patristik, Angenendt, Theologie und Liturgie, S. 82f.
107 Beispiele bei Angenendt, Theologie und Liturgie, S. 91-98; vgl. auch P. Dinzelbacher, Vision und Visionsliteratur im Mittelalter, Stuttgart 1981, S. 13ff. Auch dies spricht für die Frühdatierung dieser Vita ins 6. Jahrhundert.
108 Heinzelmann, Vita sanctae Genovefae, S. 64f., Anm. 308.
109 *V. Gen. A,* c. 18, S. 222f.
110 [...] porrectis ad ethera vultos oculisque in caelo prae gaudio fixis, Deum benedixerunt, qui tantam graciam famulae suae Genuvefe dignatus est conferre, ebd., c. 19, S. 223.
111 [...] Genuvefa, Spiritu sancto repleta, claro vultu, mente preclariore vaticinans manifestum dedit eloquium [...], ebd., c. 18, S. 222.
112 „[...] Ista [sc. Genovefa, S. W.] [...] referente sancto Germano antestite nostro, audivimus ex utero matris suae a Deo electa. [...]" Conperientes ergo cives, Genuvefa testimonium sancti Germani Dei esse fidelissima famula [...], ebd., c. 13, S. 220. Genovefa wird an zentralen Stellen (c. 13, 19, 27, 52, 56) als *Dei / Christi (fidelissima) famula* tituliert, Heinzelmann, Vita sanctae Genovefae, S. 61-65.
113 Quod miraculo cum vidissent turbe, benedixerunt dominum nostrum Iesum Christum, qui tantam gratiam diligentibus se prestare dignatus est, [...] *V. Gen. A,* c. 25, S. 226.
114 Zu den Belohnungen (*premia*), die im Jenseits für die, die Gott lieben (*diligentes Deum*) vorbereitet sind, ebd., c. 9, S. 218; zu den *premia Christi,* die allen Frommen in Aussicht gestellt sind, die wie Genovefa leben, c. 4, S. 216. Daß nach Auffassung des Autors neben Engeln und Märtyrern auch *iusti* als Mittler gegenüber der Gottheit wirken konnten, bezeugt c. 30, S. 228.
115 [...] et remeante Genuvefa ab ipso oppido psallentes et exultantes populi deduxerunt, ebd., c. 25, S. 226.
116 Ebd., c. 19, S. 223; Heinzelmann, Vita sanctae Genovefae, S. 95f.
117 Zur prophetischen Gabe, *V. Gen. A,* c. 10, 12, 17, 31; zur thaumaturgischen Gabe vgl. die Heilungswunder, c. 7, 24, 25, 29, 33, 34, 36-38, 41, 42, 49, 54, 55, die Besessenheitsaustreibungen, c. 30, 37, 38, 46, 47, 52, sowie eine Totenerweckung, c. 32.
118 Vgl. bes. *V. Gen. A,* c. 39, S. 231. Neben solchem abschließenden Rühmen Gottes oder Christi in Wunderberichten, bei dem meist auch Genovefas Mittlerrolle angesprochen wird (c. 21, 30, 36, 39, 41, 42), nimmt die Vita auch in einleitenden Sätzen (c. 21, 25), beim Bittgebet um das Wunder (c. 30, 37, 38, 39, 51) und im Zusammenhang mit dem Wundergeschehen selbst (c. 8, 20, 30, 38, 39, 42, 50-52) auf das Eingreifen Gottes oder Christi Bezug. In der *V. Mart.* etwa spielt diese Thematik eine sehr viel geringere Rolle.
119 Waldron, Lay Conversion, S. 219-225.
120 Puella quaedam iam nobilis et iam desponsata nomine Caelinia, ut conperit tantam gratiam Christo Genovefe conlatam, petiit sibi ab eam veste mutare (Variante: ab ea vestem mutari), *V. Gen. A,* c. 28, S. 226f. Zur Deutung von *nobilis* als *nubilis,* Kurth, Etude critique (1919), S. 23f.

121 So Krusch, Genovefa-Streit, S. 301. Heinzelmann deutet diesen Kleiderwechsel als Bestandteil einer Weihezeremonie, die von einem Bischof geleitet wurde und an der Genovefa teilnahm, Vita sanctae Genovefae, S. 69, Anm. 328; vgl. dagegen Waldron, Lay Conversion, S. 221f., der diese Stelle zu den Zeugnissen für Selbsteinkleidungen rechnet, die zeigen, daß die kirchenrechtlichen Bestimmungen, nach denen Einkleidungen von Jungfrauen in Gegenwart eines Bischofs erfolgen sollten, in der Merowingerzeit nicht immer eingehalten wurden. Noch in karolingischer Zeit wurde diese Praxis der Selbsteinkleidung bekämpft, Wemple, Women in Frankish Society, S. 167.

122 *V. Gen. A,* c. 28, S. 227. Der sozialgeschichtliche Kontext dieser Bekehrung bleibt im Dunkeln. Wie Caelinias Familie reagierte, wird nicht berichtet. Über die Flucht eines jungen Mädchens, das nicht heiraten, sondern sich Gott weihen wollte, in eine Kirche berichtet auch Gregor der Große, *Dialogi,* III, 14, 1, ed. A. de Vogüé, Grégoire le Grand, Dialoges, II, Paris 1979, (= SC 260), S. 302; auf die Tatsache, daß Frauen einer nicht standesgemäßen Heirat oder einer Raubehe durch die Flucht in eine Kirche entgehen können, wird auch in den Beschlüssen des Konzils von Tours im Jahre 567 hingewiesen, Concilium Turonense A. 567, c. 21, ed. C. de Clercq, Concilia Galliae, A. 511-A. 695, CChrSL 148a, Turnhout 1963, S. 187, Z. 337.

123 Vgl. Genovefas Prophezeihung in Paris zur Zeit des Hunneneinfalls, *V. Gen. A,* c. 12; das Schloßwunder, das ihr die Rettung zum Tode Verurteilter ermöglicht, c. 26; die wunderbare Meisterung der Gefahren einer Reise zur Sicherung der Getreideversorgung von Paris, c. 35, 39.

124 Von ihrem scheinbaren Sterben und ihrer Rückkehr zum Leben läßt sich eine Brücke schlagen zu den Vorstellungen von Tod und Wiedergeburt, die die Riten zu Beginn und Ende von Initiationen in archaischen Religionen ausdrücken. So, wie in der zwischen diesen Riten liegenden Phase den Initianden mythisches und rituelles Geheimwissen mitgeteilt wird, werden Genovefa die Geheimnisse der jenseitigen Welt enthüllt; vgl. zu diesen Initiationsriten M. Eliade, Das Heilige und das Profane. Vom Wesen des Religiösen, ND Frankfurt/M 1984, S. 160-165; G. Widengren, Religionsphänomenologie, Berlin 1969, S. 219-222.

125 *V. Gen. A,* c. 10-13, S. 218ff., beschreibt die erste, von Anfeindungen geprägte Phase ihres öffentlichen Wirkens.

126 [...] proficiebat itaque per singulos dies eius meritum crescebatque fama virtutum, [...] Eugippius, *V. Severini,* c. 4,8, ed. Knoell, CSEL 9, 2, Wien 1886, S. 18; weitere Belege für diese Topoi des Wachsens in der lateinischen Hagiographie des 4.-5. Jahrhunderts bei Lotter, Severinus von Noricum, S. 60, Anm. 152.

127 Zu diesem Streit um die augustinische Gnadenlehre in Südgallien, R. Seeberg, Lehrbuch der Dogmengeschichte, II, ND Darmstadt ⁶1965, S. 567-591; J. Tixeront, Histoire des Dogmes dans l'antiquité chrétienne, III, Paris ⁶1922, S. 274-312; O. Knoch / A. Schindler, Art. Gnade, B: Christlich, in: RAC XI, 1981, Sp. 351-441, hier 430-440; E. Griffe, La Gaule chrétienne à l'époque romaine, III: La cité chrétienne, Paris 1965, S. 539-373.

128 *V. Gen. A,* c. 2, S. 215.

129 Zur pelagianischen und augustinischen Gnadenlehre, Seeberg, Lehrbuch der Dogmengeschichte, II, S. 482-550; Tixeront, Histoire des Dogmes, II, Paris ⁷1924, S. 482-498; Knoch / Schindler, Art. Gnade, B: Christlich, Sp. 420-430.

130 Et magnificavit universa turba Deum pro repentina incolomitate meritis Genovefae Claudiae reddita, *V. Gen. A,* c. 42, S. 233.
131 Uytfanghe, Stylisation biblique, S. 64ff.
132 Allenfalls Genovefas Bitte, Germanus möge dafür beten, daß Gott sich entschließt, ihre *devotio* zu erfüllen, *V. Gen. A,* c. 5, S. 216, könnte als augustinisch gedachte Gnadenhilfe interpretiert werden; in diesem Zusammenhang fällt das Wort *gratia* nicht.
133 [...] heresis zizania super triticum seminans, adserebat, natus ex duobus baptizatis sine baptismo posse salvari [...] ebd., c. 2, S. 215. Zu dieser Stelle, Heinzelmann, Vita sanctae Genovefae, S. 38f.
134 *V. Gen. A,* c. 40, S. 232.
135 Noverat enim verum esse dictum prophete, quoniam qui pauperibus errogat Deo venerat (Variante: fenerat). Cui etiam patria illa, in qua veneratores (Variante: feneratores) egentium requirunt thesaurum suum, olim per revelationem Spiritus fuerat ostensa. Et idcirco sine intermissione orans flere consueverat, quoniam sciebat, se in corpore posita peregrinare a Domino, ebd., c. 40, S. 232 (vgl. Spr. 19, 17; 2. Kor. 5, 6).
136 Der Begriff der Verdinglichung wird in der Mediävistik für Entwicklungen im Lehnswesen verwendet, in deren Verlauf das dingliche Element innerhalb der Lehnsbeziehungen entscheidend wurde, vgl. dazu H. Mitteis, Lehnrecht und Staatsgewalt, Darmstadt 1958, S. 522ff. Er wird hier auf einen in gewisser Hinsicht ähnlichen Vorgang im Bereich der Heiligkeitsideale übertragen.
137 *V. Gen. A,* c. 40, S. 232.
138 Erat illi spes non de his quae videntur, sed quae non videntur, ebd., c. 40, S. 232.
139 Zur frühmittelalterlichen Tarifbuße, Angenendt, Liturgie und Totengedenken, S. 134ff.
140 Confide, filia, viriliter age, et quod corde credis vel ore profiteris, operibus proba. Dabit enim Dominus virtutem et fortitudinem decori tuo, *V. Gen. A,* c. 5, S. 216.
141 [...] hanc ergo heresem et scriptuarum testimoniis et virtutum miraculis triumphantes ab eadem provincia effugarunt, ebd., c. 2, S. 215.
142 Ebd., c. 17, S. 222.
143 Admirabilem cunctis timentibus Christus ostendit virtutem, [...] ebd., c. 50, S. 236.
144 [...] gemine in una ora virtutis, Christo cooperante, per eam apparuerunt, [...] ebd., c. 52, S. 236.
145 Ebd., c. 9, S. 218; zu dieser Stelle s. S. 71.
146 Devotio erat Genovefae, ut in honore sancti Dionisi episcopi et martiris basilicam construeret, sed virtus deerat, *V. Gen. A,* c. 18, S. 222.
147 Krusch deutete es als Synonym für *vires, facultas,* SS rer Mer III, S. 222, Anm. 7, und meinte damit wohl Vermögen, Mittel: In *V. Gen. A,* c. 12, S. 219, Z. 15, hat *facultas* diesen Sinn; *vires,* c. 18, S. 222, Z. 17, läßt diese Deutung zu. Dieser Interpretation Kruschs folgte Heinzelmann, Vita sanctae Genovefae, S. 17, 46.
148 *V. Gen. A,* c. 18, S. 222; zu dieser Stelle s. Anm. 241 zu diesem Kapitel.
149 Erant forsitam (sic) parvitate nostre vires aedificandi? Nam quoquende calces copia deest, *V. Gen. A,* c. 18, S. 222.
150 [...] inveni in silva arborem radicetus a vento evulsam et sub radicibus eius similiter furnum calces, de quo ne quicquam credo aliquando fuisse sublatum, ebd., c. 18, S. 223.
151 Zur Technik des Kalkbrennens in der Antike, W. Sölter, Römische Kalkbrenner im Rheinland, Düsseldorf 1970 (= Kunst und Altertum am Rhein. Führer des Rheinischen Landesmuseums Bonn, 31).

152 Daneben ist auch von der Gewinnung und Bearbeitung von Holz für diesen Bau die Rede, V. Gen. A, c. 21, S. 224.
153 Ebd., c. 19, S. 223.
154 Etenim Geneseus presbiter, adubi de calcis audivit, metu superatus, Genuvefa pronus in terra adoravit hac repromissit, dies noctisque se obnixe que iusserat impleturum, ebd., c. 20, S. 223f.
155 Ebd.
156 SS rer Mer III, S. 222, Anm. 7.
157 Regressa itaque Parissius, unicuique, prout opus fuit, frugem dispersit. Nonullis etiam, quibus virtus pre inopia deerat, panes integerrimus erogavit, [...] V. Gen. A, c. 40, S. 232.
158 Ebd., c. 40, S. 232.
159 Vita sanctae Genovefae, S. 44, 95f., 98; vgl. auch J. Durliat, Les finances publiques de Diocletien aux Carolingiens (284-889), Sigmaringen 1990 (= Beihefte der Francia 21), S. 161.
160 Summi antestites Martinus et Annianus pro virtutum suarum admiratione valde laudati sunt, eo quod unus aput Vangionum civitatem post pridie in bello inhermis offerendus, utriusque exercitus sevitia sedata, foedus obtenuit, alter vero Aurilianorum urbem ab excercito Chunorum circumseptam, auxiliantibus Gotis, meritis orationum suarum, ne periret, promeruit. Porro Genuvefa nonne dignum est honorari, quae idem orationibus suis predictum exercitum, ne Parisius circumdaret, procul abegit? V. Gen. A, c. 14, S. 220.
161 V. Mart., c. 4, 1-6, S. 260.
162 Ebd., c. 4, 7-9, S. 260-262.
163 V. Aniani, c. 7-10, ed. B. Krusch, SS rer Mer III, 1910, S. 112-117; vgl. auch Sidonius Apollinaris, ep. 7, c. 15, ed. C. Luetjohann, AA AA VII, 1887, S. 147. Zur Datierung dieser Vita ins 6. Jahrhundert, A. Loyen, Le rôle de saint Aignan dans la défense d'Orléans, in: Académie des Inscriptions et Belles-lettres. Comptes rendues, 1969, S. 70.
164 E..Griffe, La Gaule chrétienne à l'époque romaine, II: L'église des Gaule au Ve siècle, Paris [2]1966, S. 55; vgl. auch Poulin, Les cinq premières vies, S. 142.
165 Nam reliquam partem Chunorum iuxta omnipotentis Dei virtutem suis orationibus effugavit et ita eos dimersit, ut neque amplius nomen eorum auditus [...]. V. Aniani, c. 10, S. 116.
166 V. Gen. A, c. 12, S. 219.
167 S. S. 79f.
168 Duodecim autem virgines spiritales, quas Hermas discripsit, qui et Pastor nuncupator (sic), nequaquam ab ea discesserunt, sine quibus sive virgo sive penitens in Hierusalem, que aedificatur ut civitas, quoabtari non potest, que nominantur ita: fides, abstinentia, patientia, magnanimitas, simplicitas, innocentia, concordia, caritas, disciplina, castitas, veritas et prudentia. Haec fuerunt indissolubiles et indivise Genovefe, V. Gen. A, c. 16, S. 221.
169 Zur Wirkungsgeschichte des Hirten in der alten Kirche, B. Altaner / A. Stuiber, Patrologie, Freiburg – Basel – Wien [8]1978, S. 55ff.; A. Hilhorst, Art. Hermas, in: RAC XIV, 1988, Sp. 682-701, hier Sp. 697; R. Staats, Art. Hermas, in: TRE XIII, 1986, S. 100-108, hier S. 106f. Der Autor der V. Gen. A bezieht sich wohl auf einen Abschnitt der

sogenannten palatinischen Übersetzung des *Hirten*, vgl. Hermae Pastor graecae addita versione latina recentiore e codice palatino, ed. O. v. Gebhardt / A. Harnack, Leipzig 1877, S. 228f., und wandelte dieses Vorbild jedoch geringfügig ab, indem er die dort an 10. Stelle genannte *hilaritas* wegließ und dafür an 9. Stelle *disciplina* hinzufügte. Diese Veränderungen lassen keine Beziehung zu Genovefa erkennen.

170 [...] in medio occurrentium coetu eminus sanctus Germanus intuitur in spiritu magnanimen Genovefam, [...] *V. Gen. A,* c. 3, S. 216.

171 *Magnanimitas* war ein wichtiger Begriff in der älteren lateinischen Bibelübersetzung und in der palatinischen Version des *Hirten*, R.-A. Gauthier, Magnanimité. L'idéal de la grandeur dans la philosophie païenne et dans la théologie chrétienne, Paris 1951, S. 214-216.

172 *V. Gen. A,* c. 3-4, S. 216.

173 Ebd., c. 7, S. 217, s. S. 69.

174 *V. Gen. A,* c. 28, S. 227.

175 Ebd., c. 24, S. 225; c. 46, S. 234.

176 Ebd., c. 14, S. 220, s. S. 77f.

177 *V. Gen. A,* c. 43, S. 233.

178 Ebd., c. 44, S. 233; Sulpicius Severus, *Dialogi,* III, 4, S. 201f.

179 [...] occurrit ei de basilica sancti Martyni inerguminorum multitudo, clamantes nequissimi spiritus, se inter sancto Martino et Genuvefa flammas exuri, quin et pericula, que in Ligere Genuvefa habuerat, ob aemulationem sui se profitebantur perpetrasse, ebd., c. 45, S. 234; zur hier angesprochenen Rolle von Besessenen im Heiligenkult, P. Brown, Relics and Social Status in the Age of Gregory of Tours, Reading 1977, S. 13f., 20f.

180 *V. Gen. A,* c. 46-47, S. 234f.

181 Ebd., c. 47, S. 234f.

182 Multis honoribus tum eam euntem hac redeuntem universi honoraverunt, ebd., c. 47, S. 235.

183 Ebd., c. 14, S. 220, s. S. 77.

184 *V. Gen. A,* c. 3, S. 216.

185 S. S. 69, 75.

186 [...] obsecrans, ut sui memor tanti crebro in Christi haberetur, [...] *V. Gen. A,* c. 6, S. 217.

187 At ille ilico sollicitus de Genovefa, quid agerit, sed vulgus, qui paratior est ad derogandum bonis, potius quam ad imitandum, adserebant eam inferiorem sibi, quam blasphemantes potius predicabant, quam reprobarent. Nam sicut non iustificabitur aliquis aliena laude, ita nec ledetur infamia. Quorum garrola voce dispiciens sanctus Germanus [...] ebd., c. 11, S. 219.

188 Krusch, Die neueste Wendung im Genovefa-Streit, S. 156; zum Dativus comparationis, Leumann / Hofmann / Szantyr, Lateinische Grammatik, II: J. B. Hofmann, Lateinische Syntax und Stilistik, neubearb. von A. Szantyr, München 1965, S. 113f.

189 Quam cum tanta humilitate salutavit, ut omnes mirarentur, et oratione facta, ostendit his quibus dispectui abebatur terram madidam, de suis lacrimis inrigatam, *V. Gen. A,* c. 11, S. 219.

190 Ebd.; vgl. dazu c. 4, S. 216.

191 Die Verwendung des reflexiven anstatt des nichtreflexiven Personalpronomens ist auch an anderer Stelle feststellbar, vgl. z. B. *V. Gen. A*, c. 45, S. 234, Z. 7, zit. oben, Anm. 179 zu diesem Kapitel. Zum Schwinden der Unterscheidung zwischen reflexivem und nichtreflexivem Personalpronomen im merowingischen Latein im 6. Jahrhundert, M. Bonnet, Le Latin de Grégoire de Tours, Paris 1890, S. 694-696; Collins, Beobachtungen zu Form, Sprache und Publikum, S. 24.
192 Quem [sc. Simeon, S. W.] aiunt sedole negotiatores euntes ac redeuntes de Genovefa interrogasse, quam etiam veneratione profusa salutasse et, ut eum in orationibus suis memorem haberet, poposcisse ferunt, *V. Gen. A,* c. 27, S. 226.
193 *Veneratio* meint in der *V. Gen. A* die Verehrung für Heilige: vgl. c. 7, S. 218; c. 17, S. 221; c. 26, S. 226.
194 Ebd., c. 6, S. 217, zit. oben, Anm. 186 zu diesem Kapitel.
195 [...] quod ita scientia Dei Christi fidelissimi famuli, veluti sensum Domini cognuscentes (sic), tantas inter se positas proventias, semet ipsos ab administratione sua conperiant, ebd., c. 27, S. 226.
196 Ebd., c. 2, S. 215.
197 Ebd., c. 27, S. 226.
198 Quorum matronas convocans Genuvefa, suadebat, ut ieiuniis et orationibus ac vigiliis insisterent, quatenus possint, sicut Iudith et Ster (Varianten: (H)Esther) superventura clade evadere, ebd., c. 12, S. 219.
199 Ebd., c. 16, S. 221 (vgl. Apg. 7, 55).
200 Feusi, Institut der gottgeweihten Jungfrauen, S. 105ff. Zur Lebensweise der frei lebenden Sanktimonialen in der Spätantike und im Merowingerreich ebd., S. 45-58, 104-138.
201 Nämlich von ihren Eltern, *V. Gen. A,* c. 4-7, S. 216f.
202 Ebd., c. 9, S. 218.
203 Ebd., c. 28, S. 227.
204 [...] turbateque sunt virginis (sic) qui (sic) cum ea erant [...] ebd., c. 22, S. 224.
205 [...] erat cum ea mulier, que ab ipsa fuerat a vexatione diabuli emundata, [...] ebd., c. 32, S. 228.
206 Der Titel *virgo* kommt nur in der Überschrift vor, deren überlieferte Formen aber wohl nicht auf die Urfassung zurückgehen, Heinzelmann, Vita sanctae Genovefae, S. 58, Anm. 285.
207 Ebd., S. 59.
208 Zu diesen Forderungen der Kirchenväter, Wilpert, Die gottgeweihten Jungfrauen, S. 35f, 40; Feusi, Institut der gottgeweihten Jungfrauen, S. 32, 52f.
209 Poulin, Les cinq premières vitae, S. 131f.
210 Sulpicius Severus, *Dialogi*, II, 12, S. 194f.
211 *V. Gen. A,* c. 34, S. 229. Diese Stelle erinnert an den Rückzug Melanias der Jüngeren von Epiphanias bis Ostern in eine Zelle auf dem Ölberg, *V. Mel. iun.*, c. 40, S. 23, Z. 2ff. Sie mag auf dieses Vorbild zurückgehen; andere Beispiele einer so terminierten vorösterlichen Rückzugsperiode sind mir aus der lateinischen Hagiographie des 4.-6. Jahrhunderts nicht bekannt.
212 [...] ut cum duabus puellis multum a se senioribus ad consecrandum sancto Vilico episcopo traderetur. Que cum iuxta nummerum annorum ad consecrandum offerentur, ut conperit divinitus praedictus pontifex Genovefa (Variante: Genovefam), virgini-

bus que illi proponebantur multum sublimiores (Variante: multo sublimiorem) ait: „Illa que postergum sequitur anteponatur, quoniam haec celitus iam est sanctificationem adepta," ebd., c. 8, S. 218.

213 S. S. 68f., 75.

214 […] multi eius vitam propositumque sanctum mirantes, declinabunt a malo, et ab inproba atque inpudica vita conversi ad Dominum hac religiosi effecti, et remissionem peccatorum et premia Christi eam sectantes sunt percepturi, *V. Gen. A*, c. 4, S. 216.

215 Belege für diese Verwendung von *convertere, conversi, conversio* und *religiosi* in Gallien im 4. und 5. Jahrhundert bei P. Galtier, Art. Conversi, in: DS II, 1953, Sp. 2218-2224, hier Sp. 2218-2220; Waldron, Religious Conversion, S. 11-16; zur Bedeutung von *religio* und *conversi* vgl. auch P. Galtier, Pénitents et ‚convertis', de la pénitence latine à la pénitence celtique, in: RHE 37, 1937, S. 5-26, 277-305, hier S. 10-15, 19-26. Zu Lebensformen solcher *conversi*, Griffe, Gaule chrétienne, III, S. 128-151; Galtier, Art. Conversi, Sp. 2221-2224; Waldron, ebd., passim. In diesen Kontext könnte auch die *relegiosa (sic) femina* einzuordnen sein in *V. Gen. A*, c. 34, S. 229.

216 Zu dieser Auffassung, Waldron, Religious Conversion, S. 12f., 120-124.

217 *V. Gen. A*, c. 16, S. 221 (vgl. Ps. 121, 3).

218 Abgesehen von Genovefas asketischer Bekehrung ist in der *V. Gen. A* nur noch von einer weiteren Konversion, und zwar einer jungen Braut namens Caelinia, die Rede. Die Gründe für deren Bekehrungswunsch werden jedoch nicht näher erläutert, sondern es wird lediglich erwähnt, daß sie von der Genovefa verliehenen Gnade gehört hatte, *V. Gen. A*, c. 28, S. 226f., s. S. 72f.

219 S. S. 68f.

220 […] a die dominico in quinta feria et a quinta idem die dominico ieiunium desolvit, *V. Gen. A*, c. 15, S. 220f. Um dieser Stelle Sinn zu geben, schlug Krusch die Emendation *dissolvit* vor, Fälschung, S. 34. Ein solches Fasten am Sonntag und Donnerstag entspräche auch dem in der alten Kirche ausgebildeten Brauch zweier wöchtlicher Fasttage, R. Arbesmann, Art. Fasttage, in: RAC VII, 1969, Sp. 500-524, hier Sp. 509-511.

221 *V. Gen. A*, c. 15, S. 221. Zur Wein- und Fleischabstinenz engagierter Christen seit dem 2.-3. Jahrhundert, R. Arbesman, Art. Fasten, in: RAC VII, 1969, Sp. 447-493, hier Sp. 474f.

222 *V. Gen. A*, c. 15, S. 221. Nachrichten über die bischöfliche Aufsicht über die Lebensweise asketisch lebender Laien in Gallien im 5. Jahrhundert stellte zusammen Waldron, Religious Conversion, S. 321-326.

223 *V. Gen. A*, c. 52, S. 236.

224 Ebd., c. 30, S. 227, Z. 12; c. 39, S. 231, Z. 13; zu diesen Stellen, Heinzelmann, Vita sanctae Genovefae, S. 69. Zur bischöflichen Stadtherrschaft vgl. jetzt M. Heinzelmann, Bischof und Herrschaft vom spätantiken Gallien bis zu den karolingischen Hausmeiern. Die institutionellen Grundlagen, in: Herrschaft und Kirche, Beiträge zur Entstehung und Wirkungsweise episkopaler und monastischer Organisationsformen, hg. v. F. Prinz, Stuttgart 1988, S. 23-82, hier S. 37-54; W. Gessel, Die spätantike Stadt und ihr Bischof, in: Stadt und Bischof, hg. v. B. Kirchgässer / W. Baer, Sigmaringen 1988 (= Stadt in der Geschichte, 14), S. 9-28; zu ihrer Würdigung im Heiligenideal, A. M. Orselli, Il santo patrono cittadino: genesi e sviluppo del patrocino del vesovo nei secoli VI e VII, in: Agiografia altomedioevale, hg. v. S. Boesch Gajano, Bologna 1976, S. 85-104.

225 Genovefa wird von der *maxima pars populi* bzw. einer *multitudo populi* empfangen, *V. Gen. A,* c. 25, S. 225; c. 37, S. 230, Bischof Germanus dagegen von *universus populus,* c. 11, S. 129. Besonders ausführlich wird die Menschenmenge geschildert, die den Bischöfen Germanus und Lupus in Nanterre entgegeneilte: [...] vulgi multitudo benedictionem expetentes in obviam venissent, et catervatim utriusque sexus virorum et mulierum ac parvolorum occurrerint [...], c. 3, S. 215f. Zum charakteristischen Vokabular für diese Empfänge (*occurrere, in occursionem convenire*), das auf das kaiserliche Adventus-Zeremoniell zurückgeht, Heinzelmann, Vita sanctae Genovefae, S. 46-49; ders., Translationsberichte und andere Quellen des Reliquienkultes, Turnhout 1979, S. 66-77.
226 Die *Martinsschriften* und die *V. Germ. Aux.* wurden als Vergleichstexte gewählt, weil sie dem Autor der *V. Gen. A* bekannt waren und ihre Helden in der *V. Gen. A* erwähnt werden. Der Vergleich beschränkt sich auf aus den Lebzeiten Genovefas und der Bischöfe überlieferte Heilungswunder unter Einschluß der Heilung von zur Strafe eingetretenen Krankheiten, von Besessenheitsaustreibungen und Totenerweckungen.
227 *V. Gen. A,* c. 7, 24, 25, 34, 36, 37, 42, 46.
228 Ebd., c. 32, 33, 37, 38, 41, 43, 47, 49, 52. Nicht berücksicht wurden eine gemischte Gruppe von 12 Männern und Frauen (c. 30) und die *infirmi* bzw. *plures* in c. 37 und c. 46, die eine zahlenmäßige Aufgliederung nach Geschlecht nicht zulassen.
229 *V. Mart.* c. 16; 19, 1; Sulpicius Severus, *Dialogi,* III, 2; III, 3; *V. Germ. Aux.,* c. 15, 24, 29, 30.
230 *V. Mart.,* c. 7, 1-6; 8, 1-3; 17, 1-4 und 5-7; 18, 3; 19, 3; Sulpicius Severus, *Dialogi,* II, 2; II, 4; III, 8; III, 14; *V. Germ. Aux.,* c. 7, 8, 9, 22, 27, 32, 38, 39.
231 Frauen: *V. Gen. A,* c. 24, 29, 32, 34, 42. In c. 29, 34 ist die Bitte um die Heilung aus dem Kontext erschließbar. (Nicht berücksichtigt wurde die Heilung in c. 7, bei der das Kind Genovefa eine ausgesprochen passive Rolle spielt.) Männer: c. 33, 36, 38, 41, 43, 46, 55. Anders als die Wunderberichte, in denen Elternpaare oder größere Gruppen als Bittende auftreten (c. 25, 30, 37, 49, 54), wurde c. 36 einbezogen, wo ein Tribun zunächst allein als Bittsteller auftritt, ebenso die drei Männer, die in c. 46 um die Heilung ihrer Ehefrauen bitten.
232 Frauen: Sulpicius Severus, *Dialogi,* II, 4; *V. Germ. Aux.,* c. 39; Männer: *V. Mart.* c. 9, 1; 16, 3; 17, 2; Sulpicius Severus, *Dialogi,* II, 2; III, 2; III, 7; III, 14 (Evanthius, der für sich und für seinen Knecht bat, *Dialogi,* II, 2, wurde nur einmal gezählt); *V. Germ. Aux.,* c. 24, 27, 29, 33. Nicht einbezogen wurden die für ihre Sprößlinge bittenden Elternpaare in *V. Germ. Aux.,* c. 15, 30, 38.
233 *V. Gen. A,* c. 28-29, S. 226f.; c. 32, S. 228.
234 Ebd., c. 24, S. 225; c. 34, S. 229.
235 Es wäre für eine Sozialgeschichte geschlechtsspezifischer Handlungsräume von großem Interesse, diese These einmal anhand der zahlreichen Wunderberichte der frühmittelalterlichen Hagiographie auf breiterer Basis zu überprüfen.
236 *V. Gen. A,* c. 28, S. 226f., s. S. 72f.
237 *V. Gen. A,* c. 22, S. 224f.
238 Ebd., c. 31, S. 228. Zu einer institutionellen Funktion Genovefas in Paris, die dieser Episode zugrundeliegen könnte, Heinzelmann, Vita sanctae Genovefae, S. 97.
239 *V. Gen. A,* c. 12, S. 219.
240 Ebd., c. 18-20, S. 222ff., s. S. 71f., 76.

241 Nicht sehr überzeugend ist die Interpretation der Rolle des Priesters Bessus als Hinweis auf Genovefas Führungsrolle gegenüber dem Klerus bei Heinzelmann, Vita sanctae Genovefae, S. 69. In *V. Gen. A,* c. 39, S. 231, wird nur berichtet, daß dieser Priester Gott als Urheber eines Wunders ansah und mit den Umstehenden Lobgesänge anstimmte. Im Sinne einer Führungsrolle gegenüber dem Pariser Klerus deutete Heinzelmann, ebd., S. 95, auch die regelmäßigen Höflichkeitsbesuche von Priestern bei Genovefa, die aus der Formulierung *cui* [sc. Genovefae, S. W.] *cum solito presbiteri occurrissent, V. Gen. A,* c. 18, S. 222, zu erschließen sind. Unklar bleibt, wieviele Kleriker an dem hier angesprochenen Besuch teilnahmen und ob beispielsweise der sicher nicht unbedeutende Priester Genesius, dem Genoevfa später die Leitung des Baus der Dionysiusbasilika anvertraute, unter ihnen war. Es fragt sich, ob in solchen Besuchen mehr als eine höfliche Geste gegenüber wichtigen Gemeindemitgliedern zu sehen ist. Die Wendung *ad occursum venire* bezeichnet jedenfalls auch in einer weiteren Vita des 6. Jahrhunderts den Höflichkeitsbesuch eines Klerikers bei einer vornehmen Frau, *V. Caesarii* II, c. 13, ed. B. Krusch, SS rer Mer III, 1896, S. 488.

242 *V. Gen. A,* c. 12, S. 219. Zu diesem Zeitpunkt war die Dionysius-Basilika noch nicht gebaut.

243 Ihr erstes öffentliches Heilungswunder in Paris, die Heilung von zwölf besessenen Männern und Frauen, fand auf ihren Wunsch hin in der Dionysius-Basilika statt, ebd., c. 30, S. 227f., die auch für ihre Frömmigkeit wichtig war, c. 22, S. 224f. Von den Kerzen, die sich in einer nicht näher benannten Pariser *ecclesia* in ihrer Hand von selbst entzündeten, werden keine durch Berührung bewirkten Heilungen erzählt, im Unterschied zu einer in ihrer Zelle ebenso wunderbar entzündeten Kerze, c. 23, S. 225.

244 [...] dicentes, pseudoprophetam suis temporibus aparuisse, [...] ebd., c. 12, S. 219.

245 Ebd., c. 13, S. 220; vgl. 5. Mose 13, 6 und 18, 20, wo falsche Propheten mit der Todesstrafe bedroht werden.

246 Nolite, cives, tantum admittere facinus. Ista, de cuius interritu tractatis, referente sancto Germano antestite nostro, audivimus ex utero matris suae a Deo electa. Et ecce eulogias, quas illi a sancto Germano relictas exhibeo! *V. Gen. A,* c. 13, S. 220.

247 Ebd.

248 Insurrexerunt in eam cives Parisiorum, [...] eo quod prohiberentur ab ea quasi a peritura civitatem in alias tucioris urbis bona sua transferre, ebd., c. 12, S. 219.

249 S. o., S. 79.

250 Die Kultentwicklung des Bischofs Germanus von Auxerre ist deshalb schwer nachzuzeichnen, weil die Germanus-Patrozinien den verschiedenen Heiligen dieses Namens oft nicht eindeutig zuzuordnen sind. Daß sie zum größten Teil auf Germanus von Auxerre zurückgehen, vermutet J. Dubois, Art. Germain (saint), évêque d'Auxerre (418-448) in: DGHE XX, 1984, Sp. 901-904, hier Sp. 904; zur Förderung seines Kultes durch Königin Chrodechilde ebd. Sp. 903f.; vgl. auch M. Heinzelmann, Art. Germanus I, in: LMA IV, 1989, Sp. 1345f.

251 *V. Gen. A,* c. 9-10, S. 218.

252 S. S. 82.

253 *V. Gen. A,* c. 5, S. 216, zit. oben, Anm. 140 zu diesem Kapitel; daß hier aus 5. Mose 31, 6 zitiert wird, erkannte Poulin, Les cinq premières vies, S. 137, Anm. 32.

IV. Das Heiligenideal der Vita Genovefae
und die Frauenviten der frühen Merowingerzeit

1 *Liber vitae patrum XIX,* ed. B. Krusch, SS rer Mer I, 2, ²1969, S. 286-291 (im folgenden nach dieser Ausgabe zitiert als *V. patr. XIX*). G. Monod, Etudes critiques sur les sources de l'histoire mérovingienne, I, Paris 1872, S. 44, sah als t. a. q. der Entstehung dieser Vita das Jahr 588 an. Da Gregor von Tours sie in *Glor. conf.,* c. 24, erwähnt, schloß Krusch auf eine Fertigstellung vor 587, SS rer Mer I, 2, S. 5. Diese Datierung hatte auch in der weiteren Forschung Bestand, vgl. M. Bonnet, Le Latin de Grégoire de Tours, Paris 1890, S. 13f.; V. F. Büchner, Merovingica, Diss. Amsterdam 1913, S. 46ff.; J. Verdon, Grégoire de Tours. „Le père de l'histoire de France", Horvath 1989, S. 83f.

2 Zu Gregors Abstammung, K. F. Strohecker, Der senatorische Adel im spätantiken Gallien, Reutlingen 1948, S. 179f., 239; R. Buchner, Einleitung, in: Gregor von Tours, Zehn Bücher Geschichten, I, Darmstadt ⁵1977, S. VIIIff.; Verdon, Grégoire de Tours, S. 9ff. Zu Gregor und seinen Werken vgl. auch B. K. Vollmann, Art. Gregor IV (Gregor von Tours), in: RAC XII, 1983, Sp. 895-930 (mit Bibliographie); L. Pietri, Art. Gregor von Tours, in: TRE XIV, 1985, S. 184-188 (mit Bibliographie); Verdon, Grégoire de Tours, 1989, Teil 2 und 3; W. Goffart, The Narrators of Barbarian History (A.D. 550-800). Jordanes, Gregory of Tours, Bede and Paul the Deacon, Princeton 1988, S. 112-234.

3 Buchner, Einleitung, S. XIff.

4 Vollmann, Art. Gregor IV (Gregor von Tours), Sp. 907ff.

5 Zu Gregors hagiographischen Werken, Büchner, Merovingica, S. 39ff.; Vollmann, Art. Gregor IV (Gregor von Tours), Sp. 916ff.; Verdon, Grégoire de Tours, S. 80-85; Goffart, Narrators of Barbarian History, S. 127-153.

6 *Glor. conf.,* c. 24, SS rer Mer I, 2, ²1969, S. 313f.

7 Monegunde war offenbar nicht reich. Sie hatte zwar nach ihrer Bekehrung zunächst eine Dienerin. Ihre Mildtätigkeit beschränkte sich jedoch darauf, den Armen die Reste ihrer Mahlzeiten zu geben. Nachdem ihre Dienerin sie verließ, litt sie selbst Hunger, *V. patr. XIX,* c. 1, S. 286f. Zur allgemein eher bescheidenen Herkunft der im *liber vitae patrum* beschriebenen Eremiten und Äbte, Castagno, Il vescovo, l'abbate e l'eremita, S. 243ff.

8 Da Gregor berichtet, daß sie auf ihrer Reise nach Tours in einem Dorf in der Nähe von Tours Station machte, in dem sich Reliquien des Bishofs Medardus von Noyon befanden, *V. patr. XIX,* c. 2, S. 287f., kann sie erst nach dem Tod dieses Bischofs, der vor 561 starb, nach Tours gekommen sein. Zu Medardus von Noyon, M. Heinzelmann, Gallische Prosopographie 260-527, in: Francia 10, 1983, S. 651.

9 *V. patr. XIX,* c. 2, S. 288.

10 *De Vita Radegundis libri duo,* I, ed. B. Krusch, SS rer Mer II, 1888, S. 364-377 (im folgenden nach dieser Ausgabe zitiert als *V. Rad. I*); wissenschaftlich nicht brauchbare deutsche Übersetzung: K. Koch, Hildegard von Bingen und ihre Schwestern, Leipzig 1935, S. 13-30.

11 Zu Fortunatus und seinem Werk: W. Meyer, Der Gelegenheitsdichter Venantius Fortunatus, in: Abhandlungen der Gesellschaft der Wissenschaften zu Göttingen. Phil. Hist. Cl., N. F. 4, Nr. 5, Berlin 1901; R. Koebner, Venantius Fortunatus. Seine Persönlichkeit und seine Stellung in der geistigen Kultur des Merowingerreiches, 1915; D. Tardi, Fortunat. Etude sur un dernier représentant de la poésie latine dans la Gaule mérovingienne, Paris 1927; M. Manitius, Geschichte der lateinischen Literatur des Mittelalters, I,

S. 170-181; Bardenhewer, Geschichte der altkirchlichen Literatur, V, S. 367-377; Brunhölzl, Geschichte der lateinischen Literatur, I, S. 118-128; B. Brennan, The Career of Venantius Fortunatus, in: Traditio 41, 1985, S. 49-78; J. W. George, Venantius Fortunatus. A Latin Poet in Merovingian Gaul, Oxford 1992; sowie speziell zu seinen hagiographischen Prosawerken: Collins, Beobachtungen zu Form, Sprache und Publikum; Berschin, Biographie und Epochenstil, I, S. 277-287.

12 Zur Datierung seiner Priesterweihe vgl. die unterschiedlichen Ansätze bei Brennan, Career of Venantius Fortunatus, S. 67; George, Venantius Fortunatus, S. 212ff. Zu den Belegen über sein Bischofsamt, das sich nicht genau datieren läßt, L. Duchesne, Fastes épiscopaux de l'ancienne Gaule, II, Paris ²1910, S. 77, 83; Manitius, Geschichte der lateinischen Literatur, I, S. 173f.

13 Portmann, Darstellung der Frau, S. 29-35; W. Bulst, Radegundis an Amalafrid, in: Bibliotheca docet. Festschrift für C. Wehner, Amsterdam 1963, S. 369-386; Y. Labande-Mailfert, Les débuts de Sainte-Croix, in: Histoire de l'abbaye Sainte-Croix de Poitiers. Quatorze siècles de vie monastique, hg. v. E.-R. Labande, Poitiers 1986, S. 51ff.; Brennan, Career of Venantius Fortunatus, S. 67ff.; George, Venantius Fortunatus, S. 161-177.

14 V. Rad. I, c. 25, S. 372; vgl. dagegen die Betonung seiner Augenzeugenschaft in seiner *V. Germani ep. Parisiensis,* c. 40, c. 65, ed. Krusch, SS rer Mer VII, 1920, S. 367, 411.

15 V. Rad. I, c. 2, S. 365f.

16 G. v. Tours, HFr, III, 7, S. 105.

17 V. Rad. I, c. 12, S. 368; Meyer, Gelegenheitsdichter, S. 96f. datiert die Trennung auf ca. 550, ihm folgt E. Ewig, Studien zur merowingischen Dynastie, in: FMSt 8, 1974, S. 15-59, hier S. 57 S. 57. R. Aigrain, Sainte Radegonde, Paris ²1952, S. 55 will mit der Annahme einer Beteiligung des Bruders am Aufstand der Sachsen und Thüringer im Jahre 555 eine präzisere Datierung erreichen. Gegen diese Annahme spricht jedoch, daß Gregor und Fortunatus von der Ermordung eines Unschuldigen sprechen. In *V. Rad. I,* c. 12, S. 368, ist von einer Weihe zur *diacona* die Rede. Ob dies ein Hinweis auf ein Fortleben des altkirchlichen Diakonissenamtes in der fränkischen Kirche ist, ist umstritten: ablehnend Aigrain, Sainte Radegonde, S. 60f.; gewisse Kontinuitäten schließen dagegen nicht aus A. Kalsbach, Art. Diakonisse, in: RAC III, 1957, Sp. 924; Wemple, Women in Frankish Society, S. 140.

18 V. Rad. I, c. 15-20, S. 369-371.

19 Zum Leben und Wirken Radegundes: E. Briand, Sainte Radegonde, reine de France, Sanctuaires et pèlerinages en son honneur, Paris – Poitiers 1898; C. A. Bernoulli, Die Heiligen der Merowinger, Tübingen 1900, S. 79-87; Meyer, Gelegenheitsdichter, 1901, S. 92-108; R. Aigrain, Le voyage de sainte Radegonde à Arles, in: Bulletin historique et philologique du Comité des Trauvaux historiques, 1926/27, S. 119-127; ders., Sainte Radegonde; F. Tenner, Radegunde von Thüringen. Königin, Heilige, Magd der Armen. Aus dem Nachlaß hg. v. F. Nötzold, Heidelberg 1973; Ewig, Studien zur merowingischen Dynastie, S. 56f.; ders., Die Namengebung bei den ältesten Frankenkönigen und im merowingischen Königshaus. Mit genealogischen Tafeln und Notizen, in: Francia 18/1, 1991, S. 21-69, hier S. 56; La riche personnalité de sainte Radegonde. Conférences et homelies prononcées à l'occasion du XIVe centenaire de sa mort (587-1987), Poitiers 1988; R. Folz, Les saintes reines du moyen âge en Occident. IV-XIIIe siècles, Brüssel 1992, S. 13ff. Zu ihrer Klostergründung: L. Ueding, Geschichte der Klostergründungen der frühen Merowingerzeit, Berlin 1935, S. 204-222; G. Scheibelreiter, Königstöchter

im Kloster. Radegund (gest. 587) und der Nonnenaufstand von Poitiers (589), in: MIÖG 87, 1979, S. 1-37; Labande-Mailfert, Les débuts de Sainte-Croix.
20 *De Vita Radegundis libri duo,* II, ed. B. Krusch, SS rer Mer II, 1888, S. 377-395 (im folgenden nach dieser Ausgabe zitiert als *V. Rad. II*); frz. übers. Y. Labande-Mailfert, Vie de sainte Radegonde par la moniale Baudonivie, in: Lettre de Ligugé, Nr. 239, 1987, S. 9-32. Zur Entstehung dieses Textes zwischem 609 und 614, L. Coudanne, Baudonivie, moniale de Sainte-Croix et biographe de sainte Radegonde, in: Etudes Mérovingiennes, hg. v. A. und J. Picard, Paris 1953, S. 46. Die Absicht Baudonivias, die Vita des Fortunatus zu ergänzen, geht hervor aus *V. Rad. II,* prol., S. 378, Z. 2ff.; vgl. auch c. 8, S. 382, Z. 32f. und S. 383, Z. 8f.
21 *V. Rad. II,* prol., S. 377, Z. 18f.; c. 2, S. 380, Z. 11f. Die Einwände gegen die Glaubwürdigkeit dieser Angaben von J. Laporte, Appendice: Note sur la témoignage de Baudonivie, in: Etudes Mérovingiennes, S. 49-51, sind nicht überzeugend.
22 Bernoulli, Heilige der Merowinger, S. 87; Gäbe, Radegundis, S. 6, 12; Consolino, Due agiografi, S. 144f. Problematisch jedoch die Deutung dieses Eindruck der Naivität als Zeichen für größere Realitätsnähe bei E. Delaruelle, Sainte Radegonde, son type de sainteté et la chrétienté de son temps, in: Etudes Mérovingiennes, hg. v. A. und J. Picard, Paris 1953, S. 69; J. Leclercq, La Sainte Radegonde de Venance Fortunat et celle de Baudonivie, in: Fructus Centesimus. Mélanges offerts à G. J. M. Bartelink à l'occasion de son 65ᵉ anniversaire, hg. v. A. A. R. Bastiaensen / A. Hilhorst / C. H. Kneepkens, Steenbrugis – Dordrecht 1989, S. 215.
23 *V. Rad. II,* S. 377 (Titel).
24 Gäbe, Radegundis, S. 11f. und passim.
25 Auf einzelne Unterschiede wiesen hin, Delaruelle, Sainte Radegonde, S. 69ff.; Graus, Volk, Herrscher und Heiliger, S. 407-410; diese wurden eingehender untersucht von Fontaine, Hagiographie et politique, S. 127-140; Consolino, Due agiografi per una regina; Gäbe, Radegundis. Nicht weiterführend ist Leclercq, La Sainte Radegonde de Venance Fortunat et celle de Baudonivie. Die gemeinsamen Grundzüge betonte C. Leonardi, Fortunato e Baudonivia, in: Aus Kirche und Reich: Studien zu Theologie, Politik und Recht im Mittelalter. Festschrift für F. Kempf, hg. v. H. Mordek, Sigmaringen 1983, S. 23-32.
26 Fontaine, Hagiographie et politique, S. 138.
27 *V. Rad II,* c. 5, S. 381f.
28 Ebd., c. 13-14, S. 386f.; c. 16, S. 387ff.
29 Ebd., c. 17-19, S. 390f.
30 Ebd., c. 20-24, S. 391ff.
31 B. Brennan, St. Radegund and the Early Development of her Cult at Poitiers, in: Journal of Religious History, 13, 1984/85, S. 340-354, bes. S. 349ff.; zur wissenschaftlichen Unterbewertung der *V. Rad. II,* Schulenburg, Saints' lives as a source for the History of Women, S. 297f.
32 *V. Rusticulae,* ed. Krusch, SS rer Mer IV, 1902, S. 339-351 (im folgenden nach dieser Ausgabe zitiert als *V. Rust.*; für die in dieser Edition ausgelassenen Passagen ist ergänzend heranzuziehen *Vita Rusticulae,* ed. Mabillon, AA SS OSB, II, 1936, c. 11-16, S. 142f., im folgenden zitiert als *V. Rust. suppl.*) Zur Datierung P. Riché, Note de l'hagiographie mérovingienne. La Vita s. Rusticulae, in: AB 72, 1954, S. 369-377. Die Gründungsgeschichte des Klosters St. Jean in Arles überliefert die *V. Caesarii I,* c. 28, S. 367; c. 35, S. 470; dazu Ueding, Klostergründungen, S. 52-64.

33 *V. Rust.*, c. 21, S. 348, Z. 13.
34 Zu Autor und Widmung, *V. Rust.*, S. 339 (Titel); zu seinen Informationsquellen ebd., prol., S. 340.
35 G. v. Tours, *HFr*, IV, 26, S. 159.
36 E. Ewig, Die fränkischen Teilreiche im 7. Jahrhundert (613-714), in: Trierer Zeitschrift 22, 1953, S. 85-144, hier S. 106.
37 *V. Rust.*, c. 19, S. 347; c. 22, S. 348. Zu diesen wohl symbolisch zu deutenden Zahlenangaben und der Schwierigkeit, sie in die absolute Chronologie einzuordnen, Riché, Vita s. Rusticulae, S. 375.
38 Zum negativen Urteil der Antike über körperliche Arbeit, O. G. Oexle, Art. Stand, Klasse III: Ständedenken in der Antike, in: Geschichtliche Grundbegriffe, VI, Stuttgart 1990, S. 160-169, hier S. 164f. Zur Gegensätzlichkeit antiker und biblischer Einstellungen zu den unteren Gesellschaftsschichten vgl. E. Auerbach, Mimesis. Dargestellte Wirklichkeit in der abendländischen Literatur, Bern ^{8}1988, S. 37-52. Eine Überwindung der Kluft zwischen den unteren und den führenden Gesellschaftsschichten durch eine wirkliche Selbsterniedrigung von Mitgliedern der führenden Schichten entwickelte sich erst in der Armutsbewegung ab dem 12. Jahrhundert, K. Bosl, Potens und Pauper, Begriffsgeschichtliche Studien zur gesellschaftlichen Differenzierung im frühen Mittelalter und zum Pauperismus des Hochmittelalters, in: Alteuropa und moderne Gesellschaft. Festschrift für O. Brunner, Göttingen 1963, S. 75ff.; O. G. Oexle, Armut und Armenfürsorge um 1200. Ein Beitrag zum Verständnis der freiwilligen Armut bei Elisabeth von Thüringen, in: Sankt Elisabeth. Fürstin, Dienerin, Heilige, Sigmaringen 1981, S. 78ff.; D. Flood, Art. Armut, V-VI, in: TRE IV, 1979, S. 92, 94.
39 S. o., Abschn. I. A. 2. b.
40 Hieronymus, *ep. 77,* c. 6, 3, CSEL 55, S. 43.
41 S. S. 32.
42 S. o., Abschn. II. C. 3.
43 S. S. 24 mit Anm. 62 sowie S. 48f.
44 S. o., Abschn. I. B. 1.
45 Fontaine, Hagiographie et politique, S. 117ff.
46 *V. Germ. Aux.*, c. 1, S. 122; *V. Honorati,* c. 4, ed. S. Cavallin, Vitae Honorati et Hilarii episcoporum Arelatensium, Lund 1952, S. 51; *V. Hilarii*, c. 2, ed. S. Cavallin, ebd., S. 82; Fortunatus, *V. Medardi,* IV, 2, ed. B. Krusch, AA AA IV, 2, 1885, S. 68; ders., *V. Germani*, c. 1, ed. B. Krusch, SS rer Mer VII, 1929-1920, S. 372; ders., *V. Hilarii*, III, 6, ed. B. Krusch, AA AA IV, 2, S. 2; ders., *V. Paterni*, III, 9, ed. B. Krusch, ebd., S. 34; ders., *V. Marcelli*, IV, 13, ed. B. Krusch, ebd., S. 50; *V. Caesarii I,* c. 3, ed. B. Krusch, SS rer Mer III, S. 458.
47 *V. Aninani,* c. 1, S. 108; zur Datierung, Loyen, Le rôle de saint Aignan, S. 70. Eugippius, *ep. ad Paschasium,* c. 1, 7-9, ed. K. Noell, CSEL 9, 2, 1886, S. 4f.; zur Datierung, Lotter, Severinus von Noricum, S. 21.
48 Zur Darstellung von Severins Wirken, Lotter, Severinus von Noricum, S. 178-222; zu seiner Identität mit dem 461 zum Konsul ernannten Flavius Severinus, ebd., S. 223-260, bes. S. 246-252.
49 S. o., Abschn. III. D. 2.
50 Dies wird besonders deutlich in *V. Gen. A*, c. 40, S. 232, s. o., S. 74. Zum Begriff der *devotio* s. oben, Abschn. III. C. 1; zum Begriff der Verdinglichung Anm. 136 zu Kapitel III.

51 Paris lag im 6. Jahrhundert im Grenzsaum zu jenen Regionen Nordgalliens, die – in scharfem Kontrast zur gleichzeitigen Spätblüte der rhetorischen Literatur in Südgallien – eine Rebarbarisierung erlebten, vgl. dazu P. Riché, Education et culture, S. 220-226, 255f. In diesen Gebieten ist bereits im 6. Jahrhundert kein senatorischer Adliger mehr nachweisbar, Strohecker, Der senatorische Adel, S. 234.
52 *V. Severini,* c. 4, 9-12, S. 18f.; c. 9, 4-5, S. 26.
53 Für ihre Bekehrung ist Hiob 1, 21 wichtig, *V. patr. XIX,* c. 1, S. 286; auch an weiteren Stellen veranschaulichen Bibelzitate Monegundes Glauben, ebd. c. 1, S. 287, Z. 10f. (vgl. Spr. 10, 13; Röm. 1, 17).
54 S. o., Anm. 7 zu diesem Kapitel. Das Gegenbeispiel der Vita seines Oheims, des Bischofs Gallus, zeigt, daß Gregor den Verzicht auf adelige Privilegien als Zeichen der Heiligkeit zu loben geneigt war, wenn sich dazu Anlaß bot, *V. patr. VI: De Gallo episocopo,* prol., SS rer Mer I, 2, ²1969, S. 229f.
55 *V. patr. XIX,* c. 2, S. 288, Z. 21f., Z. 27; vgl. auch c. 4, S. 289f.
56 Ein solches weltabgewandtes Leben mit einer nur thaumaturgischen Intervention nach außen ist für die in Gregors *liber vitae patrum* dargestellten Eremiten kennzeichnend, Castagno, Il vescovo, l'abbate e l'eremita, S. 263.
57 Monegunde litt ohne ihre Dienerin Hunger, weil sie kein Mehl mehr erhielt, hielt aber dennoch an ihrer asketischen Entscheidung fest, *V. patr. XIX,* c. 1, S. 287.
58 Zu den literarischen Vorbildern der *V. Rad. I* vgl. auch Consolino, Due agiografi, S. 147-151.
59 *V. Rad. I,* c. 1, S. 364.
60 Zu den Motiven der stufenweisen Steigerung in den Lebensphasen Kindheit/Jugend (c. 2), Heirat und Leben am Königshof (c. 3-11), Leben als Diacona (c. 12-20), Leben im Kloster (c. 21-38), Gäbe, Radegundis, S. 9f. Zur an antike biographische Formen anknüpfenden, chronologisch-kategorisierenden Gliederung dieser Vita, ebd., S. 6f.; vgl. auch Meyer, Gelegenheitsdichter, S. 91f.
61 Fortunatus greift insbesondere folgende Motive auf und wandelt sie ab: heimliches nächtliches Gebet (*V. Mel. iun.,* c. 5, S. 6; *V. Rad. I,* c. 5, S. 366f.), heimliches Tragen eines rauhen Gewandes unter der vornehmen Kleidung (*V. Mel. iun.,* c. 4, S. 5; *V. Rad. I,* c. 6, S. 367). Bei der inneren Ablehnung der erzwungenen Heirat stellt er in *V. Rad. I,* c. 2-3, S. 366, Distanzierungsbemühungen von der weltlichen Stellung in den Mittelpunkt und nicht wie *V. Mel. iun.,* c. 1, S. 5, von den ehelichen Beziehungen. Das Motiv der Verweigerung des Badens, *V. Mel. iun.,* c. 2, S. 5, greift er nicht auf, beschreibt dafür aber Radegundes Verzicht auf standesgemäße Speisen und auf ein besonders schönes königliches Gewand, *V. Rad. I,* c. 4, S. 366, Z. 24ff.; c. 9, S. 368.
62 *V. Rad. I,* c. 3-4, S. 366; c. 10, S. 368.
63 Ebd., c. 12, S. 368.
64 Ebd., c. 13-14, S. 369.
65 Ebd., c. 18, S. 370; vgl. auch c. 16, S. 370.
66 Vgl. bes. ebd., c. 26, S. 373.
67 Ebd., c. 2, S. 365, Z. 6.
68 Ebd., c. 4, S. 366; vgl. auch die Wendung *usus misericordiae,* ebd., c. 16, S. 370 und Hieronymus, *ep. 77,* c. 6, S. 42-44. Zu weiteren literarischen Vorbildern für dieses Motiv, Consolino, Due agiografi, S. 149f.
69 *V. Rad. I,* c. 17, S. 370, Z. 20.

173

70 [...] credebat se minorem sibi, si se non nobilitaret vilitate servitii, ebd., c. 23, S. 372, Z. 13; weitere Belege für dieses Motiv bei Venantius Fortunatus bei Gäbe, Radegundis, S. 28, Anm. 184.

71 [...] regina, palatii domina pauperibus serviebat ancilla, V. Rad. I, c. 4, S. 366, Z. 23.

72 *Dialogi*, II, 6, S. 187f.; Fontaine, Hagiographie et politique, S. 120, 129f.; auf ein weiteres literarisches Vorbild in der *Historia ecclesiastica* des Rufinus weist hin Consolino, Due agiografi, S. 149f.

73 Portmann, Darstellung der Frau, S. 44, Anm. 93; Fontaine, Hagiographie et politique, S. 128-132.

74 *V. Rad. I*, c. 1, S. 364, Z. 23; c. 39, S. 376, Z. 31. Auf die Bedeutungsmöglichkeit von *virtutes* an der letztgenannten Stelle als Tugenden und Wunder wies hin Gäbe, Radegundis, S. 7. Sonst bezeichnet Fortunatus Wunder jedoch nur als *miracula* oder *mysteria*: *V. Rad. I*, c. 11, S. 368, Z. 12; c. 20, S. 371, Z. 7; c. 31, S. 374, Z. 18; c. 35, S. 375, Z. 23f.; c. 37, S. 376, Z. 4; c. 38, S. 376, Z. 29.

75 *V. Rad. I*, c. 3, S. 366; c. 8, S. 367; c. 18, S. 370.

76 Fontaine, Hagiographie et politique, S. 132-138.

77 *V. Rad. II*, c. 2, S. 380; Fontaine, Hagiographie et politique, S. 133f.

78 *V. Rad. II*, c. 5, S. 381f.; c. 7, S. 382; c. 10, S. 384f.; c. 16, S. 388f.; vgl. auch den Brief von sieben Bischöfen an Radegunde, überliefert bei G. v. Tours, HFr, IX, 39, S. 462f., und Radegundes Brief an die Bischöfe des Frankenreiches, ebd., IX, 42, S. 469-474.

79 *V. Rad. II*, c. 10, S. 384f.

80 [...] et nos [sc. die Nonnen, S. W.] sine intermissione pro eorum [sc. der Königreiche, S. W.] stabilitate orare docebat, ebd., c. 10, S. 384, Z. 30f., vgl. auch ebd., Z. 35f.

81 *V. Gen. A*, c. 12, S. 219.

82 E. Ewig, Die Gebetsklausel für König und Reich in merowingischen Königsurkunden, in: Tradition als historische Kraft. Interdiziplinäre Forschungen zur Geschichte des früheren Mittelalters, hg. v. N. Kamp, J. Wollasch, Berlin – New York 1982, S. 87-99, hier S. 97.

83 [...] transmisit litteras ad praecellentissimum domnum Sigibertum regem, [...] ut ei permitteret pro totius patriae salute et eius (sic) regni stabilitate lignum crucis Domini ab imperatore [sc. Kaiser Justinian, S. W.] expetere, *V. Rad. II*, c. 16, S. 388, Z. 12ff.

84 [...] ut sicut beata Helena [...] lignum salutare [...] perquisivit [...] Quod fecit illa in orientali patria, hoc fecit beata Radegundis in Gallia, *V. Rad. II*, c. 16, S. 388, Z. 4ff., Z. 10. Zur Legende über die Auffindung des heiligen Kreuzes durch Helena, die zuerst bei Ambrosius belegt ist, J. Vogt, Art. Constantius der Große, in: RAC III, 1957, Sp. 306-379, hier Sp. 372ff.

85 Zur gegensätzlichen Einstellung Fortunatus' und Baudonivias zum merowingischen Königtum, Gäbe, Radegundis, S. 28ff.; Consolino, Due agiografi, S. 154ff.

86 *Sancta / beata regina*: *V. Rad. II*, c. 2, S. 380, Z. 15, 19; c. 5, S. 381, Z. 21f.; c. 7, S. 382, Z. 15, 21, 25; c. 12, S. 385, Z. 31f.; c. 14, S. 387, Z. 4, 8; c. 17, S. 389, Z. 37; c. 27, S. 394, Z. 22 (vgl. dazu Gäbe, Radegundis, S. 30, A. 195); *domina*: *V. Rad. II*, Titel, S. 377; prol., S. 377, Z. 8; c. 5, S. 381, Z. 18; c. 11, S. 385, Z. 20, 21; c. 12, S. 386, Z. 3, 6f.; c. 14, S. 387, Z. 2; c. 15, S. 387, Z. 27f.; c. 16, S. 389, Z. 10; c. 17, S. 389, Z. 32, S. 390, Z. 4, 6; c. 19, S. 390, Z. 29, S. 391, Z. 2; c. 20, S. 392, Z. 3 und öfter.

87 Ebd., c. 1, S. 380, Z. 2.

88 *Fides* bezeichnet den Glauben Radegundes, ebd., c. 1, S. 380, Z. 2; c. 14, S. 387, Z. 1, einmal sind ihre Nonnen mitgemeint, c. 8, S. 383, Z. 26, sowie den rechten katholischen Glauben, c. 7, S. 382, Z. 20. Zu Fortunatus' Verwendung des Wortes s. *V. Rad. I*, c. 1, S. 364, Z. 24; c. 30, S. 374, Z. 13; c. 39, S. 377, Z. 1.

89 Diese Wendungen tauchen zunächst im Zusammenhang mit Radegundes Bemühungen um den Erwerb von Reliquien auf: [...] devoto ac fideli animo mens intenta ad Christum reliquias sanctorum omnium plena devotione habere cupiens, c. 13, S. 386, Z. 10f.; [...] quam fideli devotione tanti pignoris praemium expectans,[...] c. 14, S. 387, Z. 7f.; vgl. auch c. 14, S. 386, Z. 21f. Besonders in c. 14, S. 386, Z. 31ff. wird die Erlangung von Reliquien auch zum Beweis für Radegundes Status als *vera ancilla Dei* und ihre Eigenschaft als *mens fidelis* stilisiert, vgl. dazu Brennan, St Radegund, S. 349f. Im Schlußabschnitt wird *fidelis devotio* als Kernbegriff für Radegundes Frömmigkeit und diejenige ihrer Verehrer gebraucht: [...] si de eius [sc. Radegunde, S. W.] fideli devotione minus dicimus, plus peccamus, c. 21, S. 392, Z. 7f.; nos quoque etiam fideli devotione et sedulitate debita veneramur in terris [...]. c. 28, S. 395, Z. 3f. Man hat den Eindruck, Baudonivia habe diese Begrifflichkeit erst während des Schreibens herausgebildet, da in *V. Rad. II*, c. 1-12, dem Beispiel der *V. Rad. I* folgend, nur von *fides* die Rede ist.

90 [...] devotus rex [sc. Sigibert, S. W.] per fidelem suum virum inlustrem Iustinum comitem transmisit [...] *V. Rad. II*, c. 16, S. 389, Z. 7f.

91 Sic Deus suis fidelibus quae postulant non abnegat. [...] Sed nihilominus, quantum illa [sc. Radegunde, S. W.] hoc vitare volebat, tanto magis ac magis virtutum Largitor sibi in omnibus fidelem declarare studebat, ita ut, ubicumque infirmus, a quacumque detentus infirmitate, eam invocasset, salutem recipiebat, *V. Rad. II*, c. 14, S. 387, Z. 11-16; sed ut suam fidelem [sc. Radegunde, S. W.] Dominus declararet in medio populi, ibi [...] caecum inluminavit, c. 24, S. 393, Z. 16f.; [...] loca requirit ipse virtutum largitor ac dispensator, ubi per suos fideles suam ostendit potentiam, c. 27, S. 394, Z. 29f.

92 Gäbe, Radegundis, S. 20ff.

93 Gäbe, Radegundis, S. 13.

94 [...] ortum nativitatis sanctae recordationis domnae Rusticulae sive Marciae vitaeque eius qualitatem ac primordia religionis virtutisque, quam gratia divina exercuisse perhibetur, [...] *V. Rust.*, prol., S. 339f.

95 Ebd., c. 1, S. 340.

96 Ebd., c. 5, S. 342.

97 Ebd., c. 2, S. 340f.

98 Ebd., c. 4, S. 341.

99 Zu den wunderbaren Anzeichen gehört ein Lichtschein, den ihre Dienerin wahrnimmt, *V. Rust. suppl.*, c. 14, S. 142. Zu den Träumen und Visionen, V. Milazzo, Sogni e visioni nella merovingia „Vita Rusticulae," in: Augustianum 29, 1989, S. 257-268.

100 Ebd., c. 15-16, S. 142f.; vgl. auch *V. Rust.*, c. 9, S. 343f.

101 *V. Rust.*, c. 9-10, S. 344f. und c. 15, S. 346; zum politischen Kontext, Ewig, Die fränkischen Teilreiche im 7. Jahrhundert, S. 106. Über Rusticulas Widersacher ist sonst sehr wenig bekannt: Maximus war wohl Bischof von Avignon; Duchesne, Fastes épiscopaux, I, S. 269; Riccimarus ist möglicherweise mit dem Ricomer identisch, den

König Theudebert 606/607 zum *patricius* erhob, *Chronica quae dicuntur Fredegarii,* IV, 29, ed. B. Krusch, SS rer Mer II, 1887, S. 132; vgl. auch Riché, Vita s. Rusticulae, S. 374.

102 Caesarius von Arles, *Regula sanctarum virginum,* ed. G. Morin, S. Caesasrii Arelatensis episcopi regula sanctarum virginum aliaque opuscula ad santimoniales directa, Bonn 1933; zur Einführung dieser Regel im Arelatenser Nonnenkloster vgl. auch *V. Caesarii II,* c. 47, S. 500. Zu dieser Regel s. auch: The rule for nuns of St. Caesarius of Arles. A translation with critical introduction, hg. v. M. C. McCarthy, Washington DC 1960.

103 *V. Rust.,* c. 10, S. 344; vgl. *Regula sanctarum virginum,* ed. G. Morin, c. 2, S. 6; c. 50, S. 18.

104 *V. Rust.,* c. 9, S. 344.

105 Ebd., c. 15, S. 346.

106 Ebd., c. 9, S. 344, Z. 13f.

107 Zu *V. Rust.,* c. 15, S. 346, Z. 18-21, vgl. *V. Caesarii I,* c. 36, S. 471, Z. 1 und c. 42, S. 473, Z. 10f.; zu *V. Rust.,* c. 17, S. 347, Z. 2ff., vgl. *V. Caesarii I,* c. 26, S. 466, Z. 19f.

108 Sie entstand im Auftrag der Äbtissin Caesaria und der Nonnen dieses Klosters, *V. Caesarii I,* prol., c. 1, S. 457, Z. 6ff.

109 *V. Rust.,* c. 13-14, S. 345f.; c. 16, S. 346.

110 Hieronymus, *ep. 108,* c. 20, CSEL 55, S. 334-336.

111 Clark, Authority and Humility, S. 219f.

112 Ebd., passim.

113 Hieronymus, *ep. 108,* c. 13, 4, S. 323.

114 S. S. 37.

115 *V. Mel. iun.,* c. 60-61, S. 34f.

116 Vgl. dazu *V. Mart.,* c. 19,2, S. 292; Sulpicius Severus, *Dialogi,* I, 21, S. 173f.; II, 11, S. 192; II, 12, S. 194f.; *V. abbatum iurensium*: *V. Romani,* c. 25-26, c. 60, ed. F. Martine, Vie des pères du Jura, Paris 1968 (= SC 142), S. 264ff., 304; *V. Caesarii I,* c. 28, S. 467; c. 35, S. 470; R. Metz, Les vierges chrétiennes en Gaule au IVe siècle (1961), wiederabgedr. in: Ders., La femme et l'enfant dans le droit canonique médiéval, London 1985, Abschn. VII; H. Atsma, Die christlichen Inschriften Galliens als Quellen für Klöster und Klosterbewohner bis zum Ende des 6. Jahrhunderts, in: Francia 4, 1976, S. 1-57; J.-M. Guillaume, Les abbayes de femmes en pays franc. Des origines à la fin du VIIe siècle, in: Remiremont, l'abbaye et la ville, hg. v. M. Parisse, Nancy 1980, S. 29-46; M. Hasdenteufel-Röding, Studien zur Gründung von Frauenklöstern im frühen Mittelalter. Ein Beitrag zum religiösen Ideal der Frau und seiner monastischen Umsetzung, Diss. Freiburg 1988 (1991), S. 62ff.

117 S. Anm. 84 zu Kapitel III.

118 Die Interzessorrolle steht im Vordergrund in *V. Mart.,* c. 12-24, S. 278-308, während Sulpicius Severus ebd., c. 2-3, S. 254-258; c. 25-26, S. 308-316, die vorbildliche Tugend Martins herausarbeitet.

119 Von den vier Kapiteln dieser Lebensgeschichte bestehen drei zur Hälfte und eines ganz aus Wundererzählungen: *V. patr. XIX,* c. 1, S. 287, Z. 11ff; c. 2, S. 288, Z. 3-14, Z. 27ff.; c. 3, S. 288f.; c. 4, S. 290f.

120 S. o., Anm 53 zu diesem Kapitel.

121 *V. patr. XIX,* c. 1, S. 286f; c. 2, S. 288, Z. 23ff.

122 [...] cum fide integra et oratione degebat,[...] ebd., c. 2, S. 288, Z. 22.; daneben wird auch in einem Wunderbericht der Glaube eines Stummen hervorgehoben, der an ihrem Grab Heilung sucht, c. 4, S. 290, Z. 17.
123 Ebd., c. 2, S. 288, Z. 21f., 27; vgl. auch c. 4, S. 289f.
124 Beumann, Gregor von Tours und der *sermo rusticus*, S. 90f., 96ff.; Berschin, Biographie und Epochenstil, I, S. 300ff.
125 *V. patr. XIX*, Prol, S. 212; auch die übrigen Prologe des *Liber vitae patrum* arbeiten vorbildliche Züge der jeweiligen Heiligenleben besonders heraus, Berschin, Biographie und Epochenstil, I, S. 294f.
126 [...] sicut nunc beata Monigundis (sic), quae, relicto genitale solo, tamquam regina prudens, quae audire sapientiam Salomonis adivit, ita haec beati Martini basilicam, ut eius miracula cotidianis indulta momentis miraretur, expetiit, hauriretque de fonte sacerdotali, quo possit aditum paradisiaci recludere, *V. patr. XIX*, prol., S. 286.
127 Zur Existenz von Asketinnen, die innerhalb des Familienverbandes lebten, zur Zeit Gregors, Hasdenteufel-Röding, Studien zur Gründung von Frauenklöstern, S. 64ff.; vgl. auch die Belege bei Feusi, Institut der gottgeweihten Jungfrauen, S. 104ff., die jedoch den familiären Kontext nicht beachtet, sondern die Frauen, die keiner klösterlichen Gemeinschaft angehörten, als „einzeln" lebende Jungfrauen auffaßt.
128 [...] cuius vitae praesentis cursum [...] ferre temptamus in publico, ut, cuius est vita cum Christo, memoria gloriae relicta celebretur in mundo, *V. Rad. I*, c. 1, S. 364f.
129 Consolino, Due agiografi, S. 146.
130 Berschin, Biographie und Epochenstil I, S. 284; Gäbe, Radegundis, S. 6.
131 Gäbe, Radegundis, S. 17f., 27ff.
132 Gäbe, Radegundis, S. 16ff. Zur rechtlichen Stellung dieses königsnahen Klosters, das sich nicht recht in die Diözesanverfassung einordnete, aber auch noch kein königliches Eigenkloster im vollen Sinn war, Scheibelreiter, Königstöchter im Kloster, S. 4-8. Insbesondere nach seiner Ausstattung mit einer Kreuzreliquie war das Verhältnis dieses Klosters zum örtlichen Bischof angespannt: Baudonivia berichtet, daß sich Bischof Marovech weigerte, für den feierlichen Empfang dieser Reliquie in Poitiers und ihre Niederlegung im Kloster zu sorgen, *V. Rad. II*, c. 16, S. 388, Z. 21ff., und daß er bei Radegundes Tod durch Abwesenheit glänzte, so daß Gregor von Tours das Begräbnis leiten mußte, ebd. c. 23, S. 392f.; vgl. auch G. v. Tours, *Glor. conf.*, c. 104, S. 364ff.
133 Zur Abstammung von Bischöfen im Frankenreich des 6. Jahrhunderts, Stroheker, Senatorischer Adel, S. 110; Scheibelreiter, Bischof in merowingischer Zeit, S. 18f.; Heinzelmann, Bischofsherrschaft, S. 211-232 und passim.
134 Fortunatus wandte sich mit seiner in Hexametern abgefaßten *Vita Martini* an italienische Leser, Fontaine, Hagiographie et politique, S. 126.
135 Die Schilderung der weltlichen Lebensphase schließt mit einer Gefangenenbefreiung (*v. Rad. I*, c. 11), auf die Lebensphase als geweihte, der Armenfürsorge sich widmende Frau folgen Heilungswunder (c. 20), und der Bericht über Radegundes klösterliche Tugend mündet in eine Serie von unterschiedlichen Wunderberichten (c. 27-38).
136 Ebd., c. 1, S. 364, Z. 24; c. 30, S. 374, Z. 13; c. 37, S. 376, Z. 11; c. 39, S. 377, Z. 1.
137 Ähnliche Unterschiede zwischen einer von Bewunderung geprägten „Außensicht" beobachtender Priester und einer auf Nachahmung abzielenden „Innensicht" miterlebender Nonnen hat Karin Glente in Frauenviten des 13.-14. Jahrhunderts aufgezeigt, Glente, Mystikerinnenviten aus männlicher und weiblicher Sicht, bes. S. 259ff. Für

diese Unterschiede scheint mir jedoch nicht so sehr das Geschlecht des Autors, sondern vor allem sein Verhältnis zu seiner Heldin entscheidend zu sein. Die *V. Mel. iun.* ist nämlich, obgleich von einem Priester verfaßt, auch durch eine „Innensicht" geprägt, die auf Nachahmung abzielt: Wie Baudonivia beschreibt auch Gerontius seine Heldin, die er ebenfalls als seine Lehrerin ansah, aus der Sicht eines miterlebenden Zeugen.

138 Gäbe, Radegundis, S. 23ff. Die Einführung dieser Regel durch die Gründerin belegt *V. Rad. I*, c. 24, S. 372. Zu ihrer Umsetzung vgl. auch *V. Rad. II*, c. 24, S. 393.
139 *V. Rad. II*, c. 8, S. 383, Z. 14-18; c. 9, S. 384, Z. 7-15; c. 17, S. 390, Z. 12-18; c. 19, S. 390f.; c. 21, S. 392, Z. 8ff.
140 Gäbe, Radegundis, S. 25f.
141 Simonetti, La „Vita" di Rusticola nell'agiografia merovingia, S. 241ff.
142 *V. Rust.*, c. 6, S. 342.
143 Ebd., c. 7, S. 343.
144 Ebd., c. 8, S. 343.
145 *V. Rust. suppl.*, c. 11, S. 142.
146 *V. Rust.*, c. 7, S. 343, c. 19, S. 347, c. 22, S. 348.
147 Caesarius, *Regula sanctarum virginum*, c. 18-20, ed. Morin, S. 8f.
148 Isidor von Sevilla stellte die Heiligenleben auf eine Stufe mit Gottes Geboten: Si enim ad boni incitamentum divina, quibus admonemur, praecepta deessent, pro lege nobis sanctorum exempla sufficent, *Sententiae*, II, c. 11, 6, PL 83, Paris 1862, Sp. 612.; vgl. auch *V. patr. XIX*, prol., S. 286, Z. 10f. Auch in der *Regula Benedicti*, c. 73, ed. B. Steidle, Die Benediktusregel, Beuron 1963, S. 204, werden neben dem alten und neuen Testament und den Schriften der Kirchenväter auch Heiligenleben als Leitfaden der monastischen Tugend empfohlen. Zu Heiligenleben als asketischen und klösterlichen Erbauungstexten s. auch *V. Mel. iun.*, c. 23, S. 15, Z. 6ff.
149 *V. Rad. II*, c. 17, S. 390, Z. 12ff.
150 [...] in unius libelli opusculo conscriptum sancto coetui vestro obtuli lectitandum, *V. Rust.*, prol. S. 340, Z. 2f.; [...] finem operi demus, ut et legentes verba lectionis reficiant, et audientes tali exemplo provocati, intercentibus bonis operibus, vita potiantur aeterna, ebd., c. 21, S. 348, Z. 10ff.
151 Ebd., c. 5, S. 342, Z. 4 u. 23; c. 19, S. 347, Z. 27; vgl. auch c. 25, S. 350, Z. 10. Nur an zwei Stellen bezeichnet *fides* den Glauben derer, die auf ein Wunder hoffen, c. 26, S. 350, Z. 32; c. 27, S. 351, Z. 5.
152 *V. Geretrudis A*, ed. B. Krusch, SS rer Mer II, 1888, S. 453-474. Zu dieser Vita, L. van der Essen, Etude critique et littéraire, S. 1-5; A. F. Stocq, Vie critique de sainte Gertrude de Nivelles en Brabant (631-664), Nivelles 1931; Berschin, Biographie als Epochenstil, II, S. 19f.; vgl. auch M. J. M. Madou, Art. Gertrude de Nivelles, in: DHGE XX, 1984, Sp. 1065-1068 (mit weiterer Literatur).
153 *V. Balthildis A*, ed. B. Krusch, SS rer Mer II, 1888, S. 482-508. Zur Datierung und Entstehung dieser Vita im Frauenkloster Chelles bei Paris, Krusch, ebd., S. 478; zur wahrscheinlichen Autorschaft einer unbekannten Nonne, Nelson, Queens as Jezebels, S. 46, Anm. 83; zu ihrem Heiligenideal, Graus, Volk, Herrscher und Heiliger, S. 411-414; Berschin, Biographie als Epochenstil, II, S. 21ff. Zu Balthildes Leben und Wirken sei hier genannt: M. J. Couturier, Sainte Bathilde, reine des Francs, Paris 1909; Nelson, Queens as Jezebels; E. Ewig, Das Privileg des Bischofs Berthefried von Amiens für Corbie von 664 und die Klosterpolitik der Königin Balthild, in: Francia 1, 1973,

S. 62-114, wiederabgedr. in: ders., Spätantikes und fränkisches Gallien. Gesammelte Schriften 1952-1973, hg. v. H. Atsma, II, München u. a. 1976, S. 538-583; J. Dubois, Sainte Bathilde (vers 625-680) Reine de France (641-655). Fondatrice de l'Abbaye de Chelles, in: Paris et Ile-de-France. Mémoires publiés par la Fédération des Sociétés historiques et archéologiques de Paris et de l'Ile-de-France, t. 32, 1981, Paris 1982, S. 13-30. R. Folz, Les saintes reines du moyen âge en Occident. IV-XIIIe siècles, Brüssel 1992, S. 32ff.

154 *V. Sadalbergae,* ed. B. Krusch, SS rer Mer V, 1910, S. 49-66. Zur aus dem Text erschließbaren Entstehung um 680, Krusch, ebd., S. 41f., der die Glaubwürdigkeit dieser Angaben anzweifelte, ebd., S. 42-45. Gegen Kruschs Zweifel wandte sich Lotter, Methodisches, S. 345ff. Die überlieferte Fassung hält für leicht überarbeitet Berschin, Biographie als Epochenstil, II, 1988, S. 25; zu dieser Vita, ebd., S. 24f.

155 *V. Rad. II,* c. 5, S. 381f., Gäbe, Radegundis, 1989, S. 12f.

156 *V. Rust.,* c. 5, S. 342; *V. Geretrudis A,* c. 2, S. 455f.; *V. Sadalbergae,* c. 12, S. 56f.

157 *V. Rad. II,* c. 6-7, S. 382. Auch die Klostergründung steht bereits im Zusammenhang mit der Abwehr solchen Ansinnens, von dem Radegunde vorher durch Gerüchte erfahren hatte, ebd., c. 4, S. 380f.

158 König Chilperich wollte zum Beispiel seine Tochter Basina aus dem Kloster Poitiers holen, um sie zu verheiraten, G. v. Tours, *HFr,* VI, 34, S. 305. In seinem Brief an Radegunde schärfte Gregor von Tours das Wiederaustrittsverbot ausdrücklich ein, *HFr,* IX, 39, S. 462f.; vgl. auch Gäbe, Radegundis, S. 23f.

159 *V. Rust.,* c. 5, S. 342; *V. Balthildis A,* c. 10, S. 495f. Zu Balthildes Klostereintritt, der mit ihrem Sturz als Regentin in Zusammenhang stand, J. Fischer, Der Hausmeier Ebroin, Diss. Bonn 1954, S. 98ff.; S. Wittern, Frauen zwischen asketischem Ideal und weltlichem Leben. Zur Darstellung des christlichen Handelns der merowingischen Königinnen Radegunde und Balthilde in hagiographischen Lebensbeschreibungen des 6. und 7. Jahrhunderts, in: Frauen in der Geschichte VII. Interdisziplinäre Studien zur Geschichte der Frauen im Frühmittelalter. Methoden – Probleme – Ergebnisse, hg. v. W. Affeldt / A. Kuhn, Düsseldorf 1986, S. 279f.

160 *V. Rust.,* c. 5, S. 342. Zu dieser Episode, Barbero, Un santo in famiglia, S. 77f.

161 *V. Balthildis A,* c. 11-12, S. 496-498.

162 Gertrudes Weihe und Klostereintritt wird von ihrer Mutter Itta veranlaßt, *V. Geretrudis A,* c. 2, S. 456, Z. 23ff.; Sadalberga ist ein asketisches Leben erst möglich, als ihre Familie zustimmte, *V. Sadalbergae,* c. 12, S. 56, Z. 23ff.; vgl. auch ebd., c. 9-10, S. 54f. Zur veränderten Sicht der asketischen Bekehrung in der merowingischen Hagiographie des 7.-8. Jahrhunderts s. auch Barbero, Un santo in famiglia, S. 59-88.

163 *V. Rad II,* c. 1, S. 380, Z. 7ff.; c. 5, S. 381f.; c. 8, S.383, Z. 12ff.; c. 9, S. 384, Z.15ff.

164 *V. Rust.,* c. 6, S. 343; *V. Balthildis A,* c. 2, S. 483, Z. 21ff.; *V. Geretrudis A,* c. 2, S. 456, Z. 31ff., *V. Sadalbergae,* c. 17, S. 59, Z. 24f. Zu diesen Tugendkatalogen, H. Vogt, Die literarische Personenschilderung des frühen Mittelalters, Leipzig – Berlin 1934, S. 44ff. In einigen dieser Texte gibt es weitere Tugendaufzählungen im Zusammenhang mit der Schilderung des Lebensendes, *V. Rust.,* c. 22, S. 348; *V. Balthildis A,* c. 16, S. 502f.; *V. Sadalbergae,* c. 25, S. 64.

165 *V. Rust.,* c. 6, S. 342f.

166 *V. Rad. II,* c. 5, S. 381, Z. 25; c. 9, S. 384, Z. 17.

167 *V. Balthildis A,* c. 2, S. 484.

168 Ebd., c. 11-12, S. 496ff.; vgl. aber die davon abweichende Beschreibung des Verhältnisses zwischen der königlichen Klostergründerin und der von ihr eingesetzten Äbtissin in der in Chelles zu Beginn des 8. Jahrhunderts entstandenen *V. Bertilae*, c. 7, ed. W. Levison, SS rer Mer VI, 1913, S. 107f.
169 *V. Balthildis A,* c. 11, S. 496, Z. 22ff.
170 In *V. patr. XIX* hat das Wort *virtus* ausschließlich die Bedeutung Wunder / Wunderkraft, c. 2, S. 288, Z. 12; c. 3, S. 288, Z. 32, S. 289, Z. 5, Z. 18; c. 4, S. 290, Z. 5, Z. 16. In der *V. Rad. II* kommt *virtus* nur im ersten Drittel zweimal in der Bedeutung Tugend vor, c. 2, S. 380, Z. 21; c. 9, S. 384, Z. 17; sonst ausschließlich im Sinn von Wunder / Wunderkraft, c. 11, S. 385, Z. 20; c. 14, S. 387, Z. 14; c. 16, S. 389, Z. 17, Z. 20; c. 17, S. 390, Z. 6; c. 23, S. 392, Z. 32; c. 25, S. 394, Z. 3-4; c. 26, S. 394, Z. 14; c. 27, S. 394, Z. 30, Z. 32; c. 28, S. 395, Z. 3. In der *V. Rust.* bedeutet es nur an einer Stelle eindeutig Tugend, prol., S. 339, Z. 31, einige Male meint es Wunder / Wunderkraft, prol., S. 340, Z. 1; c. 4, S. 341, Z. 26, Z. 36; c. 17, S. 347, Z. 1; mehrmals sind aber auch beide Deutungen möglich, prol., S. 340, Z. 10; c. 21, S. 348, Z. 8, Z. 13; c. 26, S. 350, Z. 27.
171 *V. patr. XIX,* c. 4, S. 290, Z. 17; zur *V. Rust.* s. o., S. 101 mit Anm. 151 zu diesem Kapitel. In der *V. Rad. II* meint *fides* an der überwiegenden Zahl der Belegstellen den Glauben von Menschen, die auf ein Wunder hoffen, und zwar mit Bezug auf Radegundes Interzession in c. 12, S. 386, Z. 6; c. 15, S. 387, Z. 22; c. 17, S. 389, Z. 34f.; mit Bezug auf die Reliquien anderer Heiliger oder die Kreuzreliquie in c. 14, S. 386, Z. 31; c. 16, S. 389, Z. 20f.; zur Verwendung von *fides* für den Glauben Radegundes und ihrer Nonnen s. Anm. 88 zu diesem Kapitel.
172 Nos quoque etiam fideli devotione et sedulitate debita veneramur in terris, cuius anima confidimus, gaudemus et gloriamur quod praefulgeat in caelis, ipso praestante, qui cum Patre et Spiritu sancto vivit et regnat in saecula saeculorum. Amen, *V. Rad. II,* c. 28, S. 395.
173 *V. Rust.,* c. 29, S. 351.
174 Ebd., c. 17, S. 347; c. 25, S. 350.
175 [...] et pro tradito sibi grege vel pro universo populo fletibus multis Dominum precabatur, ebd., c. 7, S. 343. Dieser Topos findet sich auch in *V. patr. XIX,* c. 1, S. 286, Z. 31.
176 *V. Rust. suppl.,* c. 12-14, S. 142; *V. Rust.,* c. 19, S. 347; c. 20, S. 347f.; c. 26, S. 350.
177 *V. Rust.,* c. 4, S. 341; c. 25, S. 350; c. 27, S. 350f.
178 *V. Rad. II,* c. 15, S. 387, Z. 27f.
179 Ebd., c. 16, S. 389, Z. 13ff.
180 Weber, Kulturgeschichtliche Probleme, S. 368f. Weber beschreibt auch die Bemühungen um Durchsetzung klösterlicher *stabilitas loci* in dieser Zeit, ohne jedoch zu berücksichtigen, daß sich dieses Problem für Frauen- und Männerklöster unterschiedlich dargestellt haben dürfte, ebd., S. 365ff.
181 Diese Konstellation bleibt auch in der zweiten Hälfte des 7. Jahrhunderts kennzeichnend; vgl. zu den Auftraggeberinnen: *V. Geretrudis A,* prol., S. 453f.; *V. Sadalbergae,* S. 49 (Widmung); zur Förderung des Kultes: *V. Balthildis A,* c. 15, S. 502, Z. 18ff.; *Virtutes Geretrudis,* c. 4, S. 466.
182 McNamara, Legacy of Miracles, passim.
183 Zur Einordnung des monastischen Wirkens Bischofs Caesarius von Arles in den Rahmen des sogenannten altgallischen Mönchtums, Prinz, Frühes Mönchtum im Frankenreich, S. 76ff.

184 Ebd., S. 121-185.
185 S. S. 96 mit Anm. 103 zu diesem Kapitel.
186 Clark, Ascetic Renunciation and Female Advancement, S. 245.
187 Portmann, Darstellung der Frau, S. 20.
188 Qui [sc. Christus, S. W.] [...] nobisque non modo viros, sed etiam ipsum inferiorem sexum, non segniter, sed viriliter agonizantem, praebet exemplum, *V. patr. XIX*, Prol, S. 286, Z. 10ff.; [...] ut in sexu muliebri celebret [sc. Christus, S. W.] fortes victorias et corpore fragiliores ipsas reddat feminas virtute mentis inclitae gloriosas, *V. Rad. I*, c. 1, S. 364.
189 *V. patr. XIX*, c. 4, S. 290, Z. 10-16; vgl. aber auch ebd., c. 3, S. 289, Z. 16ff.
190 Nämlich mit Bezug auf einen *vir inluster* Leo, der vor Radegundes Bußgewand um ein Wunder betete: [...] viriliter eam invocans, [...] *V. Rad. II*, c. 15, S. 387, Z. 22.
191 Zu *V. Rad. II*, c. 19, S. 391, Z. 18ff.; c. 20, S. 391f; vgl. *V. Caesarii II*, c. 35, S. 496f.; c. 37, S. 497, Z. 26ff.
192 *V. Rust. suppl.*, c.16, S. 142.
193 [...] cum adversum se diabolum iugiter dimicantem Christi iuvamine roborata viriliter triumphare valuisset in terris, ad praemia parata laeta evocatur ad caelos, [...] *V. Rust.*, c. 22, S. 348, Z. 18ff.
194 C. Nolte, Klosterleben von Frauen in der frühen Merowingerzeit. Überlegungen zur Regula ad virgines des Caesarius von Arles, in: Frauen in der Geschichte VII. Interdisziplinäre Studien zur Geschichte der Frauen im Frühmittelalter. Methoden – Probleme – Ergebnisse, hg. v. W. Affeldt / A. Kuhn, Düsseldorf 1986, S. 267.
195 Quam fortiter et viriliter, si viri fuissetis, pugnaturae eratis contra inimicos vestros, ne corpus percuteretur, tam constanter et viriliter pugnate contra diabolum, ut non vestras animas occidat per consilia et cogitationes pessimas, Caesaria, *ep. ad Richildem et Radegundem,* MGH Epistolae III, ed. W. Gundlach, 1892, S. 451, Z. 17ff. Zur Echtheit dieses Briefes, Labande-Mailfert, Les débuts de Sainte-Croix, S. 42. Über Richilde, sicher auch Nonne in Poitiers, ist sonst nichts bekannt.
196 *V. Rad. II*, c. 16, S. 388, Z. 4ff.; *V. Rust. suppl.*, c. 15, S. 142.
197 Jonas von Susa berichtet über die Äbtissin Burgundofara von Faramoutiers: [...] Christi virgo non femineo more, sed virili confundit responsione, *V. Columbani II*, c. 10, ed. B. Krusch, SS rer Ger XXXVII, 1905, S. 253. In der *V. Sadalbergae*, c. 9, S. 54, Z. 32f., geht es um soziale Verhältnisse, wenn neben einem königlichen Befehl auch das Geschlecht (*sexus*) als Hindernis für die asketische Konversion genannt wird. In der *V. Bertilae* aus dem beginnenden 8. Jahrhundert hebt das Attribut *viriliter* Führungsqualitäten von Frauen, sowohl im Kloster als auch am Königshof, hervor. Über die Äbtissin Bertila heißt es: [...] viriliter cum summa sanctitate et religione [...] ipsum ordinavit coenobium [...], c. 5, ed. W. Levison, SS rer Mer VI, 1913, S. 105, Z. 17f.; über die Königin Balthilde: cum magno igitur vigore animi viriliter gubernabat palatium, ebd., c. 4, S. 104, Z. 9f.; zu dieser Vita, Berschin, Biographie und Epochenstil, II, S. 23f.
198 S. o., Anm. 153 und 154 zu diesem Kapitel.
199 [...] venerabilem magnamque feminam, domnam Balthildaem reginam, *V. Balthildis A.*, c. 2, S. 483; [...] nostris praeferendae temporibus feminae Sadlabergae vitam [...] meo debuerim stilo cudere, *V. Sadalbergae*, prol., S. 49f.; prudentissima femina Sadlaberga, ebd., c. 9, S. 54. Die Tugend der *prudentia* wird auch betont in *V. Balthildis A*, c. 3, S. 485, Z. 1; c. 4, S. 485.

200 *V. Balthildis A,* c. 18, S. 505f.; *V. Sadalbergae,* c. 25, S. 64.
201 Zur christlich-vorbildlichen Königin und Regentin bzw. Adeligen, *V. Balthildis A,* c. 4, S. 485ff.; c. 5-9, S. 487-494; *V. Sadalbergae,* c. 11, S. 55f.
202 [...] saeculari sub habitu religionis formabatur exemplum, *V. Rad. II,* c. 1, S. 380.
203 Dies änderte sich erst im 10. Jahrhundert, Graus, Rez. Prinz, Frühes Mönchtum im Frankenreich, S. 235, und ist auch in den Königinnenviten der Ottonenzeit anders, Folz, Saintes reines, S. 56ff., 67ff.; Corbet, Les saints ottoniens, bes. Teil 2, Kap. 2 und 4, sowie Teil 3.
204 *V. Balthildis A,* c. 10, S. 495f.; vgl. auch das Keuschheitsmotiv ebd., c. 3, S. 484f.; *V. Sadalbergae,* c. 9, S. 54; c. 12, S. 56f.
205 Bosl, Der Adelsheilige; Prinz, Frühes Mönchtum im Frankenreich, S. 489-492. Den Begriff „Adelsheiligkeit" kritisierte Graus, Rez. Prinz, Frühes Mönchtum im Frankenreich, S. 234f.; vgl. auch Graus, Sozialgeschichtliche Aspekte der Hagiographie, S. 159ff. Zum Wandel des Heiligenideals im 7. Jahrhundert und zu Prinz' These eines „Adelscharismas" s. auch oben, Einleitung, S. 17f.
206 Zu den weltlichen und monastischen Teilnehmern an Heiligenfesten im Kloster Nivelles in der 2. Hälfte des 7. Jahrhunderts, *Virtutes Geretrudis,* ed. B. Krusch, SS rer Mer II, 1888, c. 11, S. 470, Z. 8ff.
207 Die These einer frauenspezifischen Sicht vertrat, mit Blick auf die *V. Rad. II* und die *V. Balthildis A,* Wemple, Women in Frankish Society, S. 183ff.; dies., Female Spirituality and Mysticism, 43ff. Zur Problematik dieser Interpretation s. o., Einleitung, S. 12. Eine theologische Gegentradition von Frauen tritt erst in Hildegard von Bingens Schriften im Hochmittelalter klar hervor, vgl. dazu E. Gössmann, Theologische Frauenforschung: Das Menschenbild des Mittelalters und die Stellungnahme der zeitgenössischen Frau, in: Vortragsreihe zur Frauenforschung SS 82 – WS 82/83, hg. von der Zentraleinrichtung zur Förderung von Frauenstudien und Frauenforschung an der FU Berlin, Berlin 1983, S. 64-87, hier S. 74ff.; vgl. auch dies., Das Konstrukt der Geschlechterdifferenz in der christlichen theologischen Tradition, in: Concilium 27, 1991, S. 483-488, bes. S. 484f.

C. Bibliographie

1. Quellen

Ambrosius, Bischof von Mailand, De Virginibus libri tres, ed. Egnatius Cazzaniga, Pavia 1948; dt. übers. v. J. E. Niederhuber, in Des hl. Kirchenlehrers Ambrosius von Mailand Pflichtenlehre und ausgewählte kleinere Schriften München – Kempten 1971 (= BKV 32), S. 311-386
- De viduis liber unus, PL 16, Paris 1880, Sp. 247-276
- Exhortatio virginitatis liber unus, PL 16, Paris 1880, Sp. 371-380
- De virginitate liber unus, ed. Egnatius Cazzaniga, Pavia 1952
- De institutione virginis et S. Mariae virginitate perpetua liber unus, PL 16, Paris 1880, Sp. 319-348
- Expositio Evangelii secundum Lucam, ed. u. frz. übers.: Gabriel Tissot, Ambroise de Milan, Traité sur l'évangile de S. Luc, 2 Bde, Paris 1956, 1958 (= SC 45. 52)

Athanasius, Bischof von Alexandrien, Leben des Antonius (BHG 140), dt. übers. v. H. Mertel, in: Des hl. Athanasius Schriften, II, Kempten – München 1917 (= BKV 31), S. 679-777

Augustinus, Aurelius, Bischof von Hippo, De sancta virginitate, ed. J. Zycha, CSEL 41, Prag – Wien – Leipzig 1900, S. 233-302; dt.: Heilige Jungfräulichkeit, übers. v. I. M. Dietz: Würzburg 1952 (= Sankt Augustinus. Der Seelsorger. Gesamtausgabe seiner moraltheologischen Schriften 6)
- De bono viduitatis, ed. J. Zycha, in: CSEL 41, Prag – Wien – Leipzig 1900, S. 303-343, dt.: Das Gut der Witwenschaft, übers. v. A. Maxsein, Würzburg 1952 (= Sankt Augustinus. Der Seelsorger. Gesamtausgabe seiner moraltheologischen Schriften 7)
- epistola 211, ed. A. Goldbacher, CSEL 57, Wien – Leipzig 1911, S. 356-371
- De civitate Dei, ed. E. Hoffmann, CSEL 40, 1-2, Prag – Leipzig – Wien 1899-1900; dt.: Vom Gottesstaat, übers. v. W. Thimme, eingeleitet u. kommentiert v. C. Andresen, 2 Bde, München ²1985

Avitus, Alcimus Ecdicius, Bischof von Vienne, De virginitate, ed. R. Peiper, AA AA VI, 2, Berlin 1883, ND 1961, S. 275-294

Baudonivia, Vita Radegundis II, s. De vita Radegundis libri II

Biblia sacra iuxta vulgatam versionem, hg. v. R. Weber, 2 Bde, Stuttgart ²1975

Bibliorum sacrorum latinae versiones antiquae seu Vetus italica [...], opera et studio P. Sabatier, 3 Bde, Reims 1743-1749, Paris 1751, ND Turnhout 1976

Caesaria, Äbtissin von St. Jean/Arles, *Epistola,* ed. W. Gundlach, MGH Epistolae III, Berlin 1892, ND 1957, S. 450-453

Caesarius, Bischof von Arles, Regula sanctarum virginum aliaque opuscula ad sanctimoniales directa, ed. G. Morin, Hanstain 1933 (= Florilegium Patristicum tam veteris quam medii aevi auctores complectens 34)

Chronica minora saec. IV.V.VI.VII, ed. Th. Mommsen, AA AA IX, Berlin 1892, ND 1981

Collectio vetus gallica, ed. H. Mordek, in: ders., Kirchenrecht und Reform im Frankenreich. Die Collectio vetus gallica, die älteste systematische Kanonessammlung des fränkischen Gallien, Berlin – New York 1975, S. 267-633

Concilia aevi Meovingici, ed. F. Maassen, MGH Concilia I, Hannover 1893, ND 1956

Concilia Galliae A.314-A.506, ed. C. Munier, CChrSL 148, Turnhout 1963

Concilia Galliae A.511-A.695, ed. C. DeClercq, CChrSL 148a, Turnhout 1963

Constantius von Lyon, Vita Germani epicopi Autisiodorensis (BHL 3453), ed. u. frz. übers.: R. Borius, Constance de Lyon, Vie de saint Germain, Paris 1965 (= SC 112), S. 112-205, dt. Übers.: K. S. Frank, Frühes Mönchtum, II, S. 63-96

Cyprian, Bischof von Carthargo, De habitu virginum, ed. G. Hartel, in: CSEL 3,1, Wien 1868, S. 185-205; dt. v. J. Baer in: Des hl. Cyprianus sämtliche Schriften, I, Kempten – München 1918 (= BKV I, 34), S. 62-82

Dionysius Exiguus, Collectio decretorum pontificum Romanorum, PL 67, Paris 1865, Sp. 229-316

Eugippius, epistola ad Paschasius s. Vita Severini

- Vita Severini (BHL 7655-7657), ed. K. Noell, CSEL IX, 2, Wien 1886; lat. Text m. dt. Übers. v. T. Nüsslein: Eugippius, Das Leben des heiligen Severin, Stuttgart 1986 (zit. nach ed. Noell)

Florentius, Vita Rusticulae sive Marciae abbatissae Arelatensis (BHL 7405), ed. B. Krusch, SS rer Mer IV, Hannover – Leizig 1902, ND 1977, S. 337-357, ergänzend dazu: Vita Rusticulae, c. 11-16, ed. Mabillon, AA SS Ordinis S. Benedicti, II, 1936-1938, S. 142f.

Fortunatus, Venantius Honorius Clementianus, Opera poetica, ed. F. Leo, AA AA IV, 1, Berlin 1881, ND 1981

- Vita Albini episcopi Andegavensis (BHL 234) ed. B. Krusch, AA AA IV, 2, Berlin 1885, ND 1981, S. 27-33
- Vita Germani epicopi Parisiensis (BHL 3486), ed. B. Krusch, SS rer Mer VII, Hannover – Leipzig 1920, ND 1979, S. 372-418
- Vita Hilarii episcopi Pictavensis (BHL 3385-3387), ed. B. Krusch, AA AA IV, 2, Berlin 1885, ND 1981, S. 1-11
- Vita Marcelli episcopi Parisiensis (BHL 5249), ed. B. Krusch, AA AA IV, 2, Berlin 1885, ND 1981, S. 49-64
- Vita Medardi episcopi Noviomensis (BHL 5864), ed. B. Krusch, AA AA IV, 2, Berlin 1885, ND 1981, S. 67-73
- Vita Paterni episcopi Abrincensis (BHL 6477), ed. B. Krusch, AA AA IV, 2, Berlin 1885, ND 1981, S. 33-37
- Vita Radegundis s. De vita Radegundis libri II

Fredegarii quae dicuntur chronicarum libri IV cum Continuationibus, ed. B. Krusch, SS rer Mer II, Hannover 1888, ND 1984, S. 1-193; Teile des lat. Texts mit dt. Übers. v. A. Kustering / H. Haupt, in: Quellen zur Geschichte des 7. und 8. Jahrhunderts, Darmstadt 1982 (= FStGA 4a), S. 44-325 (zit. nach ed. Krusch)

Gerontius, Vita Melaniae iunioris (BHG 1241), ed. u. frz. übers. v. D. Gorce, Vie de sainte Mélanie, Paris 1962 (= SC 90), S. 124-271

- Vita Melaniae iunioris (BHL 5885), ed. M. Rampolla del Tindaro, Santa Melania giuniore senatrice romana. Documenti contemporanei e note, Rom 1905, S. 3-70

Gregor I. (der Große), Dialogi, ed. A. de Vogüé / frz. übers. P. Antin, Grégoire le Grand, Dialogues, 3 Bde, Paris 1978. 1979. 1980 (= SC 251. 260. 265), dt.: Des hl. Papstes und Kirchenlehrers Gregor des Großen Vier Bücher Dialoge, übers. von J. Funk, München 1933 (= BKV II, 3)

Gregor, Bischof von Nyssa, Vita Macrinae (BHG 1012), ed. u. frz. übers.: P. Maraval, Grégoire de Nysse, Vie de sainte Macrine, Paris 1971 (= SC 178)

Gregor, Georgius Florentius, Bischof von Tours, Liber in gloria martyrum s. Libri octo miraculorum
- Liber de passione et virtutibus sancti Juliani martyris s. Libri octo miraculorum
- Libri I-IV de virtutibus sancti Martini episcopi s. Libri octo miraculorum
- Liber vitae patrum, s. Libri octo miraculorum
- Liber in gloria confessorum, s. Libri octo miraculorum
- Libri octo miraculorum, ed. B. Krusch, SS rer Mer I, 2, Hannover ²1969, S. 1-370; lat. Text mit frz. übers.: H. L. Bordier, Les livres des miracles et autres opuscules de Georges Florent Grégiore, évêque de Tours, 4 Bde, Paris 1857. 1860. 1862. 1864 (= Société de l'histoire de France 88. 103. 114. 125), ND New York 1965; teilweise engl. übers. v. R. van Dam; E. James, s. u. Literatur (zit. nach ed. Krusch)
- Libri historiarum decem, ed. B. Krusch / W. Levison, SS rer Mer, I, 1, Hannover ²1951, lat. Text u. dt. übers. v. R. Buchner, Gregor von Tours, Zehn Bücher Geschichten, 2 Bde, Darmstadt ⁵1977 (= FStGA 2-3), (zit. nach ed. Krusch)

Hermas, Der Hirt, ed. u. frz. übers.: R. Joly, Hermas, Le Pasteur, Paris 1958 (= SC 53)
- Versio latina rec. e Codice Palatino, in: Hermae Pastor Graecae addita versione latina recentiore e codice palatino, ed. O. v. Gebhardt / A. Harnack, Leipzig 1877 (= Patrum apostolicorum opera 3)

Hieronymus, Eusebius, Epistolae, ed. I. Hilberg, CSEL 54-56, Wien – Leipzig 1910-1918, CSEL 55-56, ND New York – London 1961; lat. Text u. frz. Übers. v. J. Labourt, Saint Jérôme, Lettres, 8 Bde, Paris 1949-1963; teilweise dt. übers. v. L. Schade, Des Kirchenvaters Hieronymus ausgewählte Schriften, I, Kempten – München 1914 (= BKV 15), S. 95-194 (zit. nach ed. Hilberg)

Hilarius, Bischof von Arles, Sermo de Vita Honorati episcopi Arelatensis (BHL 3975), ed. S. Cavallin, Vitae Honorati et Hilarii episcoporum Arelatensium, Lund 1952 (= Skrifter utg. av Vetenskaps-Societeten i Lund 40), S. 47-78

Isidor, Bischof von Sevilla, Sententiae libri III, PL 83, Paris 1862, Sp. 537-738

Johannes Rufus, Leben Petrus des Iberers, ed. u. dt. übers. v. R. Raabe: Petrus der Iberer: Ein Charakterbild zur Kirchen- und Sittengeschichte des 5. Jahrhunderts, Leipzig 1895

Jonas von Susa, Vitae Columbani abbatis discipulorumque eius libri II (BHL 1898, 742, 2773, 1487-1489, 1311), ed. B. Krusch, SS rer Germ XXXVII, Hannover – Leipzig 1905, S. 1-294; lat. Text u. dt. Übers. des 1. Buches v. H. Haupt, in: Quellen zur Geschichte des 7. und 8. Jahrhunderts, Darmstadt 1982 (= FStGA 4a), S. 402-497 (zit. nach ed. Krusch)

Kyrillos von Skythopolis, Leben des Euthymios (BHG 647), frz. übers. v. A.-J. Festugière: Cyrille de Scythopolis, Vie de saint Euthyme, Paris 1962 (= Les Moines d'Orient 3: Les moines de Palestine 1)
- Leben des Sabas (BHG 1608), frz. übers. v. A.-J. Festugière: Cyrille de Scythopolis, Vie de saint Sabas, Paris 1962 (= Les Moines d'Orient 3: Les moines de Palestine 2)

Liber historiae Francorum, ed. B. Krusch, SS rer Mer II, Hannover 1888, ND 1984, S. 215-329; gekürzter lat. Text und dt. übers. von H. Haupt in: Quellen zur Geschichte des 7. und 8. Jahrhunderts, Darmstadt 1982 (= FStGA 4a), S. 338-379

Monumenta de viduis, diaconissis virginibusque tractantis, ed. J. Mayer, Bonn 1938 (= Florilegium Patristicum tam veteris quam medii aevi auctores complectens 42)

Palladius, Historia Lausiaca. Die frühen Heiligen in der Wüste, dt. übers. v. J. Laager, Zürich 1987

Paulinus, Pontius Meropius, Bischof von Nola, Epistolae, ed. G. de Hartel, CSEL 29, Prag – Wien – Leipzig 1894, engl. übers.: P. G. Walsh, The letters of Paulinus of Nola, 2 Bde, London 1966 –1967 (= Ancient Christian Writers, 35-36)
- Carmina, ed. G. de Hartel, CSEL 30, Prag – Wien – Leipzig 1894

Pomerius, Iulianus, De vita contemplativa libri III, PL 59, Paris 1862, Sp. 415-520

Regula Benedicti, ed. u. dt. übers. B. Steidle, Die Benediktusregel, Beuron 1963

Salvian von Marseille, De gubernatione Dei s. Libri qui supersunt
- Ad Ecclesiam s. Libri qui supersunt
- Libri qui supersunt, ed. K. Halm, AA AA I,1, Berlin 1877; dt. Übers. v. A. Mayer: Salvian von Marseille, Werke, München 1935 (= BKV II, 11)

Severus, Sulpicius, Vita Martini (BHL 5610-5613), ed. J. Fontaine, in: Sulpice Sevère, Vie de saint Martin, I: Introduction, texte et traduction, Paris 1967 (= SC 133), S. 244-345; dt. Übers. der Vita: K. S. Frank, Frühes Mönchtum, II, S. 20-52; dt. übers. der dazugehörigen 3 Briefe: P. Bihlmeyer, Die Schriften des Sulpicius Severus über den heiligen Martinus, München 1914 (= BKV 20), S. 54-69.
- Dialogi (BHL 5614-5616), ed. C. Halm, CSEL 1, Wien 1866, S. 152-216; dt. übers. v. P. Bihlmeyer, Schriften des Sulpicius Severus, BKV 20, S. 70-147

Sidonius, Gaius Sollius Apollinaris, Bischof von Clermont, Epistolae, ed. C. Lütjohann, AA AA VIII, Berlin 1887, ND 1961, S. 1-172

Tacitus, P. Cornelius, Germania, lat. Text u. dt. übers. v. H. Fuhrmann, Stuttgart 1972

De Virtutibus Geretrudis (BHL 3495, 3499), ed. B. Krusch, SS rer Mer II, Hannover 1888, ND 1984, S. 464-474

Vita abbatum Acaunensium (BHL 142), ed. B. Krusch, SS rer Mer VII, Hannover – Leizig 1920, ND 1979, S. 322-336

Vita abbatum Iurensium (BHL 7309, 5073-5074, 2665), ed. u. frz. übers.: F. Martine, Vie des pères du Jura, Paris 1968 (= SC 142), dt. übers.: K. S. Frank, Frühes Mönchtum, II, S. 103-305

Vita Albini s. Fortunatus

Vita Aniani episcopi Aurelianensis (BHL 473), ed. B. Krusch, SS rer Mer III, Hannover 1896, ND 1977, S. 104-117

Vita Arnulfi episcopi Mettensis (BHL 689-692), ed. B. Krusch, SS rer Mer II, Hannover 1888, ND 1984, S. 426-446

Vita Balthildis A (BHL 905-907), ed. B. Krusch, SS rer Mer II, Hannover 1888, ND 1984, S. 475-508; dt. Übers. in: K. Koch, Hildegard von Bingen, S. 33-43

Vita Bertilae abbatissae Calensis (BHL 1287), ed. W. Levison, SS rer Mer VI, Hannover – Leipzig 1913, ND 1979, S. 95-109

De vita Caesarii episcopi Arelatensis libri II (BHL 1508-1509), ed. B. Krusch, SS rer Mer III, Hannover 1896, ND 1977, S. 433-501

Vita Eustadiolae abbatissae Bituricensis (BHL 2772), AA SS Jun. II, ed. nov. Paris – Rom 1867, S. 131-133

Vita Genovefae A (BHL 3335), ed. B. Krusch, SS rer Mer III, Hannover 1896, ND 1977, S. 215-298

Vita Genovefae C (BHL 3336), ed. Karl Künstle, Vita sanctae Genovefae virginis Parisiorum patronae, Leipzig 1910, S. 1-20

Vita Germani abbatis Grandivallensis auctore Boboleno (BHL 3467), ed. B. Krusch, SS rer Mer V, Hannover – Leipzig 1910, ND 1979, S. 25-40

Vita Germani episcopi Autisiodorensis s. Constantius v. Lyon
Vita Germani episcopi Parisiaci s. Fortunatus
Vita sanctae Geretrudis A (BHL 3490), ed. B. Krusch, SS rer Mer II, Hannover 1888, ND 1984, S. 447-464
Vita Hilarii episcopi Arelatensis (BHL 3882), ed. S. Cavallin, Vitae Honorati et Hilarii episcoporum Arelatensium, Lund 1952 (= Skrifter utg. av Vetenskaps-Societeten i Lund 40), S. 79-109
Vita Hilarii episcopi Pictavenis S. Fortunatus
Vita Honorati s. Hilarius
Vita Lupi episcopi Trecensis (BHL 5087-5087c), ed. B.Krusch, SS rer Mer VII, Hannover – Leizig 1920, ND 1979, S. 283-302
Vita Marcelli s. Fortunatus
Vita Medardi s. Fortunatus
Vita Melaniae iunioris s. Gerontius
Vita Paterni s. Fortunatus
De vita Radegundis libri II (BHL 7048-7049), ed. B. Krusch, SS rer Mer II, Hannover 1888, ND 1984, S. 358-395; dt. Übers. in: K. Koch, Hildegard von Bingen, S. 13-30 (V. Rad. I); frz. übers. v. Y. Labande-Mailfert (V. Rad. II) s. unter Literatur
Vita Severini s. Eugippis
Vita Rusticulae s. Florentius
Vita Sadalbergae abbatissae Laudunensis (BHL 7463), ed. B. Krusch, SS rer Mer V, Hannover – Leipzig 1910, ND 1979, S. 40-66
Vita Segolenae abbatissae Troclarensis (BHL 7570), AA SS Iul. V, ed. nov. Paris – Rom 1868, S. 630-637
Vita Wandregiseli abbatis Fontanellenis (BHL 8804) ed. B. Krusch, SS rer Mer V, Hannover – Leipzig 1910, ND 1979, S. 1-24
Vitae Columbani libri II s. Jonas von Susa

2. Literatur

Nur einmal zitierte Titel, die nur für einen engumgrenzten Teilaspekt wichtig sind, werden nur an der betreffenden Stelle aufgeführt

Agiografia altomedioevale, hg. v. S. Boesch Gajano, Bologna 1976
Aigrain, René, Le voyage de sainte Radegonde à Arles, in: Bulletin historique et philologique du Comité des Travaux historiques, 1926/27, S. 119-127
– Sainte Radegonde, Paris ²1952
– L'hagiographie. Ses sources, ses méthodes, son histoire, Paris 1953
Albrecht, Ruth, Das Leben der heiligen Makrina vor dem Hintergrund der Thekla-Tradition. Studien zu den Ursprüngen des weiblichen Mönchtums im 4. Jahrhundert in Kleinasien, Göttingen 1986 (= Forschungen zur Kirchen- und Dogmengeschichte 38)
d'Alverny, Marie-Thérèse, Comment les théologiens et les philosophes voient la femme, in: Cahiers de civilisation médiévale 20, 1977 (= La femme dans les civilisations des Xe-XIIIe siècles. Actes du colloque tenu à Poitiers 23.-25.9.1976), S. 105-129
d'Alès, Adehémar, Les deux vies de sainte Mélanie la Jeune, in: AB 25, 1906, S. 401-450

Allard, Paul, Une grande fortune romaine au cinquième siècle, in: Revue des questions historiques, 41. Jg., N. S. 37, Paris 1907, S. 5-30

Altaner, Berthold / Alfred Stuiber, Patrologie, Freiburg – Basel – Wien [8]1978

Amiet, Robert, Le culte liturgique de sainte Geneviève, Paris 1984

Anderson, Bonnie S. / Judith P. Zinser, A History of Their Own. Women in Europe from Prehistory to the Present, 2 Bde, New York u.a. 1988

Andresen, Carl, Die Kirchen der alten Christenheit, Stuttgart u. a. 1971 (= Religionen der Menschheit 29, 1/2)

Angenendt, Arnold, Die Geschichte der Heiligenverehrung, in: Die Heiligen heute ehren, hg. v. W. Beinert, Freiburg u. a. 1983, S. 96-115

– Theologie und Liturgie der mittelalterlichen Toten-Memoria, in: Memoria. Der geschichtliche Zeugniswert des liturgischen Gedenkens im Mittelalter, hg. v. K. Schmid / J. Wollasch, München 1984, S. 79-200

– Das Frühmittelalter. Die abendländische Christenheit von 400 bis 900, Stuttgart Berlin – Köln 1990

Anson, John, The Female Transvestite in Early Monasticism, in: Viator 5, 1974, S. 1-32

Antin, Paul, Recueil sur S. Jérôme, Brüssel 1968

Arnold, Carl Franklin, Caesarius von Arelate und die gallische Kirche seiner Zeit, Leipzig 1894, ND Leipzig 1972

Askese und Mönchtum in der alten Kirche, hg. v. K. S. Frank, Darmstadt 1975 (= Wege der Forschung 409)

Aspects of female Existence. Proceedings from the saint Gertrud Symposium „Women in the Middle Ages" Copenhagen Sept. 1978, ed. by Birte Carlé u. a., Copenhagen 1980

Atsma, Hartmut, Die christlichen Inschriften Galliens als Quellen für Klöster und Klosterbewohner bis zum Ende des 6. Jahrhunderts, in: Francia 4, 1976, 1-57

– Les monastères urbaines du Nord de la Gaule, in: RHEF 62, 1976, 163-187

Aubert, Jean-Marie, La femme – antiféminisme et christianisme, Paris 1975

Aubin, Hermann, Mass und Bedeutung der römisch-germanischen Kulurzusammenhänge im Rheinland (1913), wiederabgedr. in: Kulturbruch oder Kulturkontinuität im Übergang von der Antike zum Mittelalter, hg. v. P. E. Hübinger, Darmstadt 1968 (= Wege der Forschung 201), S. 34-77

Auerbach, Erich, Mimesis. Dargestellte Wirklichkeit in der abendländischen Literatur, Bern 1946, [8]1988

– Literatursprache und Publikum in der lateinischen Spätantike und im Mittelalter, Bern 1958

Axters, Stephanus, Over Virtus en heiligheidscomplex onder de Merowingers, in: Miscellanea historica in honorem Alberti de Meyer, I, Louvain – Brüssel 1946, S. 266-285

Bacht, H., Die Rolle des orientalischen Mönchtums in den kirchenpolitischen Auseinandersetzungen um Chalkedon, in: Das Konzil von Chalkedon, II: Die Entscheidung um Chalkedon, Würzburg 1953, S. 193-314

Baetke, Walter, Religion und Politik beim Übergang der germanischen Stämme zum Christentum (1937), wiederabgedr. in: ders., Kleine Schriften. Geschichte, Recht und Religion im germanischen Schrifttum, hg. v. K. Rudolph / E. Walter, Weimar 1973, 351-369

– Die Aufnahme des Christentums durch die Germanen. Ein Beitrag zur Frage der Germanisierung des Christentums, in: Die Welt als Geschichte, 9, H. 4/6, 1943, S. 143-166; seperater ND Darmstadt 1973 (= Libelli 48)

Bailey, Derrick Sherwin, The Man-Woman Relation in Christian Thought, London – Tonbridge 1959

Bak, János M., Mittelalterliche Geschichtsquellen in chronologischer Übersicht, nebst einer Auswahl von Briefsammlungen. In Zusammenarbeit mit H. Quirin / P. Hollinsworth, Stuttgart 1987

Baldermann, Hermann, Die Vita Severini des Eugippius, in: Wiener Studien. Zeitschrift für klassische Philologie und Patristik 74, 1961, S. 142-155; ebd. 77, 1964, S. 162-173

Balsdon, Dacre, Die Frau in der römischen Antike, München 1979, ND München 1989

Banniard, Michel, Europa von der Spätantike bis zum frühen Mittelalter, München – Leipzig 1989

Barbero, Alessandro, Un santo in famiglia. Vocazione religiosa e resistenze sociali nell' agiographia latina medievale, Turin 1991

Bardenhewer, Otto, Geschichte der altkirchlichen Literatur, III: Das vierte Jahrhundert mit Ausschluß der Schriftsteller syrischer Zunge, Freiburg ^{2}1923, ND Darmstadt 1962; IV: Das fünfte Jahrhundert mit Einschluss der syrischen Literatur des vierten Jahrhunderts, Freiburg ^{2}1924, ND Darmstadt 1962; V: Die letzte Periode der altkirchlichen Literatur mit Einschluß des älteren armenischen Schrifttums, Freiburg 1932, ND Darmstadt 1962

Bardy, G. / Ir. Hausherr / F. Vernet / P. Pourrat / M. Viller / D. Daeschler, Art. Biographies spirtuelles, in: DS I, 1937, Sp. 1624-1719

Baumeister, Theofried, Art. Heiligenverehrung I, in: RAC XIV, 1988, Sp. 96-150

Baus, Karl, Das Mönchtum des lateinischen Westens, in: Handbuch der Kirchengeschichte, hg. v. H. Jedin, II/1: K. Baus / E. Ewig, Die Kirche von Nikaia bis Chalkedon, Freiburg – Basel – Wien 1973, S. 388-409

Beck, Henry G. J., The Pastoral Care of Souls in South-East France During the Sixth Century, Rom 1950 (= Analecta Gregoriana 51)

Becoming Visible: Women in European History, hg. v. R. Bridenthal / C. Koonz, Boston 1977

Beissel, Stephan, Die Verehrung der Heiligen und ihrer Reliquien in Deutschland im Mittelalter, 2 Bde, 1890-1892, ND Darmstadt 1976

Berger, Peter L., Zur Dialektik von Religion und Gesellschaft. Elemente einer soziologischen Theorie, Frankfurt/M 1973

– / Thomas Luckmann, Die gesellschaftliche Konstruktion der Wirklichkeit. Eine Theorie der Wissenssoziologie, Frankfurt/M ^{5}1977, ND 1989

Bernoulli, Christian A., Die Heiligen der Merowinger, Tübingen 1900

Berschin, Walter, Biographie und Epochenstil im lateinischen Mittelalter, I: Von der Passio Perpetuae zu den Dialogi Gregors des Großen, Stuttgart 1986; II: Merowingische Biographie. Italien, Spanien und die Inseln im frühen Mittelalter, Stuttgart 1988

– Verena und Wiborada. Mythos, Geschichte und Kult im 10. Jahrhundert, in: Freiburger Diözesan-Archiv 102, 3. Folge 34, 19 82, S. 5-15

Beumann, Helmut, Gregor von Tours und der *sermo rusticus*, in: Spiegel der Geschichte. Festgabe für Max Braubach, hg. v. K. Repgen / S. Skalweit, Münster 1964, S. 69-98

Bezzola, Reto R., Les origines et la formation de la littérature courtoise en Occident (500-1200), I: La tradition impériale de la fin de l'Antiquité au XI siècle, Paris 1958

Bibilotheca hagiographica graeca, bearb. v. F. Halkin, 3 Bde., Brüssel ^{3}1957

– Auctarium, bearb. v. F. Halkin, Brüssel 1969

– Novum Auctarium, bearb. v. F. Halkin, Brüssel 1984

Bibliotheca hagiographica latina antiquae et mediae aetatis, ed. Socii Bollandiani, 2 Bde., Brüssel 1898-1899, 1900-1901, ND 1949
- Novum Supplementum, ed. H. Fros, Brüssel 1986

Bibliotheca Sanctorum, 13 Bde., Rom 1961-1970

Bickel, Ernst, Das aketische Ideal bei Ambrosius, Hieronymus und Augustinus, in: Neue Jahrbücher für das klassische Altertum, Geschichte und deutsche Literatur 19, 1918, S. 437-474

Bischof, Bernhard, Die Kölner Nonnenhandschriften und das Scriptorium von Chelles, in: Karolingische und ottonische Kunst. Wesen – Werden – Wirkung, Wiesbaden 1957, S. 395-411

Blaise, Albert, Dictionnaire latin-français des auteurs chrétiens, Turnhout 1954
- Le vocabulaire latin des principaux thèmes liturgiques, Turhout 1966
- Lexikon Latinitatis medii aevi. Dictionnaire latin-français des auteurs du Moyen Age, Turnhout 1975

Blazovich, A., Soziologie des Mönchtums und der Benediktinerregel, Wien 1954

Bock, Gisela, Historische Frauenforschung: Fragestellungen und Perspektiven, in: Frauen suchen ihre Geschichte, hg. v. K. Hausen, München 1983, S. 22-60

Boesch Gajano, Sofia, Il santo nella visione storiografica di Gregorio di Tours, in: Gregorio di Tours, Atti dell XII° Convegno internazionale (Todi 1971), Todi 1977, 29-91
- Introduzione, in: Agiografia altomedioevale, S. 7-48

Bonnet, Max, Le Latin de Grégoire de Tours, Paris 1890, ND Hildesheim 1968

Borius, René, Constance de Lyon, Vie de saint Germain, Paris 1965 (= SC 112)

Børresen, Kari Elizabeth, Die anthropologischen Grundlagen der Beziehung zwischen Mann und Frau in der klassischen Theologie, in: Concilium 12/1, 1976, S. 10-16
- Male-Female. A Critique of Traditional Christian Theology, in: Temenos 13, 1977, S. 31-42
- Imago Dei, privilège masculin? Interpretation augustinienne et pseudoaugustinienne de Gen 1,27 et 1 Cor 11,7, in: Augustinianum 25, 1985, S. 213-234

Bosl, Karl, Potens und Pauper, Begriffsgeschichtliche Studien zur gesellschaftlichen Differenzierung im frühen Mittelalter und zum Pauperismus des Hochmittelalters, in: Alteuropa und moderne Gesellschaft. Festschrift für O. Brunner, Göttingen 1963, S. 67-80
- Der Adelsheilige. Idealtypus und Wirklichkeit, Gesellschaft und Kultur im merowingerzeitlichen Bayern des 7. und 8. Jahrhunderts. Gesellschaftsgeschichtliche Beiträge zu den Viten der bayerischen Stammesheiligen Emmeram, Rupert, Korbinian, (1965), wiederabgedr. in: Mönchtum und Gesellschaft im Frühmittelalter, hg. v. F. Prinz, Darmstadt 1976 (= Wege der Forschung 312), S. 355-386

Boudriot, Wilhelm, Die altgermanischen Religionen in der amtlichen kirchlichen Literatur des Abendlandes vom 5.-11. Jahrhundert, Bonn 1928, ND Darmstadt 1964

Bratoz, Raiko, Severinus von Noricum und seine Zeit. Geschichtliche Anmerkungen, Wien 1983 (= Österreichische Akademie der Wissenschaften, phil.-hist. Kl., Denkschrift 165)

Bremmer, Jan, Why did Early Christianity Attract Upperclass Women, in: Fructus Centesimus, S. 37-47

Brennan, Brian, St. Radegund and the Early Development of her Cult at Poitiers, in: Journal of Religious History, 13, 1984/85, S. 340-354
- The Career of Venantius Fortunatus, in: Traditio 41, 1985, S. 49-78

Briand, Emile, Sainte Radegonde, reine de France, Sanctuaires et pèlerinages en son honneur, Paris, Poitiers 1898

Brown, Peter, Aspects of the Christianization of the Roman Aristocracy, in: Journal of Roman Studies 51, 1961, S. 1-11, wiederabgedr. in: ders., Religion and Society in the Age of Saint Augustine, London 1972, S. 161-182
- Augustine of Hippo, 1967, dt.: Der heilige Augustinus. Lehrer der Kirche und Erneuerer der Geistesgeschichte, München ²1975
- Pelagius and his Supporters: Aims and Environment, in: Journal of Theological Studies, N. S. 19, 1968, S. 93-114, wiederabgedr. in: ders., Religion and Society in the Age of Saint Augustine, London 1972, S. 183-207
- The Patrons of Pelagius: The Roman Aristocracy between East and West, in: Journal of Theological Studies, N. S. 21, 1970, S. 56-72, wiederabgedr. in: ders., Religion and Society in the Age of Saint Augustine, London 1972, S. 208-226
- Rise and Function of the Holy Man in Late Antiquitity in: Journal of Roman Studies 61, 1971, S. 80-101, wiederabgedr. in: ders., Society and the Holy in Late Antiquity, New York 1982, S. 103-152
- Eastern and Western Christendom in Late Antiquity: A Parting of the Ways, in: The Orthodox Churches and the West, London 1976 (= Studies in Church History 13), S. 1-24, wiederabgedr. in: ders., Society and the Holy in Late Antiquity, New York 1982, S. 166-195
- Relics and Social Status in the Age of Gregory of Tours, Reading 1977, wiederabgedr. in: ders., Society and the Holy in Late Antiquity, New York 1982, S. 222-250
- Dalla „plebs romana" alla „plebs Dei": Aspetti della cristianizzazione di Roma, in: Governanti e intellettuali. Populi di Roma e populo di Dio (1.-6. secolo), hg. v. dems. / L. C. Ruggini / M. Mazzo, Turin 1982 (= Passatopresente 2), S. 123-145
- The Making of Late Antiquity, Cambridge u. a. 1978, dt.: Die letzten Heiden. Eine kleine Geschichte der Spätantike, Berlin 1986
- The Cult of the Saints. Its Rise and Function in Latin Christianity, Chicago u. a. 1981, London ²1983
- The Notion of Virginity in the Early Church, in: Christian Spirituality: Origins to the Twelfth Century, hg. v. B. McGinn / J. Meyendorff / J. Leclercq, New York 1985, S. 427-443
- The Saint as Exemplar in Late Antiquity, in: Saints and Virtues, ed. by John Stratton Hawley, Berkeley u.a. 1987, S. 3-14
- The Body and Society. Men, Women and Sexual Renunciation in Early Christianity, New York 1988; dt.: Die Keuschheit der Engel. Sexuelle Entsagung, Askese und Körperlichkeit am Anfang des Christentums, München – Wien 1991
- Spätantike, in: Geschichte des privaten Lebens, I: Vom Römischen Imperium zum Byzantinischen Reich, hg. v. P. Veyne, Frankfurt/M 1989, S. 229-297

Bruder, Reinhold, Die germanische Frau im Lichte der Runeninschriften und der antiken Historiographie, Berlin – New York 1974 (= Quellen und Forschungen zur Sprach- und Kulturgeschichte der germanischen Völker N. F. 57)

Brunhölzl, Franz, Geschichte der lateinischen Literatur des Mittelalters, I: Von Cassiodor bis zum Ausgang der karolingischen Erneuerung, München 1975

Buchner, Rudolf, Die Provence in merowingischer Zeit. Verfassung – Wirtschaft – Kultur, Stuttgart 1933 (= Arbeiten zur deutschen Rechts- und Verfassungsgeschichte 9)

- Einleitung, in: Gregor von Tours, Zehn Bücher Geschichten, I, Darmstadt ⁵1977 (= FSt GA 2), S. VII-LII
Büchner, Victor F., Merovingica, Diss. Amsterdam 1913
Bühler, Johannes, Die Kultur des Mittelalters, Leipzig 1931
Bugge, John, Virginitas. An Essay in the History of a Medieval Ideal, Den Haag 1978
Bulst, Walther, Radegundis an Amalafrid, in: Bibliotheca docet. Festschrift für C. Wehner, Amsterdam 1963, S. 369-386, wiederabgedr. in: Ders., Lateinisches Mittelalter. Gesammelte Beiträge, hg. v. W. Berschin, Heidelberg 1984 (= Supplemente zu den Sitzungsberichten der Heidelberger Akad. der Wiss. Phil.-hist. Kl. 1983, 3), S. 44-56
Butler, E. C., Cardinal Rampolla's Melania the Melania, in: The Journal of Theological Studies 7, 1905/06, S. 630-632
Bynum, Caroline Walker, Women's Stories, Women's Symbols: A Critique of Victor Turners Theory of Liminality, in: Anthropology and the Study of Religion, hg. v. R. L. Moore / F. E. Reynolds, Chicago 1984, S. 103-125
- Women mystics and eucharistic devotion in the thirteenth century, in: Women's Studies 11, 1984, S. 179-214
- Holy Feast and Holy Fast: The Religious Significance of Food to Medieval Women, Berkeley – Los Angeles 1987
Carlé, Birte, Structural Patterns in the Legends of the Holy Women of Christianity, in: Aspects of Female Existence, S. 79-86
Camelot, Pierre-Thomas, Virgines Christi. La virginité aux premiers siècles de l'église, Paris 1944
- Les traités *De Virginitate* au IVe siècle, in: Etudes Carmélitaines 31, 1952: Mystique et continence, S. 273-293
Campbell, J. A., Virgins Consecrated to God in Rome during the First Centuries, in: American Catholic Review 25, 1900, S. 766-790
Campenhausen, Hans Freiherr v., Die Idee des Martyriums in der alten Kirche, Göttingen ²1964
- Lateinische Kirchenväter, Stuttgart 1960, ⁵1983
Du Cange, Glossarium mediae et infimae latinitatis, ed. nova, hg. v. L. Favre, 1883-87, ND Graz 1954/55
Castagno, Adele M., Il vescovo, l'abate e l'eremita: tipologia della santità nel Liber Vitae Patrum di Gregorio di Tours, in: Augustianum XXIV, 1984, S. 235-264
Catholicisme. Hier, aujourd'hui, demain, Iff., Paris 1950/51ff.
Cavallera, Ferdinand, Saint Jérôme, sa vie et son œuvre, 2 Teilbde, Louviain 1922
Cavallin, Samuel, Literarhistorische und textkritische Studien zur Vita S. Caesarii Arelatensis, Lund 1934
Chadwick, Nora K., Poetry and Letters in Early Christian Gaul, London 1955
Chélini, Jean, Histoire religieuse de l'occident médiéval, Paris ²1970
La christianisation des pays entre Loire et Rhin IVe-VIIe siècles. Actes du colloque de Nanterre (3.-4.5.1974), in: RHEF 72, 1976
Clark, Elizabeth A., Friendship Between the Sexes: Classical and Christian Practice, in: dies., Jerome, Chrysostom, and Friends. Essays and Translations, New York – Toronto 1979 (= Studies in Women and Religion 2), S. 35-106
- Ascetic Renunciation and Feminine Advancement: A Paradox of Late Ancient Christianity, in: Anglican Theological Review 63, 1981, S. 240-257, wiederabgedr. in: dies., Ascetic

- Piety and Women's Faith, S. 175-208
- Claims on the Bones of saint Stephen: The Partisans of Melania and Eudocia, in: Church History 51, 1982, S.141-156, wiederabgedr. in: dies., Ascetic Piety and Women's Faith, S. 95-123
- The Life of Melania the Younger. Introduction, Translation and Commentary, New York – Toronto 1984 (= Studies in Women and Religion 14)
- The Life of Melania the Younger and the Hellenistic Romance: A Genre Exploration, in: dies., The Life of Melania the Younger, S. 153-170, 244-259
- Authority and Humility: A Conflict of Values in Fourth-Century Female Monasticism, in: Byzantinische Forschungen 9, 1985, S. 17-33, wiederabgedr. in: dies., Ascetic Piety and Women's Faith, S. 209-228
- Ascetic Piety and Women's Faith. Essays on Late Ancient Christianity, New York, Ontario 1986 (= Studies in Women and Religion 20)
- Piety, Propaganda, and Politics in the Life of Melania the Younger, in: dies., Ascetic Piety and Women's Faith, S. 61-94
- Patrons, not Priests: Gender and Power in Late Ancient Christianity, in: Gender and History, 2, 1990, S.253-273

Clasen, Sophronius, Das Heiligkeitsideal im Wandel der Zeiten. Ein Literaturbericht über Heiligenleben des Altertums und Mittelalters, in: Wissenschaft und Weisheit. Zeitschrift für augustinisch-franziskanische Theologie und Philosophie in der Gegenwart 33, 1970, S. 45-64, 132-164

Claussen, Hilde, Heiligengräber im Frankenreich. Ein Beitrag zur Kunstgeschichte des Frühmittelalters, masch. Diss. Marburg 1950

Collins, Richard, Beobachtungen zu Form, Sprache und Publikum der Prosabiographien des Venantius Fortunatus in der Hagiographie des römischen Gallien, in: ZKG 92, 1981, S. 16-38

Colpe, Carsten, Die „Himmelsreise der Seele" als philosophie- und religionsgeschichtliches Problem, in: Festschrift für Joseph Klein zum 70. Geburtstag, hg. v. E. Fries, Göttingen 1967, S. 85-104
- Die wissenschaftliche Beschäftigung mit „dem Heiligen" und „das Heilige" heute, in: „Das Heilige". Seine Spur in der Moderne, hg. v. D. Kamper / C. Wulf, Frankfurt/M 1987, S. 33-61
- Art. The Sacred and the Profane, in: The Encyclopedia of Religion XII, 1987, S. 511-526
- Über das Heilige. Versuch, seiner Verkennung kritisch vorzubeugen, Frankfurt/M 1990

Columbanus and Merovingian Monasticism, hg. v. H. B. Clarke / M. Brennan, Oxford 1981 (= BAR International Series 113)

Consolino, Franca Ela, Dagli „exempla" ad un esempio di comportamento cristinao: Il „de exhortatione virginitatis" di Ambrogio, in: Rivista storica italiana 94, 1982, S. 455-477
- Modelli di santità femminile nelle più antiche Passioni romane, Augustinianum 24, 1984, S. 83-113
- Modelli di comportamento e modi di sanctificazione per l'aristocrazia femminile d'occidente, in: Società romana e impero tardoantico, I: Istutuzioni, ceti, economie, hg. v. A. Giardina, Rom – Bari 1986, S. 273-306, 684-699
- Due agiografi per una regina. Radegonda di Turinga fra Fortunato e Baudonivia, in: Studi storici 29, 1988, S. 143-159

- Sante o patrone? Le aristocratiche tardoantico e il potere della carità, in: Studi storici 30, 1989, S. 969-991
- Cooper, Kate, Insinuations of Womanly Influence: An Aspect of the Christianisation of the Roman Aristocracy, in: The Journal of Roman Studies, 82, 1992, S. 150-164
- Corbet, Patrick, Les saints ottoniens. Sainteté dynastique, sainteté royale et sainteté féminine autour de l'an mil, Sigmaringen 1986 (= Beihefte der Francia 15)
- Corbett, John H., The saint as Patron in the Work of Gregory of Tours, in: Journal of Medieval History 7, 1981, S. 1-13
- Praesentium signorum munera: the Cult of the Saints in the World of Gregory of Tours, in: Florilegium 5, 1983, S. 44-61
- Coudanne, Louise, Baudonivie, moniale de Sainte-Croix et biographe de sainte Radegonde, in: Etudes Mérovingiennes, hg. v. A. und J. Picard, Paris 1953, S. 45-49
- Courcelle, Pierre, Paulin de Nole et saint Jérôme, in: Revue des études latines 25, 1947, S. 250-280
- Histoire littéraire des grandes invasions germaniques, Paris ³1964
- Courtois, Christian, L'évolution du monachisme en Gaule de saint Martin à saint Columban, in: Il monachesimo nell'alto medioevo e la formazione della civiltà occidentale, Spoleto 1957 (= Settimane di Studio del Centro Italiano di studi sull'alto Medioevo 4), S. 45-72
- Couturier, Mathieu J., Sainte Bathilde, Reine des Francs, Paris 1909
- Cox, Patricia, Biography in Late Antiquity. A Quest for the Holy Man, Berkely – Los Angeles – London 1983
- Croidys, Pierre, Sainte Geneviève et les barbares. La splendeur du christianisme au Ve siècle, Paris 1947
- Culver, Elsie Thomas, Women in the World of Religion, Garden City – New York 1967
- Curtius, Ernst Robert, Europäische Literatur und lateinisches Mittelalter, Bern – München ⁸1973
- van Dam, Raymond, Gregory of Tours: Glory of the Martyrs, Liverpool 1988 (= Translated Texts for Historians. Latin series 3)
- Gregory of Tours: Glory of the Confessors, Liverpool 1988 (= Translated Texts for Historians. Latin series 4)
- Daniélou, Jean, Le ministère des femmes dans l'Eglise ancienne, in: La Maison-Dieu 61, 1960, S. 70-96
- Daniels, A., Devotio, Jahrbuch für Liturgiewissenschaft 1, 1921, S. 40-60
- Dannenbauer, Heinrich, Die Entstehung Europas. Von der Spätantike zum Mittelalter, I: Der Niedergang der alten Welt im Westen, Stuttgart 1959, II: Die Anfänge der abendländischen Welt, Stuttgart 1962
- Dassmann, Ernst, Die Frömmigkeit des Kirchenvaters Ambrosius von Mailand, Münster 1965 (= Münsterische Beiträge zur Theologie 29)
- Davis, Natalie Z., ‚Women's History' in Transition: The European Case, in: Feminist Studies 3, 1976, 83-103, dt. Übers. unter d. Titel: Gesellschaft und Geschlechter. Vorschläge für eine neue Frauengeschichte, in: dies., Frauen und Gesellschaft am Beginn der Neuzeit. Studien über Familie, Religion und die Wandlungsfähigkeit des sozialen Körpers, Berlin 1986, S. 117-132, 161-171
- DeClercq, Carlo, La législation religieuse franque de Clovis à Charlemagne. Etude sur les conciles et les capitulaires, les statuts diocésains et les règles monastiques (507-814), Louvain – Paris 1936

Dekkers, Eligius / Aemilius Gaar, Clavis patrum latinorum qua in novum Corpus Christianorum edendum optimas quasque scriptorum recensoines a Tertulliano ad Bedam, Steenbrugge ²1951 (= Sacris Erudiri Jaarboek voor Godsdienstwetenschappen 3)

Delaruelle, Etienne, Sainte Radegonde, son type de sainteté et la chrétienté de son temps, in: Etudes Mérovingiennes, hg. v. A. und J. Picard, Paris 1953, S. 65-74

Delehaye, Hippolyte, Les légendes hagiographiques, Brüssel ⁴1955, ND 1968, dt.: Die hagiographischen Legenden, Kempten – München 1907
- Rez. Rampolla del Tindaro, M. Card., Santa Melania giuniore senatrice romana. Documenti contemporanei e note, Rom 1905, in: AB 25, 1906, S. 204-206
- Saint Martin et Sulpice Sévère, in: AB 38, 1920, S. 5-136
- Sanctus. Essai sur le culte des saints dans l'Antiquité, Brüssel 1927, ND 1954
- Cinq leçons sur la méthode hagiographique, Brüssel 1934, ND 1968

Delling, Gerhard, Art. Geschlechter, in: RAC X, 1978, Sp. 780-803

Delooz, Pierre, Sociologie et canonisations, Den Haag 1969

Delumeau, Jean, Religion populaire et christianisation, in: Bulletin de la Société d'études des Hautes-Alpes 1985/86, S. 243-253

Demandt, Alexander, Die Spätantike. Römische Geschichte von Diocletian bis Justinian, 284-565 n. Chr., München 1989 (= Handbuch der Altertumswissenschaft III, 6)

D'une déposition à un couronnement. Rupture ou continuité dans la naissance de l'Occident médiéval (476-800). Colloque organisé par l'Institut des Hautes Etudes de Belgique 4.-5-6.1975, Brüssel 1977 (= Revue de l'université de Bruxelles 1977.1)

Devos, Paul, Quand Pierre l'Ibère vint-il à Jerusalem? in: AB 86, 1968, S. 337-350

De Wit, Marejke, Deugdzaam leven en deugdenseries in de oudchristeleijke Latijnse Vita (tot ca. 600), Diss. masch. Gent 1976

Dictionnaire d'Archéologie chrétienne et de Liturgie, 15 Bde., Paris 1907-1953

Dictionnaire d'histoire et de Géographie ecclésiastiques, Bd. 1ff., Paris 1912ff.

Dictionnaire de Spiritualité. Ascétique et Mystique. Doctrine et Histoire, Bd. 1ff., Paris 1937ff.

Diederich, Mary D., The *Epitaphium Sanctae Paulae*. An Index to Jerome's Classicism, in: The Classical Journal 49, 1953/54, S. 369-372

Diekamp, Fr., Rez. Rampolla del Tindaro, M. Card., Santa Melania giuniore senatrice romana. Documenti contemporanei e note, Rom 1905, in: Theologische Revue, 5, 1906, Sp. 241-245

Dihle, Albrecht, Die Entstehung der historischen Biographie, Heidelberg 1987 (= Sitzungsberichte der Heidelberger Akademie der Wissenschaften, Phil.-hist. Kl., Jg. 1986, Ber. 3)
- Art. Heilig, in: RAC XIV, 1988, Sp. 1-63
- Die griechische und lateinische Literatur der Kaiserzeit. Von Augustus bis Justinian, München 1989

Die Diskussion um das Heilige, hg. v. C. Colpe, Darmstadt 1977 (= Wege der Forschung 305)

Dinzelbacher, Peter, Vision und Visionsliteratur im Mittelalter, Stuttgart 1981 (= Monographien zur Geschichte des Mittelalters 23)

Dizionario degli istituti di perfezione, Bd. 1ff., Rom 1947ff.

Dmitrewski, Michael von, Die christliche freiwillige Armut vom Ursprung der Kirche bis zum 12. Jahrhundert, Berlin – Leipzig 1913 (= Abhandlungen zur mittleren und neueren Geschichte 53)

Dodds, E. R., Pagan and Christian in an Age of Anxiety, Cambridge 1965, dt: Heiden und Christen in einem Zeitalter der Angst, Frankfurt/M 1985

Dolbeau, François, Note sur l'organisation interne des légendiers latins, in: Hagiographie, Cultures et Sociétés (IVe-XIIe siècle) Actes du Colloque organisé à Nanterre et à Paris 2.-5.5.1979, Paris 1981, S. 11-31

Drijvers, Jan W., Clarissimae feminae en de christijke ascese. De vrouwelijke volgelingen van Hieronymus, in: Jaarboek voor vrouwengeschiedenis 4, 1983, S. 13-40

Dronke, Peter, Women Writers of the Middle Ages. A Critical Study of Texts from Perpetua († 203) to Marguérite Porete († 1310), Cambridge 1984

Dubois, Jacques, Les évêques de Paris des origines à l'avènement de Hughes Capet, in: Bulletin de la société de l'histoire de Paris et de l'Ile-de-France, 96e année 1969, Paris 1971, S. 33-97

- Sainteté et histoire, in: Vie spirituelle 126, 1972, S. 395-408
- Sainte Bathilde (vers 625-680) Reine de France (641-655) Fondatrice de l'Abbaye de Chelles, in: Paris et Ile-de-France. Mémoires publiés par la Fédération des Sociétés historiques et archéologiques de Paris et de l'Ile-de-France, t. 32, 1981, Paris 1982, S. 13-30
- Sainte Geneviève en son temps, in: Journal des Savants 1983, Paris 1984, S. 65-79
- / Laure Beaumont-Maillet, Sainte Geneviève de Paris, Paris ²1985, (= Saints de tous les temps 1)

Duby, Georges, Historie des mentalités, in: Encyclopédie de la Pléïade: L'histoire et ses méthodes, hg. v. Ch. Samaran, Paris 1961, S. 937-966

- Histoire sociale et idéologies des sociétés, in: Faire l'histoire, I, hg. v. J. LeGoff / P. Nora, Paris 1974

Duchesne, Louis, La Vie de sainte Geneviève, in: BEC 54, 1893, 209-224

- La passion de saint Denis, in: Mélanges Julien Havet. Recueil de travaux d'érudition dédiés à la mémoire de Julien Havet (1953-1893), Paris 1895, ND Genf 1972, S. 31-38
- A propos du martyrologe hiéronymien, in: AB 17, 1898, S. 443
- Fastes episcopaux de l'ancienne Gaule, I.II, Paris ²1907.²1910, III, Paris 1915
- Origines du culte chrétien. Etude sur la liturgie latine avant Charlemagne, Paris ⁵1925
- L'Eglise au VIe siècle, Paris 1925

Eckenstein, Lina, Woman under Monasticism. Chapters on Saint-Lore and Convent Life between A.D.500 and A.D.1500, Cambridge 1986, ND New York 1953

van Eijk, Ton H. C., Marriage and Virginity, Death and Immortality, in: Epektasis. Mélanges J. Daniélou, Paris 1972, S. 209-235

Eliade, Mircea, Das Heilige und das Profane. Vom Wesen des Religiösen, Hamburg 1957 (= Rowohlts deutsche Enzyklopädie 31), ND Frankfurt/M 1984

Ennen, Edith, Frauen im Mittelalter, München 1984

- Politische, kulturelle und karitative Wirksamkeit mittelalterlicher Frauen in Mission – Kloster – Stift – Konvent, in: Religiöse Frauenbewegung und mystische Frömmigkeit im Mittelalter, hg. v. P. Dinzelbacher / D. R. Bauer, Köln – Wien 1988 (= Beihefte zum AKG 28), S. 59-82
- Zur Geschichtsschreibung über die Frauen im Mittelalter, in: Historia socialis et oeconomica, hg. v. H. Kellenbenz / H. Pohl, Stuttgart 1987 (= VSWG Beiheft 84), S. 44-60.

Encyclopedia of Religion, hg. v. M. Eliade, 15 Bde., New York 1987

Enzyklopädie des Märchens. Handwörterbuch zur historischen und vergleichenden Erzählforschung, Bd. 1ff., Berlin – New York 1977ff.

van der Essen, Léon, Etude critique et littéraire sur les Vitae des saints mérovingiens de l'ancienne Belgique, Louvain-Paris 1907

Evenepoel, Willy, The *Vita Felicis* of Paulinus Nolanus and the Beginnings of Latin Hagiography, in: Fructus Centesimus, S. 167-176

Ewig, Eugen, Spätantikes und fränkisches Gallien. Gesammelte Schriften 1952-1973, 2 Bde., hg. v. H. Atsma, München u. a. 1976 (= Beihefte der Francia 3, 1-2)

— Die fränkischen Teilreiche im 7. Jahrhundert (613-714), in: Trierer Zeitschrift 22, 1953, S. 85-144, wiederabgedr. in: ders., Spätantikes und fränkisches Gallien, I, S. 172-230

— Das Privileg des Bischofs Berthefried von Amiens für Corbie von 664 und die Klosterpolitik der Königin Balthild, in: Francia 1, 1973, S. 62-114, wiederabgedr. in: ders., Spätantikes und fränkisches Gallien, II, S. 538-583

— Studien zur merowingischen Dynastie, in: FMSt 8, 1974, S. 15-59

— Die Bekehrung der Franken und Burgunder. Entstehung und Ausbau der merowingischen Landeskirche, in: Handbuch der Kirchengeschichte, hg. v. H. Jedin, II/2: Chalkedon bis zum Frühmittelalter (451-700), Freiburg – Basel – Wien 1975, S. 102-135

— Bemerkungen zur Vita des Bischofs Lupus, in: Geschichtsschreibung und geistiges Leben im Mittelalter. Festschrift für H. Löwe zum 65. Geburtstag, hg. v. K. Hauck / H. Mordeck, Köln – Wien 1978, S. 14-26

— / K. Schäferdiek, Christliche Expansion im Merowingerreich, in: Kirchengeschichte als Missionsgeschichte, II, 1, S. 116-145

— Die Merowinger und das Frankenreich, Stuttgart u. a. 1988

Fabre, Pierre, Essai sur la chronologie de l'œuvre de saint Paulin de Nole, Paris 1948

— Saint Paulin de Nole et l'amitié chrétienne, Paris 1949

Fälschungen im Mittelalter. Internationaler Kongreß der MGH in München 16.-19.9. 1986, Teil V: Fingierte Briefe. Frömmigkeit und Fälschung. Realienfälschungen, Hannover 1988 (= MGH Schriften 33, V)

Faller, Otto, Praefatio, in: S. Ambrosii, De virginibus, Bonn 1933 (= Florilegium Patristicum 31), S. 1-15

Farmer, David H., The Oxford Dictionary of Saints, Oxford ²1987

Felten, Franz J., Äbte und Laienäbte im Frankenreich. Studien zum Verhältnis von Staat und Kirche im früheren Mittelalter, Stuttgart 1980 (= Monographien zur Geschichte des Mittelalters 20)

La femme, 2 Bde., Brüssel 1959-1962 (= Recueils de la Société Jean Bodin 11-12)

Festuière, André-J., La sainteté, Paris ²1949

— Ursprünge christlicher Frömmigkeit. Bildung oder Heiligkeit im Mönchtum des altchristlichen Orients, Freiburg u.a. 1963

Feusi, Iniga, Das Institut der gottgeweihten Jungfrauen. Sein Fortleben im Mittelalter, Phil. Diss. Freiburg/Schweiz 1917

Fichtenau, Heinrich, Askese und Laster in der Anschauung des Mittelalters, Wien 1948

Fischer, Josef, Die Völkerwanderung im Urteil der zeitgenössischen kirchlichen Schriftsteller Galliens unter Einbeziehung des heiligen Augustinus, Heidelberg, Waibstadt 1948

Folz, Robert, Tradition hagiographique et culte de sainte Bathilde, reine des Francs, in: Comptes rendues des séances de l'Académie des Inscriptions et Belles-Lettres pendant l'année 1975, S. 369-383

— Les saintes reines du moyen âge en Occident. IV-XIIIe siècles, Brüssel 1992

Fontaine, Jacques, Sulpice Sevère, Vie de saint Martin, 3 Bde., Paris 1967-1969 (= SC 133-135)

- La littérature latine chrétienne, Paris 1970
- Antike und christliche Werte in der Geistigkeit der Großgrundbesitzer des ausgehenden 4. Jahrhunderts im westlichen Römerreich, in: Askese und Mönchtum in der alten Kirche, S. 281-324
- Hagiographie et politique. De Sulpice Sévère à Venance Fortunat, in: RHEF 62, 1976, S. 113-140
- Bible et Hagiographie dans le Royaume franc mérovingien (600-750), in: AB 97, 1979, S. 387-396
- King Sisebut's *Vita Desiderii* and the political function of Visigothic hagiography, in: Visigothic Spain, hg. v. E. James, Oxford 1980, S. 93-129
- Le culte des saints et ses imlications sociologiques. Réflexions sur un récent essai de Peter Brown, in: AB 100, 1982 (= Mélanges offerts á B. de Gaiffier et F. Halkin), S. 17-41
- Victrice de Rouen et les origines du monachisme dans l'ouest de la Gaule (IVe-Ve siècles), in: Aspects du Monachisme en Normandie (IVe-XVIIIe siècles). Actes du colloque scientifique de l'„Année des Abbayes Normandes" Caen, 18.-20.10.1979, hg. v. L. Musset, Paris 1982, S. 9-29

Fouracre, Paul, Merovingian Historiography and Merovingian Hagiography, in: Past and Present 127, 1990, S. 3-38

Zur Frage der Periodengrenze zwischen Altertum und Mittelalter, hg. v. P. E. Hübinger, Darmstadt 1969 (= Wege der Forschung 51)

Frank, Karl S., Frühes Mönchtum im Abendland, I: Lebensformen, II: Lebensgeschichten, Zürich – München 1975
- Grundzüge der Geschichte des christlichen Mönchtums, Darmstadt 1975 (= Grundzüge 25)
- Grundzüge der Geschichte der alten Kirche, Darmstadt 1984 (= Grundzüge 55)

Frauen im Frühmittelalter. Eine ausgewählte, kommentierte Bibliographie, hg. v. W. Affeldt u. a., Frankfurt/M u. a. 1990

Frauen in der Geschichte VII. Interdiziplinäre Studien zur Geschichte der Frauen im Frühmittelalter. Methoden – Probleme – Ergebnisse, hg. v. W. Affeldt / A. Kuhn, Düsseldorf 1986

Frauen in Spätantike und Frühmittelalter. Lebensbedingungen – Lebensnormen – Lebensformen. Beiträge zu einer internationalen Tagung der Freien Universität Berlin, 18-21.2.1987, hg. v. W. Affeldt, Sigmaringen 1990

Frend, W. H. C., Paulinus of Nola and the Last Century of the Western Empire, in: Journal of Roman Studies 59, 1969, S. 1-11

Frevert, Ute, Geschichte als Geschlechtergeschichte? Zur Bedeutung des „weiblichen Blicks" für die Wahrnehmung von Geschichte, in: Saeculum 43, 1992, S. 108-123

Fructus Centesimus. Mélanges offerts à G. J. M. Bartelink à l'occasion de son 65e anniversaire, hg. v. A. A. R. Bastiaensen / A. Hilhorst / C. H. Kneepkens, Steenbrugis – Dordrecht 1989

Gäbe, Sabine, Radegundis: sancta, regina, ancilla. Zum Heiligkeitsideal der Radegundisviten von Fortunat und Baudonivia, in: Francia 16/1, 1989, S. 1-30

de Gaiffier, Boudouin, La lecture des Actes des martyres dans la prière liturgique en Occident, AB 72, 1954, S 134-166
- Hagiographie et historiographie, in: La storiografia altomedievale, 2 Bde., Spoleto 1970 (= Settimane di Studi del Centro Italiano di studi sull'alto medioevo 17), I, S. 139-166, 179-196

- La vie de s. Séverin du Norique. Apropos d'un livre récent, in: AB 95, 1977, S. 13-23
- La Vie de sainte Mélanie (BHL 5885). Notes bibliographiques sur les Manuscrits, in: Miscellanea Amato Pietro Frutaz, Rom 1978, S. 147-152

Galtier, Paul, Art. Conversi, in: DS II, 1953, Sp. 2218-2234
- Pénitents et ‚convertis.' De la pénitence latine à la pénitence celtique, in: RHE 33, 1937, S. 5-26, 277-305

Ganshof, François L., Le statut de la femme dans la monarchie Franque, in: La femme, II, S. 5-58

Gatier, Pierre-Louis, Aspects de la vie religieuse des femmes dans l'orient paléochrétien: Ascétisme et monachisme, in: La Femme dans le monde méditerranéen, I: Antiquité, hg. v. A. M. Vérilhac, Lyon 1985 (= Collection des Travaux de la Maison de l'Orient 10), S. 165-183

George, Judith W., Venantius Fortunatus. A Latin Poet in Merovingian Gaul, Oxford 1992

Georges, Karl Ernst, Ausführliches lateinisch-deutsches Handwörterbuch, [8]1912/18, ND Hannover 1962

Saint Germain d'Auxerre et son temps. Communications présentées à l'occassion du XIXe Congrès de l'Association Bourguignonne des Sociétés savantes, Auxere 1950

Geschichtliche Grundbegriffe. Historisches Lexikon zur politisch-sozialen Sprache in Deutschland, hg. v. O. Brunner / W. Conze / R. Koselleck, Bd. 1ff., Stuttgart 1972ff.

Gessel, Wilhelm, Germanus von Auxerre (um 378-448). Die Vita des Konstantius von Lyon als homiletische Parenäse in hagiographische Form, in: Römische Quartalschrift für christliche Altertumskunde und für Kirchengeschichte 65, 1970, S. 1-14
- Die spätantike Stadt und ihr Bischof, in: Stadt und Bischof, hg. v. B. Kirchgässer / W. Baer, Sigmaringen 1988 (= Stadt in der Geschichte 14), S. 9-28

Giannarelli, Elena, La tipologia femminile nelle biografia e nell'autobiografia cristiana del IV° secolo, Rom 1980 (= Studi storici 127)

Glente, Karen, Mystikerinnenviten aus männlicher und weiblicher Sicht: Ein Vergleich zwischen Thomas von Cantimpré und Katharina von Unterlinden, in: Religiöse Frauenbewegung und mystische Frömmigkeit im Mittelalter, hg. v. P. Dinzelbacher / D. R. Bauer, Köln – Wien 1988 (= Beihefte zum AKG 28), S. 250-264

Gössmann, Elisabeth, Theologische Frauenforschung: Das Menschenbild des Mittelalters und die Stellungnahme der zeitgenössischen Frau, in: Vortragsreihe zur Frauenforschung SS 82 – WS 82/83, hg. v. Zentraleinrichtung zur Förderung von Frauenstudien und Frauenforschung an der FU Berlin, Berlin 1983, S. 64-87
- Das Konstrukt der Geschlechterdifferenz in der christlichen theologischen Tradition, in: Concilium 27, 1991, S. 483-488
- / Haruko Okano, Himmel ohne Frauen? Zur Eschatologie des weiblichen Menschseins in östlicher und westlicher Religion, in: Das Gold im Wachs. Festschrift für Th. Immos zum 70. Geburtstag, hg. v. E. Gössmann / G. Zobel, München 1988 (= Veröffentlichungen der Schweizer-japanischen Gesellschaft und der deutschen Gesellschaft für Natur- und Völkerkunde Ostasiens), S. 397-426

Goetz, Hans-Werner, Von der *res gesta* zur narratio rerum gestarum. Anmerkungen zu Methoden und Hilfswissenschaften des mittelalterlichen Geschichtsschreibers, in: Revue belge de philologie et d'histoire 67, 1989, S. 695-713

Goffart, Walter, The Narrators of Barbarian History (A.D. 550-800). Jordanes, Gregory of Tours, Bede and Paul the Deacon, Princeton 1988

Gorce, Denys, Vie de sainte Mélanie, Paris 1962 (= SC 90)
Gordini, G. D., Il monachesimo romano in Palestina nel IV° secolo, in: Saint Martin et son temps, Studia Anselmiana 46, Rom 1961, S. 85-107
Gougaud, Louis, Dévotions et practiques ascétiques du Moyen Age, Paris 1925
Goyau, Georges, Sainte Mélanie (383-439), Paris [10]1921
Graus, Frantisek, Die Gewalt bei den Anfängen des Feudalismus und die „Gefangenenbefreiungen" der merowingischen Hagiographie, in: Jahrbuch für Wirtschaftsgeschichte 1961/1, S. 61-156
- Volk, Herrscher und Heiliger im Reich der Merowinger. Studien zur Hagiographie der Merowingerzeit, Prag 1965
- Rez. Prinz, Frühes Mönchtum im Frankenreich. Kultur und Gesellschaft in Gallien, den Rheinlanden und Bayern am Beispiel der monastischen Entwicklung (4.-8. Jahrhundert), München u.a.1965, in: Historica 15, 1967, S. 227-235
- Littérature et mentalité médiévale, le roi et le peuple, in: Historica 16, 1969, S. 5-79
- Sozialgeschichtliche Aspekte der Hagiographie der Merowinger- und Karolingerzeit. Die Viten der Heiligen des südalemannischen Raumes und die sogenannten Adelsheiligen, in: Mönchtum, Episkopat und Adel zur Gründungszeit des Klosters Reichenau, hg. A. Borst, Sigmaringen 1974, S. 131-176
- Mentalität – Versuch einer Begriffsbestimmung und Methoden der Untersuchung, in: Mentalitäten im Mittelalter: methodische und inhaltliche Probleme, hg. v. F. Graus, Sigmaringen 1987 (= Vorträge und Forschungen 35), S. 9-48.
Griffe, Elie, La Gaule chrétienne à l'époque romaine, I: Des origines chrétiennes à la fin du IVe siècle, Paris 1964, II: L'église des Gaules au Ve siècle, Paris [2]1966, III: La cité chrétienne, Paris 1965
Grützmacher, Georg, Hieronymus. Eine biographische Studie zur alten Kirchengeschichte, 3 Bde., Leipzig 1901. 1906. 1908, ND Aalen 1969 (= Studien zur Geschichte der Theologie und der Kirche VI, 3; X, 1-2)
Günter, Heinrich, Legenden-Studien, Köln 1906
- Die christliche Legende des Abendlandes, Heidelberg 1910
- Hagiographie und Wissenschaft, in: Historisches Jahrbuch 62.-69. Jg. 1942-49, S. 43-88
Guillaume, Jean-Marie, Les abbayes de femmes en pays franc. Des origines à la fin du VIIe siècle, in: Remiremont, l'abbaye et la ville. Actes des journées d'études vosgiennes, Remiremont 17.-20.4.1980, hg. v. M. Parisse, Nancy 1980, S.29-46
Gurjewitsch, Aaron J., Das Weltbild des mittelalterlichen Menschen, München 1982
- Mittelalterliche Volkskultur. Probleme zur Forschung, Dresden 1986
Haendler, Gert, Geschichte des Frühmittelalters und der Germanenmission, in: Die Kirche in ihrer Geschichte. Ein Handbuch, hg. v. K. D. Schmidt / E. Wolf, II, Lief. E, Göttingen [2]1976, S. E4-E75
Hagendahl, Harold / Jan Hendrik Waszink, Art. Hieronymus, in: RAC XV, Lief. 113, 1989, Sp. 117-139
Hagiographie, Cultures et Sociétés (IVe-XIIe siècle). Actes du Colloque organisé à Nanterre et à Paris 2.-5.5.1979, Paris 1981
Handbuch der europäischen Geschichte, hg. v. Th. Schieder, I: Europa im Wandel von der Antike zum Mittelalter, hg. v. dems., Stuttgart 1976
Handbuch der Kirchengeschichte, hg. v. H. Jedin, 10 Bde., Freiburg – Basel – Wien 1965-1979

Handbuch religionswissenschaftlicher Grundbegriffe, Bd. 1ff., Stuttgart u.a. 1988ff.
Handwörterbuch zur deutschen Rechtsgeschichte, Bd. 1ff., Berlin 1971ff
Harnack, Adolf v., Die Mission und Ausbreitung des Christentums, Berlin ⁴1924
Hasdenteufel-Röding, Maria, Studien zur Gründung von Frauenklöstern im frühen Mittelalter. Ein Beitrag zum religiösen Ideal der Frau und seiner monastischen Umsetzung, Diss. Freiburg 1988 (1991)
Haubrichs, W., Art. Christentum in der Bekehrungszeit, B. Frömmigkeitsgeschichte (Kontinent), in: RGA IV, 1981, S. 510-557 (mit einem Beitrag von R. Hartmann, Sp. 537-540)
Hauck, Albert, Kirchengeschichte Deutschlands, I. Teil, Berlin ⁹1958
Hauck, Karl, Geblütsheiligkeit, in: Liber Floridus Paul Lehmann, Sankt Ottilien 1950, S. 187-240
– Von einer spätantiken Randkultur zum karolingischen Europa, in: FMSt 1, 1967, S. 3-93
Heene, Katrien, Merovingian and Carolingian Hagiography. Continuity or Change in Public and Aims, in: AB 107, 1989, S. 415-428
Heffernan, Thomas J., Sacred Biography. Saints and their Biographers in the Middle Ages, New York – Oxford 1988
Heidebrecht, Petra / Cordula Nolte, Leben im Kloster. Nonnen und Kanonissen. Geistliche Lebensformen im frühen Mittelalter, in: Weiblichkeit in geschichtlicher Perspektive, S. 79-115
Heiler, Friedrich, Wertung und Wirksamkeit der Frau in der christlichen Kirche, in: Veritati. Festgabe für Johannes Hessen zum 60. Geburtstag, hg. v. W. Falkenhahn, München 1949, S. 114-140
– Die Frau in den Religionen der Menschheit, Berlin, New York ²1977
Vollständiges Heiligen-Lexikon, hg. v. J. E. Stadler / F. J. Heim, 5 Bde., Augsburg 1858-1882, ND Hildesheim – New York 1975
Heinzelmann, Martin, Neue Aspekte der biographischen und hagiographischen Literatur in der lateinischen Welt (1.-6. Jh), in: Francia 1, 1973, S. 27-44
– Bischofsherrschaft in Gallien. Zur Kontinuität römischer Führungsschichten vom 4. bis zum 7. Jh. Soziale, prosopographische und bildungsgeschichtliche Aspekte, München 1976 (= Beihefte der Francia 5)
– Sanctitas und „Tugendadel." Zur Konzeption von „Heiligkeit" im 5. und 10. Jahrhundert, in: Francia 5, 1977, S. 741-752
– Translationsberichte und andere Quellen des Reliquienkultes, Turnhout 1979 (= Typologie des sources du Moyen Age occidental 33)
– Une source de base de la littérature hagiographique latine: le recueil de miracles, in: Hagiographie. Cultures et Sociétés, S. 234-259
– Gallische Prosopographie 260-527, in: Francia 10, 1983, S. 531-718
– Zum Stand der Genovefaforschung, in: DA 41, 1985, S. 532-548
– Vita sanctae Genovefae, in: ders. / J.-Cl. Poulin, Les Vies anciennes, S. 1-112
– / J.-Cl. Poulin, Les Vies anciennes de sainte Geneviève de Paris. Etudes critiques, Paris 1986 (= Bibilothèque de l'Ecole des Hautes Etudes 329)
– Bischofsherrschaft vom spätantiken Gallien bis zu den karolingischen Hausmeiern. Die institutionellen Grundlagen, in: Herrschaft und Kirche, S. 23-82
Hendrikx, E., Saint Jérôme autant qu'hagiographe, in: La Cuidad de Dios 181, 1968, S. 161-167

Herrschaft und Kirche. Beiträge zur Entstehung und Wirkungsweise episkopaler und monastischer Organisationsformen, hg. v. F. Prinz, Stuttgart 1988 (= Monographien zur Geschichte des Mittelalters 33)

Hertling, Ludwig, Der mittelalterliche Heiligentypus nach den Tugendkatalogen, in: Zeitschrift für Aszese und Mystik 8, 1933, S. 260-268

Heussi, Karl, Der Ursprung des Mönchtums, Tübingen 1936

Une histoire des femmes est-elle possible? hg. v. M. Perrot, Paris 1984

Histoire de l'Eglise des origines jusqu'à nos jours, hg. A. Fliche u.a., III.IV.V.XII, Paris 1950. 1948. 1947. 1959-1964

Histoire mondiale de la femme, II: L'occident, des celtes à la Renaissance, Paris 1966

Hochstetler, Donald D., A Conflict of Traditions: Consecration for Woman in the Early Middle Ages, phil. Diss. Michigan 1981

Hoster, Dieter, Die Form der frühesten lateinischen Heiligenviten von der *Vita Cypriani* bis zur *Vita Ambrosii* und ihr Heiligenideal, Phil. Diss. Köln 1963

Howell, Martha, with the collaboration of S. Wemple and D. Kaiser, A Documented Presence: Medieval Women in Germanic Historiography, in: Women in Medieval History and Historiography, hg. v. S. M. Stuard, Philadelphia 1987, S. 101-131, 171-184

Hritzu, John Nicholas, The Style of the Letters of St. Jerome, Washington 1939 (= The Catholic University of Amerika. Patristic Studies 60)

Hunt, Edward D., Holy Land Pilgrimage in the Later Roman Empire A. D. 312-460, Oxford [2]1984

Illmer, Detlef, Formen der Erziehung und Wissensvermittlung im frühen Mittelalter. Quellenstudien zur Kontinuität des abendländischen Erziehungswesens, München 1971 (= Münchener Beiträge zu Mediävistik und Renaissance-Forschung 7)

Irsigler, Franz, Untersuchungen zur Geschichte des frühfränkischen Adels, Bonn [2]1981 (= Rheinisches Achiv 70)

Jacobs, Manfred, Die Reichskirche und ihre Dogmen. Von der Zeit Konstantins bis zum Niedergang des weströmischen Reichs, Göttingen 1987 (= Zugänge zur Kirchengeschichte 3)

Jaegerschmid, Amelie M.-L., Der weibliche Heiligentypus in der Merowingerzeit. Ein Beitrag zur Geschichte frühmittelalterlicher Heiligenleben, masch. Diss. Freiburg i. Br. 1920, Zusammenfassung in: Jahreshefte der Universität Freiburg i. Br. 1920/21, H. 5, S. 35-36

James, Edward, Gregory of Tours: Life of the Fathers, Liverpool 1985 (= Translated Texts for Historians. Latin series 1)

Jauss, Hans R., Zur historischen Genese der Scheidung von Fiktion und Realität, in: Funktionen des Fiktiven, hg. v. D. Henrich / W. Isar, München 1983 (= Poetik und Hermeneutik 10), S. 422-431

Jong, Mayke de, Merovingische en vroeg-karolingische heilgenlevens als spiegel von kindertijd en jeugd in: De heiligenverering in de eerste eeuwen van het christendom, hg. v. A. Hilhorst, Nijmegen 1988, S. 41-52

Jordan, Hermann, Das Frauenideal des Neuen Testaments und der ältesten Christenheit, Leipzig 1909

Kahl, Hans-Dietrich, Die ersten Jahrhunderte des missionsgeschichtlichen Mittelalters. Bausteine für eine Phänomenologie bis ca. 1050, in: Kirchengeschichte als Missionsgeschichte II, 1, S. 11-76

Karlinger, Felix, Legendenforschung. Aufgaben und Ergebnisse, Darmstadt 1986

Keller, Hagen, Mönchtum und Adel in den *Vitae patrum Jurensium* und in der *Vita Germani abbatis Grandivallensis*. Beobachtungen zum frühmittelalterlichen Kulturwandel im alemannisch-burgundischen Grenzraum, in: Landesgeschichte und Geistesgeschichte. Festschrift für Otto Herding zum 65. Geburtstag, hg. v. K. Elm / E. Gönner / E. Hillenbrand, Stuttgart 1977 (= Veröffentlichungen der Kommission für geschichtliche Landeskunde Baden-Württemberg 92), S. 1-23

Kelly-Gadol, Joan, The Social Relation of the Sexes: Methodological Implications of Women's History, in: Signs 1, 1975/76, S. 809-823; wiederabgdr. in: dies., Women, History and Theory. The Essays of J. Kelly, Chicago – London 1984, S. 1-18

– Did Women Have a Renaissance? in: Becoming Visible: Women in European History, hg. v. R. Bridenthal / C. Koonz, Boston 1977, wiederabgedr. in: dies., Women, History and Theory. The Essays of J. Kelly, Chicago – London 1984, S. 19-50

Kelly, John N. D., Jerome, his Life, Writings, Controversies, London 1975

Kierdorf, Wilhelm, Laudatio funebris. Intepretationen und Untersuchungen zur Entwicklung der römischen Leichenrede, Meisenheim 1980

Kirchengeschichte als Missionsgeschichte, II: Die Kirche des früheren Mittelalters, 1. Hbd., hg. v. K. Schäferdieck, München 1978

Klausner, Renate, Zur Entwicklung des Heiligsprechungsverfahrens bis zum 13. Jahrhundert, in: ZSRKA 40, 1954, S. 85-101

Knoch, O. / A. Schindler, Art. Gnade, B. Christlich, in: RAC XI, 1981, Sp. 351-441

Koch, Hugo, Virgines Christi, in: Texte und Untersuchungen zur Geschichte der altchristlichen Literatur, 31/2, Leipzig 1907, S. 59-112

Koch, Karl, Hildegard von Bingen und ihre Schwestern, Leipzig 1935

Koebner, Richard, Venantius Fortunatus. Seine Persönlichkeit und seine Stellung in der geistigen Kultur des Merowingerreiches, 1915, ND Hildesheim 1973 (= Beiträge zur Kulturgeschichte des Mittelalters und der Renaissance 22)

Köpke, Rudolf, Gregor von Tours (1852), wiederabgedr. in: ders., Kleine Schriften zur Geschichte, Politik und Literatur, Berlin 1972, S. 289-321

Kötting, Bernhard, Entwicklung der Heiligenverehrung und Geschichte der Heiligsprechung, in: Die Heiligen in ihrer Zeit, hg. v. P. Manns, Mainz 1966, I, S. 27-39

Kohler, Charles, Etudes critiques sur le texte de la vie latine de sainte Geneviève de Paris, Paris 1881 (= Bibliothèque de l'Ecole des Hautes Etudes 48)

– La vie de sainte Geneviève est-elle apocryphe, in: Revue historique 67, 1898, S. 282-320

Kohlwes, K., Christliche Dichtung und stilistische Form bei Paulinus von Nola, Bonn 1979

Kulturbruch oder Kulturkontinuität im Übergang von der Antike zum Mittelalter, hg. v. P. E. Hübinger, Darmstadt 1968 (= Wege der Forschung 201)

Kraemer, Ross S., The Conversion of Women to Ascetic Forms of Christianity, in: Signs 6, 1980, S. 298-307

Krüger, Karl Heinrich, Königsgrabkirchen der Franken, Angelsachsen und Langobarden bis zur Mitte des 8. Jahrhunderts. Ein historischer Katalog, München 1971 (= Münstersche Mittelalterschriften 4)

Krusch, Bruno, Die Fälschung der Vita Genovefae, in: NA 18, 1893, S. 9-50

– Das Alter der Vita Genovefae, in: NA 19, 1894, S. 444-459

– Rez. G. Kurth, Etude sur la Vie de sainte Geneviève (1913), in: NA 39, 1914, S. 215-216

– Die neueste Wendung im Genovefa-Streit, in: NA 40, 1916, S. 130-181, 265-327

Künstle, Karl, Rez. Vita Genovefae A, ed. Krusch (1896), in: Historisches Jahrbuch 20, 1899, S. 436-441

Kummer, Art. Frau, Weib, in: Handwörterbuch des deutschen Aberglaubens, II, 1929/1930, Sp. 1732-1774

Kurth, Godefroid, Etude critique sur la Vie de sainte Geneviève, in: RHE 14, 1913, S. 5-80
- A propos du Vita Genovefae. Quelques mots de réponse à M. Bruno Krusch, in: RHE 15, 1914, S. 437-441
- Etude critique sur la Vie de sainte Geneviève, in: ders., Etudes franques, II, S. 1-96
- Etudes franques, 2 Bde, Paris – Brüssel 1919
- Clovis, 2 Bde, Brüssel ³1923

Labande-Mailfert, Yvonne, Les débuts de Sainte-Croix, in: Histoire de l'abbaye Sainte-Croix de Poitiers. Quatorze siècles de vie monastique, hg. v. E.-R. Labande, Poitiers 1986 (= Mémoires de la Société des Antiquaires de l'Ouest 4ᵉ s., t. 19, années 1986-87), S. 21-116
- Vie de sainte Radegonde par la moniale Baudonivie, in: Lettre de Ligugé, Nr. 239, 1987, S. 9-32

Lagrange, F., Geschichte der heiligen Paula, Brixen 1869

Laistner, Max L. W., Thought and Letters in Western Europe A.D.500 to 900, London ²1957

Lang, D. M., Peter the Iberian and his Biographers, in: Journal of Ecclesistical History 2, 1951, S. 158-168

Lauwers, Michel, Sainteté royale et sainteté féminine dans l'Occident médiéval, in: RHE 83, 1988, S. 58-69

LeBras, Gabriel, The Sociology of the Church in the Early Middle Ages, in: Early Medieval Society, hg. v. S. L. Thrupp, New York 1967, S. 47-57

Leclercq, H., Art. Geneviève (Vie de sainte), in: DACL VI, 1924, Sp. 959-990
- Art. Saint, in: DACL XV, 1949, Sp. 373-462
- Art. Vierge, Virginité, in: DACL XV, 2, 1953, Sp. 3094- 3108
- Art. Veuvage, Veuve, in: DACL XV, 2, 1953, Sp. 3007-3026

Leclercq, Jean, L'amour des lettres et le désir de Dieu. Initiation aux auteurs monastiques du moyen age, Paris 1957
- L'écriture sainte dans l'Hagiographie monastique du haut moyen âge, in: La Bibbia nell'alto medioevo, Spoleto 1963, (= Settimane di Studi del Centro Italiano di studi sull'alto medioevo 10), S. 103-128
- Rez. J. Bugge, Virginitas, in: Medium Aevum 46, 1977, S. 129-131
- La Sainte Radegonde de Venance Fortunat et celle de Baudonivie, in: Fructus Centesimus, S. 207-216

Lecouteux, Claude, Paganisme, christianisme et merveilleux, in: Annales E.S. C. 37, 1982, S. 700-716

LeGoff, Jacques, Le christianisme médiéval en Occident, du concile de Nicée (325) à la Réforme (début du XVIᵉ siècle), in: Histoire des Religions II, hg. v. H. C. Puech, Paris 1972, S. 749-868
- Kirchliche Kultur und Volksüberlieferungen in der Zivilisation der Merowinger, in: ders., Für ein anderes Mittelalter. Zeit, Arbeit und Kultur im Europa des 5.- 15. Jahrhunderts, Wien 1984, S. 121-136

Lehmann, Andrée, Le rôle de la femme dans l'histoire de France au moyen âge, Paris 1952

Lehmann, Paul, Panorama der literarischen Kultur des Abendlandes im 7. Jahrhundert, in: Erforschung des Mittelalters, V, Stuttgart 1962, S. 258-274
Leipoldt, Johannes, Die Frau in der antiken Welt und im Urchristentum, Leipzig ²1955
Lenné, A., Die heiligen Frauen im Mittelalter, in: Finke, Heinrich, Die Frau im Mittelalter, Kempten, München 1913, S. 131-183
Leumann, Manu / Johann B. Hofmann / Anton Szantyr, Lateinische Grammatik, I, München ⁵1926-1928, ND 1977, II, München 1955/65, ND 1972, III München 1979 (= Handbuch der Altertumswissenschaft, II, II/1-3)
Leonardi, Claudio, I modelli dell'agiografia latina dall'epoca antica al medioevo, in: Passagio dal mondo antico al medio evo. Da Teodosio a san Gregorio Magno, Convegno Internazionale Roma 25.-28.5.77, Roma 1980 (= Atti dei Convegni Lincei 45), S. 435-476.
– Fortunato e Baudonivia, in: Aus Kirche und Reich: Studien zu Theologie, Politik und Recht im Mittelalter. Festschrift für F. Kempf zu seinem 75. Geburtstag und 50jährigen Doktorjubiläum, hg. v. H. Mordek, Sigmaringen 1983, S. 23-32
– Modelli di santità tra secolo V e VII, in: Santi e demoni, I, S. 261-283
Levillain, L., Etudes sur l'abbaye de Saint-Denis à l'époque mérovingienne, in: BEC 82,1921, S. 5-116
Levison, Wilhelm, Die Politik in den Jenseitsvisionen des frühen Mittelalters, in: Festgabe Friedrich von Bezold, Bonn 1921, S. 81-100, wiederabgedruckt in: ders., Aus rheinischer und fränkischer Frühzeit. Ausgewählte Aufsätze, Düsseldorf 1948, S. 229-246
– Sigolena, in: NA 35, 1910, S. 219-231
Lexikon des Mittelalters, Bd. 1ff., München – Zürich 1980ff.
Lexikon für Theologie und Kirche, 14 Bde., Freiburg ²1957- 1968
Leyser, Karl J., Herrschaft und Konflikt. König und Adel im ottonischen Sachsen, Göttingen 1984
Liberating Women's History. Theoretical and Critical Essays, hg. v. B. A. Carrol, Urbana u. a. 1976
Lienhard, Joseph T. Paulinus of Nola and Monasticism, in: Studia Patristica 16/2: Papers presented to the Seventh International Conference on Patristic Studies held in Oxford 1975, II, Berlin 1985 (= Texte und Untersuchungen zur Geschichte der christlichen Literatur 129), S. 29-31
– Paulinus of Nola and Early Western Monasticism, Köln, Bonn 1977 (Coll. Theophaneia 28)
– Art. Paulin de Nole, in: DS XII, 1, 1984, Sp. 592-602
Lietzmann, Hans, Geschichte der alten Kirche, I, Berlin 1961, II-IV Berlin ³1961, ND in 1 Bd., Berlin – New York 1975
Lifshitz, Felice, Des femmes missionnaires: l'exemple de la Gaule franque, in: RHE 83, 1988, S. 5-33
Lippert, Woldemar, Zur Geschichte der heiligen Radegunde von Thüringen, in: Zeitschrift des Vereins für thüringische Geschichte und Altertumskunde 15, 1891, S. 16-32
Loening, E., Geschichte des deutschen Kirchenrechts, 2 Bde., Straßburg 1878
Lohse, Bernhard, Askese und Mönchtum in der Antike und in der alten Welt, München 1969 (= Religion und Kultur in der alten Mittelmeerwelt in Parallelforschung 1)
Lorenz, Rudolf, Die Anfänge des abendländischen Mönchtums im 4. Jahrhundert, in: ZKG 78, 1967, 1-61

- Das vierte bis sechste Jahrhundert (Westen), Göttingen 1970 (= Die Kirche in ihrer Geschichte. Ein Handbuch, hg. v. K. D. Schmidt / E. Wolf, I, Lief. C1

Lot, Ferdinand, Index scriptorum operumque latino-gallicorum m. a. (500-1000), in: Archivum Latinitatis Medii Aevi, Bulletin Du Cange 14, 1939, S. 113-320; 20, 1950, S. 55-64

Lotter, Friedrich, Severinus und die Endzeit der römischen Herrschaft an der oberen Donau, in: DA 24, 1968, S. 309- 339
- Legenden als Geschichtsquellen? zgl. Besprechung von F. Graus, Volk, Herrscher und Heiliger, in: DA 27, 1971, S. 195-200
- Severinus von Noricum. Legende und historische Wirklichkeit. Untersuchungen zur Phase des Übergangs von spätantiken zu mittelalterlichen Denk- und Lebensformen, Stuttgart 1976 (= Monographien zur Geschichte des Mittelalters 12)
- Zur literarischen Form und Intention der Vita Heinrici IV, in: Festschrift für Helmut Beumann zum 65. Geburtstag, hg. v. K.-U. Jäschke / R. Wenskus, Sigmaringen 1977, S. 288-329
- Methodisches zur Gewinnung historischer Erkenntnisse aus hagiographischen Quellen, in: HZ 229, 1979, S. 298-356
- Inlustrissimus vir oder „einfacher" Mönch? Zur Kontroverse um den hl. Severin, in: Ostbaierische Grenzmarken 25, 1983, S. 281-297
- Zur Interpretation hagiographischer Quellen. Das Beispiel der „Vita Severini" des Eugippius, in: Mittellateinisches Jahrbuch 19, 1984, S. 37-62

Loyen, André, Le rôle de saint Aignan dans la défense d'Orléans, in: Académie des Inscriptions det Belles-Lettres. Comptes rendues, 1969, S. 64-74
- Les miracles de saint Martin et les débuts de l'hagiographie en Occident, in: Bulletin de littérature ecclésiastique 73, 1972, S. 147-157

Lucas, Angela, Women in the Middle Ages: Religion, Marriage, Letters, New York 1983

Lucius, Ernst, Die Anfänge des Heiligenkults in der christlichen Kirche, hg. v. G. Anrich, Tübingen 1904, ND Frankfurt/M 1966

Luck, Georg, Die Form der suetonischen Biographie und die frühen Heiligenviten, in: Mullus. Festschrift Theodor Klausner, Münster 1964 (= JAC Ergänzungsbd. 1), S. 230-241

MacMullen, Ramsey, Two Types of Conversion to Early Christianity, in: Vigilae Christinae 37, 1983, S. 174-192
- Christianizing the Roman Empire (A.D. 100-400), New Haven, London 1984

Maillé, G. A. de Rohan Chabot, marquise de, Les cryptes de Jouarre, Paris 1971

Malnory, Arthur, Saint Césaire. Evèque d'Arles, Paris 1894, ND Genf u.a. 1978

Manitius, Max, Geschichte der lateinischen Literatur des Mittelalters, I: Von Justinian bis zur Mitte des 10. Jahrhunderts, München 1911, ND München 1974 (= Handbuch der Altertumswissenschaft, IX, II/1)

Marié, G., Sainte Radegonde et le milieu monastique contemporain, in: Etudes Mérovingiennes, hg. v. A. und J. Picard, Paris 1953, S. 129-225

Marignan, Albert, Etudes sur la civilisation française, I: La société mérovingienne, Paris 1899, II: Le cultes des saints sous les Mérovingiens, Paris 1899

Marrou, Henri Iréné, L'idéal de la virginité et la condition de la femme dans la civilisation antique, in : La chasteté, Paris 1953, S. 39-49

Martin, Jochen, Vom Heiligen und der Welt, in: Journal für Geschichte, 1985, H. 1, S. 12-19

Masai, François, Continuité romaine et réveil évangelique aux origines de la chrétienté médiévale, in: D'une déposition à un couronnement, S. 17-43

Mathisen, Ralph W., The Last Year of Saint Germanus of Auxerre, in: AB 99, 1981, S. 151-159

Matthews, John, Western Aristocracies and Imperial Court, 364- 425, Oxford 1975

Mayer-Maly, Art. Vidua, in: RE II, 17, 1958, Sp. 2098-2107

Mayo, Hope, The sources of Female Monasticism in Merovingian Gaul, in: Studia Patristica 16/2: Papers presented to the Seventh International Conference on Patristic Studies held in Oxford 1975, II, Berlin 1985 (= Texte und Untersuchungen zur Geschichte der christlichen Literatur 129), S. 32-37

McCarthy, Maria Caritas, The Rule of Nuns of St. Caesarius of Arles, Washington 1960 (= The Catholic University of America. Studies in Medieval History N. S. 16)

McLaughlin, Eleanor, Equality of Souls, Inequality of Sexes: Women in Medieval Theology, in: Religion and Sexism, S. 213-266

– Women, Power and the Pursuit of Holiness in Medival Christianity, in: Women of Spirit, S. 99-130

McNamara, JoAnn, Wives and Widows in Early Christian Thought, in: International Journal of Women's Studies 2, 6, 1979, S. 575-592

– Sexual Equality and the Cult of Virginity in Early Christian thought, in: Feminist Studies 3/4, 1976, S. 144-158

– A New Song: Celibate Women of the First Three Christian Centuries, New York 1983

– Muffled Voices: The Lives of Consecrated Women in the Fourth Century, in: Medieval Religious Women, I, S. 11-29

– A Legacy of Miracles: Hagiography and Nunneries in Merovingian Gaul, in: Women of the Medieval World, S. 36-52

– Living Sermons: Consecrated Women and the Conversion of Gaul, in: Medieval Religious Women, II, S. 19-37

– / Suzanne Wemple, The Power of Women through the Familiy in Medieval Europe 500-1100, in: Feminist Studies 2, 1973, S. 126-141, wiederabgedr. in: Clio's Consciousness Raised: New Perspectives on the History of Women, hg. v. M. Hartman / L. Banner, New York 1974, S. 103-118, wiederabgedr. in: Women and Power in the Middle Ages, S. 83-101

– / Suzanne Wemple, Marriage and Divorce in the Frankish Kingdom, in: Women in Medieval Society, S. 95-124

– / Suzanne Wemple, Sanctity and Power: The Dual Pursuit of Medieval Women, in: Becoming Visible, S. 90-118

McKitterick, Rosamond, The Carolingians and the Written Word, Cambridge u.a. 1989

Meinhold, Ursula, Columban von Luxeuil im Frankenreich, Diss. Marburg 1981

Merta, Brigitte, Helenae conparanda regina – secunda Isebel. Darstellungen von Frauen des merowingischen Hauses in frühmittelalterlichen Quellen, in: MIÖG 96, 1988, S. 1-32

Metz, René, La consécration des vierges dans l'église romaine. Etude d'histoire de la liturgie, Rome 1954

– La consécration des vierges en Gaule des origines à l'apparition des livres liturgiques, in: Revue de droit canonique 6, 1956, S. 321-339, wiederabgedr. in: ders., La femme et l'enfant dans le droit canonique médiéval, London 1985, Abschn. IX

- Les vierges chrétiennes en Gaule au IVe siècle, in: Studia Anselmia 46, Rom 1961, S. 109-132, wiederabgedr. in: ders., La femme et l'enfant dans le droit canonique médiéval, London 1985, Abschn. VII
- Le statut de la femme en droit canonique, in: La femme, II, S. 59-113

Meyer, Wilhelm, Der Gelegenheitsdichter Venantius Fortunatus, in: Abhandlungen der Gesellschaft der Wissenschaften zu Göttingen. Phil. Hist. Cl., N. F. 4, Nr. 5, Berlin 1901, ND Göttingen 1970

Meyn, Elisabeth, Nonne und Heilige im deutschen Mittelalter, Berlin 1930 (= Quellenhefte zu Frauenleben in der Geschichte 9a)

Michl, J., Art. Engel IV (christlich), in: RAC V, 1962, Sp. 109-200

Mikoletzky, Hanns Leo, Sinn und Art der Heiligung im früheren Mittelalter, in: MIÖG 57, 1949, S. 83-122
- Über Geschichte und Biographie im frühen und hohen Mittelalter, in: MIÖG 78, 1970, S. 23-26

Milazzo, Vincenza, Sogni e visioni nella „Vita Rusticulae," in: Augustinianum 29, 1989, S. 257-268

Mohrmann, Christine, Introduzione, in: Vite dei Santi IV: Vita di Martino, Vita di Ilarione, in Memoria di Paola, hg. v. ders., Mailand ²1983, S. VII-LXI

Molinier, Auguste, Les sources de l'histoire de France des origines aux guerres d'Italie, I: Epoque primitive, Mérovingiens et Carolingiens, Paris 1901, ND New York 1967 (= Les sources de l'histoire de France 1)

Moine, Nicole, Melaniana, in: Recherches Augustiniennes 15, 1980, S. 3-79.
- Art. Mélanie l'Ancienne, in: DS 10, 1980, Sp. 955-960

Momigliamo, A., The Conflict between Paganism and Christianity, Oxford 1963

Monod, Gabriel, Etudes critiques sur les sources de l'histoire mérovingienne, I: Introduction. Grégoire de Tours, Marius d' Avenche, Paris 1872 (= Bibliothèque de l'Ecole des Hautes Etudes 8)

Montford, Lawrence W., Civilisation in seventh Century Gaul as Reflected in Saints' *vitae* composed in the period, Ph.D. Saint Louis 1973, Ann Arbor 1974

Mordek, Hubert, Kirchenrecht und Reform im Frankenreich. Die Collectio vetus gallica, die älteste systematische Kanonessammlung des fränkischen Gallien, Berlin – New York 1975

Moreau, Edouard de, Histoire de l'Eglise en Belgique, I: Des Origines au Milieu du Xe siècle, Brüssel ²1945

Le Moyen Age, hg. v. R. Fossier, I: Les mondes nouveaux, Paris 1982

Mundle, Ilsemarie, Augustinus und Aristoteles und ihr Einfluß auf die Einschätzung der Frau in Antike und Christentum, in: JAC 22, 1979, S. 61-69

Murphy, F. X., Melania the Elder. A biographical note, in: Traditio, 5, 1947, S. 59-77

Muschiol, Gisela, Psallere et legere. Zur Beteiligung der Nonnen an der Liturgie nach den frühen gallischen *Regulae ad Virgines,* in: Liturgie und Frauenforschung aus liturgiewissenschaftlicher Sicht, hg. v. T. Berger / A. Gerhards, St. Ottilien 1991, S. 77-125

Musset, Lucien, Les Invasions, I: Les vagues germaniques, Paris 1965 (= „Nouvelle Clio" 12)

Nagel, Peter, Die Motivierung der Askese in der alten Kirche und der Ursprung des Mönchtums, Berlin 1966 (= Texte und Untersuchungen zur Geschichte der altkirchlichen Literatur 95)

Nahmer, Dieter v., Martin von Tours: Sein Mönchtum – seine Wirkung, in: Francia 15, 1987, S. 1-41

Nautin, Pierre Art. Hieronymus, in: TRE XV, 1986, S. 304-315
Nelson, Janet, Queens as Jezebels: The Careers of Brunhild and Balthild in Merowingian History, in: Medieval Women, hg. v. D. Baker, Oxford 1978, S. 31-77, wiederabgedr. in: dies., Politics and Ritual in early Medieval Europe, London – Ronceverte 1986, S. 1-48
Niermeyer, Jan Frederik, Mediae latinitatis lexikon minus, Leiden 1976
Nobel, Hildegard, Königtum und Heiligenverehrung zur Zeit der Karolinger, 2 Bde., masch. Diss. Heidelberg 1956
Nolte, Cordula, Klosterleben von Frauen in der frühen Merowingerzeit. Überlegungen zur *Regula ad virgines* des Caesarius von Arles, in: Frauen in der Geschichte VII, S. 257-271
Nürnberg, Rosemarie, Askese und sozialer Impuls. Monastisch-asketische Spiritualität als Wurzel und Triebfeder sozialer Ideen und Aktiviät in der Kirche in Südgallien im 5. Jahrhundert, Bonn 1988 (= Hereditas. Studien zur Alten Kirchengeschichte 2)
Nugent, M. Rosamond, Portrait of the Consecrated Women in Greek Christian Literature of the First Four Centuries, Washington D.C. 1941 (= Patristic Studies 64)
Nuvolone, Flavio G. / Aimé Solignac, Art. Pélage et Pélagianisme, in: DS XII, 2, 1986, Sp. 2889-2942
O'Carrol, J., Sainte Fare et les Origines, in: Sainte Fare et Faremoutiers. Treize siècles de vie monastique, Rennes 1957, S. 3-35
Oexle, Otto G., Armut und Armenfürsorge um 1200. Ein Beitrag zum Verständnis der freiwilligen Armut bei Elisabeth von Thüringen, in: Sankt Elisabeth. Fürstin, Dienerin, Heilige: Aufsätze, Dokumentation, Katalog; Ausstellung zum 750. Todestag der hl. Elisabeth, Marburg 19.11.1981-6.1.1982, Sigmaringen 1981, S.78-100
– Art. Stand, Klasse III: Ständedenken in der Antike, in: Geschichtliche Grundbegriffe, VI, Stuttgart 1990, S. 160-169
van Omne, A. N., Virtus. Een semantiese studie, Utrecht 1947
Opitz, Claudia, Frauenalltag im Mittelalter. Biographien des 13. und 14. Jahrhunderts, Weinheim u.a. 1985
– Der „andere Blick" der Frauen in die Geschichte. Überlegungen zu Analyse- und Darstellungsmethoden feministischer Geschichtsforschung, in: Beiträge zur feministischen Theorie und Praxis 11, 1984, S. 61-70
– Evatöchter und Bräute Christi. Weiblicher Lebenszusammenhang und Frauenkultur im Mittelalter, Weinheim 1990
Orselli, Alba Maria, Il santo patrono cittadino: Genesi e sviluppo del patrocino del vesovo nei secoli VI e VII, in: Agiografia altomedioevale, S. 85-104
Papa, Cristina, Radegonda e Batilde: Modelli di santità regia femminile nel regno merovingio, in: Benedictina fascioli trimestrali di studi benedettini, 36, 1989, S. 13-33
Parisse, Michel, Les Nonnes au Moyen Age, Le Puy 1983
Patlagean, Evelyn, Ancienne hagiographie byzantine et histoire sociale, in: Annales E.S.C. 23, 1968, 108-126
– L'histoire de la femme déguisée en moine et l'évolution de la sainteté féminine à Byzance, in: Studi Medievali, 3. s., 17, 2, 1976, S. 597-623
– Pauvreté économique et pauvreté sociale à Bycance. 4e-7e siècles, Paris – La Haye 1977
– Sainteté et pouvoir, in: The Byzantine Saint. University of Birmingham. 14th Spring Symposium of Byzantine Studies, ed. by S. Hackel, London 1981 (= Studies Supplementary to Sobornost 5), S. 88-105
Paulys Real-Encyclopädie der classischen Altertumswissenschaft, 84 Bde., Stuttgart 1894-1980

Pernoud, Régine, La femme au temps des cathédrales, Paris 1980
- Die Heiligen im Mittelalter. Frauen und Männer, die ein Jahrtausend prägten. Mit einem Kapitel über die deutschen Heiligen im Mittelalter von Klaus Herbers, Bergisch-Gladbach 1988

Perrot, Michelle, Préface, in: Une histoire des femmes est-elle possible? hg. v. M. Perrot, Paris 1984, S. 7-16

La riche personnalité de sainte Radegonde. Conférences et homelies prononcées à l'occasion du XIVe centenaire de sa mort (587-1987), Poitiers 1988

Petersen, Joan M., Dead or alive? The Holy Man as Healer in East and West in the Late Sixth Century, in: Journal of Medival History 9, 1983, S. 91-98

Petrikovits, Harald, Probleme der römischen Kontinuität im frühen Mittelalter, in: Mittelalterforschung, Berlin 1981 (= Forschung und Information. Schriftenreihe der RIAS-Funkuniversität), S. 22-30

Philippart, Guy, Les légendiers latins et autres manuscrits hagiographiques, Turnhout 1977 (= Typologie des sources du Moyen Age occidental 24-25)

Picard, Jean-Charles, Art. Saints II: Dans les églises latines. Des origines au IXe siècle, in: DS XIV, Lief. 91, 1988, S. 203-212

Pietri, Luce, Art. Gregor von Tours, in: TRE XIV, 1985, S. 184-188
- L'ordine senatorio in Gallia dal 476 alla fine del VI secolo, in: Società romana e impero tardoantico, I: Istutuzioni, ceti, economie, hg. v. A. Giardina, Rom – Bari 1986, S. 307-323, 699-703
- Le premier millénaire, in: Le diocèse de Paris, I: Des origines à la Révolution, hg. v. B. Plongeron, Paris 1987 (= Histoire des diocèses de France 20) S. 13- 60

Pitz, Ernst, Der Untergang des Mittelalters. Die Erfassung der geschichtlichen Grundlagen Europas in der politisch-historischen Literatur des 16. bis 18. Jahrhunderts, Berlin 1987 (= Historische Forschung 35)

Pohlkamp, Wilhelm, Hagiographische Texte als Zeugnisse einer ‚histoire de la sainteté.' Bericht über ein Buch zum Heiligkeitsideal im karolingischen Aquitanien, in: FMSt 11, 1977, S. 229-240

Pomata, Gianna, Die Geschichte der Frauen zwischen Anthropologie und Biologie, in: Feministische Studien 2, 1983, S. 27-41

Pomeroy, Sarah B., Goddesses, Whores, Wives, and Slaves. Women in Classical Antiquity, New York [3]1976

Pontal, Odette, Die Synoden im Merowingerreich, Paderborn u.a. 1986 (= Konziliengeschichte. Reihe A: Darstellungen)

Portmann, Marie-Louise, Die Darstellung der Frau in der Geschichtsschreibung des früheren Mittelalters, Basel und Stuttgart 1958 (= Baseler Beiträge zur Geschichtswissenschaft 69)

Potthast, August, Wegweiser durch die Geschichtswerke des europäischen Mittelalters bis 1500, 2 Bde., Berlin [2]1896, ND Graz 1954

Poulin, Joseph-Claude, Les saints dans la vie religieuse populaire au moyen âge, in: Les religions populaires. Colloque international 1970, hg. v. B. Lacroix / P. Boglioni, Quebec 1972 (= Histoire et sociologie de la culture 3), S. 65-74
- L'idéal de la sainteté dans l'Aquitaine carolingienne, Quebec 1975
- Les cinq premières vitae de sainte Geneviève. Analyse formelle, comparaison, essai de datation, in: M. Heinzelmann / ders., Les Vies anciennes, S. 113-182

Prinz, Friedrich, Die Entwicklung des altgallischen und merowingischen Mönchtums, in: Das erste Jahrtausend. Kunst und Kultur im werdenden Abendland an Rhein und Ruhr, 3 Bde., Düsseldorf 1962, Textbd. I, S. 223-255
- Zur geistigen Kultur des Mönchtums im spätantiken Gallien und im Merowingerreich, in: Zeitschrift für bayerische Landesgeschichte 26, 1963, S. 29-102
- Frühes Mönchtum im Frankenreich. Kultur und Gesellschaft in Gallien, den Rheinlanden und Bayern am Beispiel der monastischen Entwicklung (4.-8. Jahrhundert), München u.a. 1965, Darmstadt ²1988
- Abriß der kirchlichen und monastischen Entwicklung des Frankenreichs bis zu Karl dem Großen, in: Karl der Große. Lebenswerk und Nachleben, hg. v. W. Braunfels, II: Das geistige Leben, hg. v. B. Bischoff, Düsseldorf 1965, ²1966, S. 290-299
- Heiligenkult und Adelsherrschaft im Spiegel merowingischer Hagiographie, in: HZ 204, 1967, S. 529-544
- Adel und Christentum im „Schmelztiegel" des Merowingerreiches, in: Blätter für deutsche Landesgeschichte 103, 1967, S. 1-8
- Zur Vita Severini, in: DA 25, 1969, S. 531-536
- Gesellschaftliche Aspekte frühmittelalterlicher Hagiographie, in: Zeitschrift für Literaturwissenschaft und Linguistik 2, H. 11, 1973, S. 17-36
- Die bischöfliche Stadtherrschaft im Frankenreich vom 5. bis zum 7. Jahrhundert, in: Bischofs- und Kathedralstädte des Mittelalters und der frühen Neuzeit, hg. v. F. Petri, Köln – Wien 1976, S. 1-26, wiederabgedr. in: ders., Mönchtum, Kultur und Gesellschaft, S. 111-136
- Aspekte frühmittelalterlicher Hagiographie, in: Agiografia nell' Occidente Cristiano secoli XIII-XV, Convegno Internazionale (Roma, 1.-2.3.1979), Rom 1980 (= Atti dei Convegni Lincei 48), S. 9-30, wiederabgedr. in: ders., Mönchtum, Kultur und Gesellschaft, S. 199-244
- Askese und Kultur. Vor- und frühbenediktinisches Mönchtum an der Wiege Europas, München 1980
- Italien, Gallien und das frühe Merowingerreich: Ein Strukturvergleich zweier monastischer Landschaften, in: Atti del 7° Congresso internazionale di studi soll'alto medioevo, I, Spoleto 1982, S. 117-136
- Herrschaftsformen der Kirche vom Ausgang der Spätantike bis zum Ende der Karolingerzeit. Zur Einführung ins Thema, in: Herrschaft und Kirche, S. 1-21
- Mönchtum, Kultur und Gesellschaft: Beiträge zum Mittelalter. Zum 60. Geburtstag des Autors hg. v. A. Haverkamp / A. Heit, München 1989
- Der Heilige und seine Lebenswelt. Überlegungen zum gesellschafts- und kulturgeschichtlichen Aussagewert von Viten und Wundererzählungen, in: ders., Mönchtum, Kultur und Gesellschaft, S. 251-268
- Die christliche Kirche und das Problem der Kontinuität zwischen Antike und Mittelalter, in: Papsttum und Kirchenreform. Historische Beiträge. Festschrift für Georg Schwaiger zum 65. Geburtstag, hg. v. M. Weitlauff / K. Hausberger, St. Ottilen 1990, S. 37-55

Ragnatele di rapporti. Patronage e reti di relazione nella storia delle donne, Turin 1988

Rambaud-Buhot, Jacqueline, Le statut des Moniales chez les Pères de l'église, dans les Règles Monastiques et les Collections Canoniques, jusqu'au XII siècles, in: Sainte Fare et Faremoutiers. Treize siècles de vie monastique, Rennes 1957, S. 149-174

Rampolla del Tindaro, Marino, Santa Melania giuniore senatrice romana. Documenti contemporanei e note, Rom 1905

Realencyklopädie für protestantische Theologie und Kirche, 24 Bde., Leipzig ³1896-1930

Theologische Realenzyklopädie, Bd. 1ff., Berlin – New York 1977ff.

Reallexikon für Antike und Christentum, Bd. 1ff., Stuttgart 1950ff.

Reallexikon der germanischen Altertumskunde, Bd. 1ff., Berlin – New York ²1973ff.

Die Religion in Geschichte und Gegenwart. Handwörterbuch für Theologie und Religionswissenschaft, 7 Bde., Tübingen ³1957-1965

Religion and Sexism. Images of Woman in the Jewish and Christian Traditions, hg. v. R. R. Ruether, New York 1974

Renaud, Geneviève, Saint Aignan et sa légende. Les „vies" et les „miracles," in: Bulletin de la Société archéologique et historique de l'Orléanais N.S. 49, 1978, S. 83- 109

Riché, Pierre, Note d'hagiographie mérovingienne. La vita s. Rusticulae, in: AB 72, 1954, S. 369-377

– Education et culture dans l'occident barabare, VIe-VIIIe siècle, Paris 1962

– La femme à l'Epoque barbare, in: Histoire mondiale de la femme, II: L'Occident, des celtes à la Renaissance, Paris 1967, S. 35-46

– Les écoles et l'enseignement dans l'Occident chrétien de la fin du Ve siècle au milieu du Xe siècle, Paris 1979

Riedmann, Josef, Unbekannte frühkarolingische Handschriftenfragmente in der Bibliothek des Tiroler Landesmuseums Ferdinandeum, in: MIÖG 84, 1976, S. 262-289

Röckelein, Hedwig, Historische Frauenforschung. Ein Literaturbericht zur Geschichte des Mittelalters, in: HZ 255, 1992, S. 377-409

Rogers, Katherine M., The Troublesome Helpmate. A History of Misogyny in Literature, Seattle, London 1966

The Role of Women in the Middle Ages. Papers of the Sixth Annual Conference of the Center for Medieval and Early Renaissance Studies, New York 6.-7.5.1972, hg. v. R. T. Morewedge, London u. a. 1975

Ropert, J., Mentalité religieuse et régression culturelle dans la Gaule du IVe au VIIe siècle, in: Les cahiers de Tunise 24, 1976, S. 45-68

Rosenfeld, Helmut, Legende, Stuttgart ⁴1982

Rousseaux, Philip, Ascetics, Authority and the Church in the Age of Jerome and Cassian, Oxford 1978

Rouche, Michel, Abendländisches Frühmittelalter, in: Geschichte des privaten Lebens, hg. v. P. Ariès / G. Duby, I: Vom Römischen Imperium zum Byzantinischen Reich, Frankfurt/M 1989, S. 389-513

Rouselle, Aline, Deux exemples d'évangélisation en Gaule à la fin du IVe siècle: Paulin de Nole et Sulpice Sévère, in: Béziers et Biterrois, 43e Congrès de la Fédération historique du Languedoc méditerranéen et du Roussillon, Béziers 30.-31.5.1970, Montpellier 1971, S. 91-98

– Du sanctuaire au thaumaturge: la guérison en Gaule au IVe siècle, in: Annales E.S. C. 6, 1976, S. 1085-1107

Ruether, Rosemary R., Mothers of the Church: Ascetic Women in the Late Patristic Age, in: Women of Spirit, S. 71-98

– Misogynism and Virginal Feminism in the Fathers of the Church, in: Religion and Sexism, S. 150-183

Saints and their Cults. Studies in Religious Sociology, Folklore and History, hg. v. S. Wilson, Cambridge u. a. 1983

Saints and Virtues, hg. v. J. S. Hawley, Berkeley – Los Angeles – London 1987

Salin, Edouard, La civilisation mérovingienne. D'après les sépultures, les textes et le laboratoire, 4 Bde., Paris 1949-1959, ND Paris 1973ff.

Salisbury, Joyce Ellen, Fruitful in Singleness, in: Journal of Medieval History 8, 1982, S. 97-106

- Iberian Popular Religion 600 B. C.-700 A. D. Celts, Romans, Visigoths, New York – Toronto 1985 (= Texts and Studies in Religion 20)
- / Robert Wojtowicz, The Life of Melania the Younger. A partial reevaluation of the mauscript tradition, in: Manuscripta 33, 1989, S. 137-144

Sanders, Gabriel, Le remaniement carolingien de la „Vita Balthildis" mérovingienne, in: AB 100, 1982, S. 411-428

Santi e demoni nell'alto medioevo occidentale (secolo V-IX), 2 Bde., Spoleto 1989 (= Settimae di studio del centro italiano di studi sull'alto medioevo 36)

Sas, Louis Furman, Changing Linguistic Attitudes in the Merovingian period, in: Word 5, 1949, S. 131-134

Savon, Hervé, Un modèle de sainteté à la fin du IVe siècle. La virginité dans l'œuvre de saint Ambrose, in: Sainteté et martyre dans les religions du livre, hg. v. J. Marx, Bruxelles 1989 (= Problèmes d'histoire du Christianisme 19), S. 21-31

Saxer, Victor, Marts, martyrs, reliques en Afrique chrétienne aux premiers siècles. Les témoignages de Tertullien, Cyprien et Augustin à la lumière de l'archéologie africaine, Paris 1980 (= Théologie historique 35)

Saxonhouse, Arlene W., Women in the History of Political Thought. Ancient Greece to Macchiavelli, New York 1985

Schäferdiek, Knut, Art. Bekehrung und Bekehrungsgeschichte, II: Deutschland und Nachbarländer, in: RGA II, ^{2}1976, S. 180-193

- Art. Germanisierung des Christentums, in: TRE XII, 1984, S. 521-524

Schalk, Fritz, Zur Vitenlehre und monastischen Literatur (Cassian und Julian Pomerius), in: Verbum et Signum. Beiträge zur mediävistischen Bedeutungsforschung. Studien zu Semantik und Sinntradition im Mittelalter, hg. v. H. Fromm / W. Harms / U. Ruberg, II, München 1975, S. 71-78

Scharf, Ralf, Germanus von Auxerre – Chronologie seiner Vita, in: Francia 18/1, 1991, S. 1-19

Scheibelreiter, Georg, Königstöchter im Kloster. Radegund († 587) und der Nonnenaufstand von Poitiers (589), in: MIÖG 87, 1979, S. 1-37

- Der Bischof in merowingischer Zeit, Wien u.a. 1983 (= Veröffentlichungen des Instituts für Österreichische Geschichtsforschung 27)
- Die Verfälschung der Wirklichkeit. Hagiographie und Historizität, in: Fälschungen im Mittelalter, V, S. 283-319

Schieffer, Theodor, Winfrid-Bonifatius und die christliche Grundlegung Europas, Darmstadt ^{2}1972

- Europa im Wandel von der Antike zum Mittelalter, in: Handbuch der europäischen Geschichte, I, S. 1-21

Schlick, Jean, Composition et chronologie du *De virtutibus Martini* de Grégoire de Tours, in: Studia patristica 7, 1966 (= Texte und Untersuchungen zur Geschichte der altchristlichen Literatur 92), S. 278-286

Schmale, Franz-Josef, Funktion und Formen mittelalterlicher Geschichtsschreibung. Eine Einführung. Mit einem Beitrag von H.-W. Goetz, Darmstadt 1985

Schmid, Karl, Über das Verhältnis von Person und Gemeinschaft im früheren Mittelalter, in: FMASt 1, 1967, S.225-249

Schmitt, Jean-Claude, La Fabrique des saintes (Note critique), in: Annales E.S. C., 39, 1984, S. 286-300

Schneider, Annerose, Zum Bild der Frau in der Chronistik des frühen Mittelalters, in: Forschungen und Fortschritte 35, H. 4, 1961, S. 112-114

Schneider, Dagmar Beate, Anglo-Saxon Women in the Religious Life. A Study of the Status and Position of Women in an Early Medieval Society, Diss. Cambrigde 1985 (Ms)

Schnürer, Gustav, Kirche und Kultur im Mittelalter, I, Paderborn ²1927

Schreiner, Klaus, Discrimen veri ac falsi. Ansatz und Formen der Kritik an der Heiligen- und Reliquienverehrung des Mittelalter, in: AKG 48, 1966, S. 1-53

— Zum Wahrheitsverständnis im Heiligen- und Reliquienwesen des Mittelalters, in: Saeculum 17, 1966, S. 131-169

— Adel oder Oberschicht? Bemerkungen zur sozialen Schichtung der fränkischen Gesellschaft im 6. Jahrhundert, in: VSWG 68, 1981, S. 225-231

Schubert, Hans von, Geschichte der christlichen Kirche im Frühmittelalter, I, Tübingen 1917, ²1927

Schütt, Marie, Vom heiligen Antonius zum heiligen Guthlac. Ein Beitrag zur Geschichte der Biographie, in: Antike und Abendland 5, 1976, 75-91

Schulenburg, Jane T., Sexism an the celestial gynaeceum – from 500 to 1200, in: Journal of Medieval History 4, 1978, S. 117-133

— Female Sanctity: Public and Private Roles, ca. 500-1100, in: Women and Power in the Middle Ages, S. 102-125

— Saints' Lives as a Source for the History of Women, 500-1100, in: Medieval Women and the Sources of Medieval History, hg. v. J. T. Rosenthal, Athens – London 1990, S. 285-320

Schuller, Wolfgang, Frauen in der römischen Geschichte, Konstanz 1987

Schulte, Aloys, Der Adel und die deutsche Kirche im Mittelalter, Stuttgart ²1922, ND Darmstadt 1958

Schulze, Hagen, Mentalitätsgeschichte – Chancen und Grenzen eines Paradigmas der französischen Geschichtswissenschaft, in: Geschichte in Wissenschaft und Unterricht, 36/4, 1985, S. 247-270

Schwaiger, Georg, Der Heilige in der Welt des frühen Mittelalters. Beiträge zur Geschichte des Bistums Regensburg 7, 1963, S. 27-40

Schwartz, Eduard, Johannes Rufus, ein monophysitischer Schriftsteller, Heidelberg 1912 (= Sitzungsberichte der Heidelberger Akademie der Wissenschaften, Phil.-hist. Kl. Jg. 1912, 16. Abh.)

— Bemerkungen, in: Kyrillos von Skythopolis, Werke, hg. v. E. Schwartz, Leipzig 1939 (= Texte und Untersuchungen zur Geschichte der altchristlichen Literatur 49/2), S. 315-415

Seeberg, Reinhold, Lehrbuch der Dogmengeschichte, II: Die Dogmenbildung in der alten Kirche, Leipzig ³1923, ND Darmstadt ⁶1965

Shahar, Shulamith, Die Frau im Mittelalter, Königstein/Ts 1981, ND Frankfurt 1983

Siegmund, Albert, Die Überlieferung der griechischen christlichen Literatur in der lateinischen Kirche bis zum 12. Jahrhundert, München 1949 (= Abhandlungen der bayerischen Benediktiner-Akademie 5)

Simonetti, Adele, La „Vita" di Rusticola nell'agiografia merovingia, in: Studi medievali, 3. Ser., 27/1, 1986, S. 211-220

Simpson, Jane, Women and Ascetism in the Fourth Century: A Question of Interpretation, in: The Journal of Religious History 15, 1988, S, 38-60

Smedt, Ch. de, Vita sanctae Melaniae iunioris auctore coevo et sanctae familiari, in: AB 8, 1889, S. 16-63

Smit, Jan W., Commento all' „Epitaphium Sanctae Paulae," in: Vite dei Santi IV: Vita di Martino, Vita di Ilarione, in Memoria di Paola, hg. v. C. Mohrmann, Mailand ²1983, S. 319-369

Sprandel, Rolf, Mentalitäten und Systeme, Stuttgart 1972
- Gesellschaft und Literatur im Mittelalter, Paderborn u.a. 1982

Stancliffe, Clare, St. Martin and his Hagiographer. History and Miracle in Sulpicius Severus, Oxford 1983

Steidle, Basilius, Die Armut in der frühen Kirche und im alten Mönchtum, in: Erbe und Auftrag 41, 1941, S. 460- 481

von den Steinen, Wolfram, Heilige als Hagiographen, in: HZ 143, 1930, S. 229-256
- Chlodwigs Übergang zum Christentum, in: MIÖG Erg.-Bd. 12, 1932, S. 417-501, seperater ND Darmstadt 1963 (= Libelli 103)

Stoeckle, Maria, Studien über Ideale in Frauenviten des VII.-X. Jahrhunderts, Diss. München 1957

Stocq, A. F., Vie critique de sainte Gertrude, Nivelles 1931

Strathmann, H. / P. Keseling, Art. Askese II: Christlich, in: RAC I, 1950, Sp. 758-795

Strohecker, Karl Friedrich, Der senatorische Adel im spätantiken Gallien, Reutlingen 1948, ND Darmstadt 1970

Strunk, Gerhard, Kunst und Glaube in der lateinischen Heiligenlegende. Zu ihrem Selbstverständnis in den Prologen, München 1970 (= Medium Aevum. Philologische Studien 12)

Stuiber, Alfred, Refrigerium interim. Die Vorstellungen vom Zwischenzustand und die frühchristliche Grabeskunst, Bonn 1957 (= Theophaneia 11)

Sugano, Karin, Marcella in Rom. Ein Lebensbild, in: Roma renascens. Beiträge zur Spätantike und Rezeptionsgeschichte. Festschrift für Ilona Opelt, hg. v. M. Wissemann, Frankfurt/M u. a. 1988, S. 355-370

Tardi, Abbé D., Fortunat. Étude sur un dernier représentant de la poésie latine dans la Gaule mérovingienne, Paris 1927

Tavard, George H., Woman in Christian Tradition, Notre Dame/Ind. – London 1973

Tavormina, Teresa M., Of Maidenhood and Maternity. Liturgical Hagiography and the Medieval Ideal of Virginity, in: The American Benedictine Review 31, 1980, S. 384-399

Tenner, Friedrich, Radegunde von Thüringen. Königin, Heilige, Magd der Armen. Aus dem Nachlaß hg. v. F. Nötzold, Heidelberg 1973

Tessier, Georges, Le Baptême de Clovis, Paris 1964

Theis, Laurent, Saints sans famille? Quelques remarques sur la famille dans le monde franc à travers les sources hagiographiques, in: Revue historique 255, 100. Jg., 1976, S. 3-20

Theißen, Gerd, Die soziologische Auswertung religiöser Überlieferungen. Ihre methodischen Probleme am Beispiel des Urchristentums, in: Kairos, N.F. 17, 1975, S. 284-299
Thesaurus linguae Latinae, Bd. 1ff., Leipzig 1900ff.
Thompson, Edward Arthur, Saint Germanus of Auxerre and the End of Roman Britain, Woodbridge 1984 (= Studies in Celtic History 6)
Thraede, Klaus, Art. Frau, in: RAC VIII, 1972, Sp. 197-269
– Ärger mit der Freiheit. Die Bedeutung von Frauen in Theorie und Praxis der alten Kirche, in: „Freunde in Christus werden …" Die Beziehung von Mann und Frau als Frage an Theologie und Kirche, hg. v. G. Scharffenroth / K. Thraede, Gelnhausen – Berlin – Stein/Mfr. 1977 (= Kennzeichen 1), S. 31-182
– Augustin-Texte aus dem Themenkreis „Frau", „Gesellschaft" und „Gleichheit" I, in: JAC 22, 1979, S. 70-97
– Zwischen Eva und Maria: das Bild der Frau bei Ambrosius und Augustin auf dem Hintergrund der Zeit, in: Frauen in Spätantike und Frühmittelalter, S. 129-139
Thürlemann, F., Der historische Diskurs bei Gregor von Tours. Topoi und Wirklichkeit, Bonn 1974 (= Geist und Werk der Zeiten 39)
Tixeront, Joseph, Histoire des Dogmes dans l'antiquité chrétienne, II: De saint Athanase à saint Augustin (318- 430), Paris ^{7}1924; III: La fin de l'Age Patristique (430-800), Paris ^{6}1922
Troeltsch, Ernst, Soziallehren der christlichen Kirchen und Gruppen, Tübingen 1912 (= Gesammelte Schriften 1)
Ueding, Leo, Geschichte der Klostergründungen der frühen Merowingerzeit, Berlin 1935, ND Vaduz 1965 (= Historische Studien 261)
Der Untergang des römischen Reiches, hg. v. K. Christ, Darmstadt 1970 (= Wege der Forschung 269)
Urner, Hans, Die außerbiblische Lesung im christlichen Gottesdienst, Berlin 1952
Uytfanghe, Marc van, Le latin des hagiographes mérovingiens et la protohistoire du français. Etat de la question, I: à quelle époque a-t-on cessé de parler latin, in: Romanica Gandensia 16, 1976, S. 5-89
– La Bible dans les vies de saints mérovingiens. Quelques pistes de recherche, in: RHEF 62, 1976, S. 103-111
– Les atavars contemporains de l'„hagiologie." A propos d'un ouvrage récent sur saint Séverin de Norique, in: Francia 5, 1977, S. 639-671
– Latin mérovingien, latin carolingien et rustica romana lingua: continuité ou discontinuité, in: D'une déposition à un couronnement, S. 65-88
– Bijbel en Hagiografie in het Merovingische Frankenrijk (600-750). Een onderzoek naar denkvormen en taalexpressie in de zogeheten „Darks Ages", masch. Diss. phil. Gent 1979
– La controverse biblique et patristique autour du miracle, et ses répercussions sur l'hagiographie dans l'Antiquité tardive et la Haut Moyen Age latin, in: Hagiographie, Cultures et Sociétés, S. 205-233
– Modèles bibliques dans l'hagiographie, in: Le Moyen Age et la Bible, hg. v. P. Riché / G. Lobrichon, Paris 1984 (= Bible de tous les temps 4), S. 449-487
– L'hagiographie et son public à l'époque mérovingienne, in: Studia Patristica 16/2: Papers presented to the Seventh International Conference on Patristic Studies held in Oxford 1975, II, Berlin 1985 (= Texte und Untersuchungen zur Geschichte der christlichen Literatur 129), S. 54-62

- Stylisation biblique et condition humaine dans l'hagiographie mérovingienne (600-750), Brüssel 1987 (= Verhandelingen van de Koninklijke Academie voor Wetenschappen, Letteren en Schone Kunsten van België, Kl. d. Letteren, Jg. 49, 1987, Nr. 120)
- Art. Heiligenverehrung II (Hagiographie), in: RAC XIV, 1988, Sp. 150-183

Vacandard, E., Vie de saint Ouen, évêque de Rouen (641-684), Paris 1902

Vanja, Christina, Probleme und Möglichkeiten der Arbeit über weibliche Biographien in der mittelalterlichen Geschichte, in: Weibliche Biographien, Dokumentation der Tagung in Bielefeld Okt. 1981, München 1982 (= Beiträge zur feministischen Theorie und Praxis 7), S. 14-17

Vauchez, André, La sainteté en Occident aux derniers siècles du Moyen Age d'après les procès de canonisation et les documents hagiographiques, Rome 1981 (= Bibliothèque des écoles françaises d'Athènes et de Rome 241)
- Der Heilige, in: Der Mensch des Mittelalters, hg. v. J. LeGoff, Frankfurt/M – New York 1989, S. 340-373

Verdon, Jean, Les sources de l'histoire de la femme en Occident aux Xe-XIIIe siécles, in: Cahiers de civilisation médiévale 20, 1977 (= La femme dans les civilisations des Xe-XIIIe siècles. Actes du colloque tenu à Poitiers 23.-25.9.1976), S. 219-251
- Grégoire, évêque de Tours, et la vie monastique au VIe siècle. Structures sociales et mentales, in: Revue Mabillon 61, 1988, S. 339-354
- Les femmes laïques en Gaule aux temps des Mérovingiens: les réalités de la vie quotidienne, in: Frauen in Spätantike und Frühmittelalter, S. 239-261
- Grégoire de Tours. „Le père de l'histoire de France", Horvath 1989

Vieillard-Troiekouroff, May, Les monuments religieux de la Gaule d'après les œuvres de Grégoire de Tours, Lille 1974
- / D. Fossard / E. Chatel / C. Lamy-Lasalle, Les anciennes églises suburbaines de Paris (IVe-Xe siècles), in: Paris et Ile-de-France, Mémoires publiés par la fédération des Sociétés historiques et archéologiques de Paris et de l'Ile-de-France 11, 1960, S. 17-282

Vielhauer, Phillip, Geschichte der urchristlichen Literatur. Einleitung in das Neue Testament, die Apokryphen und die Apostolischen Väter, Berlin – New York 1975

Vies des saints et des bienheureux selon l'ordre calendrier avec l'histoire des fêtes par les RR. PP. Bénédictins de Paris, 13 Bde., Paris 1935-1959

Veyne, Paul, Le pain et le cirque. Sociologie historique d'un pluralisme politique, Paris 1976; dt.: Brot und Spiele. Gesellschaftliche Macht und politische Herrschaft in der Antike, Frankfurt/M – New York 1988

Viller, Marcel, Le martyre et l'ascèse, in: Revue d'ascétique et de mystique 6, 1925, S. 105-142
- / Karl Rahner, Aszese und Mystik in der Väterzeit. Ein Abriß, Freiburg i. Br. 1939

Vinay, Gustavo, San Gregorio di Tours (Saggio), Turin 1940 (= Studi di letteratura latina medievale 1)

Vogel, Cyrille, Les échanges liturgiques entre Rome et les pays Francs jusqu'à l'époque de Charalemagne, in: Le Chiese nei regni dell'Europa occidentale e i loro rapporti con Roma sino all'800, I, Spoleto 1960 (= Settimane di Studi del Centro Italiano di Studi sull'Alto Medioevo 7/1), S. 183-295, 326-330

Vogt, Hilde, Die literarische Personenschilderung des frühen Mittelalters, Leipzig – Berlin 1934, ND Hildesheim 1972 (= Beiträge zur Kulturgeschichte des Mittelalters und der Renaissance 53) de Vogüé, Adalbert, Histoire littéraire du mouvement monastique dans l'antiquité, I: Le monachisme latin de la mort d'Antoine à la fin du séjour de Jérôme à Rome (356- 385), Paris 1991

Voigt, Karl, Staat und Kirche von Konstantin dem Großen bis zum Ende der Karolingerzeit, Stuttgart 1936, ND Aalen 1965

Vollmann, Benedikt K., Art. Gregor IV (Gregor von Tours), in: RAC XII, 1983, Sp. 895-930

Vollrath, Hanna, Das Mittelalter in der Typik oraler Gesellschaften, in: HZ 233, 1981, S. 571-594

Von der Spätantike zum frühen Mittelalter. Aktuelle Probleme in historischer und archäologischer Sicht, hg. v. J. Werner / E. Ewig, Sigmaringen 1979

Voss, Bernd R., Berührungen von Historiographie und Hagiographie in der Spätantike, in: FMSt 4, 1970, S. 53-69

Waldron, Harry N., Expressions of Religious Conversion Among Laymen Remaining Within Secular Society in Gaul, 400- 800 A.D., Phil. Diss. Ohio State University 1976

Wallace-Hadrill, John M., The Work of Gregory of Tours in the Light of Modern Research (1951), wiederabgedr. in: ders., The Long-Haired Kings and Other Studies in Frankish History, London 1962, S. 49-70

- Frankish Gaul, in: ders., The Long-Haired Kings and Other Studies in Frankish History, London 1962, S. 1-24
- The Frankish Chruch, Oxford 1983 (= Oxford History of the Christian Church)

Walter, Emil H., Hagiographisches in Gregors Frankengeschichte, in: AKG 48, 1966, S. 291-310

Wattenbach-Levison, Deutschlands Geschichtsquellen im Mittelalter. Vorzeit und Karolinger, Heft I: Die Vorzeit von den Anfängen bis zur Herrschaft der Karolinger, bearb. v. W. Levison, Weimar 1952

Weber, Katharina, Kulturgeschichtliche Probleme der Merovingerzeit im Spiegel frühmittelalterlicher Heiligenleben, in: Studien und Mitteilungen zur Geschichte des Benediktinerordens und seiner Zweige, N.F.17, 1930, S. 347-403

Weiblichkeit in geschichtlicher Perspektive. Fallstudien und Reflexionen zu Grundproblemen der historischen Frauenforschung, hg. v. A. J. Becher / J. Rüsen, Frankfurt/M 1988

Weidemann, Margarete, Kulturgeschichte der Merowingerzeit nach den Werken des Gregor von Tours, 2 Bde., Mainz 1982

- Zur Chronologie der Merowinger im 6. Jahrhundert, in: Francia 10, 1982, S. 471-513
- Das Testament des Bischofs Bertramn von Le Mans vom 27. März 616. Untersuchungen zu Besitz und Geschichte einer fränkischen Familie im 6. und 7. Jahrhundert, Mainz 1986

Weinmann, Ute, Mittelalterliche Frauenbewegungen. Ihre Beziehungen zur Orthodoxie und Häresie, Pfaffenweiler 1990 (= Frauen in Geschichte und Gesellschaft 9)

Weinstein, David / Rudolph M. Bell, Saints and Society. The Two Worlds of western Christendom 1000-1700, Chicago – London 1972

Weiss, Jean-Pierre, Honorat héros antique et saint chrétien. Etude du mot *gratia* dans la Vie de saint Honorat d'Hilaire d'Arles, in: Augustinianum 24, 1984, S. 265-280

Wemple, Suzanne F., Women in Frankish Society. Marriage and the Cloister, 500 to 800, Philadelphia 1981

- Female Spirituality and Mysticism in Frankish Monasteries: Radegund, Balthild and Aldegund, in: Medieval Religious Women, II, S. 39-53

Werner, Karl Ferdinand, Le rôle de l'aristocratie dans la christianisation du nord-est de la Gaule, in: Revue d'histoire de l'Eglise de France, 62, 1976, S. 45-73
- Die Ursprünge Frankreichs bis zum Jahr 1000, Stuttgart 1989 (= Geschichte Frankreichs 1)

Weyh, Jutta, Studien zum Persönlichkeitsbild der Frau in der lateinischen Geschichtsschreibung des Mittelalters, masch. Phil. Diss. München 1956

Weymann, Carl, Die Güter-Ternare „forma, genus, virtus", „forma, divitiae, virtus" und Verwandtes in antiker, christlicher und mittelalterlicher Literatur, in: Festgabe Alois Knoepfler zur Vollendung des 70. Lebensjahres, Freiburg – München 1971, S. 384-401

Widengren, Geo, Religionsphänomenologie, Berlin 1969

Wilpert, Joseph, Die gottgeweihten Jungfrauen in den ersten Jahrhunderten der Kirche. Nach den patristischen Quellen und den Grabdenkmälern dargestellt, Freiburg i.Br. 1892

Wilson, Stephen, Introduction, in: Saints and their Cults, S. 1-53
- Annotated Bibliography, in: Saints and their Cults, S. 309-418

Wimmer, Otto / Hartmann Helzer, Lexikon der Namen und Heiligen, bearb. und ergänzt v. Josef Gelmi, Innsbruck – Wien [6]1988

Winter, Paul, Die Nekrologe des Hieronymus, Zittau 1907

Wittern, Susanne, Frauen zwischen asketischem Ideal und weltlichem Leben. Zur Darstellung des christlichen Handelns der merowingischen Königinnen Radegunde und Balthilde in hagiographischen Lebensbeschreibungen des 6. und 7. Jahrhunderts, in: Frauen in der Geschichte VII, S. 272- 294

Mittellateinisches Wörterbuch bis zum ausgehenden 13. Jahrhundert, hg. v. der Bayerischen Akademie der Wissenschaften, Bd. 1ff., München 1959ff.

Wolff, H., Ein Konsular und hoher Reichsbeamter im Mönchsgewand? Nachtrag zu Fr. Lotters Severinsbild, in: Ostbairische Grenzmarken 25, 1983, S. 298-318

Wolfram, Herwig, Rez. F. Lotter, Severinus von Noricum, Stuttgart 1976, in: MIÖG 85, 1977, S. 352-355

Wolpers, Theodor, Die englische Heiligenlegende des Mittelalters. Eine Formgeschichte des Legendenerzählens von der spätantiken lateinischen Tradition bis zur Mitte des 16. Jahrhunderts, Tübingen 1964 (= Buchreihe der Anglia. Zeitschrift für englische Philologie 10)

Medieval Women, hg. v. D. Baker, Oxford 1978 (= Studies in Church History, Subsidia 1)

Medieval Religious Women, I: Distant Echoes, hg. v. J. A. Nichols / L. T. Shank, Kalmazoo/Mich. 1984; II: Peaceweavers, hg. v. dens., Kalamazoo/Mich 1987 (= Cistercian Studies Series 71-72)

Women and Power in the Middle Ages, hg. v. M. Erler / M. Kowaleski, Athens/Georgia – London 1988

Women in Medieval Society, hg. v. S. M. Stuard, Philadelphia 1976

Women of Spirit. Female Leadership in the Jewish and Christian Tradition, hg. v. R. R. Ruether, E. McLaughlin, New York 1979

Women of the Medieval World. Essays in Honor of John H. Mundy, hg. v. J. Kirshner, S. F. Wemple, Oxford u. a. 1985

Wood, Ian N., Early Merovingian Devotion in Town and Country, in: The Church in Town and Countryside, hg. v. D. Baker, Oxford 1979 (= Studies in Church History 16), S. 61-76
- A Prelude to Columbanus: The Monastic Achievement in the Burgundian Territories, in: Columbanus and Merovingian Monasticism, S. 3-32

- The Vita Columbani and Merovingian Hagiography, in: Peritia 1, 1982, S. 63-80
- The End of Roman Britain: Continental Evidence and parallels, in: Gildas. New Approaches, hg. v. M. Lapidge / D. Dumville, Woodbridge/Suffolk 1984 (= Studies in Celtic History 5), S. 1-25
- Forgery in Merovingian Hagiography, in: Fälschungen im Mittelalter, V, S. 369-384

Historisches Wörterbuch der Philosophie, Bd. 1ff., 1971ff.

Writings of Medieval Women, translated and introduced by M. Thiébaux, New York u.a. 1987 (= Garland Library of Medieval Literature, 14 B)

Wuillaume, B., Gertrude de Nivelles née princesse mérovingienne morte sainte, in: Le folklore brabançon 1989, S. 315-324

Wunder, Heide, Historische Frauenforschung. Ein neuer Zugang zur Gesellschaftsgeschichte, in: Frauen in Spätantike und Frühmittelalter, S. 31-41

Yarbrough, Ann, Christianization in the Fourth Century: The Example of Roman Women, in: Church History 45, 1976, S. 149-165

Zender, Matthias, Räume und Schichten mittelalterlicher Heiligenverehrung in ihrer Bedeutung für die Volkskunde. Die Heiligen des mittleren Mainlandes und der Rheinlande in Kultgeschichte und Kultverbreitung, Düsseldorf 1959

Zimmermann, Alfons M., Kalendarium Benedictinum. Die Heiligen des Benediktinerordens und seiner Zweige, 4 Bde., Abtei Metten 1933-1938

Zoepf, Ludwig, Das Heiligenleben des 10. Jahrhunderts, 1908, ND Hildesheim 1973 (= Beiträge zur Kulturgeschichte des Mittelalters und der Renaissance 1)

Zöllner, Erich, Geschichte der Franken bis zur Mitte des 6. Jahrhunderts. Auf der Grundlage des Werkes von L. Schmidt unter Mitw. v. J. Werner neu bearbeitet, München 1970

Zumthor, Paul, Histoire littéraire de la France médiévale (VIe- XIVe siècles), Paris 1954, ND Genf 1973